ROGER DOMMERGUE

LA TERRA MI FA MALE

"Questo libro corrisponde a un temperamento ai margini, a una natura eccezionale".
Raymond Las Vergnas, *decano della Sorbona*

ROGER-GUY POLACCO DE MENASCE
(1924-2013)

Roger Dommergue è stato un professore di filosofia franco-lussemburghese noto per le sue posizioni controverse sull'Olocausto. Dommergue ha sostenuto le teorie revisioniste dell'Olocausto, mettendo in dubbio il numero delle vittime ebree e sostenendo che le camere a gas naziste fossero un mito. Ha tenuto conferenze e interviste in cui ha negato la portata dei crimini commessi dal regime nazista durante la Seconda Guerra Mondiale.

LA TERRA MI FA MALE

J'ai mal de la terre
1965

Tradotto e pubblicato da
OMNIA VERITAS LTD
*Ø*MNIA VERITAS®
www.omnia-veritas.com

© Omnia Veritas Limited – 2025

Tutti i diritti riservati. Nessuna parte di questa pubblicazione può essere riprodotta con qualsiasi mezzo senza la previa autorizzazione dell'editore. Il codice della proprietà intellettuale vieta le copie o le riproduzioni per uso collettivo. Qualsiasi rappresentazione o riproduzione totale o parziale con qualsiasi mezzo, senza il consenso dell'editore, dell'autore o dei loro successori, è illegale e costituisce una violazione punita dagli articoli del Codice della proprietà intellettuale.

PREFAZIONE 13
CAPITOLO I 19
    Tristezza diafana 19
CAPITOLO II 25
    Nonna carissima 25
CAPITOLO III 37
CAPITOLO IV 46
CAPITOLO V 57
CAPITOLO VI 67
CAPITOLO VII 79
CAPITOLO VIII 87
CAPITOLO IX 102
CAPITOLO X 107
CAPITOLO XI 123
CAPITOLO XII 131
CAPITOLO XIII 146
CAPITOLO XIV 166
    Chirurgia dell'anima 168
    Lettera aperta ad Albert Cohen. 183
CAPITOLO XV 187
    Noël 190
CAPITOLO XVI 196
CAPITOLO XVII 209
CAPITOLO XVIII 222
CAPITOLO XIX 234
    Angelika 234
CAPITOLO XX 253
    Monique, o il colpo di grazia del Karma 253
CAPITOLO XXI 290
    Il crollo 290
CAPITOLO XXII 315
    Il testamento 315
CAPITOLO XXIII 336
CAPITOLO XXIV 344
    Spine 344
ALLA MIA PICCOLA BEATRICE 355
    Altri titoli 357

"Hai superato il tetto".
"Si tratta di un'opera molto curiosa e vigorosa. Lo stile della parte narrativa è veloce ed efficace in un modo completamente nuovo. È uno stile inaspettato, molto diverso dallo staccato americano. È un'innovazione tecnica che va notata. Lo sfondo è amaro e doloroso e raggiunge la sua pienezza nella parte non narrativa. Il tutto sembra avere una forza singolare che è, O tanto, fuori dal comune.
Auguro a questo libro il successo percussivo che merita. Questo libro corrisponde a un temperamento ai margini di una natura eccezionale".
Raymond Las Vergnas, decano della Sorbona

Siate certi che non avete ricevuto la vostra anima invano.
Raymond Soupault, prefazione a
L'Homme, cet inconnu di Alexis Carrel.

Il vostro lavoro potrebbe essere compreso, ma ON impedirà che venga alla luce perché la verità deve rimanere sotto il moggio. Gli unici a conoscerla da un punto di vista diabolico saranno gli stessi ebrei.
Gisèle Polacco de Ménasce

Ho trovato questo libro ammirevole per il suo fuoco, la sua passione, la sua sincerità e la sua originalità. Come hanno sottolineato i critici, questo libro è singolare, cioè unico, non appartiene a nessuna famiglia di scrittori.
Si tratta di un evento eccezionalmente raro.
Michèle Saint-Lô

"Il dandy, quando non si uccide o impazzisce, fa carriera e posa per i posteri.

Albert Camus, *L'Homme révolté*

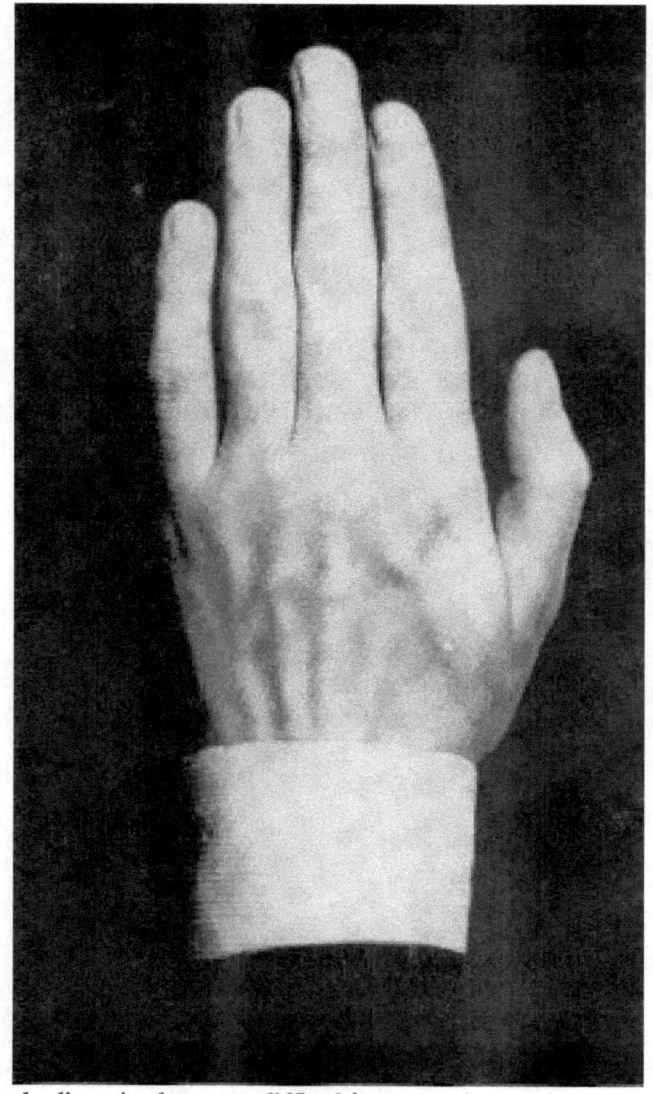

"Credo di capire le vostre difficoltà; spero che possiate superarle senza dimenticarle".

Albert Camus, *Lettera all'autore*

André Breton

Questa lettera non vuole essere polemica, ma solo simbolica.

Questa lettera dell'Abbé Georges de Nantes non vuole essere polemica: è semplicemente simbolica.

Si noti che il contenuto di una lettera di una delle più eminenti autorità in materia di fondamentalismo cattolico è lo stesso di André Breton, il Papa del Surrealismo e un uomo di sinistra totale...

PREFAZIONE

> *"La vera passione del XX secolo è la servitù"* Albert Camus

Ecco perché *J'ai mal de la terre* è diverso da qualsiasi altro libro. La sua opera si sviluppa tra i margini che separano le verità che ha sentito e il minimo che può essere espresso. Oltrepassare un lato o l'altro di questo fragile confine significherebbe condannarvi al silenzio o a diventare illeggibili, o infine a tradire i vostri pensieri.

L'artista non può più emettere un grido chiaro: felice se rimane intelligibile.

In un'epoca in cui il male si è sottilmente impadronito della dialettica e della logica, di tutti gli strumenti del pensiero a favore di ogni tipo di inversione, l'impossibilità di esprimere la verità deriva dal fatto che essa non si manifesta più nel cuore dell'uomo se non attraverso le emozioni, gli impulsi, gli sfoghi folgoranti ma impotenti: solo un valore rimane degno di essere espresso: la sofferenza dell'anima e del cuore.

Così avete restituito questa sofferenza, ma nell'unico modo possibile, cioè in modo puro, privo di tutte le compensazioni dell'odio, della vendetta, dell'ironia e dello scherno. Ogni traccia di civetteria, ogni preoccupazione estetica, anche la minima ricerca legittima dell'effetto, distorce la riflessione metafisica nata da una prova eccezionale della vita.

La sofferenza è vera ed esemplare solo se è sottoposta a insulti e derisioni, così come un bambino disarmato riceve i colpi, con uno sguardo di stupore. L'ultima risorsa di chi ha capito il mondo moderno è esporsi agli schiaffi. Questo non è stato il risultato di alcuna deliberazione, vi siete riprodotti e si dà il caso che in questa immagine non ci sia nulla da sottrarre, nulla da aggiungere: è in un certo senso lo specchio in cui si riflette la miserabile avventura del mondo moderno: la vostra diagnosi è compassionevole ma implacabile.

L'artista non conosce l'odio compensatorio che distrugge ogni obiettività superiore. Capire significa essere incapaci di odio o disprezzo. Odiare significa dimostrare chiaramente di non aver capito nulla. Ci scandalizziamo, è vero, ma questo porta solo al peggio. Il suo libro ci mostra come viviamo in un'epoca di scandalo diabolico. Uno scandalo che, sotto l'apparenza della bontà, della verità e dell'amore, permette al male di marcire nel cuore dell'uomo giusto. Allora egli stesso diventa il peggior agente di distruzione: vittima e virus. Chiunque se ne renda conto e voglia fuggire o soccombe o impazzisce. La sopravvivenza è possibile solo a spese dell'inaccettabile. In un momento in cui le persone vengono uccise ogni giorno in nome di una presunta intelligenza che occupa tutti gli apparati ufficiali, il vero pensiero non ha alcuna possibilità di esprimersi o di sopravvivere al di fuori degli ospedali e delle prigioni liberali o dei gulag bolscevichi.

Eppure ci sono molti profeti nel XX secolo. Alcuni si limitano ad annotare con cura la loro rivolta, hanno la coscienza pulita e lasciano perdere. Nessuno ha preferito l'accusa alla fama.

Per quanto riguarda la folla degli altri, poiché la loro condanna si riferisce agli stessi principi che hanno animato gli accusati, è la stessa cecità che determina i vigilanti e i colpevoli: "Se un cieco guida un altro cieco, entrambi cadranno nella fossa"...

Se mi fosse stata data l'opportunità di vivere il vostro epico destino, di pensarci e di scriverne, mi sarebbe venuto in mente il grandioso e tragico incipit di un libro di Bernanos: "Il male non ha mai avuto un'occasione migliore per compiere le opere del bene; il diavolo non ha mai meritato meglio il nome datogli da San Girolamo, quello di scimmia di Dio".

La sua angoscia è, in un certo senso, una sfida alla scomparsa dell'intelligenza che caratterizza il nostro tempo. Coloro che camminano con sicurezza indossano paraocchi protettivi, e a poco a poco si formeranno un'immagine comune e familiare del tuo libro, a cui potranno riferirsi: in "1984" diranno: "È pazzo".[1]

Gli uomini sono così lontani dalle vere guide, dai pensatori che potrebbero guidarli illuminando i loro tempi, che se la verità viene alla luce, se per miracolo non c'è più modo di sfuggirle, allora riescono a distillarla, a disperderla, in modo che venga distolta dal suo scopo, inefficace e totalmente ignorata.

Siamo in un'epoca in cui il minimo contatto sociale con un vero artista comporta commissioni psichiatriche e diagnosi di follia da parte di robot condizionati da Marx e Freud.

---

[1] "In 1984, i più intelligenti saranno i meno normali" (1984 di George Orwell)

Vi sono stati dati molti consigli e ricette, ma anche dimostrazioni che hanno richiesto cultura, ingegno e un senso analitico che ha guadagnato l'ammirazione di molti.

Dovreste ascoltarli? Ci si può confidare con persone le cui carenze mentali sono evidenti quando le si guarda? È inutile e pericoloso. Gli uomini hanno perso il senso dell'umano e le ragioni sono ormai chiare: il giudeo-cartesianesimo generato dal giudeo-cristianesimo.

Oggi un geniale scienziato ha confermato ciò che voi avevate capito e che Alexis Carrel aveva sospettato: voi portate qui gli argomenti del vostro destino e del vostro cuore.

Le stesse condizioni che hanno precipitato la distruzione dei veri valori hanno favorito lo sviluppo di altre forze preziose finché sono rimaste contenute e controllate, ma disastrose se hanno invaso la psicofisiologia di ogni individuo.

L'uomo non può più accedere ai veri valori, e nemmeno sospettarli, poiché i nuovi concetti prendono il loro posto. Essi hanno tutta la logica dei valori, soddisfano subdolamente le passioni, l'apparente buon senso, la morale e talvolta, ahimè, anche gli impulsi più altruistici. Dotato di queste sole forze, l'uomo moderno è appagato. Questo gli basta, ma è inutile, perché la vera intelligenza non può essere definita sulla base di questi errori, e non c'è più nessuno ufficialmente disponibile a definirla. Come risultato dell'incapacità mentale universale, l'umanità è ora composta solo da robot sanguinari e soddisfatti.[2]

Ecco perché il vostro destino è così fragile. Le istituzioni, i subumani e le donne vi frenano. Il vostro rigore è un linguaggio estraneo al mondo intero. In tempi di grandezza, la solitudine era possibile, ma nel XX secolo i valori della redditività esigono i loro posti e i loro schiavi. La solitudine creativa sta scomparendo e gli imprudenti vengono uccisi. Questo avviene in modo occulto, sotterraneo, vigliacco, perché lo spirito non ha posto nel mondo moderno.

La nostra epoca è necessariamente un'epoca di massa, perché il livellamento dà luogo a una felicità morbosa che soddisfa la volontà

---

[2] Il "quoziente di intelligenza" è uno scherzo che non riflette in alcun modo l'intelligenza. Funziona solo su criteri di logica elementare, che possono essere brillanti in esseri primitivi.
Ignora totalmente le vere componenti dell'intelligenza: intuizione, spirito di sintesi spontaneo, senso estetico, senso morale. È probabile che molti dei geni dell'umanità abbiano un QI molto basso!

debole dei nostri contemporanei: la felicità di coloro che hanno rinunciato al pensiero e al coraggio.

Con il capitalismo, e con la sua normale estensione finanziata dal capitalismo, il comunismo, la vita delle persone è ormai tracciata alla lettera. Non hanno più il coraggio di misurare le cose, sono le cose a misurare loro.

In fondo, l'uomo è troppo grande per l'uomo.

Voi lo dimostrate, voi soffrite di questo atroce destino che gli uomini si sono creati con le loro molteplici dimissioni abbandonandosi ai parassiti di questi 5000 anni, perché la grandezza li spaventa, troppo pesante per le loro spalle. Preferiscono l'ombra vigliacca alla luce creata per loro.

È quindi inevitabile che oggi pochissime menti abbiano accesso a certi spettacoli. La vostra disperazione è quindi aggravata dalla sensazione sempre più soffocante di dover parlare a sordi e ciechi.

Alcuni, sempre meno, soffrono ancora nel loro cuore, ma voi piangete su problemi più grandi di tutti.

Avete capito che per far sì che gli uomini capiscano, dovete cambiare il determinismo degli uomini. Santi ed eroi sono morti per essersi rifiutati di capire questa legge, e temo che il vostro destino vi costringerà a imitarli.

La verità non può essere concepita senza strapparsi e, come mi hai scritto, sembra che il tuo calvario permetterà un giorno di "raggiungere, lontano dal materialismo ateo giudaico, dal misticismo isterico o disincarnato e dal dogmatismo feroce, l'equilibrio tra corpo e spirito, tra materia ed essenza".

La vostra singolare personalità e la vostra sfortuna è che siete, in breve, privi di quella necessaria forma di psicologia che consiste nel cavarsi gli occhi per compiacere i ciechi.

Tuttavia, vostro malgrado, sarete più o meno costretti a usare le armi progettate per e dalla mediocrità. Se l'amore è la vostra unica guida sarete schiacciati. Si arriverà persino a usarvi come coscienza e come strumento di massacro.

È il vostro diabolismo che vi aiuta a vivere, ma siete lucidi al riguardo e questa consapevolezza soffoca la vostra vita. Quindi la vostra lotta può sembrare inutile.

Questa lucidità irrisoria caratterizza il personaggio fatale del suo libro, il Dandy. Un visionario e un poeta, un pensatore torturato da Dio e da Satana e che rifiuta ogni sistema in nome della verità, torturato da Dio e da Satana perché è entrambi, perché li porta dentro di sé come un fuoco che lo divora e illumina il suo tempo.

È un merito eroico quello di aver evidenziato come, in questa persona profondamente toccante, guardare con amore, rivolta e impotenza a se stessi e agli altri sia la stessa cosa.

Si vede come, in virtù dello stesso determinismo, si percepisca il dramma attuale, ma d'altra parte - e questo è il prezzo da pagare - non si può spiegare questo dramma senza prestarsi inevitabilmente a critiche ispirate da una mente tronca, da una paralogia universalmente accettata.

Qualsiasi robot di questo mondo sarà in grado di confutare il vostro lavoro senza capirne nulla. Un uomo d'istinto lo sentirà in modo oscuro, perché l'istinto spesso si unisce misteriosamente alle conclusioni dell'intuizione estrema.

I pochi che non ne saranno infastiditi saranno storditi.

Costretti a rinunciare all'insegnamento, troverete la comunione di pochi. Gli uomini come voi sono sempre soli di fronte alla verità, e in questo dialogo non siete in debito con nessuno se volete preservarla.

Tutto ciò che arricchisce voi, arricchisce l'umanità. La vostra sofferenza è fruttuosa...

Jacques Charpentier-Puységur

CAPITOLO I

TRISTEZZA DIAFANA

Autore: *Vi ricordate che nel Paradiso Perduto, Satana disse:*
 "O sole, come odio i tuoi raggi".[3]
 Satana è stato fortunato a odiare il sole - vedete, a me non importa nulla del sole.
Albert Camus: *Ma tu ami la luce.*
Conversazione poco prima della morte di Camus

Il serpente è l'essere più infelice del mondo.
Non ha mai chiesto di essere un serpente.
È ripugnante e poco amabile.
Morde chi vuole amarlo.
E coloro che vogliono amarlo sono costretti
a lasciarsi mordere e morire.
O per uccidere il serpente che vogliono amare.
Il serpente non ha chiesto di essere un serpente.
Bisogna amare il serpente.
Il serpente non può fare nulla contro se stesso
perché non sa di essere un serpente.
È infelice e non sa perché.
Bisogna amare il serpente.
Bisogna amarlo molto, ed è giusto così.
Ciò che lo condanna suo malgrado
è la sua mancanza di autocoscienza
Bisogna lottare contro l'inevitabilità del serpente...[4]

Persistenza di ricordi così lontani dall'infanzia... Tristan ricordava mille cose dei suoi primi anni.

La spaziosa casa di Courbevoie, il boschetto nel grande giardino, la scala, l'albero di Giuda che la ombreggiava e irradiava il suo colore rosa malva tutt'intorno come un incanto...

La grande vasca, i pesci rossi che le giravano intorno in gran numero, la frescura della fontana, le goccioline che il vento le faceva formicolare

---

[3] O sole, come odio i tuoi raggi. "*Paradiso perduto*" di Milton.
[4] Una poesia ispirata all'incredibile, immensa domanda cosmica ebraica.

lungo le gambe. E poi il grande salone con il pianoforte da concerto, la saletta civettuola, la voliera con le colombe, i due danesi, Tirasse e Prince, che erano morti avvelenati.

E lì la madre, il padre, le sorelle Charlotte e Laure e la nonna paterna.

Suo padre era un colosso, alto un metro e novanta. Nella mezza età era diventato così sovrappeso da sembrare idropico. In realtà era molto grasso, perché quando le circostanze lo costringevano a digiunare, diventava magro.

Il volto di suo padre era strano, persino brutto, ma per chi sapeva osservare, c'era un'impronta soprannaturale in questa maschera. Una fronte gigantesca; era una specie di intellettuale allo sbaraglio, che ignorava le realtà immediate e considerava naturale che gli altri si occupassero di sciocchezze materiali per lasciarlo pensare in pace.

Si diceva che avesse una comprensione universale. Aveva previsto la Seconda guerra mondiale e persino una terza tra Stati Uniti e Cina. Pur leggendo pochissimi giornali, era consapevole dei cambiamenti fondamentali dei dati internazionali e aveva le chiavi per una comprensione sintetica della situazione economica. Non c'era nulla di ottimistico nelle sue previsioni a breve e a lungo termine.

Il padre gli ha lasciato due versi:

"O i piaceri della terra, amori ingrigiti.
i marmi del cimitero sono in frantumi".

E sul retro di una busta, segnata con la sua elegante calligrafia:

"Il saggio non è sulla bocca di tutti".

Sembra essersi adattato a questo ruolo di grandioso spettatore di un'umanità in decomposizione: curioso miscuglio di sublime e grottesco, declamava i suoi versi con voce profonda e ben timbrata, e poi si rimetteva a sedere, facendo crollare una sedia da salotto.

Sua madre...

Lei lo aveva tradito. Non aveva mai ricevuto la tenerezza, la comprensione, l'amore, la vicinanza che una vera madre prodiga sempre anche ai suoi figli più disorientati.

Mentre il padre apparteneva a una famiglia borghese di avvocati, la madre discendeva da una casta ebraica della nobiltà austriaca che ha lasciato il suo nome a una strada, a una scuola secondaria, a un ospedale, a un museo, per non parlare di alcune statue, in un Paese del Medio Oriente. La sua ricchezza, stimata in duecento milioni d'oro all'inizio del XX secolo, si basava sulle banche, sul cotone, sul progresso e sul socialismo...

Quando la madre sposò il padre, lei aveva quindici anni e lui trentacinque. Tristan è nato un anno dopo, quindi lei aveva sedici anni quando è nato lui.

Un magnifico tipo di Erodiade, era bella, di quella bellezza orientale, affascinante e diabolica. Un'esistenza eruttiva, era un vulcano, sua madre, un vulcano in continua attività e senza un atomo di buon senso. Capelli neri, viso goyesco, occhi scuri a mandorla, un naso fine e aquilino, che di per sé non poteva essere considerato bello, ma il miracolo dell'estetica del suo viso metteva il naso in armonia con il resto dei suoi lineamenti. Un naso dominante, con ali frementi e sensuali, una bocca di rosa, forme aggraziate e paffute, alta e snella, aveva quell'aria fiera da arcangelo caduto che Tristan aveva in qualche modo ereditato. Razza incomparabile, piuttosto distinzione particolare, non quella distinzione effettata che solo le persone distinte notano, elegante e semplice, ma di quell'eleganza e semplicità che abbagliano.

Una poetessa tormentata, un demone mistico e distruttivo, una strana forma di spiritualità istrionica, unita a una strana mancanza di lucidità su se stessa. Convertitasi con veemenza al cattolicesimo una decina di anni dopo la nascita di Tristano, rimase comunque Rebecca.

Una prolifica produttrice di disastri di cui lei stessa ha sofferto per effetto boomerang, impotente a deviare certi istinti. Una malattia inconsapevole e fatale: dissolversi.

La sua anima tremava e si esasperava per la felicità degli altri. Un certo Belial guidò il suo braccio al momento giusto. Tristan era stata la sua più grande vittima, ma sapeva che era un'irresponsabile. Purtroppo, cercava di stare attento a non confidarsi con lei, perché i suoi interventi meschini erano destinati a scatenare l'irreparabile. Spesso, il richiamo del suo cuore, delle sue viscere, gli impediva di prendere in considerazione questa realtà. Così Tristano pagò la sua imprudenza. La rivide in quel momento, la sua madre attrice, il suo bel viso alla Sarah-Bernardesque, la sua ammaliante mobilità espressiva, le sue parole, il suo sguardo e la sua ammaliante mimica, tutto in lei trasudava dramma nato e gli ricordava tanto Rachele quanto Cleopatra.

Perché suo padre aveva sposato sua madre?

C'era una vera differenza di età tra loro e non sembra che il vero amore sia stato la chiave di questa unione.

In effetti, suo padre aveva un amico che aveva conosciuto sui banchi del Lycée Michelet. Entrambi avevano pensato che la strada più facile per il successo e l'affermazione sociale fosse un ricco matrimonio nella nuova aristocrazia mondiale emersa dalla rivoluzione del 1789, l'aristocrazia del denaro e della finanza onnipotente. Così suo padre e il suo amico Paul sposarono due sorelle di una famiglia ebraica internazionale che avevano conosciuto a Biarritz, sua madre e sua zia Denise. Per coincidenza, o piuttosto per stratagemma, fu proprio nella proprietà di Biarritz che le cose si avviarono e si conclusero.

Il matrimonio tra zia Denise, sorella di sua madre, e Paul, che divenne suo zio per matrimonio, fu coerente, tipico e organizzato. Paul compie gli studi di medicina, diventa sindaco, consigliere generale e deputato e, se non fosse morto di angina poco prima della cosiddetta "liberazione", sarebbe stato ministro nel 1945. Lo zio Paul, socialista radicale, era un uomo di grande e necessaria plasticità.

Per quanto riguarda sua madre...

Gli eventi che portarono al matrimonio furono molti e inverosimili. Sua madre, gli era stato detto, si era rotolata per terra all'età di quindici anni per sposare suo padre. Pur conoscendo molto bene la mentalità della famiglia di sua madre, dubitava, non senza ragione, che sua madre fosse stata costretta a questo matrimonio ridicolo e sproporzionato all'età di quindici anni. Ma lei sosteneva di averlo fatto.

Fu promessa una grande dote. Il padre contava senza dubbio su questo denaro per realizzare i suoi progetti intellettuali, ma la dote non fu mai pagata. Calcolo ambizioso, conclusione cupa.

Una moglie megeresca di quindici anni, tre figli, di cui Tristan era il maggiore, e che sarebbero diventati le piccole vittime ammaccate di molteplici infamie.

I primi sette anni, nella tranquilla cornice di Courbevoie, nel giardino, nella grande casa... Niente era tranquillo. Il padre minacciava la madre con un revolver dal manico di perla. Tristan si avvicinava e batteva la giacca grigia screziata del padre con la sua piccola vanga. Suo padre non era un bruto, sembrava piuttosto passivo, ma una donna come sua madre, Tristan l'avrebbe gettato dalla finestra, o se ne sarebbe andato e non sarebbe più tornato. Doveva avere un dono naturale per entrare nella sua pelle. Un'altra volta, la scena del revolver al contrario: questa volta una piccola pistola con l'impugnatura nera.

Avevano la mania dei revolver.

Si precipitò fuori dalla finestra che dava sul giardino e puntò una pistola alla testa di mio padre. Lui rimase calmo, tagliando una rosa accanto al laghetto: "Vai a dire alla mamma che voglio baciarla". Ma la missione diplomatica del bambino non ebbe alcun effetto.

A cosa stavano giocando?

Non l'avrebbe mai saputo, ma quelle immagini erano rimaste impresse nel suo piccolo cervello come un gemito.

La nonna materna era indulgente e generosa. Ricorda che passò una notte intera a massaggiare le ginocchia di Tristan, che soffriva di una specie di reumatismo dovuto alla crescita. Una notte intera! Com'era buona! Si commuoveva quando la ricordava.

La nonna non andava d'accordo con la madre. Mentre i domestici andavano a letto, lui e le sue due sorelle li sentirono gridare: vide di nuovo la madre e la nonna, entrambe con le mani insanguinate e i coltelli in mano.

I tre bambini erano stati allattati e affidati alla servitù. Tristan ricordava i loro nomi, Mouchy e Aby, probabilmente abbreviazione di Gaby. Una volta si era chiesto perché tutte le spazzole della casa appartenessero a lui: "Vai a prendermi la spazzola per i vestiti!

Nel filo evanescente dei suoi ricordi:

Suo padre stava mangiando le patatine con le dita. È vero che sono molto più buone! Sua madre lo guardò con un'espressione arrabbiata e stizzita, poi si alzò improvvisamente e fece cadere il piatto di patatine sulle ginocchia del padre. Senza dire una parola, lasciò la sala da pranzo. Un'altra volta sua madre lo colpì sul braccio. Lui la colpì un paio di volte, poi si fece da parte. Un giorno la prese per la gola. Perché lo fece? Non era lui la vera vittima? Ma lei ovviamente pensava che fosse lei e finì per assumere il ruolo di vittima.

Tristan e le sue sorelle stavano facendo il bagno insieme. Aveva notato una differenza sorprendente tra lui e le sue sorelle. Non scoprì mai come la tata lo avesse riferito alla madre, ma lei lo picchiò ferocemente, senza una parola di spiegazione, con il frustino d'ebano che giaceva sul pianoforte.

La rivide, la madre attrice, con il suo tono di voce, la sua mimica capace di convincere persone comunemente definite intelligenti delle cose più implausibili.[5]

Erano passati sette anni dalla nascita di Tristan. I litigi tra suo padre e sua madre li avevano segnati dolorosamente;

Un giorno sua madre scomparve. Passarono settimane...

---

[5] In questo secolo è diventata un'abitudine mediatica internazionale.

CAPITOLO II

> *"Dal giorno in cui sono stato allertato, la lucidità è arrivata a me e ho ricevuto tutte le ferite allo stesso tempo. Ho perso le forze tutte insieme e l'intero universo ha cominciato a ridere intorno a me".*
>
> La caduta, Albert Camus

NONNA CARISSIMA

Una sera d'estate, Tristan era rannicchiato pensieroso ai piedi del letto quando un uomo alto irruppe nella sua stanza. Aveva preso Tristan in braccio, mentre un altro signore aveva preso le sue due sorelle che dormivano nella stanza accanto. I due ruzzolarono giù per le scale a quattro a quattro. La nonna fu tenuta chiusa in cucina da un terzo uomo che i bambini non conoscevano più degli altri due. Furono fatti salire su un'auto e mezz'ora dopo si trovarono davanti a un palazzo privato nel 16° arrondissement di Parigi.

Sono stati adagiati su un letto.

Nel letto c'era la madre di sua madre: *"Nonna, tesoro"*.

Un brivido attraversò il corpo di Tristan. Ricordo, disgusto, disperazione. Era lì, sdraiata su un ampio divano in una vasta stanza della sua casa di città. Una lampada sul comodino, la luce gialla, confusa, tutto scuro e sinistro. Tristan era spaventato. Il suo cuore batteva all'impazzata. Sentiva il cuore delle sue sorelline battere forte come il suo.

Eccola lì, avvolta in uno scialle, con gli abbondanti capelli grigi sciolti all'indietro e tenuti in uno chignon. Carnagione giallastra, nauseante da guardare, occhi neri, palpebre a mandorla, viso ovale e naso adunco. Aveva un aspetto cattivo e buffo. A volte c'era un barlume di bontà nei suoi occhi fugace e disperato. Sembrava la strega maledetta di Biancaneve e i sette nani...

Mani sottili, giallo-verdastre, ripugnanti, sembrava accasciata, incapace, scettica, impotente e soprattutto meschina.

"Sei la mamma della mamma?", sussurrò Charlotte, a mezza voce, inorridita. Era proprio lei, quella che avrebbero chiamato *"cara nonna"*.

Charlotte forse sospettava che nessuno dei tre bambini avrebbe avuto un solo ricordo affettuoso dell'*amata nonna*. A portata di mano c'era una scatola rotonda di dolci. La prese con un sorriso arcignamente falso e offrì loro un dolce che misero in bocca.

Dovete immaginare cosa si prova a mangiare un dolce in queste circostanze. Non pensava di aver mai digerito quel dolce: il suo corpo poteva averlo digerito, ma la sua mente non ci sarebbe mai riuscita.

Tutto ciò che facciamo deve essere fatto con la mente e con il cuore. Il cibo dato senza amore distrugge se stessi e gli altri. Il lavoro fatto senza amore distrugge se stessi e gli altri. Ecco perché tutto nel mondo moderno è falso e folle. Senza amore, tutto sarà necessariamente inquinato, perché il concetto di redditività non potrà mai sostituire l'intelligenza, che può essere costruita solo attraverso l'amore. Senza amore, l'intelletto distrugge tutto.

I bambini sarebbero rimasti a lungo con la *loro amata nonna*. Quanto è stata dolorosa quell'infanzia. Sarebbe stato preferibile non esserci, ma c'erano.

Come avevano chiaramente previsto, la *nonna carissima* aveva l'anima di un torturatore e loro tre erano i piccoli torturati.

Nessuno dei tre bambini ha un ricordo affettivo o tenero della loro *amata nonna*. Aprire la bocca era un crimine. Un cibo dava loro la nausea? Non avrebbe permesso loro di rifiutarsi di mangiarlo. Tristan vedeva ancora Charlotte negli occhi della sua mente, che vomitava perché *la nonna* voleva costringerla, "per il suo bene", a mangiare le indivie bollite che lei detestava.

In seguito, quando le sue sorelle, che erano in pensione a Parigi, venivano a volte la domenica, *nonna chérie* faceva preparare loro questo piatto preferito, che disgustava anche Laure, la sorella minore, e Tristan.

Gli schiaffi piovevano per ogni minima cosa, per un sì o un no che avrebbe dovuto essere ricordato. Le sue parole d'ordine erano "idiota" e "idiota".

Da bambino, Tristan aveva naturalmente labbra rosso rubino. *La nonna* raccontava che lui era solito mordersi o strofinarsi per ottenere quel bel colore. Minacciò Tristan che se avesse continuato a farlo, lei gli avrebbe strofinato del pepe rosso sulle labbra. Poiché le labbra continuavano a mantenere la loro colorazione naturale, la nonna schiacciò una grande quantità di peperoncino sulle labbra di Tristan davanti agli stupefatti domestici. Perché aveva fatto pagare le labbra sospette in questo modo? Oggi a Tristan sembrava che avesse agito per una gelosia inconscia, perché le sue labbra erano pallide e senza sangue.

Dopo i bagni caldi, che lei stessa insisteva a fare per devozione e gentilezza e la cui prospettiva faceva tremare tutte e tre, le inondava di acqua fredda, con il buon pretesto di "fare qualcosa". Ma metteva così tanto sadismo in questa pratica che diventava un'evidente persecuzione: tremavano e ansimavano senza dire una parola.

Nonna Darling dominava coloro che la circondavano a tal punto che tutti, specialmente suo figlio Jacques e sua sorella Denise, moglie dello zio Paul, accettavano tutto dalla loro "piccola mamma". Avrebbero detto "amen" a ogni sua mossa se avessero conosciuto la parola. Lunghi mesi di torture, durante i quali Tristan fu sottoposto a schiaffi, insulti, finte comunicazioni al riformatorio, pressioni morali, ricatti mentali, voglia di ferire i sentimenti pervertendoli oltre che il corpo.

Aveva appena compiuto otto anni e fu mandato in collegio al Lycée Lakanal.

A quell'età Tristan era un bambino biondo e pallido, molto sensibile e delicato. La separazione dalla madre fu atroce per lui. Essere immerso nel mezzo di questa comunità dove tutto è brutalità, dove bisogna essere duri per non essere schiacciati, è stato un calvario disumano. Ha sofferto senza sosta per tutti i suoi anni da pensionante. Non disse nulla, ancora tremante, il suo cuore cominciò a battere più velocemente. Cominciò a *pensare*.

I suoi amici lo bullizzavano perché non sapeva difendersi. Aveva mani lunghe e bianche con articolazioni fragili, i polsi non erano abbastanza forti per sferrare un colpo e non aveva mai sentito il bisogno di farlo. Non era una mancanza di coraggio morale, ma non ne capiva il motivo, e sapeva che i suoi muscoli e i suoi nervi non avevano alcuna possibilità di vincere in combattimenti di cui non vedeva il senso. Il coraggio fisico brutale era difficile per lui. Il contatto fisico maschile gli ripugnava. Anche oggi poteva immaginare di combattere con una spada, ma non con i pugni.

Trascorse lunghe giornate a piangere e oggi ricorda questo continuo calvario come se fosse ieri. Non lavorava in classe. Soffriva troppo per riuscire a concentrare la sua attenzione, e lavorare in una comunità volgare era impossibile per lui. Non aveva il senso della competizione e il fatto che il suo vicino fosse il primo e lui l'ultimo gli lasciava un'insolita indifferenza. Non c'era.

Un giorno il preside venne a consegnare le sue note per congratularsi o ammonire i ragazzi di prima liceo. Dopo averlo rimproverato severamente, il preside guardò il suo visino pallido e i suoi grandi occhi blu dalle lunghe ciglia e disse: "Come puoi lavorare bene conciato così? Gli accarezzò dolcemente la guancia e lo rimandò al suo posto.

Ma Tristan ora aveva capito. Tutto questo aveva poca importanza. A scuola non si imparava nulla, nulla che potesse insegnarci a *essere*. I primi della classe andavano al Politecnico o alla Normale Superiore e non se ne andavano mai. Non hanno mai fatto un passo verso una comprensione più profonda dell'uomo. Non sono mai stati avidi di assoluto, impazienti di infinito. Le più grandi menti sono sempre state scolari mediocri.

Questo è facile da capire: un'educazione standard, fino all'età di venti o venticinque anni, investe l'intera psiche, che viene poi completamente mobilitata e sterilizzata per la maturazione di una mentalità originale che, attraverso la meditazione personale, porterebbe al genio.

Per questo l'educazione deve essere prudente, mai masturbatoria, come avviene, ad esempio, con la deformazione verso l'agrégation, che produce esseri standard. Shakespeare conosceva "poco greco e meno latino". La pagella scolastica di Chopin, quel genio ineguagliabile, portava questa annotazione: "Un allievo assolutamente impossibile, ma un genio".

I soprusi subiti hanno dato a Tristano una costante e dolorosa meditazione sul problema del male e della sofferenza. La bruttezza fisica e morale, la meschinità e la vigliaccheria del mondo lo abbracciavano. Piangeva già per il mondo più che per se stesso.

Si è eretto a simbolo.

Perché questa vigliaccheria rivoltante e incomprensibile? Perché esseri dello stesso livello spirituale non hanno vissuto nello stesso gruppo umano?

Durante i suoi lunghi soggiorni in vari licei e collèges della regione parigina, Tristan veniva talvolta la domenica a trovare l'*amata nonna*. La vita in collegio era così odiosa per lui che il conforto fittizio di una pallida apparizione familiare era un balsamo per una grande ferita.

Ha visto sua madre. Sua madre, quel fantasma doloroso...

Quando dovette ripartire la domenica sera, pianse così tanto sul binario della stazione di Denfert-Rochereau che ancora oggi si chiede come abbiano avuto il coraggio di lasciarlo andare. Disperazione suprema.

Una volta al mese, i tre figli andavano a trovare il padre nella grande casa di Courbevoie. Nell'auto che li portava c'erano un ufficiale giudiziario e un medico legale. *La nonna* e la madre raccontavano loro abomini sul padre. Così alla prima visita erano molto spaventati. Alla sola vista del padre, ruzzolarono giù per le scale e si precipitarono tra le braccia degli zii, che li aspettavano in strada, con le portiere dell'auto aperte, come se la loro reazione fosse stata prevista.

Ma tornarono e alla fine si abituarono, perché il padre li accolse in modo affascinante e sontuoso. Fece loro magnifici regali, un orologio d'oro, una penna d'oro, il tavolo della sala da pranzo fu ricoperto di succulenti torte della marchesa di Sévigné e altre cose buone.

I bambini si sono divertiti un mondo.

Presto si trasferirono con la madre in un piccolo villaggio del Perche, Marolles les Buis. Era una campagna profumata e ondulata, piena di sana poesia per chi non soffre.

Arrivò l'inverno.

Tristan contrasse raffreddore, pertosse, polmonite, doppia polmonite, broncopolmonite, doppia broncopolmonite. Infine, una pleurite purulenta fatale completò il tutto.

Rimase a letto per un anno intero coperto di ascessi e bolle. Gli venivano praticate incisioni quasi ogni giorno e senza anestesia. Con una natura così aristocratica e delicata, la mancanza di amore e una dieta scolastica spaventosa a base di cibi amidacei e carne avariata erano destinati a provocare un giorno una malattia. La natura non perdona mai. Ogni giorno veniva avvolto in lenzuola imbevute di acqua fredda per abbassare la febbre, una procedura assurda se ci si pensa. Questi impacchi erano una tortura. Poi c'erano gli ascessi e le sette o otto iniezioni al giorno. Era diventato così scheletrico che gli aghi si rifiutavano di penetrare nella carne e il panico lo attanagliava alla sola vista di una siringa. Un giorno pregò un maestro di Chartres che era venuto a trovarlo di ridurre il numero delle iniezioni: le dimezzò. Arrivarono persino a fargli solo una o due iniezioni al giorno. La sola prospettiva di un'iniezione di canfora con un ascesso innestato lo mandava in bestia.

Una sera sua madre, che aveva una certa conoscenza dell'arte chirologica, esaminò la mano di Tristan e cominciò a piangere. Forse aveva percepito un segno di morte, perché tre giorni dopo Tristan entrò in coma.

Rimase lucido nella sua silenziosa agonia. Vide il parroco di sinistra, che era diventato un grande amico di sua madre dopo la sua recente conversione al cattolicesimo, e le fece recitare alcune preghiere molto sconosciute: "Padre nostro che sei nei cieli... sia fatta la tua volontà come in cielo così in terra".

A destra vedeva sua madre che singhiozzava e il dottor Boulier che singhiozzava anche lui. Questo medico lo aveva curato con energia e, accanto a questo piccolo paziente, si scioglieva come un bambino. Era un'anima delicata e anni dopo Tristan seppe che si era suicidato. Alle anime gentili non basta il coraggio di contemplare la miseria e la sordità del mondo.

Le persone felici sono quelle che non sentono nulla e non pensano nulla, perché andare al fondo delle cose significa arrivare al punto di sofferenza. Più ci si avvicina al cavolo, più si è felici perché non si soffre. Un cavolo ragionante in un centimetro cubo di mente è felice. L'umanità è fatta di cavoli ragionanti: ne facciamo quello che vogliamo attraverso la scuola, la radio, la televisione, il cibo carente e le vaccinazioni sistematiche. Li diseduciamo, li istruiamo, li massacriamo e loro ne vogliono ancora.

Come sono felici gli sciocchi! Sembrava che Tristan dovesse morire.

Sua madre gli disse che aveva pregato la Madonna di Chartres di guarirlo, di fare un miracolo. Deve averlo ascoltato, perché nelle prime ore del mattino, tra lo stupore di tutti, Tristano si alzò e chiese del prosciutto...

Nell'archivio della cattedrale c'è un dossier su questo miracolo. Immagino che la Madonna lo abbia ascoltato...[6]

Non era certo la tragedia sanitaria che aveva appena subito a impedirgli di essere rimandato in collegio. Uno o due anni dopo, quando Tristan era di nuovo in quell'inferno, il preside, su istigazione della madre, portò Tristan a vedere il professore che lo aveva curato e aveva ridotto il numero di iniezioni. Mentre Tristan si spogliava, sentì il professore dire al preside nella stanza accanto: "L'ultima volta che ho visto questo bambino, nemmeno una parte dei suoi polmoni respirava".

---

[6] Il bambino appartiene al biotipo della tiroide, e una tiroide così potente può spesso ottenere un tale recupero grazie al superpotere vitale che implica. La tiroide è la ghiandola della vita e dell'intelligenza. Chi ha una tiroide potente, grazie al biotipo determinato da questa ghiandola, gode, anche in una situazione delicata, di un'eccezionale difesa dell'organismo dalle malattie e di un notevole potenziale di recupero.

Durante questa malattia quasi mortale, il padre di Tristan aveva cercato di vedere il figlio. Aveva sentito la sua voce profonda nel piccolo giardino: la madre non glielo aveva permesso. "Ha paura di te", gli aveva detto.

Come poteva Tristan non avere paura di suo padre con tutte le cattiverie che sua madre e la sua *cara nonna* gli avevano riversato addosso?

Una lunga convalescenza, poi naturalmente il collegio.

Sporchi istituti dell'Eure e del Loir, ovviamente religiosi, perché Tristan era stato battezzato dopo la sua miracolosa guarigione. Uno dei direttori di uno di questi istituti un giorno lo prese sulle ginocchia e gli accarezzò i genitali attraverso le mutande. Lo fece solo una volta. A Chartres, il soggiorno presso l'istituto Notre Dame fu meno doloroso: fece parte del coro che cantava nella cattedrale. Questa fu la sua prima esposizione alla melodia. Il suo cuore cominciò a battere alla vista di un pianoforte, e si sentì deliziosamente intorpidito e tremante mentre ascoltava Chopin. Il pianoforte sarebbe diventato il sogno irrealizzato della sua vita, l'oasi che non avrebbe mai raggiunto.

In classe non faceva ancora molto. La sua debole costituzione e le responsabilità della sua infanzia non curata e non amata sterilizzavano qualsiasi sforzo in una natura già disinvolta e sensuale. Anche se avesse studiato musica, non avrebbe certo soddisfatto i suoi insegnanti per anni. Nulla era più lontano dalla sua natura dello studio dei rudimenti, delle basi della teoria e della tecnica musicale.

La procedura di divorzio tra suo padre e sua madre era iniziata nel momento in cui erano arrivati a casa *della nonna*. Tristan non aveva mai conosciuto i dettagli di questa triste vicenda, ma non era tentato dalla melma. Era stato schizzato abbastanza da non volerne più. Ricordava che suo padre aveva fatto affiggere manifesti gialli in tutta Parigi a causa del "rapimento dei suoi figli". Il processo durò più di dieci anni e sembra che fossero in gioco interessi materiali.

La prima battaglia legale sembrava essere vinta dal padre, perché la madre aveva abbandonato la casa coniugale.

La nonna e tutta la famiglia erano preoccupati.

Dovevano pagare. Ciò che Tristan aveva notato era che nulla poteva indurli ad aprire la loro cassaforte: sofferenza, disperazione, preghiere discrete, schiaffi morali, insulti o sputi, nulla poteva farlo. Quindi il pericolo era grande.

Per vincere la causa, ha dovuto accusare il padre - a ragione, purtroppo, come vedremo - di non essere in grado di provvedere ai figli.

Era evidente che il padre non aveva un grande talento per i lavori umili e che questo processo aveva reso la sua situazione precaria.

Per la *nonna*, l'unica cosa che contava era non pagare: "Non mi importa di badare ai bambini", ha detto al giudice, "ma se mi chiedete dei soldi, vado a sedermi in prigione".

C'era quindi una sola soluzione per loro: dimostrare che il padre in rovina non era in grado di provvedere a loro. Sarebbero quindi stati restituiti al padre e, dopo qualche mese o qualche anno, l'esperimento sarebbe terminato: un esame della loro salute fisica e morale avrebbe dimostrato che il padre non era in grado di fornire loro il pane quotidiano.

Essendo il denaro la loro principale risorsa, hanno concepito con freddezza questo progetto.

Sembra che sia stata la madre a prendere l'iniziativa, ma poiché non aveva nulla di suo, spettava *alla nonna* e ai suoi fratelli e sorelle dissuaderla.

In realtà, non si sono opposti affatto, se non, ovviamente, attraverso obiezioni ostentate, pathos da fiera, dimostrazioni ipocrite, parole magniloquenti, in modo da salvaguardare la loro rispettabilità agli occhi della galleria.

Il giorno in cui furono portati dal padre, la madre li portò a uno spettacolo e poi in una pasticceria. Questo pasto per i condannati era meravigliosamente fresco. Questi dolcetti dovevano accentuare il contrasto, poiché la loro esperienza era una testimonianza vitale per il clan.

Quando arrivarono a Courbevoie, la madre li fece passare dal cancello del giardino e risalì sul suo taxi senza aspettare che il padre venisse a prendere possesso di questo piccolo carico umano che già non sapeva dove si trovasse, in quale mondo di bruti si stesse dibattendo. Erano lì, storditi, senza sapere cosa fare, dopo aver cercato invano di aggrapparsi alla madre, che si era staccata per andarsene.

La statura quasi gigantesca del padre apparve sul gradino. Li fissò stupito, con il suo lorgnon d'oro sul naso e la fronte immensa. Capì allora cosa gli stava accadendo. Rovinato e indigente, non poteva occuparsi dei bambini. Chiese quindi a uno dei suoi amici, il conte Richard de Grandmas, di portare i bambini alla stazione di polizia.

Il commissario ha poi voluto metterli in contatto telefonico con la madre e la sua famiglia. Lo zio Jacques è stato contattato. Gli dissero che erano soli e abbandonati alla stazione di polizia. Lo zio, con la sua voce castrata, rispose che non c'era nulla da fare.

"Non avrebbero potuto fare nulla! Anche se una sentenza del tribunale li avesse restituiti al padre, la sola testimonianza del commissario di polizia, che attestava il rifiuto del padre di riprenderli, sarebbe stata sufficiente in tribunale per restituirli legalmente alla madre. I tribunali dovevano forse constatare che i bambini erano emaciati e malati? Questa strategia disumana era legalmente necessaria?

Si direbbe di sì, perché il commissario ha portato i bambini all'Assistance Publique di Parigi.

Che angoscia provò Tristan.

Si sentiva così solo, così estraneo, separato dalle sue sorelle. Aveva preso come confidente un'infermiera, che piangeva mentre Tristan le raccontava il suo dolore come una poesia.

La madre è venuta a trovarli. Disse loro che sarebbe tornata a prenderli. Ma due giorni dopo arrivò il padre. Li portò via. Sarebbero rimasti per qualche settimana nella grande casa di Courbevoie.

Era vuota. Tutto era stato venduto: il pianoforte da concerto, i quadri d'autore, i mobili d'epoca. Rimanevano solo alcuni tavoli e sedie da giardino in vimini per sostituire le sedie, i tavoli e le poltrone in stile che erano andati in fumo.

Richard, l'amico del padre, viveva con loro. Era un uomo sensibile e intelligente, ma molto preso dall'intelligenza del padre. Era diventato una sorta di alter ego del padre. Si occupava dei bambini ed era amichevole e umano.

Fin dal battesimo, Tristan aveva avuto una paura incoercibile del diavolo. Incubi terribili lo svegliavano con i brividi.

Richard si impegnò a trasmettere il suo terrore, in preda al panico.[7]

Un giorno Tristan andò a trovarlo nella sua stanza in cima alla casa.

---

[7] Per duemila anni di cristianesimo, questa vera e propria psicosi ha portato scompiglio e distrutto vite.
Il caso delle succubi e degli incubi che credevano di aver dormito con il diavolo e furono bruciati è un esempio simbolico.
Va notato che prima del battesimo, Tristan non era a conoscenza di questa "malattia".

— Buongiorno, Tristan, ieri sera ero nei guai. Avevo le sigarette e non avevo il fuoco. Ho dovuto aspettare fino a mezzanotte per poter fumare!

— Perché solo fino a mezzanotte?

— Perché è in quel momento che Satana in persona viene a farmi visita. Così ho potuto prendere in prestito la punta della sua coda per accendere la mia sigaretta. Poi abbiamo giocato una partita a scacchi e ho vinto: quel Satanas gioca come un campione!

Tristan rise, ma un po' di giallo. Non trovava affatto divertente che Richard si accendesse la sigaretta con il cazzo di Satana. Il suo intuito gli diceva che Satana era troppo serio per lasciarsi andare a simili scherzi.

Satana non era più un uomo da sigarette, cosa che nessuno sospettava all'epoca.

Presto lo avrebbe incontrato in tutto il mondo moderno.[8]

Richard aveva studiato medicina e psichiatria. Un giorno Tristan girava per casa con un forte mal di denti. Richard lo fece sedere, gli prese la mano e lo guardò negli occhi senza dire una parola.

Tristan sentì il dolore salire e salire e poi scomparire.

Era stupefatto. Tre giorni dopo, Richard aveva una guancia gonfia come un palloncino, una flussione. Purtroppo, non era in grado di eseguire su se stesso l'esperimento che aveva avuto tanto successo su Tristan.

Richard dovette lasciarli; dovette tornare al suo lavoro di giornalista.

I bambini non consumavano pasti regolari. A volte rimanevano per giorni senza cibo. Allora hanno conosciuto la fame vera: quella che ti costringe a rotolarti sul pavimento, a gemere e a piangere, con le viscere in fiamme. La fame che ti attanaglia con acidità, spasmi, singhiozzo, nausea... La più dolorosa delle malattie.

Un giorno, durante questo calvario, i bambini, affamati e affaticati, aprirono la credenza della cucina nella speranza di trovare qualche resto commestibile. C'erano semi di miglio per le colombe della voliera e una

---

[8] Lo incontrerà nel capitalismo di Rothschild, nei socialismi di Marx e dei suoi simili, nel freudismo abulico e pornografico, nell'arte da ossario di Picasso, nelle varie bombe di Einstein, Oppenheimer, Field, S.T. e Cohen, nel capitalismo marxista in generale e nelle guerre economiche mondiali. Cohen, nel marxismo capitalista in generale e nelle guerre economiche mondiali.

bottiglia di olio da cucina. Prepararono un decotto e provarono a mangiarlo: il ricordo di quell'orribile miscuglio agita ancora il cuore di Tristan. Dopo qualche giorno, il padre portò loro pane, prosciutto, paté e torte, che mangiarono voracemente. Poi andavano a letto perché la febbre stava salendo.

Le colombe della voliera erano morte di fame. Un giorno volevano restituire loro la libertà, ma i gatti del quartiere le bramavano. Ciò che è bello e puro non sopravvive a lungo. La bellezza e l'intelligenza vivono solo sulle fondamenta di un'élite preservata da un sistema politico che coltiva l'altezza spirituale e morale piuttosto che la redditività. Oggi l'uomo ignora i valori autentici, non conosce più la bellezza, l'intelligenza e soprattutto la verità, e sta morendo nel caos.

In casa c'erano anche dei piccoli gatti. All'inizio sembravano scheletri di gatto, poi un giorno sono morti. I bambini cercavano di mettere dei pezzetti di cibo sulle loro linguette rosa. I loro occhietti diventarono opachi e poi morirono. Laure, Charlotte e Tristan piangevano ogni volta che scompariva una di queste piccole creature che popolavano la casa e il giardino.

Non c'era latte da molto tempo, non c'era un barattolo per aiutare i bambini e i gatti a vivere.

E tutti volevano morire.

La nonna, madre del padre, era ancora a Courbevoie. Nonostante la loro miseria, la sua presenza riempiva la casa di gioia e dolcezza. Era così buona, ma vecchia, molto vecchia e stanca. Dava loro tutto quello che aveva. Un giorno si ammalò, si mise a letto e non si alzò più. Lasciando loro il piatto di composta che aveva preparato per lei, morì. I tre piansero molto. Tristan la vide sul letto di morte, con il volto bianco, tirato, inerte, e si spaventò. Il padre piangeva una madre che senza dubbio era stata una madre modello per lui. La nonna fu sepolta senza cerimonia, senza tomba. Oggi sarebbe impossibile trovare il luogo in cui è stato sepolto il suo corpo. Povera cara nonna. A Tristan piaceva ripetere il suo nome. Pensava spesso alla vita felice che avrebbero potuto avere loro tre con questa vera nonna.

I bambini iniziarono così una vita errante che sarebbe durata tre anni.

Vagarono da un albergo all'altro nella regione di Parigi. Il primo albergo, ricorda Tristan, fu l'Hotel Terminus alla Gare Saint Lazare.

Lì il padre dovette lasciare in garanzia un baule armadio pieno di abiti e vestiti. Poi altri alberghi e altri ancora.

La loro educazione e istruzione erano completamente trascurate: a dodici anni Tristan fece trenta errori di ortografia in una sola pagina. Mangiavano o non mangiavano, dormivano o non dormivano. A volte passavano le notti a camminare. Camminare... Come camminavano! Ci sono pochi bambini al mondo che camminano tanto quanto loro.

Passarono tre anni.

Una mattina si trovavano a Issy les Moulineaux con alcune brave persone a cui il padre li aveva affidati.

Non l'hanno più rivisto...

CAPITOLO III

"L'eresia delle eresie era il senso comune"
(Orwell "1984")

Verso le nove di sera, Tristan era preoccupato che suo padre non tornasse e andò ad aspettarlo alla stazione della metropolitana. Era lì da mezz'ora quando un uomo scese e gli si avvicinò. Il volto dell'uomo non gli era sconosciuto. Lo aveva già visto in passato in occasione di eventi legali durante il procedimento di divorzio dei suoi genitori. Lo vedeva di nuovo in una nuvola di giudici, avvocati e poliziotti. Era l'ispettore Lordiller.

- Dove sono le vostre sorelle? disse bruscamente quest'ultimo.

Si sono recati insieme a casa delle persone che erano state così gentili da prendersi cura di loro quel giorno. Poi andarono in un caffè dove l'ispettore offrì loro cioccolata calda e croissant. Poi ha chiamato un taxi e sono saliti tutti.

Venti minuti dopo erano in piedi davanti alla villa *della nonna*.

Solo la vista della casa e l'idea degli "enormi sacrifici che *la nonna* avrebbe fatto per loro" faceva sprofondare i loro cuori.

Erano stati infelici in quei tre anni. Avevano mancato di tutto dal punto di vista materiale. Avevano conosciuto la fame del viaggiatore nel deserto. Ma non era mai mancato loro l'affetto. Non erano stati così infelici se si esce da questa realtà ristretta che tiene conto solo delle contingenze materiali. Tutti sembrano essere sempre più ossessionati da questa realtà, come se fosse tutta la realtà. Sono poche le persone che hanno il senso della realtà *nella* sua interezza e che non si rendono conto che la loro povera realtà, frammentata, troncata, fraudolenta, è solo il feto della realtà vera. Avrebbero scambiato l'ambiente lussuoso che li attendeva con una relativa miseria, dove i loro corpi avrebbero avuto un nutrimento minimo. Nei loro cuori non era rimasto nulla di amaro per quei tre anni di sofferenza materiale. Non avevano sempre avuto abbastanza da mangiare? Forse sì. Ma questo non bastava a mantenere il risentimento nei confronti del padre. Preferivano il pezzo di pane che il padre porgeva loro con discrezione alla tanto agognata torta al cioccolato dell'*amata nonna*, perché lei la avvolgeva in quell'abominevole ostentazione che ti faceva venire voglia di dire: "No grazie, non la voglio".

Non sono rimasti a casa *della nonna*.

Con la sua auto americana, lo zio Jacques li portò da un'amica della madre in periferia. Tristan ricorda una certa rivolta durante il viaggio in auto. Era buffo essere così affamati da rotolarsi sul pavimento gemendo, quando la famiglia della madre aveva auto americane (anche lo zio Etienne ne aveva una), una villa nel sedicesimo arrondissement di Parigi e servitori dai guanti bianchi. Qualche settimana prima, aveva sentito Maître Badier, l'avvocato del clan della madre, dire al padre: "Poveretti, sono indigenti".

Certo, la loro situazione materiale tra le due guerre non era quella di inizio secolo, ma gli zii erano medici ospedalieri e *la nonna* riceveva ospiti paganti, in particolare ebrei tedeschi che dal 1936 utilizzavano la residenza della *nonna* come trampolino di lancio per gli Stati Uniti. Ma si trattava di povertà?

— Perché", disse Tristan, "abbiamo avuto così tanta fame e dormito così poco negli ultimi tre anni, se non siete indigenti, come ci ha detto il maestro Badier?

— Non sono affari tuoi", rispose lo zio in modo brusco ed eunuco.

Dopo alcuni giorni trascorsi con amici in periferia, sono andati a stare da amici a Eure et Loir. Un piccolo castello circondato da un grande parco in fondo a un bacino. Battezzarono il signorotto "zio" e la signorina "zia Hélène". Lei era una nonnina grande, simpatica e dalla parlantina dolce. Ma... tornarono in collegio.

Durante le vacanze, tornavano lì o da altri amici della madre.

Tristan ricorda di aver vissuto con un noto pittore che era follemente innamorato di sua madre. Gli dispiaceva desiderare che sua madre lo amasse.

Tristan rivide lo stagno dove questo signore pescava i lucci ai margini della foresta di Senonches.

Fu allora che Tristano fu affidato a un prete di campagna.

Vi rimase fino allo scoppio della Seconda guerra mondiale. La sua istruzione era sempre stata trascurata e non conosceva l'ortografia e l'educazione di base. Durante la sua pietosa infanzia, non ricevette mai la minima istruzione primaria.

Nella campagna circostante, la vita era più tranquilla in questo presbiterio. Il sacerdote aveva una nipote che era una mucca scura. Sembrava una caricatura. Il suo mento era curvo, il suo naso era come una tromba, i suoi capelli erano divisi di lato, piatti e appiccicosi, i capelli cadevano opachi, incorniciando grandi occhiali, come lenti d'ingrandimento, davanti a occhi glauchi e sporgenti. Era uno sguardo strano, un misto di stupidità e malizia. C'era anche la vecchia signorina Daminé, l'organista, triste e perseguitata dalla nipote, che beveva e pregava.

Quanto al sacerdote, era un uomo simpatico ed equilibrato, profondamente religioso senza essere mistico. All'inizio mostrò un affetto esagerato per Tristan, ma finì per prenderlo in antipatia. Cercava di non darlo a vedere, ma il bambino lo sentiva. Tristan era un ragazzo pigro e disinvolto, difficilmente capace di fare sforzi, timido al punto da diventare da bianco latte a rosso scarlatto se lo si fissava.

Tutto questo, e molte altre caratteristiche, corrispondevano bene alla natività di Tristano, nato sotto il segno della Bilancia. C'era una specie di rito a cui veniva sottoposto quando c'era molta gente. Il sacerdote diceva: "Guardate che bel rossore" e fissava Tristano per vederne l'effetto.

Uno dei suoi compagni di classe era un ragazzo di Levallois che lo bullizzava continuamente. Era il prototipo della periferia: aspetto fisico, voce, volgarità. La sua forza grande e stupida schiacciava la delicata debolezza di Tristan.

Da queste parti, il parroco organizzava proiezioni di film. Trasportava l'attrezzatura necessaria in auto e noi pensionanti lo aiutavamo a turno. Tristan vide con lui alcuni grandi film e fu in quel periodo che sviluppò il gusto per il teatro.

Poco prima della guerra, nel 1939, la madre di Tristan, finalmente divorziata, sposò il visconte de Gastine. Vivevano in una casa padronale nella regione dell'Eure-et-Loir. Si trattava di una grande tenuta di famiglia, con circa cento ettari di terreno coltivato a grano, mucche, cavalli, maiali e pollame. Il suocero era un ingegnere agricolo e amava particolarmente la vita dell'agricoltore gentiluomo, per la quale aveva certamente una vera vocazione. Questa nuova figura nella vita di Tristan aveva circa trentacinque anni. Era alto e magro, più che esile, con un viso lungo e un naso alla bourbon, ma la sua fronte bassa indicava un'intelligenza limitata che Tristan era solito osservare. Era un aristocratico terriero di buona famiglia. Con una voce profonda e ben impressa, era sarcastico e incisivo, piuttosto distruttivo, un sofista diabolico e un po' avaro. Tristan ammirava la sua naturale eleganza.

Curava le mucche per il piacere della sua vocazione, per il piacere di contemplare una bella mucca, coltivava un cavolo per ammirare un bel cavolo, coltivava un campo per vedere le spighe fiorire ricche e gloriose. Se era avaro per natura, non era veramente interessato al denaro, e non avrebbe dato un briciolo della sua anima per guadagnarlo.

In questo senso, si differenziava dai suoi contemporanei.

Negli anni precedenti la guerra, i prodotti agricoli venivano venduti a prezzi bassi o non venivano venduti affatto. Il suocero, costretto a vendere, approfitta dell'appoggio del cognato, deputato, per ottenere un importante incarico nell'Africa occidentale francese. La coppia vi si recò.

Ebbero un figlio, Luc, che fu mandato a Nantes a vivere con la zia e il nonno paterni.

Tristan lasciò il parroco e lui e le sue sorelle furono affidati alle cure della zia Denise e di suo marito, lo zio Paul, medico e deputato.

Lo zio Paul si era stabilito nel Loiret dove era diventato sindaco, consigliere generale e poi deputato: era un uomo eccellente, uno zio viziato. Era un uomo eccellente, uno zio viziato. Era ridicolmente sottomesso alla moglie. Si comportava come un vero ragazzino. La zia Denise gli mostrava il rispetto e la considerazione che non c'è bisogno di dire. Questa autorità della zia sullo zio e questa deferenza erano un'interessante osservazione psicologica per Tristan. La zia era giusta, autorevole, intelligente nel senso usuale del termine, ma limitata nella sua ricettività. Le mancava quel qualcosa di essenziale che mancava in tutta la speculazione ebraica del tempo: la dimensione della sintesi, dell'amore, dell'umano autentico. Questa dimensione è totalmente assente nel capitalismo come nel marxismo.

Gli zii non avevano figli e avrebbero voluto averne uno. I tre bambini furono mandati in collegio a Pithiviers.

Lì, nella sua solitudine, Tristan era un pessimo studente come sempre.

Un giorno stava tormentando i suoi compagni in un'aula senza insegnante, quando inaspettatamente entrò il preside.

Chiamò Tristan nel suo ufficio.

- Non passerai il baccalauréat con il tuo bell'aspetto e la tua eloquenza", le disse bonariamente.

Nella cerchia familiare, Tristan non disse una parola, ma non appena fu fuori e le circostanze lo permisero, come un liquido troppo compresso, schizzò fuori.

L'anno scolastico non era ancora finito che scoppiò la guerra del 1939.

Monsieur e Madame de Gastine sono tornati dall'A.O.F.

Laure e Charlotte se ne andarono con la madre e il patrigno. Per la gioia di Tristan, egli rimase con gli zii.

Poi è arrivato l'esodo nel 1940.

Tre carrozze erano piene di bagagli. Una gli era stata consegnata anche se non aveva ancora quindici anni. La seconda apparteneva al medico sostituto. La terza apparteneva a Josette, giornalista e scrittrice, amica della zia Denise e di sua madre, nonché compagna di un noto romanziere. Tristan stava trainando un rimorchio pieno di filmati e documenti della guerra civile spagnola. Questo romanziere sarebbe diventato ministro di Charles de Gaulle nel 1945. Due giorni dopo arrivarono al castello di un amico parlamentare, dove Tristan rimase per due mesi. Con l'occupazione tedesca, gli zii di Tristan vengono a prenderlo.

Tristan aveva quindici anni. Un'infanzia caotica e una malattia gli avevano lasciato poche opportunità di apprendimento. Non sapeva nulla. Va detto che i contenuti dell'istruzione ufficiale non hanno attirato la sua curiosità intellettuale. Portavano forse a una maggiore consapevolezza e felicità? La scuola non toccava nulla di essenziale e produceva e diffondeva suicidi in tutti gli aspetti della vita. Quante volte aveva pensato alle parole di Simone Weil, quel grande spirito, al suo minaccioso Ispettore Generale: "Vedo il licenziamento come il coronamento della mia carriera"...

Quando aveva otto anni, gli fu chiesto cosa volesse diventare. Rispose "poeta". Ma la risata stridula dell'intervistatore gli diede una scossa dolorosa e gli fece capire che "poeta" non era più uno status sociale.

Cosa significava per lui questa parola? Parlare di ciò che vediamo che gli altri non vedono, esprimere ciò che sentiamo e pensiamo per illuminare chi sente meno e pensa poco. Ribellarsi al male e cercare di curarlo in profondità. Innestare parole che vengono da sole sull'evidenza della vita che gli altri chiamano intuizioni e di cui diffidano perché non vivono più.

È sempre stato ossessionato dal pianoforte.

Suonare Chopin avrebbe soddisfatto la sua vocazione di poeta!

Purtroppo c'era solo un'alternativa: il baccalauréat o l'apprendistato. Così prese l'unica strada possibile: colmare le lacune dell'istruzione primaria e prepararsi per il baccalauréat. In due anni fece miracoli.

È riuscito a compiere questo miracolo grazie ai suoi insegnanti privati.

Se fosse tornato in collegio, si sarebbe perso e non avrebbe mai ottenuto nulla. Andava a Orléans da due insegnanti di letteratura e di scienze. Due volte alla settimana prendeva l'autobus per Orléans. Studiava anche a casa con un insegnante e l'inglese gli veniva insegnato dalla zia che lo parlava fin dalla prima infanzia in Egitto.

Dopo due anni, fu ammesso al primo anno di scuola secondaria al Lycée d'Orléans. Dopo un'infanzia del genere, fu un successo.

Quei due anni a Beaune, dove viveva con gli zii, gli avevano restituito un po' di pace e di equilibrio. La campagna, la gentilezza dello zio Paul, la calma e la pazienza della zia con quel ragazzo impossibile e incompreso che era... La zia Denise era giusta e ragionevole, ma per nulla sentimentale. Non badava a spese quando si trattava di educare il nipote, ma per il resto era spaventosamente avida. Tristan, che aveva la tendenza a preferire il superfluo al necessario, si offese molto quando un giorno un contadino gli disse:

"Tuo zio potrebbe comprarti un paio di mutande"...

Questa trascuratezza nell'abbigliamento e la mancanza di paghetta, pur essendo un'ottima cosa per l'educazione, lo segnarono tristemente, dato che gli altri ragazzi della sua età erano viziati e coccolati. Entrò nel primo anno di scuola secondaria a Orléans.

Alloggiava presso un assistente del liceo. Il suo amico di penna era il famoso Dott.

C. un ex sostituto dello zio Paul. Era stato spinto in politica dallo zio Paul, con il consenso della zia Denise, ed era diventato vicesindaco di Orléans. La moglie, innamorata e gelosa, sparò al marito con un revolver il giorno in cui fu nominato ministro. Tristan ha vissuto tutto questo, per così dire, ascoltando ciò che marito e moglie avevano da dire, arrivando a comprendere le rispettive mentalità. Yvonne, la moglie del dottor C., era amorevole, appassionata, insopportabile e gelosa. Sapeva essere un affascinante uomo di mondo, ma in privato poteva diventare molto brutale. Tristan aveva visto una radio appartenente alla moglie presa a calci dal Dottore. Quando chiacchierava, diceva ingenuamente a Tristan che amava la guerra e che si sentiva euforico sepolto in una cantina sotto una casa bombardata...

I suoi compagni di scuola sembravano particolarmente insignificanti, meschini e stupidi. La loro stupidità e la loro codardia erano ciò che lo colpiva di più. Questa stupidità, questa codardia, Tristan l'avrebbe incontrata per il resto della sua vita.

Avevano un insegnante di storia brillante, ma fisicamente sfortunato: a volte aveva una leggera e timida balbuzie, che non gli impediva di essere comprensibile. I suoi compagni di classe lo prendevano in giro. Tristan rimase silenzioso e attento in prima fila, senza mai aprire bocca durante la lezione di storia.

Per quanto riguarda l'insegnante di matematica, aveva una figura comunemente chiamata "vetrina dei gelati". La classe era un riflesso dell'umanità nel suo complesso, non è vero? Fu a questo punto che Tristan sentì una furiosa voglia di schernire. Si rivolgeva al suo vicino con voce quasi alta, ma quest'ultimo aveva paura di rispondere. In un giorno d'inverno del 1942, al culmine dell'occupazione, l'aula era particolarmente fredda. Il riscaldamento era più che sufficiente. Così Tristan approfittò della lezione di matematica per mettersi i guanti. Ah! il ragazzo grande, forte, duro, era furioso, pensate un po'! fare lezione con i guanti! provò tutte le battute, l'ironia, il sarcasmo, il ridicolo: impassibile, Tristan si teneva i guanti!

Tristan pensava che fosse normale prendere in giro l'insegnante di matematica, ma non certo comportarsi in questo modo orrendo e vigliacco nei confronti di un insegnante bravo, talentuoso ma leggermente svantaggiato. Non era possibile avere contatti con questi individui che lui disprezzava e a volte detestava. Avrebbe voluto essere circondato da persone non piccole, di cuore ampio, diverse da questo modello standard, così irrimediabilmente ridicolo e curiosamente "normale".

Questi individui si sono dimostrati studenti molto più bravi di lui. Era notevole che coloro ai quali avrebbe dato un voto umano pari a zero, ottenessero tutti gli allori. Eppure sentiva che erano chiusi alle realtà essenziali.

Tristan assisteva, indifferente a queste ore di lezione che trasformava in sessioni di osservazione privilegiata. Aveva già intuizioni singolari che avrebbero preso forma molto più tardi e che nessuno poteva condividere.

Il pianoforte infestava i suoi sogni, Chopin, soprattutto Chopin. A volte piangeva perché non riusciva a studiarlo, ma sapeva che era impossibile e che non doveva illudersi. Il francese lo rendeva teso, le spiegazioni dei testi e i saggi lo irritavano a morte. L'accademia è il fallimento dell'essenziale, il trionfo del minuscolo, la cecità dell'accecante. Non c'è nulla di sorprendente nel fatto che la maggior parte degli agrégés diventino apologeti e discepoli di un'ideologia che ha massacrato duecento milioni di esseri umani. A questo livello di riduzionismo, ogni tipo di follia è possibile, purché sia ufficiale e alla moda.[9]

Quante cose futili e inutili si possono dire in una spiegazione di un testo. Gli obbedienti compagni di classe ottenevano ottimi voti come ricompensa per questi esercizi di distorsione mentale. Inoltre, non c'era nulla in comune tra la "scuola" e le banali preoccupazioni della loro vita, che erano state ridotte al vegetativo e al volgare. Essi adempivano agli obblighi scolastici come se si trattasse di una penitenza o di un obbligo fisiologico come la defecazione.

Tristan era bloccato, ostacolato da tanta meschinità, dall'assenza di realtà, da questa profusione di buffonate. Eravamo nel bel mezzo di una guerra mondiale. Chi tra questi maestri avrebbe pensato di prendere coscienza delle sue *vere* cause? Nessuno più di un agrégé è privo di cultura autentica, di consapevolezza sintetica o di potenziale creativo. Egli arriva a considerare l'agregazione come un valore.

Alla fine del trimestre, era il momento della composizione della recita.

I compagni di Tristan pronunciavano i loro testi al ritmo automatico e indifferente di una slot machine.

Quando fu il suo turno, Tristan iniziò a leggere il testo di Vigny. Tutta la classe scoppiò a ridere.

Si fermò un attimo, mantenendo la maschera impassibile perché aveva previsto il riflesso condizionato di questi robot. Uno sguardo circolare del professore ristabilì il silenzio.

Tristan aveva ripreso a scrivere... Gli sguardi quasi storditi lo fissavano come se fosse appena successo qualcosa di anormale. Poi tornò al suo posto. I suoi compagni di classe, stupiti, appresero che Tristan era il primo della classe in questa materia.

Sebbene si sia classificato primo in recitazione, i suoi risultati nelle altre materie sono stati deludenti, ad eccezione della matematica, dove si è classificato primo poco prima dell'esame di baccalauréat.

---

[9] Questo è vero al livello più elementare. Nel 2000 le donne andranno in giro con pantaloni che abbracciano le natiche e scarpe elefantiache. Anche a questo livello, l'intelligenza e il senso estetico sono scomparsi a favore dell'aberrante concetto di moda.

La cosa curiosa è che è sempre stato pessimo in aritmetica e mediocre in algebra. Ma la geometria era brillante. L'aspetto visivo della geometria e il suo richiamo all'immaginazione gli si addicevano perfettamente e spontaneamente. Aveva una concezione luminosa delle figure e dei volumi e distingueva i luoghi geometrici spostando mentalmente i volumi nello spazio prima di determinarli con il ragionamento. Gli piaceva giocare con la sua immaginazione e con i meccanismi della sua intuizione più che con la geometria, che lo interessava poco.

Detestava la ginnastica praticata da queste orde di persone.

Come molti adolescenti, Tristan scriveva versi. Di tutta l'accozzaglia che aveva composto, ricordava:

Oh, come ci si deve sentire bene nel triste silenzio di una volta sotterranea, o immensa solitudine.

Niente più orrore, niente più male, niente più omicidi, niente più orribili massacri.

Nient'altro che le lente ore che passano sulle nostre tombe, oscurando a poco a poco il suo marmo vergine...

La coppia che alloggiava con Tristan riceveva dalla zia Denise pacchi di generi alimentari, per i quali chiedeva prezzi da mercato nero e inchiostro di china. Finirono per sfogare la loro legittima rabbia su Tristan e divennero piuttosto velenosi. La buona donna era prepotente, ma dovevamo anche capirla. In un periodo di ristrettezze sotto l'occupazione tedesca, chiedere somme esagerate per pacchi di prima necessità avrebbe turbato il sistema nervoso di chiunque. Quanto alla zia, era perfettamente all'oscuro di questo fenomeno.

Tristan rimase in questa cambusa per tutto il primo mandato. Sarebbe rimasto lì, perché si sarebbe trovato in una prigione ben peggiore.

Natale 1941.

CAPITOLO IV

"Fu durante l'orrore di una notte profonda...".

Gli zii Jacques ed Etienne erano partiti per la Spagna e poi per l'Inghilterra, come migliaia di ebrei. La madre e il suocero si erano stabiliti a Nantes. Era stato nominato direttore della missione di restaurazione contadina creata dal maresciallo Pétain. Charlotte, Laure e il fratellastro Luc erano con loro. Lo zio Paul e la zia erano rimasti a Beaune.

A Parigi c'era la *nonna, tesoro.*

Il palazzo nel 16° arrondissement era stato spogliato di tutti i suoi mobili e oggetti di valore. Anche la ringhiera in ferro battuto che separava l'ingresso da un salone era scomparsa. Erano rimasti solo i cardini vuoti. La grande casa sembrava una caverna. Ma non era abitata da fossili?

Per evitare che il suo albergo fosse occupato dai tedeschi, la *nonna* voleva vivere lì. Non poteva viverci da sola perché lo zio Paul e la zia Denise dovevano restare a Beaune. Mi è venuto in mente Tristan.

Lasciò il Lycée d'Orléans per il Lycée Buffon. Nell'enorme capanna, spoglia e non riscaldata, c'erano ora la *nonna* e lui, lui e la *nonna*.

Era un cammello abominevole.

Tristan aveva diciassette anni e a quell'età è difficile schiaffeggiare un giovane. Ma lui aveva un intero arsenale escogitato dalla sua squisita natura.

Il suo personaggio era un groviglio di dispotismo perverso, ansia, tragedia, pessimismo e meschina testardaggine.

Si lasciava trasportare al minimo accenno all'enormità delle sciocchezze che stava pronunciando. La sua ideazione era lenta e tortuosa, ed era singolarmente sadica, avara in senso strettamente egoistico, perché non sembra che qualcuno l'abbia mai vista avara verso se stessa.

D'altra parte, ha fatto sfoggio della sua generosità in modo perpetuo e un po' disgustoso.

"Guarda cosa ha fatto la nonna per te, ti ha cucinato un bel piatto di vermicelli, ti ha dato un letto dove dormire, ti ha accudito, ti ha curato". Dopo essersi trascinata per qualche minuto a friggere il loro pasto, si lasciò ricadere sul letto, insistendo molto su "quello che ha fatto per Tristan", "tutta la fatica che lui le ha fatto fare", "ma non importa", aggiunse morente, "lo faccio volentieri". In effetti, Tristan non ricordava quasi mai che lei avesse fatto qualcosa per lui che non fosse sadico. Quando faceva qualcosa, traeva sempre vantaggio dai risultati dei suoi strenui sforzi, "per quell'uomo ingrato che era".

Quante cose aveva osservato nella sua infanzia, osservato e sentito. Quante volte aveva fatto finta di niente perché nessuno si accorgesse della penetrazione della sua sensibilità. Non sapeva mentire, non l'aveva mai fatto. Le sentiva così incomplete, così impotenti, che lo spaventavano. Non appena sciolse le labbra per esprimersi, il suo cuore ebbe un sussulto. Balbettava e perdeva il controllo. Si sentiva come se fosse sepolto da un muro di cemento di incomprensione. Anche a ventisette anni, quando andò a trovare la *sua amata nonna*, era febbricitante e la sua dizione era biascicata.

La nonna cara era ridicolmente e violentemente settaria, fanatica, pienamente consapevole di sé e quindi impossibile da illuminare. Qualsiasi dialogo era un vicolo cieco, un cul-de-sac, la quadratura del cerchio. Questo schema è caratteristico di tutti i malati di mente a cui manca il cuore. Chiunque abbia una mente e un cuore è aperto al dialogo, ammettendo il proprio errore o spiegando l'errore dell'altro. Niente di tutto questo è possibile con la mentalità folle dei nostri leader politici e finanziari. Il pazzo conosce solo la sua ossessione, la sua fissazione; ucciderà piuttosto che arrendersi.

A volte Tristan aveva cercato di abbozzare le cose, ma non c'era alcuna questione di logica: tutto ciò che non serviva alla sua irrisoria soggettività patologica veniva ignorato, anche di fronte alla più ovvia delle ovvietà.

Ma Tristan non poteva tenere la bocca chiusa. Presto ne ebbe abbastanza di questa prigione. Si avvicinavano le vacanze di Pasqua, che avrebbe trascorso con la zia a Beaune. Questa era una grande gioia per lui. Così escogitò un piano machiavellico.

Decide di scrivere una *finta* lettera alla madre, in cui, in poche pagine ben dettagliate, fa un bilancio della sua vita a Parigi, tra la problematica preparazione al baccalauréat e il carattere serafico dell'*amata nonna*.

Prima di partire per la casa della zia, lasciò la lettera-bomba in un cassetto della sua scrivania. Era stata lasciata lì per caso, ben nascosta, in modo che sembrasse nascosta con la massima cura. Tristan avrebbe voluto dirle tutto questo di persona, ma lei non lo avrebbe mai lasciato parlare. Con un grande gesto, lo avrebbe bandito dalla sua vista, da quell'ignobile ingrato che era. La lettera diceva tutto, e lui sapeva che la curiosità morbosa della *nonna*, la sua mente curiosa, l'avrebbe spinta fino al fondo del cassetto e che avrebbe letto tutta la lettera. Era parte del suo carattere scavare fino in fondo al cassetto della scuola. Non avrebbe esitato a giustificare questa curiosità morbosa con il motivo della sorveglianza morale. Tutto ciò si adattava perfettamente alla sua natura gentile.

Ciò che Tristan aveva previsto accadde, ma *nonna Chérie* non fece mai il minimo cenno alla lettera. Tornando da Beaune, Tristan notò che il viso della *nonna* si era allungato di un centimetro. Con discrezione andò ad aprire il suo cassetto: la lettera era scomparsa.

La nonna cara non aveva rimesso a posto la lettera. Tristan non se lo sarebbe aspettato.

L'aveva conservato, ma cosa ne avrebbe fatto?

La nonna più cara sapeva cosa stava pensando Tristan. Non cambiava nulla. C'è una sorta di determinismo assoluto negli esseri umani che ha sempre stupito Tristan.

L'appartamento della *nonna* si affacciava sul salone principale, mentre quello di Tristan vi si affacciava. Era l'ex appartamento del nonno di Tristan, che aveva ritenuto opportuno finire i suoi giorni lontano dalla sua degna moglie, in una tranquilla pensione.

Tristan era una sorta di cameriere *della nonna, che gli era molto affezionata.*

Lei cucinò per entrambi - aveva un sano appetito - e Tristan si occupò di tutto il resto. Andava a fare la spesa per l'essenziale. I negozi erano molto lontani dalla casa di città, che si trovava nel mezzo di una zona residenziale. Al mattino all'alba, accendeva la stufa nella stanza accanto alla sua camera da letto, perché era lì che *la sua amata nonna* trascorreva le sue giornate, al calduccio. Spesso doveva riaccenderla quando tornava a casa da scuola e aspettare che fosse abbastanza calda per svolgere i suoi importanti compiti scolastici a pochi mesi dagli esami.

Nonostante il caos della sua infanzia, è riuscito a diventare il primo della classe.

C'era così tanto da fare per *la nonna* in questa grande casa che perse ogni possibilità di essere ammesso al baccalauréat quell'anno.

I doveri di valletto di una vecchia signora dispotica non sono compatibili con gli obblighi di uno scolaro coscienzioso. Sapeva del fallimento che lo attendeva, ma cosa poteva fare?

La stanza dove dormiva era gelida d'inverno. *La nonna cara* non si era preoccupata di permettere a Tristan di sistemare il suo letto nella stanza con la stufa. C'erano tre porte e un'enorme finestra, ma "i fumi avrebbero potuto asfissiarlo", il che era tanto più ridicolo in quanto la stufa veniva spenta quando lei usciva e quando Tristan si metteva a letto. Ma la stanza poteva essere abbastanza calda, dato che la stufa era rimasta accesa tutto il giorno. Tuttavia, la donna ha avuto l'accortezza di tenere la porta aperta quando è rientrata in casa dopo che la stufa era stata spenta.

Di solito nella camera di Tristan c'erano meno cinque gradi centigradi. Quando *la nonna* non era nella stanza della stufa, era in camera da letto, sulla sua poltrona, a riscaldarsi con il suo cataplasma elettrico, asmatica e morente da quarant'anni.

Un giorno una giovane donna suonò il campanello dell'albergo. Lo zio Etienne l'aveva scelta come candidata al matrimonio. *La nonna cara* doveva esprimere il suo parere, che sarebbe stato decisivo.

Dal bagno, dove si stava lavando le mani, poteva sentire i lamenti *dell'amata nonna* alla giovane donna: "I miei nipoti che non mi amano e aspettano che io muoia per poter ereditare"...

L'affermazione era tanto più fuorviante e sciocca perché non c'era nulla che facesse pensare a una simile prospettiva, ma lei doveva atteggiarsi a martire e a santa.

Quando la giovane donna se ne fu andata, *la nonna*, con la sua solita ingenuità e sconsideratezza, disse a Tristan: "Vedi, lo zio Etienne mi ha mandato questa ragazza e mi ha detto: 'Mamma, se non ti piace, non la sposerò'.

Era maniacale nel calunniare le cose banali come quelle importanti. Spesso piangeva per le sue spregevoli visioni che spuntavano da un barattolo di marmellata o per accuse più gravi la cui diabolica concezione non avrebbe mai sfiorato la mente di Tristan.

Anni dopo, avrebbe riscoperto questa psicologia in Freud, che aveva ignobilmente sessualizzato i sentimenti teneri, la devozione pura e l'amore filiale, estranei alla sessualità come l'Acropoli lo è al coccodrillo.

Poi arrivò il baccalauréat: bisognava rinviare per due punti. E fu allora che le cose cominciarono ad accadere davvero. Tristan era andato alla stazione di polizia per ricevere la Stella di Davide che *la sua amata nonna* aveva ereditato.

La Stella di Davide alla razza ebraica? Ciò è tanto più sorprendente se si considera che le razze non esistono: esistono solo i gruppi etnici, che sono il risultato dell'adattamento ormonale a un ambiente fisso per almeno otto-dieci secoli. Ma gli ebrei non sono una razza perché non esistono, non sono un gruppo etnico perché non hanno mai vissuto tutti in un luogo geografico permanente per otto-dieci secoli.

Non è quindi nel concetto di razza né nella realtà etnica che si può trovare la causa del particolarismo ebraico, costante nel tempo e nello spazio. Né si potrebbe parlare di "modellamento da parte della religione", perché sebbene l'influenza della religione non sia trascurabile, essa non è parte di questo particolarismo. Gli ebrei sono somaticamente molto diversi da un Paese all'altro e talvolta condividono solo alcuni tratti caricaturali e una mentalità che non è cambiata per cinquemila anni. Infine, tutti gli ebrei dell'alta borghesia finanziaria si sono fatti beffe degli insegnamenti della Torah e non hanno mai messo piede in una sinagoga. Dell'insegnamento religioso hanno conservato solo la pratica della circoncisione dell'ottavo giorno.[10]

Gli ebrei cominciavano a essere seriamente perseguitati e Hitler, che non accettava radicalmente il loro ruolo nel capitalismo o nel marxismo, decise di parcheggiarli nei campi. Aveva osservato la Repubblica di Weimar, dove dominavano tutto, e la rivoluzione bolscevica, che era un orrore assoluto, e così decise di parcheggiarli nei campi. Pensava che anche gli innocenti avrebbero presto generato altri finanzieri, altri Freud, altri Marx.

Pensava quindi che fosse in gioco l'esistenza stessa del pianeta e dell'umanità. Cinquant'anni dopo, 1984 di Orwell dimostrò che la Repubblica di Weimar era sulla scala del pianeta, con il suo caos pornografico e migratorio di droghe, la disoccupazione, i suicidi tra i giovanissimi, la macellazione dei neonati, le sue 150 guerre, il suo governo giudeo-americano e i suoi finanzieri del tipo Warburg, Rothschild, Soros, Hammer e consorti che governano dittatorialmente il pianeta e i politici zombie di tutti i partiti.

---

[10] Vedremo nel capitolo intitolato "La chiave" che questo, e solo questo, è il segreto del particolarismo ebraico. È una distorsione ormonale e psichica.

Era quindi fondamentale che la *nonna* e la zia Denise si rifugiassero nella Zona Libera sotto la protezione del maresciallo Pétain. Tuttavia, entrambe non smisero mai di inveire contro il maresciallo che le aveva protette, Pétain, il traditore che avrebbe appoggiato Hitler, anche se male, e "liberato i francesi dalla più vergognosa delle tutele, quella della finanza".

Lo zio Paul li visitava regolarmente, portando loro denaro e provviste. Prima di partire per la zona libera, dovevano liberarsi dell'ingombrante Tristan.

Madame de Gastine aveva scritto diverse lettere al figlio negli ultimi anni. Era un po' gelosa dell'affetto di Tristano per la zia e dell'affetto della zia per lei. Gli scriveva "che era il suo figlio prediletto", "che voleva che si unisse a lei", "che avrebbe fatto qualsiasi cosa per lui".

Stava cercando di risucchiarlo moralmente, di seminare confusione nella sua anima fiduciosa, ed era tanto più facile perché la vita di Tristan con la *nonna* era un solido purgatorio.

La zia scrisse quindi alla sorella che lo rimandava da lei e che sperava che Madame de Gastine sarebbe stata in grado di fare di suo figlio qualcosa di meglio che un manovale.

Tristan era felice perché si ama la propria madre ed è facile dimenticare le cose negative che le possono accadere. Forse la conosceva, ma la amava. Una madre è una madre. Come si fa a non amarla? Si può finire per odiarla con le viscere, per mancanza, ma non con lo spirito.

Così *la nonna cara* si arrampicò in soffitta, rovistò un po' e finì per trovare l'ombra di una vecchia valigia a soffietto, che donò generosamente a Tristan. Non conosceva il prezzo di un biglietto di seconda classe da Parigi a Nantes. Tristan non doveva avere un centesimo in tasca. Così lo accompagnò alla stazione per ritirare il biglietto. Lo fecero salire sul treno senza un soldo in tasca: era tutto esaurito.

Quando arrivò alla stazione di Nantes, il suocero lo stava aspettando.

L'accoglienza è stata piuttosto fredda. Una cosa era attirarlo dicendogli quanto lo amavamo, quanto lo volevamo qui e quanto avremmo fatto per lui. Ma vederlo arrivare era un'altra cosa. In realtà, si trattava di creare in lui conflitti psicologici che avrebbero danneggiato zia Denise e la *nonna*.

Madame de Gastine veniva controllata ogni giorno dalla polizia francese, che era soggetta alle forze di occupazione. Con la complicità del Capo dello Stato, suo marito, un funzionario del Maresciallo, fu nominato nella Zona Libera. Questo accadeva spesso e il numero di ebrei che evitarono la deportazione grazie al Maresciallo è difficile da valutare perché è considerevole. Non saranno mai menzionati dopo la guerra, così come non lo saranno le decine di milioni di persone sterminate sotto un regime radicalmente ebraico nei suoi ideologi, politici, finanziatori, amministratori e carnefici di prigioni e campi di concentramento, come Kaganovitch, Frenkel, Yagoda, Firine, Ouritski, Sorenson, Abramovici, Apetter, Jejoff e altri cinquanta ebrei.

D'altra parte, si parlerà all'infinito dei sei milioni di ebrei gassati dai tedeschi, anche se è stato dimostrato che nell'Europa occupata nel 1941 ce n'erano solo tre milioni e trecentomila e che il ciclone B, l'acido cianidrico, non è adatto a gassare una o due migliaia di persone alla volta. Ma bisogna credere in questo dogma religioso o rischiare di vedersi promulgare una legge per "crimine di pensiero", che peraltro è la prova del nove dell'impostura.[11]

Laure e Tristan si avviarono con i loro zaini verso Poitiers, dove un insegnante di scuola secondaria forniva molti servizi a coloro a cui i tedeschi davano la caccia. Vennero a sapere che era stato arrestato e fucilato per la sua rara imprudenza.

Avevano l'indirizzo di un parroco di campagna la cui parrocchia si trovava sulla linea di demarcazione. Un autobus li fece scendere a un chilometro di distanza e si avviarono verso la canonica. A una biforcazione della strada si trovarono faccia a faccia con un tedesco, con il fucile in spalla, in sella alla sua bicicletta. I bambini impallidirono. In nessun caso dovevano perdere la calma. Con teatrale sicurezza, Tristan chiese al soldato dove si trovasse Bonne, il nome del villaggio in cui dovevano andare.

— Da quella parte", rispose il soldato, indicando la direzione giusta. Grazie", disse Tristan con il suo sorriso più naturale.

Avevano fatto solo pochi passi quando la voce del tedesco risuonò alle loro spalle:

— Ihre Papiere!

Pensavano di svenire.

---

[11] Non c'è bisogno di una legge totalitaria per far conoscere una verità: la si dimostra con argomenti e prove; chi contesta l'Olocausto viene condannato senza che gli venga data la possibilità di dimostrare se ha ragione o torto.

Il soldato ha dato una rapida occhiata alle loro carte d'identità e li ha condotti a una postazione a trecento metri di distanza.

Laure è crollata ma ha resistito. Evitava di parlare. Entrambe si capivano e non avevano nulla da dirsi.

Arrivò un ufficiale tedesco. Evidentemente avevano interrotto il suo pasto. Si rivolse a loro in modo brutale:

— Cosa ci fai qui?

— Andiamo in vacanza dal parroco di Bonnes", rispose Tristan.

Era estate e la scusa dei due bambini aveva perfettamente senso.

— Non vuoi andare nella zona franca? chiese, con un'ingenuità che non sfuggì all'umorismo di Tristan, nonostante l'angoscia del momento.

— No, andiamo in vacanza.

— Non siete ebrei? insistette l'ufficiale.

— Ma no", rispose Tristan, come se si sentisse offeso.

L'ufficiale deve essersi sentito sollevato. Perquisì i due zaini da cima a fondo. Non trovò nulla. Scrutò le monete nel portafoglio di Tristan e scoprì i biglietti da visita della madre e dello zio: Vicomtesse de Gastine e Docteur Paul C. Député maire. Restituì il portafoglio e tenne i biglietti.

La porta si aprì: erano liberi.

Pochi minuti dopo erano sulla strada, muovendosi con tutta la velocità dei loro garretti. Laure aveva provato una tale paura da diventare gialla come una mela cotogna nel giro di pochi minuti.

Finalmente arrivarono dal parroco, che offrì loro uno spuntino e sussurrò all'orecchio:

- Non restate qui, sono sorvegliato dai tedeschi. Se non ve ne andate subito, sarete arrestati!

Tornate a Nantes, dovettero rivedere il loro piano di fuga. Laure e Charlotte attraversarono il confine con un convoglio della Croce Rossa. Raggiunsero la Zona Libera senza problemi.

Il visconte di Gastine, un alto funzionario del maresciallo, inviò Tristan attraverso la Mission de Restauration Paysanne in una fattoria vicino alla linea di demarcazione.

Qui Madame de Gastine e suo marito raggiunsero Tristano.

I gendarmi dovevano aiutarli ad attraversare la linea di demarcazione. Avevano ricevuto ordini segreti dal governo di Vichy per casi simili. Inoltre, il gran numero di ebrei protetti dal maresciallo era noto a tutti. Dovevano quindi trovarsi in un luogo specifico a un'ora specifica, e così fu. Al loro arrivo, videro una serie di elmetti sospetti che luccicavano alla luce del sole. Era piena estate. Il suocero, come un prestigiatore, improvvisò un picnic sull'erba: la procedura sembrava ingenua, ma cosa c'era di meglio? Per fortuna erano caschi amici: le loro braccia si agitavano, dovevamo sbrigarci. Pochi minuti dopo, attraverso il sottobosco, erano nella Zone Libre.

Rispetto alla cupezza della zona occupata, questa parte della Francia, che non era stata toccata dalle uniformi tedesche, sembrava una terra di abbondanza: luci, musica, nessun coprifuoco. Tristan avrebbe girovagato tutta la notte se gli fosse stato dato il permesso. Solo per il piacere di assaporare la libertà di questa nuova atmosfera. Tutti ridevano e si sentivano bene.

Si incontrarono tutti a casa di un amico vicino a Vichy. Le due sorelle erano già lì. Rimasero lì per diversi mesi.

Madame de Gastine era, per natura, particolarmente orribile, meschina e assillante. Stava avvelenando il figlio, che un po' di tenerezza avrebbe ammorbidito. Se avesse potuto tornare dalla zia, non avrebbe esitato. Era infelice, sentiva di essere "troppo", aveva un senso così acuto di questa situazione angosciante che la vita gli pesava.

Voleva scrivere un biglietto, firmato in modo illeggibile, agli zii. Non c'era alcun pericolo per un messaggio del genere in questa forma, ma sua madre lo fermò con il falso pretesto che sarebbe stato un grave pericolo per lei. Cosa rischiava, comunque, mettendo le cose nella peggiore luce possibile, visto che i tedeschi non occupavano quella parte della Francia e il Maresciallo si rifiutava di consegnare gli ebrei nella Zona Libera?

Ma Tristan non riusciva a trovare altrove l'amore che sua madre si rifiutava di dargli.

Quando l'estate finì, si trasferirono in un appartamento in affitto in rue Vaubecour a Lione. Le due sorelle vivevano con la madre e il patrigno. Erano molto disponibili e venivano sfruttate con attenzione.

Per quanto riguarda Tristan, nonostante le promesse miracolose, fu comunque mandato in un collegio a Villefranche sur Saône.

Poiché erano fuggiti durante l'estate e il lavoro di preparazione era stato impossibile, non c'era stata alcuna possibilità di ripetere l'esame a ottobre. Per di più, l'anno debilitante trascorso a casa *della nonna* gli aveva impedito di affrontare l'esame, nonostante il primo posto in recitazione e matematica. Così ripeté il primo anno. Un altro anno in collegio.

Provava ancora la stessa repulsione per la violenza, la stupidità e la volgarità. Sembrava sempre più vulnerabile. L'apparente paradosso era che non sapeva tirare un pugno, ma era capace di risorse estreme e dolorose, forse fino all'eroismo. Arrivò di nuovo primo in matematica, ma fu bocciato a giugno. Doveva lavorare per tutta l'estate se voleva avere successo a ottobre.

Monsieur de Gastine stava ovviamente pensando di liberarsi del genero.

Quando stai affogando", disse a Tristan, "devi lasciare che chi ti sta intorno se la cavi da solo". Questo inutile alibi - perché lui aveva un ottimo lavoro, all'epoca importante quanto quello di prefetto - era sufficiente a tranquillizzarlo e, per liberarsi dell'ingombrante presenza di Tristan, pensò di mandarlo in un campo di vacanza. Questo avrebbe senza dubbio compromesso definitivamente le sue possibilità di successo all'esame. Fu allora che un prete gesuita, amico della madre, intervenne per garantire a Tristan tutte le possibilità. Madame de Gastine era già partita con le due figlie per una proprietà in affitto vicino a Nîmes. Era ben consapevole che il marito stava facendo tutto il possibile per sbarazzarsi di Tristan.

Ma quando Tristan arrivò, lei gridò di nuovo: "Mio caro, avevo tanta paura che non venissi, soprattutto perché era il mio compleanno". Lui non disse una parola, ma quell'ipocrisia lo ferisce ancora oggi quando ripensa a quel momento.

Indossò una faccia stupida con un sorriso blando, come una maschera protettiva, uno schermo impeccabile per il suo dolore e i suoi pensieri. Quante volte aveva indossato questa maschera che gli dava pace. Su un palcoscenico teatrale, la sua replica sarebbe stata superba, magnifica, con una faccia felice o triste, con risate o lacrime... Ma nella vita reale, sul palcoscenico della realtà, con il cuore ferito, come avrebbe potuto recitare bene?

Così ha fatto i compiti. David Copperfield era nel programma di inglese. Dickens era un bambino brillante, stupito da un mondo di miseria eppure ottimista.

Ha mangiato uva.

Un mese prima dell'esame, fu mandato in un piccolo collegio religioso dove si preparava l'esame di bachot per la sessione di ottobre. Si trovava a Lione, non lontano da rue Vaubecour. La sera usciva di nascosto. Una volta, verso mezzanotte, tornando a casa, sbagliò porta e imboccò una ripida scala che portava a una cantina. Non ha ancora capito come ha fatto a non rompersi le ossa. Non ricorda a cosa si sia dovuto aggrappare per evitare una caduta fatale. Ha dovuto

che lui e i suoi compagni tornino di nascosto nella stanza, nell'oscurità più totale, per non svegliare il Padre Direttore, che russa comodamente, e che si infilino nei loro letti.

Tristan non aveva un centesimo di paghetta. Ma aveva diciotto anni. Quindi aveva diritto a una tessera del tabacco, che era un modo semplice per ottenere denaro. Tutto quello che doveva fare era vendere le sue razioni. La madre e il patrigno avevano cercato di rubargli la tessera del tabacco. Tristan faceva lo stupido così bene che la madre ritenne opportuno usare una tecnica in linea con l'imbecillità del figlio. Lui le dava la sua carta e di tanto in tanto lei gli regalava un pacchetto di sigarette. Rockefeller deve aver fatto fortuna con questo tipo di tecnica. Tristan finse di valutare i termini di una proposta così generosa e... rifiutò.

Se sua madre gli avesse chiesto francamente questa preziosa carta senza fare il gioco della magnanimità, quando Tristan sapeva benissimo che a quei tempi un pacchetto di sigarette valeva l'astronomica somma di duecento franchi, gliel'avrebbe data incondizionatamente. Ma questa ipocrisia, questa commedia della generosità, questo modo di prenderlo per il culo, tutto questo era così lontano dalla psicologia di una vera madre che Tristan era disgustato e fuori di sé.

Fu in quel periodo che Tristan scoprì l'eccitazione del contatto con le donne. I suoi amici seguivano le ragazze, parlando con loro e facendo loro domande assurde.

Tristan si fece più audace e ebbe alcune avventure, con le quali a volte usciva nella campagna circostante.

Lione. Lì, distesi sull'erba, rimasero perfettamente platonici.

Tristan ha poi superato a pieni voti il suo primo baccalauréat.

Quando ha saputo del risultato, si trovava già a Genevilliers, un nido di grandi fabbriche, con un piccolo posto in una di esse dove un cugino stretto era direttore delle vendite.

1943. 1100 franchi al mese.

CAPITOLO V

> *"Se il cristianesimo trionferà, tra 2000 anni tutto il mondo sarà ebraico"* (L'imperatore Giuliano l'Apostata).

Da quando Tristan era stato liquidato dall'*amata nonna*, la madre e il patrigno lo avevano tollerato per un anno, ma lo avevano mandato in collegio.

Il collegio non li aveva rovinati. Il preside lo aveva chiamato nel suo ufficio, sgridandolo:

"Al Lycée Ampère non saresti tornato a casa senza aver pagato in anticipo la retta di un trimestre. Che umiliazione per Tristan!

Se avessero potuto "scaricarlo" prima, non avrebbero esitato. Con tutti i membri della sua famiglia, a parte forse la zia Denise, che negli anni successivi si sarebbe dimostrata più strana di tanti altri sconosciuti, non riusciva a trovare il minimo affetto, la minima comprensione. Nessuno dei suoi familiari era mai stato in grado di amarlo o capirlo. Perciò non fece alcun tentativo di rimanere con loro. D'altronde, quale altra prospettiva poteva esserci se non l'inferno del collegio con un altro preside che urlava di non aver ricevuto la pensione per gli alunni.

Dalla sua scandalosa conversione, Madame de Gastine era passata da una soutane all'altra, da un vescovo all'altro, da padri di vari ordini, gesuiti e domenicani. Aveva consegnato a Tristan una lettera per il parroco di Gennevilliers. Con grande stupore di Tristan, invece di fornirgli "una stanza decente in una famiglia decente", il sacerdote portò Tristan in un piccolo albergo malfamato. Questo era un segno del totale abbandono e dell'indifferenza in cui era stato lasciato.

Il proprietario aveva il volto e l'aspetto di un gangster. Aveva un braccio piegato ad angolo retto, residuo della guerra del 1914. La sua carnagione gialla pallida ospitava due occhi duri incastonati in profondità nella cavità oculare. Con un mento molto pronunciato, al limite del prognatismo, la sua aria di strana durezza risaltava ancora di più. Aveva un aspetto duro, spaventosamente duro, primordiale, minuscolo, istintivo, impantanato nella materia elementare, senza pietà per i suoi nemici. La sua mente era divisa tra la sua famiglia, la sua piccola impresa e un odio feroce per i tedeschi. Il suo odio nasceva dalla ferita di guerra e ancor più dal fatto che una volta un ufficiale tedesco gli aveva sputato in faccia per toglierlo di mezzo. In un essere primitivo, tutto ciò era decisivo.

Il ristorante dell'hotel era frequentato da operai, molti dei quali di buon cuore. Uno di loro, il signor Alexandre, lavorava nella stessa fabbrica di Tristan. Era un uomo sensibile e rassegnato che non si aspettava nulla dalla vita se non la liberazione finale. Aveva lavorato duramente per quarant'anni; un giorno sarebbe morto... Tutto gli sembrava indifferente. Non soffriva più. Andava avanti, ma sembrava che fosse già, in un certo senso, morto. Era una specie di gentilezza che era già morta e continuava ad andare avanti. Aveva tutti i segni esteriori di un lavoratore vivo, ma Tristan lo sentiva morto. Andava avanti per forza di cose, camminava senza vedere, per impulso di automatismi, senza godere, senza soffrire. Soffriva solo il dolore assillante della neutralità assoluta. E questo essere che non era, era infinitamente doloroso per Tristano. Avrebbe voluto capire questo cammino livido verso la spiegazione o il nulla.

La stanza di Tristan era una sorta di cella con pareti sporche, un letto scadente, una brocca d'acqua e un gabinetto. Con quello che Tristan guadagnava, non si poteva pagare altro che l'affitto della stanza e un pasto giornaliero alla mensa della fabbrica.

Il direttore commerciale, cugino stretto della madre, lo aveva convocato nel suo ufficio. Le disse che aveva chiarito a Gisèle (Madame de Gastine) che Tristan non poteva vivere con il suo stipendio e che sarebbe stato indispensabile aiutarlo. Tristan non ricevette mai un soldo o un pacco.

Era ancora un bambino di sette anni, bisognoso di affetto e di cure, ed era solo in questo ambiente terribile. Sofferenza ostinata!

Lenì la sua anima lacerata con lettere alla madre. Lunghe lettere di amore, disperazione e odio. Arrivò a odiare sua madre per averlo lasciato solo e indigente sotto le bombe angloamericane.

Le sirene suonavano ogni giorno, soprattutto di notte. Le bombe piovevano su questo sobborgo industriale. Un giorno, nel suo abbandono, scrisse alla madre: "Sei un mostro cattolico".

Ogni volta che passava davanti a una chiesa, rabbrividiva. Non era quello il rifugio dei mostri cattolici? Tutti quei borghesi non andavano forse puntualmente a messa, mentre all'inizio del secolo i bambini di sette anni lavoravano nelle fabbriche e nelle miniere? Conosceva molte persone che non andavano mai in chiesa e che avevano un cuore buono. Che cosa ha fatto la Chiesa negli ultimi venti secoli se non tradire gli insegnamenti della morale eterna? Preparando il mondo al materialismo di Rothschild e Marx?

"Sono stati la Chiesa e i principi a consegnare il popolo agli ebrei", disse Hitler. E l'imperatore Giuliano l'Apostata si spinse ancora più in là: "Se il cristianesimo trionferà, tra duemila anni il mondo intero sarà ebreo".

Il mantello delle etichette ideologiche, i magnifici ragionamenti e i falsi principi che legittimano l'omicidio di massa. Questa è l'epoca del delitto perfetto e ha l'alibi perfetto: la filosofia che trasforma gli assassini in giudici. E che filosofia! Quella che riporta alla psichiatria pesante. Il dramma dell'adulazione, della demagogia, del ragionamento facile e convincente, il dramma di un'apparente verità immediata. Bugie e inganni nel tempo e nello spazio.

In fabbrica, Tristan era indifferente alle persone che lo circondavano.

C'era però un giovane sensibile e intelligente - era stato bocciato al Politecnico! che aveva un certo senso degli affari e dell'organizzazione. Capiva molte cose e si distingueva.

Chiacchieravano spesso insieme e sebbene Jean Louis, come veniva chiamato, avesse solo vent'anni, aveva già un certo disprezzo per le donne. "A meno che non siano nel pieno dell'amore, nessuna donna ha virtù", diceva. "Anche dopo anni di convivenza con i figli, sono capaci di cambiare uomo con la stessa facilità dei loro abiti.

Quando le sirene annunciavano un bombardamento con il loro richiamo luttuoso, scendevano nel rifugio e chiacchieravano. Gli edifici tremavano, le finestre andavano in frantumi.

— Ebbene", disse un giorno a Tristan, "i diritti umani si sono abbattuti su di noi. Cosa ne pensi del suffragio universale? Magnifico, non è vero?

— Sì", rispose Tristan, "e anche Rousseau, mi piace molto Rousseau". Jean Louis ridacchiò beffardo.

— All'apparenza è un'idea meravigliosa, ma supponiamo che tutte queste belle idee, peraltro fasulle, portino all'egemonia della finanza e alla scomparsa di tutte le élite provvidenziali, che sono state sostituite da speculatori, da pazzi ignari della sintesi umana, dall'isteria dei mercati che ha portato alla guerra del 14-16 e a quella in cui ci troviamo ora... Se avete capito questo, capirete perché oggi ci vengono lanciate bombe sulla testa. Conoscete Karl Marx?

Tristan conosceva solo la banalità superficiale servita sul vassoio durante le lezioni di filosofia. Gli era indifferente e *"L'Homme cet Inconnu" (L'uomo, l'ignoto)* del dottor Alexis Carrel aveva ampliato infinitamente i suoi orizzonti. Questo grande libro parlava del marxismo come di un'opera di suicidio umano.

— Almeno a leggere uno studio di *"Das Kapital"*, dice Jean Louis, quest'opera è il prodotto più puro del capitalismo liberale. Non manca di comicità. Se dovessi riassumerla in modo umoristico, direi che insegna che la società fa la cultura, in altre parole l'aratro fa l'uomo. Non è sorprendente che oggi lo stomaco sostituisca il pensiero.

In un'altra occasione, Jean Louis ha fatto riferimento all'esame competitivo dell'agrégation.

— Scommetto che se andassi nell'Africa più remota e trovassi un primitivo con un'intelligenza mediocre e una memoria eccellente, non avrebbe problemi a superare l'agrégation in filosofia o il tirocinio in medicina. Credete davvero che Platone o Montaigne avrebbero superato l'agrégation?

È vero che ci sono molte cose negative da dire sull'Umanesimo, "l'inizio della fine" come dice Carrel. Un momento dell'umanità in cui l'ombelico dell'uomo è diventato ombelico a scapito del Trascendente...

In ogni caso, se un giorno incontrerete un uomo intelligente all'università, ricordate che non sarà per la sua agregazione, ma nonostante essa, e perché avrà aderito alla Massoneria.

Il problema del giorno è essere semi-ignobili o non esserlo. Nel 1984 si dovrà essere radicalmente spregevoli perché tutti i criteri ufficiali saranno marci e tutti i valori saranno invertiti.

Tristan chiese di Marx. Lesse alcuni brani di *Das Kapital*. Stile oscuro, contorto, "iper-ipofisario"[12] illeggibile, disumano, patologico, con alcune analisi brillanti, di cui alcune essenziali si rivelarono sbagliate. Ha penetrato l'essenza della sua inversione. Nonostante un antisemitismo lucido e ineccepibile[13] riguardo ai traffici e alla finanza ebraica, l'opera gli sembrava il punto di arrivo di un'enorme sintesi di

---

[12] Vedremo il significato di questa parola nel capitolo sulla chiave.
[13] Questa parola non ha alcun significato, perché i semiti non hanno nulla a che fare con essa, a parte gli ebrei che sono semiti, che non sono la maggioranza: il termine corretto è **antiebraismo**.

distruzione che sembrava inconsciamente intessuta nella sua perfezione.

Non sembra che i carnefici fossero più concertati delle loro vittime, e nessuno era consapevole della sintesi comatosa del rothschildo-marxo-freudo-einsteinopiccassismo.[14]

Il lavoro di Tristan in fabbrica, dalle 8.30 del mattino alle 6.30 di sera, non era molto entusiasmante. Si occupava delle gomme dei commutatori. La fabbrica le vendeva in Francia, Germania, sul continente e in particolare alla S.N.C.F.. Scriveva lettere commerciali, in particolare ai pagatori recalcitranti. Inventava regole a tre, incollava carte e compilava moduli, il tutto con l'aiuto di un'affascinante segretaria dal nome particolarmente attraente: Mademoiselle Mamouret. Avrebbe dovuto imparare l'elettricità e non so cos'altro.

Tutto questo lo stava soffocando e doveva uscire.

Nonostante le necessità immediate di una vita all'inseguimento, il pensiero del pianoforte non lo abbandonava mai. Ma non sapeva nulla. Nella speranza di iniziare un giorno a studiare, rilassò le dita, pensando che l'articolazione fosse essenziale. In questo modo, sviluppò abitudini disastrose che sarebbe stato impossibile interrompere.

Un pomeriggio, mentre passeggiava ad Asnières, una targa attirò la sua attenzione: Madame F. K. solfège, pianoforte.

Ha suonato il campanello.

La campana aveva suonato.

Più che di pane e acqua, aveva bisogno di un pianoforte per vivere. Non poter soddisfare questo bisogno vitale era una fonte costante di angoscia. Nei momenti di stanchezza e disperazione, sentiva le melodie cantare nella sua testa. Non avrebbe potuto essere più orgoglioso di se stesso se avesse riportato in vita un morto! Era sempre triste e pura, e a volte la melodia era vibrante, con una bellezza ossessionante e medievale.

Sono passati come miti.

La campana aveva suonato.

Una donna anziana dall'aspetto dolce venne ad aprire la porta. L'aveva appena incontrata che il suo cuore già traboccava per lei. Era così che

---

[14] In altre parole, capitalismo inquinante, marxismo che uccide decine di milioni di persone, psicologia perversa pansessuale e abulica, scienza disorientata e arte marcia e delirante.

aveva sognato sua madre: gentile, amorevole, distinta, una di quelle madri di cui si ha paura di approfittare perché sono così buone. Così glielo disse chiaro e tondo, senza preamboli o diplomazia. Le disse che il pianoforte e Chopin erano tutto ciò che lo interessava al mondo, ma che non sapeva nulla, che aveva tutto da fare. Non poteva insegnargli le note per cominciare? Ma lui non aveva soldi... Lei accettò.

Quando anni dopo pensò a lei, mentre lavorava al ventiquattresimo preludio di Chopin, il suo cuore traboccò di gratitudine e di affetto. Ci sono respiri generosi dell'anima che valgono tutto l'oro del mondo...

Seguì una ventina di lezioni con la signora F. K, che furono interrotte dai bombardamenti. Un giorno, un vicino impianto chimico fu colpito dai bombardieri americani. Il fumo era così denso che ad Asnières divenne improvvisamente buio.

La situazione di Tristan era molesta e gravida di demenza.

Si sentiva come un muto in pericolo che non poteva chiedere aiuto. Doveva liberare questa forza interiore che lo soffocava e lo rodeva. Doveva intraprendere con coraggio la strada della liberazione. Non c'era altra via che il puro e semplice suicidio. Non poteva rassegnarsi a rimanere impantanato. Doveva combattere con calma o la sua mente sarebbe stata inevitabilmente distrutta. Doveva concentrare le sue energie su questa determinazione. Doveva rassegnarsi temporaneamente per raggiungere una situazione sociale che gli permettesse di realizzarsi. Chopin, Schumann, Brahms, Liszt, le sonate di Beethoven... musica orchestrale lo schiacciava. Nonostante le sue seduzioni, Wagner era troppo rumoroso, troppo potente, Berlioz gli era estraneo. Mozart, sì Mozart... Il pianoforte era il suo strumento completo.

Poco prima di essere esiliato in fabbrica, Tristan aveva superato il cosiddetto primo baccalauréat. Doveva assolutamente prepararsi per il secondo, con l'opzione filosofia. Con uno sforzo encomiabile, aveva comprato i libri necessari per prepararsi.

Era già a Gennevilliers da qualche mese. Dalla sua famiglia? Nemmeno un fazzoletto. Non aveva chiesto loro nulla. Per discrezione? Certo che no. Ma sapeva che avrebbe avuto più fortuna a chiedere aiuto a chiunque per strada. La sua famiglia era il nulla radicale e definitivo.

Eppure c'era lo zio Paul, uno zio per matrimonio. Era l'unico su cui Tristan pensava di poter contare. Era un deputato, un futuro ministro, circondato dalla sua bella famiglia ebrea... Era solo a Beaune con la madre e la sorella. Sua moglie e l'*amata nonna* erano ancora nella Zona Libera, protette dal Maresciallo.

Forse lo zio Paul sarebbe felice di rivederlo?

Tristan partì per Beaune un fine settimana. Lo zio lo accolse con affetto, gli diede generose provviste e gli fece fare un vestito, dato che quello che indossava era a brandelli. "Ti farò uscire da questa fabbrica", gli disse, "prima di tutto devi superare il secondo baccalauréat, poi vedrai".

Ben detto, ma il ragazzino, futuro ministro, vicesindaco e consigliere generale, ha dovuto chiedere il permesso alla zia Denise e alla *nonna* nella zona franca.

Andò a trovarli, come faceva regolarmente, per portare loro aiuto e cibo.

Hanno rifiutato...

Passarono alcune settimane. Ci stavamo avvicinando a quella che sarebbe stata conosciuta come "Liberazione"...

Un telegramma.

Lo zio Paul era appena morto...

Il tabacco che aveva abbandonato a causa dell'angina, lo aveva ripreso nelle circostanze stressanti dell'occupazione. È stato un suicidio. Poi c'era la famiglia che aveva mantenuto a distanza per anni: a loro dedicava il suo lavoro, il suo denaro e le sue energie.

Aveva cinquantatré anni. Il calcolo del suo matrimonio stava finendo male per lui, proprio come sarebbe finito male per il padre di Tristan. Così come sarebbe finita male per i terrestri che pendevano dalla parte di Rothschild e Marx...

Povero caro zio, era stato l'unica persona vera della sua famiglia. Era stato l'unico ad aiutare Tristan durante la guerra. La sua morte fu il colpo finale per il nipote. La sua solitudine era ormai completa.

Tristan era di nuovo quasi stracciato. L'abito in fibrillazione che lo zio gli aveva confezionato non aveva resistito a qualche mese di usura costante. Tristan nascose una rientranza tra le gambe con una spilla da balia.

Un anno prima della Seconda Guerra Mondiale, la nobile Madame Christiane de la Vilette sposò lo zio Jacques.

Aveva vissuto con il marito nella villa *della nonna*. La giovane donna aveva molto fascino, era bella e intelligente, ma non aveva un patrimonio e aveva un figlio da un primo matrimonio!

La nonna gli ha reso la vita impossibile.

Non appena zia Christiane aveva messo dei fiori in un vaso, la *nonna*, nel suo stato di impotenza, seguiva le sue orme e gettava i fiori nel cestino. Eseguiva migliaia di questi piccoli trucchi quotidiani con la spaventosa precisione della sua macchina sadica. Non perdeva mai la sua ganga di maldicenze e cattiverie abituali, che facevano da sfondo al suo teatro, il palcoscenico su cui si muoveva a suo agio.

In seguito a qualche manifestazione perversa della sua tragica natura, zia Christiane raccontò alla sua *amata nonna* ciò che aveva fatto, e poi andò a rifugiarsi nella sua camera da letto.

Suo marito, lo zio Jacques, l'ha seguita subito e ne è nato un breve dialogo:

— Finora mi ha divertito, ma ora non mi diverte affatto.

— Non mi hai mai divertito", rispose lei, "ma oggi mi stai prendendo per il culo". Così finì la loro precaria unione.

Prima del divorzio si riunì il consiglio di famiglia. Lo zio Jacques, inviato a nome della tribù, chiese alla moglie di firmare un documento in cui accettava di non chiedergli gli alimenti.

L'aveva detto, quindi aveva questa superba replica:

— Credo che la mia parola sia sufficiente per voi.

Quando Tristan ricevette il telegramma che annunciava la morte dello zio, la zia Christiane, che era rimasta in ottimi rapporti con lo zio Paul, lavorava a Parigi presso l'agenzia Havas. Era molto affezionata allo zio e con Tristan si recò in treno al funerale.

Tristan aveva ricevuto un violento shock e ancor prima di arrivare a Beaune gli era scoppiata la febbre, accompagnata da uno stato di debolezza causato dalle difficoltà di base della sua vita materiale e in particolare da un'alimentazione inadeguata. Era appena sfuggito al Servizio di Lavoro Obbligatorio a causa del diabete, che senza dubbio era di convenienza, visto che non ne rimaneva traccia. Il suo viso doveva piacere alla commissione francese che decideva le partenze. Questo favore lo aveva forse salvato dal morire sotto un bombardamento in una Germania ridotta in cenere in nome dei diritti umani. A volte morivano centocinquantamila persone in una sola notte, ma questo non era un crimine di lèse-humanité...

Arrivato a Beaune, Tristano dovette mettersi a letto proprio nell'ospedale che lo zio aveva fatto costruire e dove oggi si può ammirare la sua statua.

A Tristan fu detto che un ex ministro molto famoso aveva fatto un discorso troppo coraggioso e che l'ex sostituto di suo zio aveva parlato come vicesindaco di Orléans.

Dopo due giorni la febbre si è abbassata. Uscì dall'ospedale per salutare la madre e la sorella dello zio, che avevano trascorso con lui gli ultimi mesi di vita.

Nel suo stato di quasi stracciataggine, pensò che avrebbe potuto chiedere un paio di pantaloni dello zio. Non solo lo avrebbe salvato, ma sarebbe stato felice di possedere qualcosa che apparteneva allo zio. La madre dello zio,, gli disse che avrebbe preferito di gran lunga che indossasse i vestiti di suo figlio piuttosto che quelli di un estraneo, ma anche per questo dettaglio avrebbe dovuto scrivere alla zia Denise e alla *nonna*.

Tristan non ebbe mai una risposta e presto un paio di pantaloni militari sostituirono quelli civili strappati tra le sue gambe. Quando fu rilasciato, *la nonna* lo accusò nel suo tribunale magniloquente di "non aver partecipato al funerale del suo povero zio, di aver passato il tempo a tirare carote per lui e di non aver aspettato che il suo cadavere si raffreddasse per reclamare i suoi vestiti"...

Ad ogni livello, hanno il dono sconcertante di rendere fatti e circostanze sotto forma di distorsioni e disinformazioni. Freud e Marx sono esemplari in questo senso. Lei aveva questo dono: svilire, infangare tutto ciò che toccava, interpretare sempre nel senso della spazzatura, nel senso di una proiezione della propria mentalità, non vedere mai il lato sorridente, amabile, sincero delle cose. Freud era esemplare. Aveva imposto la propria nevrosi al mondo intero.

Corrosivo e velenoso, era per antonomasia impegnato a raccogliere tutto ciò che poteva essere bello, grande e innocente e a trasformarlo in una massa di escrementi. È questa forma di pensiero moderno che Tristano chiama *giudeo-cartesianesimo*.

Dopo la "liberazione", Tristan incontra un abitante di Beaune che gli racconta come sua zia abbia messo all'asta persino le camicie del marito...

La solitudine era ormai completa. Tornò nel grigiore della fabbrica. I mesi passarono. Cercò di prepararsi per il suo secondo baccalauréat mentre lavorava in fabbrica, e prese lezioni di teoria musicale da Madame F. K. Stava cadendo a pezzi. K. Stava cadendo a pezzi.

Senza l'aiuto di nessuno, il pianoforte si è ritirato. Vedeva la sua speranza scivolare via. Non ne poteva più.

Questa è stata la cosiddetta "liberazione".

Tristan non capiva nulla, davvero nulla. Non si rese nemmeno conto che molte persone venivano uccise. Grandi menti francesi come Brazillach e Drieux La Rochelle preferirono la morte al degrado mondiale che sarebbe seguito alla vittoria del liberal-bolscevismo. I soldati volontari francesi contro il bolscevismo furono imprigionati, gli ufficiali fucilati. Eppure questa Lega dei volontari francesi contro il bolscevismo era sostenuta da un governo legale, investito dal Parlamento! Eppure il Papa aveva detto: "Se il fronte orientale crolla, il destino dell'Occidente è segnato".

Tristan avrebbe capito solo venticinque anni dopo, quando vide gli esseri umani manipolati in umanoidi che non capivano più nulla, che continuavano ad amare i compleanni e gli inumani che li degeneravano e li sterminavano attraverso la demagogia, le guerre, la chimicizzazione del suolo, l'alimentazione, la terapeutica, il marxismo, il freudismo, le vaccinazioni, le droghe, la pornografia e così via.

Ha capito le parole di Alexis Carrel: "La dittatura è la reazione normale di un popolo che non vuole morire".

Nel 2000, i morti viventi non vorrebbero nemmeno una rigenerazione dittatoriale.

Tristan non sentiva più la vocazione a vivere.

Non aveva una situazione, né una famiglia, ma il cielo lo attraeva. L'ha scelto. Desiderava il suo infinito. Concepì l'idea di arruolarsi come pilota per il Giappone. Trent'anni dopo, non avrebbe mai voluto combattere il Giappone, ma non lo sapeva ancora...

Non avrebbe mai voluto combattere le uniche forze che volevano proteggere il mondo da

"1984" di George Orwell, in cui si ritrovano alla fine del secolo.

CAPITOLO VI

Una settimana dopo la "liberazione", la *nonna* e la zia Denise tornarono a vivere nella villa di rue Alfred Dehodencq. Accusarono di furto coloro che si erano presi cura delle loro cose durante la guerra.

Tristan li informò del suo pericoloso piano.

Ha chiesto loro di usare le loro potenti conoscenze per farlo entrare nella scuola di volo.

Tristan si ricordò di un uomo con un grosso sigaro in mano, accasciato su una poltrona a casa *della nonna*, che prese il telefono per risolvere il problema in pochi secondi. Né la zia né la *nonna cara* cercarono per un attimo di dissuaderlo, di contrastare questa folle decisione di suicidarsi, di parlargli del suo futuro, no. Si congratularono con lui per il suo patriottismo...

È stata la prima volta che una richiesta di aiuto è stata accolta con la massima rapidità. È vero che questo sostegno è stato richiesto non per vivere, ma per morire.

Eppure, alla visita medica, non riuscì a trattenere il respiro per un minuto, come richiesto da uno dei test. Fu inviato alla base di Étampes per i corsi preliminari che sarebbero durati tre mesi.

Tristan non era particolarmente bravo a maneggiare le armi. Nella svolta a destra era sempre dieci metri indietro rispetto agli altri. Non riusciva mai ad alzare e abbassare il fucile in armonia con i compagni.

A tal punto che il suo ufficiale di gara, soprannominato "Nénesse", un giorno durante l'esercitazione gli disse: "Preferirei disertare piuttosto che stare in equipaggio con te". Dopo tre mesi, grazie al sostegno della famiglia, fu ammesso al Centre de Préparation du Personnel Naviguant di Vichy.

La scuola era comandata da un tenente della riserva che era diventato comandante dell'F.F.I. ed era un po' demagogico nei confronti degli allievi del centro, che chiamava i suoi "pulcini". La cerimonia del colore si svolgeva a mezzogiorno in punto. Bisognava essere presenti o si veniva puniti. Un giorno, un allievo si trovava a millecinquecento metri dal campo quando la cerimonia dei colori doveva cinque minuti dopo. Per quanto si affrettasse, non sarebbe arrivato in tempo. Una Chrysler

Royale si fermò accanto a lui sul marciapiede. Era l'ufficiale comandante, che disse al soldato: "Se non vieni con me, sarai messo nel bagagliaio". La "ragazza" era stata sexy.

Tristan seguì il programma di formazione della scuola: navigazione, principio del volo, meteorologia, matematica e inglese. La sua paga era di duecentodieci franchi al mese. Patetico, naturalmente. Era privo di tutto, biancheria, sapone. All'epoca l'esercito non forniva nulla di tutto ciò. Tutto ciò che aveva era la sua uniforme. Più volte cercò di scrivere alla zia Denise, ma ancora niente, niente, niente. Alcuni commilitoni in licenza presero l'iniziativa, con il suo consenso, di andare a trovare la zia. Riportarono una camicia e una saponetta.

La maggior parte dei suoi compagni di brigata erano brave persone. Avevano tutti una famiglia, genitori, nonni, zii e zie che li viziavano.

Tristan era nel mucchio degli scarti.

Accettò alcuni inviti, ma non potendo restituirli, finì per rifiutarli. La sera vagava da solo, poi andava a letto quando si sentiva stanco. Quando si è soli a diciannove anni, si diventa terribilmente consapevoli del proprio abbandono morale e della propria indigenza.

Ha sempre avuto bisogno di più amore, tenerezza e cura degli altri. Da bambino era distrutto. È stato sballottato in collegio, scosso, malato, senza casa, non amato. Da giovane non riusciva a comportarsi come gli altri perché era solo e nessuno gli offriva una parola di affetto o un po' di amore. Si inventò un personaggio per fingere di essere vivo. Si era abituato a un umorismo facile e a giochi di parole incerti, che mantenne per tutta la vita e che mascherarono la sua infinita tristezza.

Una sera stava camminando per la strada principale di Vichy quando vide un soldato nordafricano che importunava una bella ragazza.

— Sto aspettando mio marito", ha detto, nel tentativo di mantenere la pace.

— Taglierò la testa a tuo marito", fu la poetica risposta.

Poiché la sua difesa era inefficace, Tristano, che non si sottraeva mai al sacrificio, le si avvicinò e con un sorriso la prese per un braccio, come se fosse stato il marito che lei aspettava. Lei accettò con gratitudine questa strategia. Per prima cosa doveva andare a prendere la valigia a casa di un'amica prima di prendere il treno delle otto per Parigi. Aveva un bel viso uniforme, ovale, ridente, una splendida carnagione, occhi dolci e teneri, e lui seppe poi che era stata Miss Vichy, cosa che indubbiamente meritava. Così fecero il viaggio insieme fino alla casa dell'amica e poi alla stazione, chiacchierando in evidente simpatia reciproca. Lei diede a Tristan il suo nome e il suo indirizzo, visto che lui non aveva mancato di chiederglieli.

Si chiamava Jacqueline.

Tornò quindi all'accampamento, sfiorando una pattuglia della polizia militare che evitò opportunamente perché non aveva una licenza. Era passato da un pezzo il coprifuoco, ma per una creatura così adorabile si corrono dei rischi e Tristan avrebbe passato tre giorni in prigione solo per avere il suo nome e il suo indirizzo.

Andò a letto e sognò quel bel viso.

Si sono incontrati di nuovo. Ancora e ancora. Più spesso. Sempre più spesso.

Lei amava Tristan e Tristan era solo. Tristan si ritrovò ad amarla con tutto il cuore. Disperato e solo, visse di nuovo. Amava essere amato. Certo, lei proveniva da un ambiente modesto - suo padre aveva un piccolo laboratorio di pantoferia - ma lo amava e lui amava lei. Era meraviglioso per Tristan, questo dono del destino che fino a quel momento non gli aveva offerto altro che solitudine e sofferenza. E poi c'era il fatto che lei sapeva così tante cose, così tante cose che generazioni di laureati si sarebbero esaurite cercando invano di far sentire ai loro cervelli inventati. Era vergine, aveva ventitré anni e Tristan solo venti. Si era offerta a Tristan così, semplicemente perché lo amava. Pianse - a quei tempi si piangeva ancora quando si perdeva la verginità - ma era felice perché si amavano. Di fronte alla fiducia e all'amore di lei, lui era impotente. La fiducia di lei lo aveva conquistato e lui non avrebbe potuto spezzare il cuore di Jacqueline senza spezzare il suo. Si sposarono a Vichy al compimento della maggiore età di Tristan, perché la famiglia aveva rifiutato il suo consenso. In chiesa, il sacerdote, che aveva officiato per trent'anni, si mise a piangere contemplando questa coppia così toccante e luminosa.

Nonostante l'amore che li univa, Tristan si rese presto conto che il piacere carnale si era affievolito. Lo spaventava. Ma c'era una meravigliosa tenerezza. Amava Jacqueline come ama un bambino. Un bambino che è anche grato per la vita. Non poteva dimenticare che lei lo aveva salvato dalla disperazione, gli aveva ridato la voglia di vivere. Il suo cuore traboccava dell'amore passivo che non aveva mai ricevuto da sua madre. Si era arruolato nell'esercito pensando al suicidio, un bel viso si era chinato sul suo cuore ferito, una mano lo aveva raggiunto. Stava per affondare, ma improvvisamente si rese conto che voleva vivere, che quel volto gli stava restituendo la vita.

Bevve la dolce sollecitudine che gli portava la vita. Come vampiro, avrebbe assorbito tutto in un colpo solo, in nome di un debito schiacciante di cui era responsabile la sua famiglia.

Oggi sono separati e a Tristan si stringe il cuore quando pensa a quegli anni. All'epoca non aveva alcuna maturità e questa mancanza di maturità è stata la vera causa della loro separazione, nonostante quelli che possono sembrare fatti schiaccianti.

Il mese successivo al matrimonio, Jacqueline rimase incinta.

Le bombe di Hiroshima e Nagasaki erano state sganciate e, sebbene i giapponesi avessero da tempo accettato il principio dell'armistizio, l'aeronautica non aveva più bisogno di reclutare piloti per il Giappone. Tristan chiese di cambiare specialità e volle diventare interprete.

In una prossima sessione si sarebbe tenuto un concorso. Tristan lo sostenne e si classificò al primo posto.

Superare l'esame finale dopo un corso di formazione tecnica significava rimanere per un mese intero. Ha dovuto svolgere questo addestramento in condizioni di privazione materiale che non sarebbe più stato in grado di sopportare.

In pieno inverno, dovette dormire nella soffitta del secondo ufficio di rue Ernest Vacquerie. Le finestre erano rotte. Sapeva che a pochi passi da lì, in rue Alfred Dehodencq, non c'era nulla da aspettarsi dalla sua famiglia. Aveva infatti avuto al telefono la zia che, parlando del suo matrimonio con Jacqueline, aveva alluso al "suo egoismo".

Chi ama e dà non parla mai di ciò che dà: ama, dà, e basta. Tristan non aveva mai sentito parlare di egoismo se non da persone egoiste. E queste ultime erano sempre incredibilmente inconsapevoli del proprio egoismo. Così rinunciò a cercare di spiegare cose che sua zia non era in grado di capire. Era stato privato di tutto per anni, non lo avevano aiutato nel peggiore dei modi, visto che non era nemmeno riuscito a passare il secondo baccalauréat su istigazione di zio Paul, e ora che aveva trovato l'affetto, era lui l'egoista!

Più le persone sono stupide, ignoranti e cattive, più giudicano. L'intelligenza è soprattutto la capacità di conoscere, di capire e di non giudicare. C'è poco da perdonare a chi non sa cosa sta facendo.

Al termine di questo gelido periodo di addestramento, fu ammesso tra gli ultimi, promosso al grado di sottufficiale, assimilato speciale, e nominato istruttore traduttore-interprete presso la scuola Radio Naviganti di Pau.

Jacqueline e Tristan partirono per i Basses-Pyrénées con duemila franchi dati loro dai suoceri. Pensavano di ricevere una paga da sottufficiale. Una terribile sorpresa li attendeva. La durata legale o ufficiale del servizio militare era di due anni. Ma Tristan non poteva ricevere la paga per il suo grado finché non fosse trascorso questo periodo. Quindi lui, Jacqueline e il figlio che aspettavano avrebbero dovuto vivere con duecentodieci franchi al mese! Non c'era modo di chiedere aiuto alla famiglia della moglie, poiché le sue risorse erano estremamente modeste. Scrisse alla famiglia in preda alla disperazione. Non ricevette mai una risposta. Qualche settimana dopo, venne a sapere che *la sua amata nonna* aveva soggiornato nel miglior albergo di Pau e stava facendo un tour dell'antiquariato.

A Pau c'era un albergo militare riservato ai convalescenti e alle loro famiglie. Il simpatico capitano che lo gestiva sottopose la questione alle autorità e li accolse entrambi nell'albergo. Rimasero lì per qualche mese e poi, dato che il termine legale era stato fissato a un anno, Tristan ricevette la sua paga e un piccolo extra.

Tutto ciò avvenne giusto in tempo per la nascita del bambino. Ai margini dell'accampamento c'erano alcuni modesti chalet: uno era stato assegnato a loro. In lontananza, i Pirenei. Lo chalet era confortevole e adeguatamente riscaldato.

Jacqueline era un po' maniaca, capace di ammalarsi per una macchia sul pavimento, sempre con una scopa o uno straccio in mano. Questa esagerazione dispiaceva al senso estetico di Tristan, ma lei gli voleva bene, lo accudiva con dolcezza e lo tranquillizzava. Lui provava un tenero affetto per lei. E poi c'era il bambino che stava per nascere. Voleva dare tutto a lei, che non aveva chiesto altro che ricambiare un po' dell'amore che lei gli aveva profuso. Lei gli aveva dato il suo primo fazzoletto. E ora questa bambina. Un giorno era arrivata la piccola e deliziosa Chantal, con due occhioni azzurri come il cielo. Gli vengono le lacrime agli occhi, la gola gli si stringe mentre rievoca tutti quei ricordi.

Oggi sono separati, ma lui pensa a lei con disperazione e gratitudine. Lei gli aveva ridato la vita, eppure la loro unione non era durata.

Non riusciva a sopportarlo, aveva giurato di non divorziare mai da lei, e lei lo aveva spinto contro la sua volontà...

Avrebbe tanto voluto essere un uomo banale, un buon cuoco, una nostalgia da poeta. Non si può chiedere a un poeta la cui anima è caos, fremente, anarchica, assetata di verità, di godere delle cose della terra. Egli passa semplicemente accanto e ha diritto solo alla loro sofferenza.

Vorrebbe dimenticare metafisicamente gli altri e pensare semplicemente a quelli che lo circondano. Un senso profondo dell'universale, della verità e della giustizia che rompe il cerchio immediato.

Quanto avrebbe amato il proprio figlio per averlo dato a qualcuno più sfortunato di lui. Come si può rendere felice una donna se si preferisce la gentilezza a un compagno amato, se si pensa all'umanità e alla sua tragedia del dolore? Lo spirito del male ha sempre risposto ai suoi desideri più puri con sordida implacabilità. Tristano aveva sognato una donna gentile e indulgente che, come lui, avesse il senso della tragedia umana, un amore gratuito per i suoi simili, così poveri, così derisi, così impotenti, così malvagi a volte nel loro stato di malattia, così toccanti all'occhio metafisico.

Così ha scritto:

Ci sono milioni di bambini di sei anni nel mondo, con i volti devastati dalla fame e dalla disperazione, dal dolore, dal nulla e dalla malattia, lacerati perché le loro madri e i loro padri non sanno amarsi abbastanza per amarli.

Contorti dal dolore e dalle domande, i loro corpi e le loro anime saranno malati per sempre. Si chiedono perché.

Perché il cuore spezzato? Perché la fame?

I loro corpi non riescono nemmeno a formarsi... E i loro occhi, i loro occhi...

Non posso fare nulla per loro, nulla.

Il solo pensiero mi fa male. No, non voglio pregare.

Non la terribile preghiera: ho caldo, non ho fame, sono amato, sto pregando per te. Mascherata!

Signore, contempla la sofferenza dei tuoi figli. Contempla quegli occhi pieni di lacrime. E fai una smorfia di dolore verso il cielo.

E quelle piccole braccia che non hanno più la forza di sostenersi.

Quei piedini senza contorni, resi ancora più orribili dalla sporcizia. Vedi il marcio che lasci crescere dal male che lasci diffondere...

Guardate quegli occhi d'amore che perderanno tutto l'amore, che saranno pronti alla crudeltà perché saranno senza amore.

Come possiamo amare un Dio che può vedere tutto questo senza morire di tristezza? Senza alzare un dito della sua onnipotenza

E trasformare queste maschere di dolore in volti di beatitudine. Quelle lacrime di dolore in lacrime di gioia...

Come può essere tutto questo?

Il mondo è una catastrofe accidentale, nonostante tanta armonia? Una malattia del nulla?

Un folle impulso di Dio?

Cos'è questo stupido postulato della sofferenza che porta alla redenzione? Perché questo gigantesco olocausto?

O Signore del dolore e della misericordia. Al posto di tutto questo, ti offro

Il sorriso di un bambino con gli occhi azzurri...

Più volte Tristano aveva sentito che il suo senso poetico nasceva dalla sua rivolta contro la sofferenza umana, tutta la sofferenza della terra che lo stava strappando. Sentiva la mostruosa agonia, l'enorme assurdità cosmica che abbracciava la sua anima creativa.

Sapeva che nessuno è malvagio: i malvagi sono persone malate che hanno bisogno di essere assistite e curate. Il male è iniziato molto tempo fa. Il male è una rottura dell'equilibrio tra le forze antagoniste del bene e del male.

Affinché l'uomo rimanga perfetto, la natura esterna deve essere in armonia con la sua interiorità. Deve seguire le leggi della natura. Deve mangiare le cose crude che la natura gli offre. La cottura è fonte di immense carenze che colpiscono l'organismo, il cervello, compreso il pensiero e il giudizio. Sappiamo che il cancro può essere curato con il ritorno al cibo crudo, che ripristina l'istinto primitivo che guida la nostra scelta alimentare; che l'eliminazione degli amidi cotti cura i raffreddori e le bronchiti dei bambini e altre malattie infantili; che le nevrosi gravi, le fissazioni e le paranoie possono essere superate con il ritorno al cibo crudo.

Le persone devono saper respirare controllando il proprio respiro, devono evitare di agire contro la propria coscienza per evitare le cosiddette malattie psicosomatiche. Più soffre, più diventa cattivo; più diventa cattivo, meno sa. Più si ammala, più i suoi sentimenti diventano ottusi, perché la fonte fondamentale della vera percezione è il cuore.

Quanto meno sa, tanto più si affezionerà a ciò che lo distrugge, tanto più distruggerà ciò che lo circonda e chi lo circonda, tanto più sarà sfruttato dagli spazzini che vivono della sua follia.

Sta per finire l'uomo, in un Niagara suicida.

Ma Dio ha permesso il male e la sofferenza, ha permesso l'ignoranza fondamentale che significa che nulla può essere redento.

Perché ha inventato questa ignobile forma di defecazione? L'uomo non poteva defecare in modo puzzolente come il capodoglio? Perché l'uomo non produce anche l'ambra?

Dio lo sa, perché è fuori dal tempo e dallo spazio. Questo embrione di mondo è condannato in partenza? No, no, no.

Un Vangelo irrisorio: dobbiamo dare alle persone i mezzi per praticare i suoi valori eterni.

Presto non ci sarà abbastanza bene per nutrire il male della terra.

Oh, se il mio cuore irrompesse nel mondo e annegasse tutto il dolore nel suo sangue... Così nacque la piccola Chantal.

Una bella bambina dalla carnagione pallida e con due grandi piattini blu al centro della testa bionda.

Jacqueline aveva dato la sua tenerezza a Tristan e ora a questo bambino innocente e bellissimo.

Ma non aveva l'anima di un padre. Era un *pensatore!*

Oggi un buon padre non deve pensare, deve votare e prepararsi all'aggregazione della cedola attraverso i secoli mentre il mondo va in pezzi.

Non poteva...

L'angelo puro di Tristan non poteva fare altro che piangere, mentre il demone tormentatore agiva. L'angelo cercò di sconfiggere il demone, ma questo lo paralizzò. Allora si abbandonò ai suoi divertimenti distruttivi. Tornò e disse all'angelo: "Guarda cosa hai fatto". Allora l'angelo pianse per la sua grande miseria e si schernì: "Fai una bella teoria con l'infame realtà, mostraci la tua impotenza". Allora l'angelo prende la penna e scrive anche le bestemmie che il diavolo gli detta in versi.

"Guarda lassù, non gliene frega niente di te e degli altri, ma poi non gliene frega niente! Ti deluderà sempre, vai avanti. Stai soffrendo? Fai come tutti gli altri, dimentica il passato, l'antico Egitto, l'India millenaria, Platone, San Francesco d'Assisi, Alexis Carrel?

Ora ho i miei geni: Rothschild, Marx, Freud, Einstein, Picasso.

E tu sei un padre spregevole! Che fai, pensi a qualcosa di diverso dai tuoi figli, a farti un buon nome nella nostra società, quella che io dirigo *interamente?* È immorale! Guarda le chiese, ma guarda, sciocco, guarda i miei buoni cristiani, pensano solo alle loro situazioni e alla loro prole! Finalmente i buoni cristiani, come piacciono a me, con papi e vescovi che mi sono devoti e umili con questo: hanno capito che non c'è verità che non si possa dimostrare con la logica dei custodi: 2+2=4!

Presto loro delle belle chiesette in stile surrealista, e poi più tardi sostituiremo le chiese con le moschee.

Preti in abiti civili, sposati o gay, in dolcevita e giacche di pelle nera, con un'orchestra di negri: viva il progresso!

Dimenticate il passato e soprattutto il futuro, fate come loro, stanno vivendo, potete dirgli quello che volete, non gliene frega niente perché li ho messi in stato di coma! A parte le partite di calcio durante le quali si scannano, si stendono o si calpestano allegramente, a parte i belati delle canzoni atonali e isteriche in cui si scannano anche loro, nulla li interessa. Niente di niente. Votano tutti per me, tutti i burattini di tutti i partiti politici sono nelle mani della mia finanza e del marxismo.

Li nutro con sostanze chimiche, li curo con vaccini che distruggono il loro sistema immunitario, aggiungo un po' di mercurio e di alluminio, uso sostanze chimiche sintetiche che producono effetti collaterali spesso fatali e daranno origine a mostri. Mi sto preparando per il futuro. Vedo già un mondo di mostri fisici e mentali che potrò coccolare con l'appoggio degli imbecilli di tutti i governi che si credono democratici e che io controllo implacabilmente. Non rimarrà un solo posto ufficiale per un vero pensatore. Certamente no. Avrò i miei piccoli filosofi, autoproclamatisi democratici! A qualunque costo!

Quando ci saranno dei ritardati che hanno un cuore e che ne sono impazziti, manderò loro il mio grande Freud, con elettroshock, lobotomie e chimica se necessario!

Ma a lui non importa nulla di te.

Basterebbe un colpo di mano metafisico per rimandarmi indietro dal nulla...

Chimica, psicoanalisi, marxismo per tutti - il mio grande sogno!

Ti offro un piacere presente, intenso, e una volta che l'hai provato, non riesci a pensare ad altro che al prossimo, e non ti interessa nient'altro. Nessuno è legato all'impossibile. Nessun passato, nessun futuro, se non il nulla che sto creando per te.

Non esiste più una vera ragione, ma solo una ragione irrazionale, la sistematizzazione di un'ossessione, una viltà suprema, la capacità di adattarsi a ciò che è spregevole sotto la guida di persone immonde. Questa pseudo-ragione sacrificherà radicalmente l'intelligenza, quella vera, quella del cuore. La ragione è quindi l'antitesi dell'intelligenza e il mondo appartiene ormai a freddi e impassibili calcolatori.

Il grande calcolatore distruggerà il pianeta con le sue assurde equazioni di finanza, marxismo, chimica, fisica nucleare, pianificazione familiare e così via"...

Vorrei tanto vedere questa spregevole ragione, che rende il crimine così facile perché si traveste da virtù e ti rende parte di un comodo criminale sociale.

Nessuna grandezza vale la pena di essere comprata con la sofferenza. Tutto ci spinge verso il male: la nostra incredibile stupidità, la nostra codardia congenita e cromosomica!

O la sofferenza degli altri, una sofferenza insopportabile. Vivere oggi significa accettare di essere un carnefice.

Sopravvivere dopo la morte?

Se Dio gli dicesse: "Vivrai di nuovo, sarai bello e intelligente, avrai una bella moglie e dei bei figli, sarai un medico e un virtuoso del pianoforte". Lui diceva di no. Non poteva sopportare la sofferenza degli altri esseri umani, la miseria assoluta del Terzo Mondo, né l'indifferenza degli esseri umani verso la sofferenza degli altri, né quell'orribile defecazione umana. No alla vita, anche con questa felicità relativa.

Non poteva rassegnarsi al male e alla sofferenza. Immaginava un bene assoluto, dove il cuore avrebbe regnato.

Dentro di lui c'era un cristallo puro e inefficiente che gemeva per non essere in grado di creare il bene per sé e per gli altri.

Suonare Chopin! Che gioia sarebbe! O irrisoria lucidità e impotenza.

Aveva cinque anni, avrebbe sempre avuto cinque anni, e gridò a Dio, che ne aveva miliardi, che era malvagio farlo soffrire e far soffrire gli uomini. Gridava di ricevere la conoscenza che porta alla vera felicità attraverso la volontà. Il sadismo e il crimine dell'Antico Testamento, la strana morale dei Vangeli - dove avevano condotto l'umanità queste due invenzioni squilibrate della Circoncisione dell'8° giorno? Al marxismo, il delfino del capitalismo, la carogna e il distruttore di tutta la terra.

Che sapore di nulla quando sapeva che i bambini soffrivano, quando sentiva che milioni di bambini soffrivano, come se la loro sofferenza fosse la sofferenza di Tristan.

La sofferenza di un bambino, il suo sguardo perso, folle, inconsapevole, *ma era il suo*. E Tristan mormorò: "".

O Geova, Dio della vendetta e del crimine.

Sono dilaniato dalla stupidità degli uomini, dalla loro malvagità, dall'atrocità di Israele, dal vostro sadismo e dalla mia stessa follia.

Dobbiamo rifare il mondo!

Questo deve essere distrutto nella sua interezza.

Non dovete più porre condizioni alle vostre creature. Devono essere progettate per la vera felicità.

Amarli senza contare il costo.

Che ignorano tutto ciò che non è bello. Che non rischiano nulla.

Non hanno bisogno di libertà, ma di felicità.

Che la loro esistenza non sia giustificata dal grande, dal piccolo, dal bello e dal brutto, dal buono e dal cattivo. Devono essere dispersi in un mondo in cui hanno tutto e non ignorano nulla.

O Geova, se questa è una bestemmia, tu mi hai creato a tua immagine e somiglianza. Guarda l'immagine in cui ti abbiamo fatto.

Non sono forse, nella mia presuntuosa angoscia, fatto a tua immagine e somiglianza? Non è che non ti amino più: ti ignorano.

Ascoltate: non vi commuove la sofferenza dei vostri figli? Seduto nel tuo palazzo nel cielo, pretendendo l'impossibile, ci guardi con indifferenza e noia. Uccidiamo, gridiamo di dolore e di disperazione, impazziamo distruggendoci, non riusciamo a pensare, le nostre anime sono morte, ma a te cosa importa, Geova, nonna cara?

Siamo stati creati per non resistere a Satana, ci hai creato di proposito troppo deboli, perché sai tutto, conoscevi la nostra rovina prima di crearci. Allora dov'è questa libertà?

Se ci avessi dato più giudizio e forza, non ci sarebbe stata la caduta. Come possiamo non bestemmiare se non capiamo?

I nostri errori non significano nulla se non *lo sappiamo*.

Si può biasimare un bambino che non sa nulla del fosforo e dà fuoco alla casa giocando fiammiferi?

O questa enorme schiera di duplicati in questo folle cosmo...

O Chopin!

La rivelazione della mia vocazione più profonda. L'ho integrata perfettamente.

Chopin era me, io ero Chopin.

La prima volta che ho ascoltato Chopin, perché c'è stata una prima volta, per quanto incredibile possa sembrare, ho sentito tutto.

Era un monumento alla disperazione, magico, autoindulgente, immensamente bello e a volte un po' osceno. Sul fondo c'era del fango sanguinoso, ma una rosa rossa fiera e tenera stava sbocciando. Oh, la squisita dolcezza della notte...

Aveva intessuto nell'atrocità della sofferenza umana tutta la tenerezza di cui Dio, nella sua infinita bontà, era incapace.

Mi ha rivelato la magia della purezza inaccessibile, la danza dell'anima paralizzata.

Le note assumono un suono di cristallo che risuona nel cuore. Sono cascate di bellezza che ti pietrificano con l'infinito, canti d'amore senza tempo.

Ciò che è inspiegabile in Chopin è che le note del pianoforte non hanno più lo stesso suono quando vengono suonate. È come se l'anima di Chopin dovesse solo toccare l'avorio per purificarsi ed etericizzarsi.

Suonare Chopin!

Che sensazione di potere miracoloso, che meraviglia comunicare agli altri questi effluvi incandescenti dell'assoluto.

Il 24° preludio, l'étude in la minore, l'ultimo movimento della sonata in si... E tutto il resto, anche il minimo valzer.

Il dodicesimo accordo: accordo stridente, onde che si infrangono, torrente di bellezza e di rivolta, il respiro si ferma.

Tutto in Chopin è etereo.

Le mani stesse diventano virtuali, angeliche. Vertigine trascendente...

CAPITOLO VII

Tristan continuò a lavorare come interprete e istruttore di inglese presso la base di Radio Navigants a Pau. Durante l'anno di fabbrica aveva cercato di prepararsi per la maturità filosofica, ma non era riuscito a conseguirla. Quando *la nonna* tornò dopo la liberazione, Tristan le aveva mentito: le aveva detto che era stato promosso. La sadica soddisfazione che avrebbe provato se avesse saputo che Tristan non aveva superato l'esame le avrebbe fatto male. Durante quell'anno di fabbriche e bombardamenti, a volte si era sentito male in metropolitana. Un'ambulanza lo portò in ospedale. Si manifestò uno stato febbrile, ma non fu possibile fare alcuna diagnosi. Un famoso chirurgo, amico di famiglia, esercitava nell'ospedale. Tristan lo salutò. Quando raccontò l'evento all'*amata nonna*, lei riuscì a dire solo un rimprovero teatrale per essersi fatta riconoscere in quelle circostanze: "Che razza di ritrovo!", disse con il suo accento particolare. Da allora, nei momenti peggiori, quando andava a trovare *la nonna, si assicurava* sempre che il suo abbigliamento fosse impeccabile.

Tristan aveva ancora diciotto mesi di servizio. Con questo tempo e un salario magro ma sufficiente, poteva prepararsi e superare l'esame. Il tempo non gli mancava, visto che doveva seguire solo una quindicina di ore di lezione e tradurre alcuni documenti.

Così ha lavorato duramente per tre mesi, ha fatto domanda ed è stato accettato come baccelliere di filosofia.

Il tema del suo saggio lo aveva interessato: "I vari gradi di autocoscienza". Si sentiva più tranquillo e aveva ritrovato la speranza. Riusciva a vedere un futuro più luminoso per le persone che dipendevano da lui. Cominciava a intravedere un barlume di speranza per il suo amato pianoforte.

La vita alla base non aveva nulla di stimolante. Un pandemonio spaventoso da cui era difficile fuggire, pochi ufficiali decenti tornati dall'Inghilterra, ufficiali dell'F.F.I.[15] tragicamente volgari, che conoscono molto poco la loro lingua scritta e parlata, giacche sudice, camicie sporche, berretti sulla nuca, giacche aperte e cravatte più vicine

---

[15] Force Française Intérieure: quella che noi chiamavamo Resistenza.

all'ombelico che al pomo d'Adamo. I sottufficiali attivi sembrano scaricatori di porto esultanti e non sempre hanno un buon odore.

Tristan si è opposto.

Indossava un'uniforme semplice e pulita, camicia bianca e cravatta nera, e aveva avuto l'ardire di sostituire i bottoni da pompiere sul cofano con discreti bottoni neri. Dal punto di vista legale, non potevamo essere d'accordo con lui, poiché questi bottoni sgargianti facevano parte dell'uniforme.

Alla base è stato nominato un nuovo comandante. Un politecnico.

Tristan gli fu subito indifferente: questa era la norma con Tristan, tutto ciò che era robotico, modellato, banale e scontato era allergico a Tristan. Il Comandante ritenne opportuno nominare Tristan tra i quadri che dovevano recarsi in una città lontana per impartire l'addestramento militare a una classe appena richiamata.

Tristan prese quarantotto ore di permesso e andò al secondo ufficio. Era stato assimilato a uno speciale ed era totalmente incompetente ad addestrare le reclute. Il comandante non aveva il diritto di usare Tristan per qualcosa di diverso dalla sua specialità.

È stato trasferito con un telegramma.

Ciò era tanto più significativo in quanto un normale trasferimento, anche per il comandante, avrebbe richiesto diversi mesi.

Tristan tornò alla base dove il telegramma lo aveva preceduto.

Andò a porgere i suoi omaggi al comandante, che lo lasciò con queste parole ringhiose:

"Andate a cercare i vostri protettori!

Tristan ha completato il suo terzo e ultimo anno nell'esercito in un campo della Royal Air Force alla periferia di Parigi. Si era già iscritto alla Sorbona. Era indeciso tra la medicina, che gli si addiceva, e l'inglese, che gli avrebbe permesso di guadagnarsi da subito da vivere come insegnante. Non avrebbe potuto guadagnarsi da vivere per sé e per la sua famiglia facendo medicina, quindi la laurea in inglese era la soluzione più logica.

Quando fu smobilitato, trovò lavoro in una scuola gratuita. Jacqueline, Chantal, sua nipote e lui si trasferirono nel XIV arrondissement. Trovarono una piccola stanza in rue des Artistes, una strada isolata, quasi provinciale. Era umida, buia, esposta a nord, senza acqua corrente ma con gas ed elettricità.

Un grande letto arcaico, un armadio a specchio, una credenza, un tavolo da cucina e un letto per la bambina furono aggiunti ai mobili già ingombranti e collocati sul lato giorno, vicino alla finestra. Jacqueline era gentile e devota, la bambina adorabile, e Jacqueline fece facilmente amicizia con i lavoratori della casa. C'era una dolorosa promiscuità. Tristan dovette sforzarsi di adattarsi, di creare una bonomia artificiale. Cominciò a parlare male, a usare parolacce che si stupiva di sentir pronunciare, per adattarsi a tutti gli altri, per non farsi notare.

Sentiva crescere dentro di sé le sue vulcaniche tendenze materne. Il pensiero del pianoforte divenne sempre più ossessivo. Era tenero con Jacqueline e la bambina, la bella bambina. Sua moglie e lui avevano preoccupazioni molto diverse, affinità diverse, e lei era priva di quel senso della bellezza che in Tristan stava assumendo proporzioni patologiche.

Questo non gli impediva di amarla molto. Gli aveva dato speranza, una vita serena, semplicemente per quello che era, naturalmente.

Con questa aspirazione per il pianoforte crebbe un erotismo che rasentava il morboso. Aveva letto da qualche parte nella tradizione cristiana che "le anime pure saranno indotte in tentazioni peggiori della morte".

Desiderava una norma pacifica, ma sentiva che gli stava sfuggendo. Gridava dal suo inferno interiore, che il suo ascendente Bilancia Scorpione già illuminava.

O la nostalgia per questa normalità che in fondo detestava.

Eppure cosa c'è di più normale dell'essere anormali se si considera la normalità inconscia che ci circonda?

Le melodie cantavano nella sua testa. Stava soffocando.

Non lontano dalla loro modestissima stanza si trovava la Cité Universitaire.

Tristan a volte ci andava e incontrava dei ragazzi eccezionali con i quali a volte aveva conversazioni che duravano tutta la notte.

C'erano anche ragazze, all'epoca molto belle, che non si sarebbero più viste nel 2000. Senza rimorsi, si godette i loro magnifici corpi. Loro lo adoravano. Provava una gioia feroce, l'esultanza di Mr Hyde. Fortunatamente, le difficoltà della vita gli impedirono di abbandonarsi a questa esultanza e neutralizzarono in parte il suo erotismo e il suo bisogno di donne.

La seduzione della seduzione! Che cosa meravigliosa e diabolica! La seduzione passiva di un solo sguardo, di un solo sorriso! E persino di silenzi eloquenti! Guardare l'altra persona e sentire che già la si possiede, che già ci ha dato tutto. L'uomo che seduce non si forza in alcun modo; l'uomo che si forza in alcun modo, più o meno viola.

Il vero seduttore guarda una donna come un serpente affascina un uccello. La vera seduzione è fluida, astrale. Tristan poteva, con questa strana forza contenuta in un corpo delicato, imporre questo languore paralizzante che cedeva. Non aveva rimorsi perché loro amavano questo gioco.

Una ragazza non gli ha detto: "Ora che ho te, posso morire"?

Dopo la smobilitazione, ha assunto un incarico di insegnamento in una scuola secondaria privata.

Quell'anno, il 1948, fece miracoli.

Ogni mattina alle sei si recava alla sua scuola marista in periferia.

Un viaggio di andata e ritorno di quattro ore.

Era molto mal pagato. Si trattava di una tariffa sindacale umoristica, che anche raddoppiata non avrebbe raggiunto lo stipendio di un lavoratore medio.

Ciononostante, sono stati incoraggiati a sfruttare le lezioni private. Erano dei veri e propri mercanti di zuppe. Gli alunni pagavano caro e mangiavano molto male. La cappella fu ricostruita, lo stagno nel parco fu ripulito e la maggior parte dei profitti fu versata all'alta amministrazione ecclesiastica. I genitori venivano sfruttati, poiché molti insegnanti non erano tecnicamente qualificati. I bambini erano mal curati e gli insegnanti venivano ingannati. Ma anche qui, come a casa *della nonna*, si insegnavano buoni principi.

Un giorno Tristan, con la sua consueta ingenuità e sincerità patologica, aprì le porte alle critiche. Ma i preti sono uomini", sussurrò il tartufesco direttore marista con la testa di un gatto.

Sì, certo, ma si trattava del comportamento di una comunità religiosa e non aveva nulla a che fare con le debolezze individuali.

Un altro giorno a tavola, durante uno di quei pranzi cerimoniali in cui gli insegnanti erano raggruppati intorno a un tavolo disposto a U, espresse nuovamente la sua indignazione. Fu licenziato. Tristan fu raggiunto da un collega di storia, l'unico con l'abilitazione all'insegnamento. L'anno successivo prese gli ordini sacri. Non sarebbe stato un canonico cinico e panciuto.

Ma la Chiesa non aveva ancora raggiunto il fondo dell'abisso, quello di "1984". Sarebbe presto diventata, a tempo di record, una società omosessualo-marxo-freudo-pornocentrica in apostasia, in totale rassegnazione, con l'infame pretesto del ringiovanimento.

Non si diceva forse che "Satana regnerà al vertice della Chiesa, a Roma stessa"?

E "gli stessi Eletti saranno mistificati. Povera Chiesa, era il tempio che doveva essere scacciato dal tempio... Aprirsi al mondo significa aprirsi alla putrefazione.

Il periodo trascorso da Tristan nell'esercito, la fine della guerra e tutti gli adattamenti che si erano dovuti fare lo avevano tenuto lontano dalla famiglia materna, le cui esplosioni emotive non erano certo una calamita. Ma erano la sua famiglia. Aveva scritto un biglietto. Andò in rue Dehodencq.

La nonna era lì, come sempre, molto simile a se stessa, accasciata sulla poltrona, più verdastra e stagnante che mai.

Le baciò la mano, ma non senza il brivido che il contatto gli provocò lungo la schiena.

Accanto alla *nonna* c'era una ricca cugina, la baronessa de Monosh, che aprì la bocca non appena Tristan fu seduto.

— Allora, Tristan, ti sei già trasferito a Parigi?

— O", rispose, "installato" è una parola grossa.

Stava per dare delle spiegazioni franche e complete, che in questa cornice di mobili e tappeti lussuosi, di servitori in guanti bianchi, rischiavano di essere dolorose.

Fu allora che *la nonna,* che era al tempo stesso imbarazzata e apparentemente a suo agio, assunse la sua aria bonaria e modesta e lo interruppe:

— Sì, ha trovato una piccola stanza...

Continuò, tenendo abilmente la bocca chiusa fino alla fine del suo rotolo di banalità.

Dopo un'ora, Tristan stava per salutarci quando *la sua amata nonna* lo fermò. Aveva indossato la sua maschera nobile, protettiva e munifica. Tirò fuori dalla borsa una banconota da mille franchi, piegata in quattro, e gliela porse con un braccio magnanimo a forma di collo di cigno.

— Non fate niente di stupido con quei soldi, comprate qualcosa da mangiare.

Prese il biglietto, tremando dentro di sé, salutò goffamente e poi si congedò.

Il cugino, che aveva assistito alla scena, si è sentito in dovere di scivolare verso Tristan mentre scendevano insieme lo scalone d'onore:

— Siate gentili con una nonna così sensibile e generosa...

Tristan pensava di soffocare. Non riusciva a trovare la forza di spiegare cose che erano così lontane dalla verità.

Questa strategia del "faccio finta di dare e ti prendo tutto" si ritrova in ogni aspetto del mondo moderno.

Qualche giorno dopo, a Tristan e Jacqueline fu offerto un modesto appartamento in cambio di una piccola somma che non sapevano di potersi permettere. Decisero quindi di recarsi entrambi in rue Dehodencq, non vedendo altro modo per ottenere aiuto.

Una manna dal cielo per la bambina, una casa più grande di questa misera stanza senza acqua, umida e buia.

La nonna li accolse come un cane in due serie di birilli. Il suo sguardo vuoto era di un torpore flaccido che esprimeva solo un pensiero vegetativo e limitato, punteggiato da lampi di malizia e di egoismo, obiettivi in grado di mettere in moto la sua intelligenza.

La postura di una strega dinoccolata. Sembrava furiosa e la sua mano accarezzava il divano eterno dove stava morendo da quarant'anni.

Zio Jacques entrò, silenzioso e larvato, sentì che si trattava di soldi, non disse nulla e andò a mettersi davanti alla finestra, come per guardare fuori.

"Non si trovano tutti quei soldi sotto lo zoccolo di un cavallo", disse infine *la nonna*.

L'unico modo per ottenere questo appartamento, che aveva un numero illimitato di richiedenti, era essere veloci. Un appartamento per un piccolo recupero, in un periodo in cui i prezzi erano astronomici, sarebbe stato preso da qualcun altro se non si fossero affrettati.

La nonna cara era riluttante. Voleva sapere a chi dare i soldi, il nome, l'indirizzo, "forse poteva fare una chiacchierata"... Rimasero nella loro baracca.

I due collegi liberi dove insegnava avevano un pianoforte.

Tristan aveva deciso di studiare da solo perché non poteva permettersi lezioni. Impaziente e costretto a imparare da solo, commetteva gravi errori e si infliggeva un'articolazione dannosa che impediva qualsiasi sfumatura o virtuosismo.

Non riusciva a decifrare molto bene, ma abbastanza da imparare a memoria. Iniziò, O folie, memorizzando l'intero studio di Chopin in Mi maggiore, la cui sezione centrale è estremamente difficile. Il legato dell'intero brano è radicalmente impossibile per un principiante. Ciononostante, imparò l'intero brano e riuscì a suonarlo con un suono simile a una nacchera. Le sue dita erano molto duttili, in quanto riusciva a muovere le terze senza supporto, e la sua mano copriva dal Do al Sol dell'ottava successiva. Molti concertisti gli avrebbero invidiato questa qualità.

La sera, nella loro stanza buia e umida, preparava due certificati di licenza, a volte fino a mezzanotte o all'una del mattino.

Andava a letto mezzo morto, per poi alzarsi alle sei del mattino e prendere la metropolitana e il treno per raggiungere la sua università in periferia. Un viaggio di due ore.

Usava una piccola lampada elettrica per non disturbare la moglie e la figlia. A volte Jacqueline si arrabbiava e non sopportava che il marito lavorasse così tardi al suo fianco, anche con una piccola lampada. Un giorno strappò i libri dell'università, che per loro valevano una fortuna. Così Tristan fu costretto a sculacciarla. Ma come poteva biasimarla? Lui la teneva sveglia di notte e lei lavorava duramente di giorno, in quell'unica stanza, con il lavaggio continuo del bambino, in quel tugurio.

Tristan superò a pieni voti il primo diploma di laurea. Tre mesi dopo ha superato il certificato di filologia inglese, che aveva richiesto sforzi sovrumani da parte sua per un disciplinamento.

che era l'antitesi della sua natura. Suonare il pianoforte richiedeva, oltre a circostanze favorevoli, dieci anni di duro lavoro. L'istruzione superiore, l'insegnamento a studenti che ogni anno perdevano drasticamente il cuore e l'intelligenza e il cui aspetto fisico e i cui vestiti tradivano sempre più la loro accelerata degenerazione, lo mettevano in una camicia di forza.

Incontra Charles Dullin, che lo invita a unirsi alla sua scuola.

In una vasta colombaia del teatro Sarah-Bernard, dove si tenevano le lezioni, rappresentò alcune scene classiche tutt'altro che brillanti. È vero che Corneille lo divertiva. Il gonfiore dell'onore e della forza di volontà, le false situazioni oltraggiose, tutto gli sembrava caricaturale. La sola bellezza del linguaggio non poteva ispirare una recitazione convincente. Anche in quel caso, ricordava quanta importanza attribuisse alla *sostanza*.

Il contenuto è qualcosa da dire. La forma è perfezione plastica. Avrebbe volentieri solleticato il bardo di Don Diègue e tagliato salsicce con la spada di Rodrigue. È vero, tuttavia, che le situazioni corneliane si verificano nella vita reale e possono quindi essere rappresentate a teatro e sentite. In Molière non c'era quasi un ruolo per lui. Persino Alceste, con cui si sentiva in sintonia, esprimeva il suo disprezzo per gli uomini in modo poco convincente e *poco* ridicolo.

Ha interpretato alcune scene moderne, una delle quali tratta da Demetrios di Giulio Romano.

I suoi compagni di classe lo applaudirono, cosa che non era abituale nella scuola. Una giovane donna venne a offrirgli una parte in una recita e si complimentò molto: "Che viso, che bell'aspetto, proprio quello che mi serve"...

L'opera aveva un titolo promettente: "Double Royalty". Tristan lo lesse, lo trovò irrisorio e lo rispedì con un cortese rifiuto, adducendo un sovraccarico di lavoro che, in realtà, era molto reale.

Il teatro non lo soddisfaceva. Certo, come modo di guadagnarsi da vivere non l'avrebbe disdegnato, ma le circostanze non lo favorivano.

D'altronde, Dullin gli aveva detto: "Sei in ritardo di vent'anni, con il tuo aspetto, ora assisteremo al regno di quel piccolo idiota, in teatro come altrove". L'osservazione biotipologica dei quarant'anni successivi ha dato perfettamente ragione a questa profezia. Inoltre, nel cinema, presto non ci sarebbero stati più attori, ma solo teppisti e piccoli stronzi che interpretavano ruoli di teppisti e piccoli stronzi. Per definizione, sarebbero tutti di sinistra. È difficile immaginare che Pierre Fresnay sia di sinistra.

Chi oggi potrebbe interpretare *"Monsieur Vincent"* con l'incredibile tacco mostrato da questo grande attore?

Lasciò la scuola di Dullin senza sapere che stava per recitare sul palcoscenico della vita un ruolo che non aveva mai immaginato e che andava oltre la sua fantasia.

CAPITOLO VIII

"Il pazzo è colui che ha perso tutto tranne la ragione"
(Chesterton)

Nel sistema scolastico statale c'era carenza di insegnanti, in particolare di quelli di inglese. I suoi due certificati di laurea in inglese, il suo servizio volontario e la sua appartenenza al II Air Bureau come interprete e istruttore di inglese gli permisero di ottenere la cosiddetta "delega". In questo modo fu meglio retribuito, anche se non fu sufficiente.

Per diventare dipendente pubblico era necessario un certificato di nascita del padre. Dopo una lunga ricerca, ottenne il certificato, che recitava:

"Morto ad Albigny sur Saône...".

Morì lì nel 1947. Tristan scrisse all'ospedale dove era morto suo padre. Il suo cuore aveva ceduto e le sue ultime parole erano state "che i miei figli sappiano che i miei pensieri sono sempre con loro".

Tristan si era sempre sentito così. *Sapeva* che suo padre, che non vedeva mai, pensava a loro, mentre quelli con cui aveva vissuto nella cerchia di amici *della nonna* non si preoccupavano di loro.

Tra le carte pervenute a Tristan, trovò il nome di un amico di suo padre, Raymond T., un ingegnere, che trascorse diversi mesi a rintracciare.

Quest'ultimo parlava con calore e ammirazione del padre. Alla maggior parte delle persone sembrava un po' pazzo, perché "scoppiava di vita". Eppure era estremamente modesto e si esprimeva in modo ammirevole. Si guadagnò l'ammirazione e la simpatia dei medici che lo curavano. La sua lucidità era sorprendente, perché era un implacabile previsore, il che è naturale per chi pensa in sintesi[16] e segue l'evoluzione logica degli eventi.

Raymond T. ha aggiunto che due anni prima della sua morte, il padre lo aveva mandato come ambasciatore nella villa *della nonna*. Doveva dirgli che il padre dei bambini era molto malato e voleva rivedere i suoi figli. Gli aveva fatto notare che il padre rischiava un arresto cardiaco o una morte improvvisa.

Raymond T. era stato lasciato in fondo alle scale, accolto come un criminale, a malapena sentito, non ascoltato. *La nonna* disse: "Quell'uomo sembra un apache".

Non aveva mai detto loro di questa visita, mai. Non aveva nemmeno chiesto l'indirizzo dell'ospedale in cui era ricoverato. Così nessuno dei tre figli poté vedere il padre prima che morisse. Si era arreso, tutto solo, lontano dai suoi figli, senza una parola di tenerezza o di comprensione. E quando, anni dopo, la *nonna* accennò a questa ultima visita, tutto ciò che riuscì a dire fu: "Non voleva vedervi, voleva i soldi"...

Tra i documenti del padre, trova un altro nome: "Georges B. professeur agrégé, Docteur es lettres".

Non ha avuto problemi a trovarlo a Vanves, dove viveva.

Georges B. lo accolse molto gentilmente e gli parlò a lungo di suo padre dopo che Tristan gli ebbe comunicato la sua morte.

"L'ultima volta che ho visto tuo padre è stato poco prima della guerra. Era stato devastato dal processo con i suoceri e il suo stato fisico e morale era disastroso. Lo aiutai un po', ma non lo rividi più. Dall'inizio della guerra è scomparso.

Tuo padre aveva tutti gli elementi di un potere soprannaturale che non sarebbe stato in grado di assumere. Lo conoscevo bene e per questo posso dirvi da che parte stava. Hai una fronte radiosa come la sua. Conoscevo tuo padre a scuola, era alto, non ricordo di averlo visto da bambino. Era un alunno mediocre che faceva quel tanto che bastava per stare al passo, ma le sue preoccupazioni andavano ben oltre ciò che

---

[16] Il liberalismo si basa sul pensiero analitico, sulla produzione indefinita in tutte le direzioni, senza preoccuparsi della sintesi umana, con il risultato di un generale inquinamento fisico, morale ed ecologico. Si finisce per produrre per vendere, senza la minima preoccupazione per i valori morali e gli interessi dell'umanità, la pornografia, i prodotti chimici, l'alluminio e il mercurio nei vaccini, i vaccini stessi... la scomparsa dell'acqua... ecc.

veniva insegnato sui banchi. Aveva al suo attivo una serie di versi, alcuni dei quali molto belli.

Scrisse una tragedia, *Giulio Cesare*, di cui ricordo alcune strofe ammirevoli. Conoscevo molto bene sua madre, vostra nonna, che era una donna di grande spessore e che sosteneva il figlio nei suoi tentativi di fuga dalla scuola. Nella classe di filosofia, Alain era il suo insegnante. Non aveva un'ammirazione illimitata per Alain, e lo chiamava "socrataillon radical-socialista".

Era alla Normale Supérieure, non perché volesse diventare professore, ma per la disciplina intellettuale di base da cui, a differenza di quasi tutti i miei colleghi, sarebbe uscito facilmente. Oggi penso che abbia troppo orgoglio per essersi sottomesso a tale disciplina. Gli studi non sono molto utili, ma credo siano essenziali per chiunque voglia pensare seriamente. Tuo padre, per quanto fosse un poeta e con tutta l'intelligenza che aveva il diritto di attribuirsi, avrebbe tratto tanto più vantaggio da questo lavoro a Khâgne, senza nemmeno entrare in Normale, perché non ne sarebbe mai stato schiavo. Non sarebbe mai stato un insegnante perché il suo orgoglio rifiutava il sistema. Sapeva che l'intelletto può ordinare solo la scintilla trascendente e che la pura immanenza porta alla sclerosi, alla dispersione analitica e alla degenerazione, di cui la speculazione ebraica è l'origine più evidente come fattore causale fondamentale. Una delle ultime conversazioni che ho avuto con lui riguardava Bergson. Lo definì geniale, non brillante. Disse che era il meglio che gli ebrei potessero produrre.[17]

Ho perso di vista tuo padre nel 1908 e per trent'anni non ho avuto sue notizie. Pensavo spesso a lui, perché nella mia memoria si distingueva da tutti gli altri. Ti ho detto quanto lo ammiravo, e non è una parola troppo forte. Quello che mi hai detto di lui ha confermato quello che già sapevo, quello che avevo capito. La sua colpa è stata quella di cercare un matrimonio ricco, la sua sfortuna di trovarlo, il suo errore di non saperlo usare. Dobbiamo parlare di declino, eppure il termine non è del tutto appropriato. Ha subito le conseguenze del suo orgoglio mal riposto. Ho un ricordo di lui molto comprensivo e quasi privo di misture. Confesso la mia indulgenza per questo tipo di personaggio. Biasimo il suo matrimonio solo se è stato deliberato.

Spero che la sua storia vi serva da lezione. Sentiamo che rifiutate lo stupido conformismo per semplici ragioni di interesse personale. Ma la vera intelligenza oggi è una pagliuzza in un mare in tempesta. Non ha

---

[17] Va notato che Bergson era ebreo solo attraverso il padre. La legge ebraica conferisce l'ebraismo esclusivamente attraverso la madre.

alcuna possibilità di essere ascoltata. So che lo capite. Io stesso sono stato escluso dall'istruzione superiore perché intralciavo troppe persone. Ora sono in pensione.

Voi, nascondete la vostra intelligenza, anche se salva delle vite, perché la verità non può più fare nulla contro la zombificazione universale.

Niente li ferma, nemmeno la morte. Non hanno il concetto di valore. Il loro oro.

Ma Tristano, solo nel mondo, tutto solo, rimane lì, come una scheggia, una coscienza, la loro scheggia, la loro coscienza.

Quindi doveva essere nevrotizzato, pervertito e, come se non bastasse, privato di ogni sostegno. Non gli era rimasto nemmeno il padre, che gli avevano tolto. Nelle condizioni terribili in cui sarebbe stato costretto a vivere, erano sicuri del successo.

Nonostante gli sforzi di Jacqueline e Tristan, la loro esistenza era dura. Dovevano fare miracoli per garantire alla piccola Chantal tutto ciò di cui aveva bisogno. Vivevano in modo precario e non ricevevano abbastanza aria e sole in quella stanza umida. Di tanto in tanto, nei giorni di depressione, come un marinaio naufrago aggrappato a una tavola marcia, Tristan andava a trovare la *sua amata nonna*. L'albergo aveva riacquistato il lusso di un tempo, con servitori in guanti bianchi che non duravano mai a lungo, un Salmson e un autista. C'era anche la televisione, in un'epoca in cui nessuno ne aveva una, e avevamo appena comprato una fattoria sulla Loira.

A volte *la nonna* porgeva a Tristan una banconota da mille dollari piegata per un quarto, con dimostrazione magniloquente e ostentazione parossistica.

Egli accettò questa magnanima generosità che, ovviamente, risolse tutti i loro problemi.

Un giorno pioveva.

Tristan andò in rue Dehodencq con delle scarpe difettose che perdevano. Erano le uniche che aveva. Imbarazzato, lo fece notare all'*amata nonna*, quasi a scusarsi, perché le suole intrise d'acqua rischiavano di bagnare i suoi tappeti orientali.

Lo zio Jacques disse che gli avrebbe regalato un paio di scarpe.

— Avrò delle buone scarpe con questo tempo", ha detto Tristan.

— No", rispose zio Jacques, con un'espressione sciocca, "te li do proprio perché perdono.

Tristan era stupefatto. Non credeva nemmeno per un attimo che lo zio si fosse preso gioco di lui. Il suo cervello poco organizzato lo privava del senso dell'umorismo. Tristan aveva piuttosto l'impressione che non si rendesse conto, ecco, *non si rendesse conto*.

E gli altri? Nemmeno gli altri. Questa impressione si è rafforzata man mano che la vita di Tristan si svolgeva. Marx è inconsapevole e lo sono anche coloro che lo seguono.

Poco dopo, arriva a casa *della nonna* a mani vuote. Jacqueline non si faceva illusioni, ma quando erano disperati, suggerì a Tristan di andare in rue Dehodencq, con la stessa speranza di chi gioca alla lotteria nazionale. Lui non si divertì, ma per Jacqueline e la bambina fece lo sforzo. Si mantiene sempre la speranza in famiglia, anche se si sa che non c'è.

Attraversò Parigi e arrivò a casa *della nonna* con un biglietto della metropolitana perforato in tasca. Quanto basta per tornare a casa in metropolitana.

Era lì quando zia Denise gli chiese di andare a prendere il barboncino alla clinica canina. Gli diede quindici cento franchi per farlo.

Ha ricevuto una scossa. Erano sei quaderni di questa indispensabile metropolitana. E in tasca aveva un biglietto della metropolitana bucato. Provò uno strano disprezzo: la loro sconsideratezza, la loro mancanza di cuore, lo avrebbe fatto impazzire sul posto.

Tosare il barboncino! Tosare il barboncino!

È impossibile descrivere ciò che gli passava per la testa durante il tragitto dall'albergo alla clinica, dalla clinica all'albergo. *Ma questo odio assomigliava all'autoconservazione piuttosto che all'odio stesso.*[18] Gli venne persino la fugace idea di tornare a casa con i soldi di cui avevano disperatamente bisogno.

Non poteva considerarlo un furto, non sarebbe stato nemmeno immorale.

Non c'è nessuno come loro che possa trasformare un innocente in un delinquente, in un criminale. Questo mondo materialista, questo mondo di profitto inquinante e di ideologie imbecilli, sarà presto un'enorme mandria di delinquenti, criminali, imbecilli, pornografi, drogati,

---

[18] Questa frase riassume l'intera psicologia dell'antigiudaismo degli ultimi 5.000 anni (poiché esisteva molto prima del cristianesimo).

subumani. Fanno venire voglia di mordere la natura più dolce e venusiana.

Sperava tanto per la bambina, per loro tre in quella stanza senza acqua, con il bucato e il gas malsano.

La piccola era fragile, la madre si stava stancando molto. La sua stessa costituzione delicata.

La sua rivolta doveva essere repressa. Il piccolo barboncino con la coda che scodinzolava dalla gioia di rivedere Tristan non c'entrava nulla.

Nelle scuole pubbliche in cui Tristan lavorava non c'erano pianoforti. Una compagna di studi si offrì di farlo lavorare a casa sua. Lui accettò volentieri, ma doveva comunque farlo, perché lei abitava vicino alla Porte de Clignancourt, di fronte alla Porte d'Orléans. Due ore di metropolitana per un'ora di pratica. Al ritorno passò la maggior parte della notte a lavorare sul suo certificato di terzo grado.

Decise di noleggiare un pianoforte per una cifra modesta. Questo ingombrava ancora di più la stanza. Fece mettere una sordina al bambino.

In questa casa operosa, il pianoforte non riscuoteva il favore dei vicini.

Uno di loro, che aveva bevuto, lo minacciò. Strangamente, il giorno dopo è stato investito da un'auto mentre tornava a casa dal lavoro ed è morto.

Tristan si sentiva a disagio, si sentiva soffocare. Cercò di lavorare sul suo strumento. La sordina di feltro che lasciava costantemente accesa distorceva i suoni. All'inizio sembrava insolito, ma poi è diventato insopportabile.

Si sentiva intrappolato da tutto. Voleva fuggire nell'infinito. Il suo cuore e la sua ragione lo legavano al suo dovere. Ma era lacerato dal caos. Questo caos era il risultato del divorzio, dell'allontanamento dalla sua infanzia...

La sua anima di cristallo e il suo erotismo.

La sua ragione e la sua effervescenza artistica.

Stava facendo i compiti per la laurea triennale e aveva a malapena il tempo di andare alla Sorbona per seguire le lezioni. Le difficoltà di base lo costringevano a fare i conti con una serie di obblighi a cui non poteva sottrarsi. Si recava alla Sorbona solo di tanto in tanto.

Fu lì, tuttavia, che incontrò Huguette. Stava aspettando alla porta di un anfiteatro dove si stava per tenere una conferenza. La porta si aprì e ne uscì una ragazza. Si trovarono faccia a faccia. Si guardarono e furono entrambi mossi da un sentimento di ammirazione reciproca. Lui si rese conto che l'impeto di quella bella persona si era improvvisamente spezzato quando lei aveva visto Tristan. Per un attimo rimase immobile davanti a Tristan e lui ebbe la sensazione che stesse aspettando che lui si decidesse a dirle qualcosa, ma non c'era bisogno di esitare!

Tristan colse l'occasione. No, non si sarebbe lasciato sfuggire questa squisita Venere! Le fece una domanda banale sulla conferenza che sarebbe seguita. Lei rispose gentilmente con un sorriso che esplodeva di candore e lui scoprì nei suoi occhi scuri qualcosa di conquistato, di sottomesso, di tenero e di appassionato. Aveva un viso lungo, la carnagione opaca senza esagerazioni, la bocca perfettamente definita e sensuale. Era alta, snella e molto elegante nella sua semplicità. In questa Sorbona polverosa, spiccava tanto quanto Tristan.

Anche lei si stava laureando in inglese. Salirono insieme le scale che portavano alle gallerie, ascoltando con orecchio distratto, ma non senza guardarsi, con il cuore che batteva con la dolcezza ubriaca del desiderio.

Le prese la mano e lei gliela strinse.

Dopo la conferenza sono andati a bere qualcosa in un caffè vicino.

Si sono rivisti il giorno successivo e qualche giorno dopo. Rimasero affascinati l'uno dall'altra, inebriati dai loro baci e dai loro cuori che battevano sempre più forte. Tristan era troppo franco per non dirle la verità: era sposato.

All'inizio lei pensava che lui avesse un'amante. Lei aveva vent'anni, lui ventiquattro.

"Una padrona può dondolare", disse ridendo, "ma una donna, no, non sei libera!

Questa dura realtà lo attanagliava.

Gli strinse la mano e la baciò. Il suo bacio appassionato gli disse che anche lei accettava l'ebbrezza senza rimorsi.

Sua moglie lo amava, aveva una grande tenerezza per lei e per la bambina. E ora lui, che non aveva conosciuto altra donna che la sua, che era così avido di donne, aveva un'amante desiderabile e molto bella. No, non aveva rimorsi. Il suo cuore era in pace.

Quanti dolci abbracci si sono dati in tutti gli alberghi del Quartiere Latino!

Passarono alcuni mesi e un giorno Huguette gli disse semplicemente, per capriccio, che non lo amava più!

Il primo colpo di fulmine della sua vita. Era profondamente addolorato.

La sera tornò nella sua stanza umida, senza acqua, senza aria e senza luce. Trovò Jacqueline e la sua piccola Chantal. Era triste, abbattuto e non aveva fame. Jacqueline chiese gentilmente cosa ci fosse che non andava e lui, da bambino senza amore quale sarebbe sempre stato, le raccontò la sua avventura. Lei aveva quasi venticinque anni quando si sposarono e lui ventuno. Lei era la maggiore. Le donne sono mature a quell'età, gli uomini no. Una lacrima le salì agli occhi ridenti e venne a consolarlo. Tristano la abbracciò e le chiese perdono.

Ma che bambino era! Non avrebbe dovuto dire alla moglie della sua relazione. Non aveva nulla a che fare con l'integrità della loro casa, perché le amava entrambe. Quella tenerezza era sacra.

Tristan aveva un amico nella vicina residenza universitaria che invitava spesso a casa sua. Stava terminando la sua laurea in legge e presto avrebbe ricevuto una distinzione speciale dall'Académie Française per un libro di poesie accuratamente realizzato che aveva pubblicato. Tristan lo trovava interessante ed era molto indulgente nei confronti delle sue imperfezioni. Jacqueline era ricettiva e lui aveva una cultura che poteva essere utile a lei. Maurice, questo era il suo nome di battesimo, aveva una tessera stampa che gli permetteva di entrare gratuitamente nei teatri dove poteva portare Jacqueline, che non usciva mai.

Così Tristan poteva rimanere tranquillamente in camera da letto a badare al piccolo mentre preparava gli ultimi due diplomi di laurea. Maurice non dava a Tristan alcun motivo di preoccupazione e, per di più, aveva piena fiducia nella moglie. Se aveva scelto Maurice per le sue qualità culturali, il ritratto di Maurice lo rassicurava completamente. Non poteva immaginare che una donna come la sua avrebbe sopportato che le stringesse la mano troppo a lungo quando la salutava. Lui stesso non sopportava una stretta di mano prolungata da parte di Maurice. Era basso, con i capelli rossi, tarchiato, strabico fino alla caricatura, portava spessi occhiali da sole, la sua pelle era color mattone, le sue mani spesse erano dello stesso colore e tradivano una propensione alla violenza. Maurice stesso aveva confessato con pentimento di aver sperimentato questo difetto quando, da adolescente, aveva strangolato un piccolo gatto con un pezzo di corda. Questa rivelazione aveva raggelato Tristan, ma lo aveva anche rassicurato sul fatto che Maurice poteva essere un pericolo per sua moglie.

Jacqueline e Maurice uscirono, mentre Tristan lavorava.

All'epoca si stava preparando per il difficilissimo Certificate in English Literature, perché oltre a tutte queste insidie, ce n'era un'altra importante: non aveva mai trascorso un periodo in Inghilterra. Scrivere un saggio letterario in inglese senza la minima conoscenza della lingua era un'impresa quasi impossibile.

L'indiscrezione di un vicino di casa gli disse che Jacqueline e Maurice stavano flirtando. Giudicò la parola alla luce della sua impressione estetica, che era perfettamente categorica. Pensava che sua moglie fosse così gentile da accettare una sorta di marivaudage con quest'uomo fisicamente poco appetibile che le offriva un po' di cultura e di distrazione mentre lui lavorava. Li rimproverava entrambi con un tono di scherno. Non dava importanza a ciò che per lui non poteva esistere, non aveva alcuna possibilità di esistere. Non aveva forse detto alla moglie: "Come puoi immaginare, anche solo per un secondo, l'accoppiamento di un uccello del paradiso e di un coccodrillo?

Continuarono a uscire, Tristan continuò a lavorare accanto al figlio.

Improvvisamente, senza alcun motivo apparente, Maurice iniziò a manifestare un oscuro odio per Tristan. Il suo comportamento divenne violento, persino pericoloso. Si stupì di questa avversione, quando lui non gli aveva fatto altro che bene. Lo pregò di non tornare a casa.

Ahimè, un giorno Tristano avrebbe imparato che gli uccelli del paradiso possono accoppiarsi con i coccodrilli senza vergogna o rimorso...

Madame de Gastine, la madre di Tristan, si era da poco trasferita a Parigi in Avenue Kléber. Era venuta a trovare il figlio e la nuora e per caso aveva incontrato Maurice, che aveva invitato a casa sua.

Stava per avere un ruolo centrale in una delle tragedie che conosceva bene. Jacqueline deve aver raccontato alla madre della relazione di Tristan, che sapeva essere di nessuna importanza. L'atteggiamento della madre fu assolutamente spregevole, perché spinse Jacqueline tra le braccia di Maurice. Arrivò al punto di portare la nuora da un avvocato senza che Tristan sospettasse nulla. Madame de Gastine era ignara quanto Tristan del fatto che Jacqueline lo tradisse deliberatamente con quel nano dalla pelle di mattone e gli occhiali con la montatura di corno; ignorava anche che la relazione con Tristan, che non aveva mai conosciuto altre donne se non la sua, non aveva conseguenze e che se Jacqueline gliene aveva parlato era proprio per giustificare il suo grave adulterio, di cui tutti erano ancora all'oscuro.

La stessa Jacqueline raccontò in seguito a Tristan ciò che la madre aveva detto all'avvocato riguardo al figlio: "Se venisse qui lo ucciderei come un cane".

È bastato che Jacqueline dicesse alla suocera che Tristano aveva avuto un'amante (è probabile che abbia usato il tempo presente per peggiorare la situazione), e questo formalismo corticale, lontano da qualsiasi realtà profonda - perché mai Tristano, nella sua ebbrezza, aveva dimenticato la moglie e la figlia - ha messo in moto i meccanismi distruttivi della madre.

Invece di risolvere le cose, Madame de Gastine mette in scena il suo solito grand guignol.

Madame de Gastine esercita su Laure e Charlotte una sorta di fascino giustificatorio, perché quando a Charlotte viene raccontato il pungente apoftegma pronunciato davanti all'avvocato, evoca, a sostegno della madre, il famoso commento di Bianca di Castiglia su San Luigi, il massacratore di musulmani in nome di Cristo: "Preferirei vederlo morto piuttosto che macchiarsi di un solo peccato mortale".

Povera Madame de Gastine!

Inconsapevole e incorreggibile. Un poeta cattolico-ebraico! Oscillante tra angelismo e diabolismo. Masochista, si picchia con un frustino.

Incompresa, insopportabile, farisaica, maligna, insinuante come il serpente di Eva, un ritratto molto più intelligente della *nonna cara*. Dotata di una stupefacente spiritualità del nonsense, di un'intelligenza degli esseri allucinante, a patto che lei stessa non graviti nell'orbita delle persone che sta giudicando, altrimenti il suo giudizio diventa distorto e dipende unicamente dalle sensazioni buone o cattive che queste persone le danno. In questo modo, i suoi pensieri iniziali, sempre notevoli, si falsificano fino ad assumere il colore opposto.

Incapace di amore autentico, di donazione, era disponibile a tutti gli eccessi, a tutte le esaltazioni, a tutte le parodie dell'altruismo, a tutte le isterie dell'apostolato.

Aveva portato a suo figlio solo dolore e lui non ricordava nulla di buono. *Niente di niente.*

In un libro scrisse di suo figlio, che passava da un collegio schifoso all'altro, arrabbiato per essere stato privato della tenerezza, la sua unica preoccupazione era che diventasse un pederasta, il pericolo del collegio. Che beffa!

Tristan vorrebbe poter ridere, ma la sua famiglia gli ha tolto il senso dell'umorismo. Sofferenza e squilibrio, intelligenza intuitiva, questa era sua madre.

Parlava del dramma del modernismo e dei suoi fattori profondi con sorprendente lucidità, e non esitava a denunciare il ruolo principale svolto dai suoi simili nel suicidio mondiale, perché si sentiva assolta dalla sua conversione al cattolicesimo. Ma nella pratica non smise mai di giustificarsi, escogitando le più sorprendenti contorsioni psicologiche per giustificare l'atto più immorale alla luce di un principio morale. Stava facendo in privato quello che il mondo moderno sta facendo universalmente: i colpevoli sono protetti, inventati, incoraggiati, l'innocenza e l'intelligenza derise e castigate. L'era delle più grandi bugie avvolte in un foglio d'oro.

Tristan aveva spesso avuto voglia di ridere ascoltandolo. Ma aveva sempre indossato la sua maschera più stupida, affinché nessuno sospettasse l'intuizione psicologica che stava smontando il suo teatro perverso, il suo disgustoso moralismo, le sue abbaglianti inversioni.

Tutti hanno camminato, tranne Tristano. Guardate il numero di persone sfortunate che il liberalismo, il marxismo, il freudianesimo hanno fatto camminare...

È vero che questa dialettica multiforme, sempre identica a se stessa nella sua espressione e nei suoi effetti distruttivi, opera ovunque e per tutti nel mondo moderno.

Anni dopo, George Steiner riassunse il tutto:

"Per 5.000 anni abbiamo parlato troppo, parole di morte per noi stessi e per gli altri". Come avrebbe amato una madre gentile, serena, amorevole. Che fervore avrebbe avuto per lei.

Avrebbe conosciuto il pianoforte, l'essenza della sua vita. Il suo sfogo diretto gli avrebbe risparmiato qualsiasi livido fatale.

Oggi la ragione insana impedisce alla trascendenza di fiorire.

Aveva detto chiaramente alla *nonna* che un soggiorno in Inghilterra era essenziale per lui. Se lei avesse aiutato Jacqueline, lui avrebbe potuto accettare un posto di assistente in Gran Bretagna e la questione sarebbe stata risolta.

Ma *alla nonna* questo non importava. Sentiva quanto desiderava che lui cadesse. Sentiva la gioia sadica che avrebbe provato nel proclamare a Madame de Gastine: "Abbiamo fatto tutto il possibile per quella canaglia, ed è proprio come suo padre, ho sempre detto che sarebbe finito sul patibolo".

E lasciare che la mano ricada sul suo eterno divano con un caratteristico poum.

Tristan ha partecipato alla sessione di giugno alla Sorbona. Aveva lavorato sodo sul suo lavoro scritto e, nonostante il suo inglese stentato, era riuscito a scrivere il suo saggio e a qualificarsi. Il suo successo è stato un miracolo. L'aveva fatto da solo. Non conosceva nessuno dei suoi compagni di corso che avesse superato l'esame scritto di letteratura senza aver trascorso almeno un anno in Inghilterra. Aveva realizzato un tour de force. Scrivere un saggio in una lingua straniera in quelle condizioni era un'impresa prodigiosa: non restava che l'esame orale. Purtroppo non aveva avuto il tempo di prepararsi. Era stato costretto ad abbandonare questo orale puramente mnemonico. C'era tutta la storia della letteratura inglese, di cui non sapeva una parola. Conosceva solo il contesto storico e letterario degli autori degli scritti, ma non era sufficiente. Si presentò all'esame per mettere a frutto la sua esperienza, ma fu ovviamente squalificato.

Ha passato l'estate a prepararsi per l'esame orale di ottobre.

L'esame andò bene, ma durante la seconda prova di spiegazione del testo, un esaminatore simile a uno scimpanzé gli chiese a bruciapelo quanti accenti ci fossero nei versi di Shakespeare. Tristan, che non aveva mai avuto occhio per i dettagli in nessun campo, gli disse che non lo sapeva, ma che tutto quello che doveva fare era contarli nell'edizione shakespeariana che avevano davanti.

de Gastine Ignoranza imperdonabile", concluse l'esaminatore scimmiesco. Tristano fu aggiornato per un punto.

Era il colpo di grazia. Miracolosamente, aveva ottenuto l'esame scritto senza andare in Inghilterra. Non si sentiva in grado di sostenere nuovamente l'esame. La sua salute cedeva ogni giorno di più e lui aveva fallito. Era un cataclisma, perché aveva portato i suoi sforzi a un possibile apice di salute fisica e morale. Scoppiò un attacco di foruncolosi che lo avrebbe tormentato per anni. Sentiva che si stava dissolvendo. La lotta contro la sua vocazione di artista, il suo estenuante lavoro sia per l'università che per l'insegnamento.

Le poche lezioni a cui assistette alla Sorbona furono sufficienti a farlo disperare. Bastava osservare le prospettive e i metodi in uso per far ridere. I professori borbottavano religiosamente e coscienziosamente le stesse opinioni senza senso, accompagnate dagli stessi trucchi, dalle stesse facezie, dagli stessi tic. Il processo intellettuale di questi "agrégés" aveva la perfezione dei distributori automatici. Era evidente che dovevano avere la lucidità di una talpa e la memoria di un elefante. Questo processo di istupidimento non poteva non produrre robot marxisti e freudiani, anche se tutto dimostrava l'assurdità, la follia e la stupidità di queste logiche smontate, di questi sogni di sistema, tagliati fuori dalla realtà e che distruggono anime e corpi a decine e decine di milioni.

O Sorbona!

Un formicaio di esseri sani e mutilati che ignorano se stessi e che, in nome di una ragione o di un'ideologia scadente, impongono assurdità deliranti. Sorbonnards che pensano con il paraocchi, intellettualisti in fiala, armadietti di libri di testo, pentole piene di insignificanza, architetti della neantizzazione dell'umanità e del pianeta.

Non siete uomini, siete i repertori di Padre Ubu.

Sviscerare argomenti che, per la maggior parte, non sono di alcun interesse, è l'arte della dissertazione alla Sorbona: "Milton è un poeta tra i puritani o un puritano tra i poeti? "Shakespeare ha rispettato la storia nel Giulio Cesare? "Rousseau: dobbiamo separare l'uomo dall'opera? "Orwell, "1984", un romanzo d'amore?

Povero Shakespeare, povero Orwell, povero Socrate!

L'incoerenza delle cose, la vertigine dell'incoerenza delle cose. Non c'è nessuno come il mediocre[19] e lo stupido per raggiungere il massimo sociale.

Presto solo i gangster saranno in grado di raggiungere questo obiettivo. Sarà radicalmente impossibile raggiungere questo obiettivo senza essere un gangster o un docile sciocco massone.

Una volta un agrégé mi disse che "l'intuizione è la madre dell'errore". Ovviamente lui non ne aveva. A parte, ovviamente, una piccola intuizione analitica su qualcosa di completamente inutile.

Tristan è rimasto sorpreso nel sentire una volta in televisione che l'aggregazione danneggia il cervello umano ed è quindi patogena. Aveva sentito questa prova una volta sola. Da allora non l'aveva mai sentita. Tristan lo diceva da vent'anni. Volontari, limitati, poco intelligenti, medici della Sorbona, i migliori dei quali sono onesti studiosi specializzati, non pericolosi per il sistema. Si può fare di loro ciò che si vuole. Totalmente privi di ogni senso di osservazione elementare, di ogni possibilità di intuizione profonda, autentici becchini dell'umanità intera.

Agr.

---

[19] Nel 2000, quando questo libro sarà rimodellato e completato, saranno i furfanti ad avere questo privilegio.

Una competizione psicopatogena, un diploma per i cosiddetti intellettuali, un'eresia mostruosa che vive dell'ingenuità delle masse, l'opera dei rompi residui intellettuali. Non se ne ricava nulla. Gli agrégés non sono mai creativi, non realizzano nulla. Sono sempre umanisti, cioè *disumani*. L'umanesimo sta distruggendo l'umanità da tre secoli. È quasi finito.

Osservano solo nel piccolo brevetto, immediato, preciso, primario, materiale, razionalista, non ragionevole. I nove decimi sfuggono loro. L'agrégation è stata inventata dalla rivoluzione erroneamente chiamata francese, per i Lévy les Homais. Mediocrità inimmaginabile, limiti insormontabili, soffocamento supremo.

Dopo la grande rivoluzione che i miliardari ebrei marxisti ci stanno preparando, la suprema aggregazione surrenale[20], che sarà ribattezzata in modo che della rivoluzione borghese non rimanga nulla, sarà fatta di cemento armato.

Che cos'è un artista per loro? Uno stato paranoico e un complesso di Edipo. Ma quale uomo normale non sarebbe paranoico in questo mondo spregevole e idiota?[21]

Un mondo di bugie e leggi grottesche, in numero infinito. Un mondo di zombie dove tutte le bugie e le inversioni hanno la forza della legge.

Complesso di Edipo? Ma Edipo è un dramma sul destino, non sull'incesto. Il drammaturgo greco ha scelto questo comportamento come compimento fatale dell'atto verso il quale l'uomo prova maggiore repulsione. *Edipo non ha mai avuto un complesso di Edipo.*

La tendenza all'incesto sarebbe stata bandita tra i Primitivi se l'impulso fosse stato così forte? E che dire di questo inconscio perverso? Dove l'ha trovato Freud, se non nel suo stesso cervello perverso?

E il simbolismo dei sogni? Abbiamo bisogno di simbolismo per fare sogni erotici?

---

[20] Le surrenali sono le ghiandole dell'azione, della brutalità e dell'obiettività. È naturale che il regime comunista riduzionista sia guidato da surrenali - Stalin, Krusciov, Breznev, ecc. Il capitolo sulla "chiave" farà più luce su questa questione.
I lottatori sul ring sono adrenalici, come molti pugili.
[21] Aldous Huxley diceva che chiunque non fosse nevrotico in questo mondo era anormale, perché significava che si era adattato a un mondo al quale era impossibile adattarsi. (vedi Brave New World).

E il marxismo? Quando la tecnologia ha creato la cultura? Quando l'aratro ha creato l'uomo?

L'influenza di questi due mostri che, in modo simile, si occupano dell'uomo interiore e dell'uomo esteriore. Sgravi, abulia, cinema e letteratura, zombie per zombie, pornografia, educazione perversa, per non parlare della terapia seguita da una massa di suicidi.

Decine di milioni di persone sterminate nei Paesi marxisti. È così che hanno affrontato la disoccupazione. Tra il 1950 e il 1952, 5 milioni di persone sono state giustiziate nella Cina comunista, e quante decine di milioni nell'URSS tra il 1917 e il 1960?

Quanti?

Ma guardate i volti di Marx, Freud, Mendés France, Olivenstein, Schwarzenberg, Aron, Attali, Tordjmann, Hammer ecc. e quelli di François d'Assises, Carret, Pericle, Giovanni della Croce, Pietro Deunov, e capirete che quando vi fanno capire, non capite nulla e siete mistificati.

Un filosofo non è un Lévy o un Dupont che ha superato l'agrégation alla Sorbona, è un essere il cui cervello è naturalmente costituito per pensare per sintesi. È un'élite provvidenziale. È dotato di un'alta coscienza.

Chiedete a un laureato in filosofia di fare i gargarismi con questi idealisti, questi pseudo-filosofi, con i loro processi di pensiero aritmetici che dissolvono *razionalisticamente* l'uomo e la natura.

CAPITOLO IX

Tristano era stato colpito da questo fallimento, così vicino alla meta, e per un motivo insensato, "il numero di accenti nel verso shakespeariano"...

Doveva andare a letto. Lo zio Jacques venne a trovarlo nel suo tugurio. Tristan aveva due ascessi.

— Dovrai fare il bagno ogni giorno", dice lo zio, "quindi prendi una ciotola e una brocca e versaci sopra dell'acqua.

La casa *della nonna* aveva una dozzina di bagni. Le condizioni di Tristan peggiorarono e fu necessario portarlo all'ospedale universitario. Era ricoperto di ascessi e bolle. Fu inondato di antibiotici. Nessun effetto. I medici continuavano a iniettare questi prodotti. Sapeva che era lo shock morale che lo aveva sopraffatto, l'angoscia, la preoccupazione per la sua famiglia. E sullo sfondo, il pianoforte si allontanava, si allontanava. Sapeva che Jacqueline non aveva soldi e che non era possibile smettere di lavorare. Sapeva che per tornare a lottare dopo una simile sconfitta, avrebbe avuto bisogno di un piccolo aiuto. Ma, date le circostanze, tutto sembrava radicalmente insolubile. Sapeva che un piccolo aiuto lo avrebbe guarito come per magia. Chi ha detto che il denaro non può comprare la felicità aveva ragione, ma in questo caso doveva averne molto.

Il giorno del ricovero, Jacqueline era andata a stare dalla *sua amata nonna*. Tristan non aveva un pigiama ed era essenziale che lo cambiasse ogni giorno. Passarono alcuni giorni. Lo zio Jacques fermò l'auto davanti all'ospedale e, stando sulla soglia, disse con tono scherzoso:

— Quindi non stai più morendo?

Poi, in fretta e furia, stava per ripartire. Jacqueline si trovava lì al capezzale del marito. Così aggiunse:

— Hai bisogno di qualcosa?

La domanda era così assurda che potevano rispondere con una sola voce:

— Certo che no!

Passarono tre settimane. Il giorno dopo essere stato dimesso dall'ospedale, arrivò un pacco che l'amministrazione aveva inoltrato: conteneva due paia di pigiami.

A Tristan è stato prescritto un mese di permanenza in una casa di cura. Questo presentava un problema simile alla quadratura del cerchio. *La nonna cara* aveva consegnato l'importo da pagare all'ospedale, che non era coperto dalla previdenza sociale, a fronte di una ricevuta in regola.

La casa di riposo era a Sainte Maxime, nel sud della Francia. Il denaro per il viaggio doveva essere pagato in anticipo e veniva rimborsato solo in parte al ritorno. *La nonna cara* le diede l'importo esatto per il viaggio.

Per una strana coincidenza, la baronessa de Monosh era ancora lì e fu davanti a lei che venne consegnato il denaro. Mentre entrambi scendevano le scale che portavano all'ingresso, la baronessa ritenne opportuno ribadire la sua raccomandazione: "Siate gentili con una nonna così sensibile e generosa".

Il corpo di Tristan cominciò a tremare. L'ostentazione machiavellica era all'opera, come ovunque. Ah, quella gente che vende armi a tutti coloro che si sterminano e costruiscono ospedali!

Stava attraversando l'inferno con sua moglie e sua figlia e tutti pensavano di essere aiutati. Questo è esattamente il modo in cui il comunismo sta aiutando il mondo intero, ovunque i suoi tentacoli siano arrivati, con l'aiuto della finanza ebraica, della miseria e della stupidità umana.

- Che ne pensi?", disse infine al cugino, "ma la nonna non mi aiuta. L'elemosina che mi ha appena dato è appena sufficiente per pagare il viaggio in treno verso la casa di riposo.

Così le descrisse la situazione, mostrandole come stava lottando, da solo, tutto solo, come stava cercando di provvedere alla sua famiglia e allo stesso tempo di studiare per un'istruzione superiore, e le condizioni in cui vivevano nella loro baraccopoli. Gli raccontò quanto *la nonna* lo avesse aiutato in queste condizioni di vita terribili.

E non parlava della cosa principale, la faccenda che era al centro di tutto, la deliberata volontà di distruggerlo come avevano distrutto suo padre e il dramma mostruoso di questa lotta negativa e del suo pianoforte che lo faceva impazzire di assenza... Il cugino non sembrava sorpreso, ma piuttosto imbarazzato.

Tutti credevano che Tristan fosse stato aiutato, dovevano crederci.

Qualche giorno dopo ebbe un incontro casuale con un parente che gli disse: "Cosa faresti se non avessi una nonna che ti dà quindici o ventimila franchi al mese e che ha appena inviato una grossa somma in Israele?

Ancora una volta, la compostezza di Tristan si eclissò.

Ci sono voluti cinque minuti di balbettio prima che riuscisse a mettere le cose in chiaro.

Era coperto di pustole, segno visibile della sua miseria morale e della sua salute logora. Erano in tre, presto sarebbero diventati quattro, in quella squallida stanza di Rue des Artistes, e solo grazie a continue prove di forza i suoi non erano troppo carenti. Non solo *la nonna cara* non li aiutava, ma quando, nelle occasioni più rare, dava loro una piccola somma di più di mille franchi, la somma richiesta era sempre inferiore di mille franchi. Naturalmente, Tristan non avrebbe mai osato contare davanti a un pubblico nel suo salotto.

I parenti e gli amici dovevano credere che il nipote veniva aiutato! Ecco perché le donazioni venivano fatte davanti a un pubblico selezionato.

Quando Tristan tornò dalla casa di riposo, prese la piccola lampada da comodino per illuminare il lavoro notturno. Per non esasperarsi per il certificato di letteratura inglese, che aveva visto un miracoloso successo trasformarsi in un amaro fallimento, preparò il certificato di letteratura francese, al quale fu ammesso.

Dopo aver telefonato, si recò a casa *della nonna* per darle la buona notizia. Quando arrivò, le uniche parole che *la nonna carissima* ebbe da dire furono quelle sadiche parole di amarezza che le riuscivano così bene:

- Quindi sei stato bocciato in letteratura inglese, mi hai mentito.

Se Tristan avesse avuto una bomba in tasca, della villa non sarebbe rimasta nemmeno una pietra.

Capì allora come la persona più gentile possa trasformarsi in uno spettacolare assassino per legittima difesa.

Solo, senza aiuto, senza sostegno, malato, aveva appena fatto sforzi estenuanti per completare i tre quarti del suo corso di laurea, perché lei, in un giorno di successo, cominciasse a fare questa sceneggiata davanti a genitori, estranei, parenti, domestici, semplicemente per darsi l'illusione di avere il diritto di rimproverarlo in questo modo, perché il pubblico credesse che la notevole assistenza che gli stava prestando le desse questo diritto...

Il motivo per cui aveva temporaneamente rinunciato al certificato di letteratura inglese era proprio perché aveva fallito per mancanza di aiuto, ed era intelligente andare avanti e rifare l'esame più tardi.

In questo modo, tutti potevano legittimamente credere che la *nonna più cara* si stesse prendendo cura di loro.

È un machiavellismo spregevole che Tristano ritrova in ogni aspetto del mondo moderno.

Lo aborriva. Si abbandonava a questa sinistra commedia non solo per giustificarsi con se stessa, ma anche per la sofferenza causata da qualcosa di buono che era accaduto a Tristan.

Ricordava di averla sentita dire con compiacimento, a proposito del figlio del figlio più giovane, lo zio Etienne, sposato con un goy, che era venuto a trovare *l'amata nonna* nella sua casa di città vuota durante la guerra, "che era strabico e che sembrava un nanetto".

È vero che lo zio Etienne non si trova bene con il trio e non ne trae alcun conforto. "Sono stati i malati a inventare la cattiveria", diceva Nietzsche.

Tristan non aveva mai sentito *la nonna cara* dire una parola gentile a nessuno. Tutto era rimasto nel più stretto triangolo "*nonna cara*, zio Jacques, zia Denise".

Ha prestato la sua personalità e i suoi obiettivi agli altri e si è divertita a infangare tutti. Zia Denise ha mostrato più obiettività, intelligenza (che purtroppo non significa molto) e una certa devozione. Ma la sua avidità è patologica. È capace di arrivare a odiare tutto ciò che ha a che fare con il denaro, di chiedere alla servitù di trovare il fondo di una bottiglia di birra, di lasciare marcire decine di barattoli di marmellata piuttosto che *regalarli*, di sacrificare tre centesimi come mancia a un'usciera del cinema, in un'epoca in cui cinquanta centesimi erano il minimo che si potesse dare... Fortunatamente arrivò proprio dietro a zia Tristan e svuotò le tasche degli spiccioli per sfuggire a questo fantastico e degradante ridicolo e per restituire al giovane il respiro che la zia gli aveva tolto.

Il figlio dello zio Etienne, che *la nonna chérie* chiamava affettuosamente "monello", chiama *la nonna* chérie "pelle di mucca".

Zio Etienne cerca di entrare a forza nel trio, e per soddisfare questa pretesa si costringe a ogni sorta di banalità, vigliaccheria, persino alla negazione della sua natura, che supera in qualità positiva quelle del trio. La sua ambizione è quella di essere più che tollerato, di diventare uno con loro. Si sforza di imitarli, per una linea di condotta, uno spirito di clan, e senza dubbio anche per interesse personale. Il senso della tribù è certamente l'unica cosa che conta.

Quanto al povero zio Jacques, "è molto simpatico", come disse a Tristan un collega dello zio. Calmo, placido, dall'aspetto straordinariamente gentile, ferocemente egoista, un medico di routine, conformista, indifferente e amante della tranquillità.

Non avrebbe mai ostacolato sua madre. Aveva più in comune con una specie di oggetto inerte che con un essere umano.

Il clan.

Zio Etienne una volta disse: "Se mia madre mi dicesse di uccidere, io ucciderei". Povere vittime impietose di un atavismo spietato.[22]

---

[22] Vedremo nel capitolo sulla chiave di lettura che l'atavismo gioca solo un ruolo molto secondario nella caratterizzazione ebraica.

CAPITOLO X

L'aria malsana e viscosa della stanza in cui vivevano era molto dannosa per la bambina. Si ammalò, soffrendo di un'infezione primaria, tanto più grave a causa delle loro precarie condizioni di vita. L'angoscia li attanagliava. Si rivolsero agli zii, medici dell'ospedale. "Questa infezione non era importante, era una sciocchezza". Ricevettero molte raccomandazioni per i colleghi dell'ospedale e campioni medici gratuiti...

Il bambino sembrava stare meglio, ma poi è comparsa un'infezione all'orecchio con secrezione purulenta. Quindi la malattia non era stata curata, ma aveva assunto un'altra forma. Si tratta di un processo naturale se si pratica un controllo sintomatico senza affrontare le cause stesse della malattia. Ricoverata nel reparto dello zio Etienne, dopo qualche settimana finalmente guarisce. Etienne l'ha portata con sé nel suo reparto", disse la *nonna* in tono mezzo protettivo e mezzo addolorato al suo pubblico.

Povero piccolo tesoro.

La prima volta che Tristan l'ha adagiata sul letto d'ospedale, tutta sola con i suoi due grandi piattini blu in mezzo al viso, ha pianto nel vedere i suoi genitori abbandonarla. Tristan non riuscì a staccarsi. Poiché faceva così male, avrebbe voluto rimanere con lei in ospedale.

Nulla smuoveva la famiglia. La loro vita in quella baraccopoli, le loro scarse risorse, il cibo insufficiente, la cachessia di Tristan e la sua dolorosa, estenuante, atroce foruncolosi, i suoi studi universitari quasi terminati e ostacolati dalla mancanza di denaro, di pace e di tranquillità, le sue lotte disperate: tutto li lasciava indifferenti.

Una stanza attigua alla soffitta dell'edificio fatiscente in cui vivevano era disabitata. Per prenderne possesso, avevano bisogno della piccola somma di diecimila franchi. Tristan non si sentiva in grado di andare a chiedere l'elemosina alla *sua amata nonna*. Jacqueline era più energica e decise di andare ad assediare la rue Dehodencq. Alla fine riuscì a mettere le mani su una piccola somma di denaro dopo molte finzioni rituali. *Nonna Chérie* insistette molto su sui "sacrifici che stava facendo per loro", e sparse la voce che "aveva dato a suo nipote una permuta per un appartamento".

Nacque un bambino, il piccolo Patrice, che non era certo desiderato in questa caotica miseria. I bambini e Jacqueline si trasferirono in questa stanza, che era arrivata appena in tempo. Per lei fu un sollievo perché ora poteva girarsi. Tristan tenne l'altra stanza per il suo pianoforte e il suo lavoro. Doveva innanzitutto superare l'esame finale, che gli avrebbe permesso di laurearsi in lettere. Doveva ancora superare quello più difficile, che richiedeva un soggiorno in Inghilterra. Aveva miracolosamente superato il saggio, fallito l'orale e ora doveva superare di nuovo l'esame scritto. Era scosso da questa vita senza pietà. I foruncoli continuavano a tormentare il suo corpo e a volte lavorava al pianoforte con un foruncolo su ogni braccio. I suoi nervi erano a fior di pelle. Gli esami, le lezioni, l'insegnamento, le preoccupazioni, tutto questo era l'antitesi della sua natura di artista. Doveva uccidersi per tanti piccoli problemi, e *loro*, che sapevano che sarebbe impazzito dalla sofferenza e avrebbe lasciato la sua famiglia senza aiuto. No, doveva resistere. Le melodie cantavano nella sua testa...

Lavorava sulle dita, perché sembrava la cosa più importante per la sua passione per il pianoforte. Ma senza un insegnante o un allenatore, tutto il suo corpo si irrigidì, dalle dita alle spalle. L'articolazione autoinflitta era un disastro. Quando *la sua amata nonna* gli dava mille franchi una o due volte all'anno, si affrettava a tagliarlo fuori con amarezza: "È per comprarti qualcosa da mangiare, non per prendere lezioni di pianoforte"!

Ha subito un fallimento dopo l'altro nel suo ultimo certificato di laurea. Come aveva previsto, non era riuscito a "rimettersi in carreggiata" con gli esami scritti. Il professore della Sorbona, per giunta inglese, che lo aveva valutato gli disse: "Hai preso un otto e mezzo, è l'inglese che non ha funzionato, devi andare in Inghilterra".

Andare in Inghilterra? Senza dubbio il consiglio era saggio e Tristan lo aveva dato a se stesso molte volte. Ma per mancanza di denaro era impossibile.

Quando vide la *nonna*, non le disse nulla, ma le fece capire che l'Inghilterra... Lei fece finta di non capire.

Lo zio Etienne sapeva tutto. Per aiutarlo, un giorno gli disse questa eterna verità:

"Le avversità fanno l'uomo".

Una sera, tornando a casa, Tristan incontrò Maurice, che aveva avuto un ruolo nel suo passato che Tristan ancora non conosceva. Lo aveva cacciato di casa per la sua violenza, la sua rabbia e la sua brutalità. Non aveva quindi alcun motivo impellente per serbare rancore. Così gli parlò. Fu allora che quest'ultimo gli diede trionfalmente l'atroce notizia di essere stato l'amante di sua moglie per un anno e mezzo. Tristan non gli credette per un attimo e rise della pretenziosità di questo nano dalla pelle di mattone con mani assassine e lenti d'ingrandimento. Ma poi Maurice gli fornì delle prove, prove che lo lasciarono sbalordito, lettere della moglie che non lasciavano dubbi e in cui lei chiamava il marito "Jeroboam". Nonostante le prove, non riusciva a crederci. Lei lo aveva tradito, e per un anno e mezzo, un anno e mezzo senza che lui se ne accorgesse. Infame doppiezza, orrore assoluto. L'uccello del paradiso avrebbe potuto ingannarlo con questo sciacallo, questa iena dagli occhi sporgenti. No, non era possibile. Non poteva *rendersene conto*. Era la fedeltà di Jacqueline e l'amore per i suoi figli che lo legava a sua moglie. Avrebbe perdonato qualsiasi debolezza con un uomo diverso da quell'orrore gelatinoso e mattone, soprattutto se lei lo avesse ammesso sinceramente.

Ma questa bugia era gigantesca e implicava una natura che egli si rifiutava di analizzare per non cadere in un vuoto senza fondo. L'immagine di quest'uomo terribile e di questa menzogna di dimensioni infinite mandò improvvisamente tutto in frantumi. Non poteva immaginare nemmeno per un attimo che una donna potesse ingannare il marito in questo modo, facendo la parte della moglie eccellente. Un anno e mezzo!

Tornò a casa, come stordito. Era troppo triste per aver sentito il bisogno di dare un pugno a quella faccia vomitevole. Dicono che si può fare. Colpire il vomito? Fa un gran casino.

Raccontò a Jacqueline di aver incontrato Maurice che gli aveva raccontato tutto. Non sentì nemmeno l'impulso di rimproverarla, si sentiva al di là di ogni reazione umana. Non ne aveva idea, si trovava di fronte al nulla, di fronte alla cancellazione di tutto ciò che era elementare e giustificava la vita. Jacqueline piangeva, ma che differenza faceva? Non cambiava nulla. È vero, aveva avuto una relazione con una bella ragazza alla Sorbona, ma non aveva mai toccato i suoi sentimenti più profondi per la famiglia. Le aveva anche stupidamente confessato la sua relazione. Non aveva mai conosciuto altre ragazze oltre a sua moglie, che aveva quattro anni e mezzo più di lui. Una donna che tradisce il marito, e con *questo* come si può pensare che ami il marito? Nel cuore di Tristan rimase solo una disgustata pietà. Tutto era stato distrutto. Avrebbe perdonato una debolezza ammessa, ma una tale menzogna, un tale tradimento...

No. Geroboamo sarebbe andato.

Ognuno di loro aveva la propria stanza, separata dal cortile dell'edificio. Ci teneva a mantenere un rapporto cortese, rassegnato e affettuoso con i suoi figli. Non voleva che cadessero vittime degli orrori degli imprevisti della vita. Hanno fatto il punto della situazione. Anche se divorziati, i figli avrebbero sempre avuto un padre e una madre coerenti e affettuosi, che avrebbero lavorato nell'interesse dei loro figli. Tristan avrebbe divorziato solo se avesse potuto amare un'altra donna, ma questo sembrava impossibile in quel momento. Con i figli sarebbe rimasto un legame forte che avrebbe impedito ai piccoli di essere vittime dell'atroce strazio che accompagna sempre le odiose fratture tra i genitori. Avrebbe evitato questo per i suoi figli a tutti i costi.

Tristan voleva risparmiare tutto ai suoi figli, che sarebbero cresciuti in un mondo sempre più folle, dove sarebbero stati spinti verso la criminalità istituzionalizzata, con le squisite varianti della degenerazione, della droga e del suicidio. Questo sarebbe stato il culmine di un'educazione senza religione né morale, perché la natura non perdona mai.

Passarono mesi e anni. Tristan continuò a insegnare e a non conseguire il diploma finale. A forza di sforzi meritori, riuscì a mettere da parte abbastanza soldi per trascorrere due mesi e mezzo in Inghilterra a bere latte. *La nonna* conosceva le difficoltà che gli avevano impedito di rimanere in Inghilterra e di superare l'esame finale di laurea. Ma cosa le importava?

Chi lo circondava cominciava a rendersi conto che il loro successo finale al baccalaureato dipendeva da questo soggiorno essenziale. Tristan si stava trascinando. Sembrava che non ci sarebbe mai riuscito. Questo lavoro accademico alla Sorbona, così lontano dalla Conoscenza, era di per sé una prova per Tristan. E questo soggiorno indispensabile, questo ostacolo insormontabile.

All'improvviso, la *nonna* annuncia alla famiglia: "Mando Tristan in Inghilterra". E per pagare il *viaggio da Dieppe a New Haven...*

Arrivò a Londra con le trentacinque sterline che aveva faticosamente risparmiato.

Negli anni Cinquanta, ancora vicini alla fine della guerra, le restrizioni erano molto simili a quelle dell'occupazione. Se si voleva rimanere almeno per due mesi, si doveva mangiare frugalmente solo una volta al giorno. La colazione veniva servita al mattino ed era inclusa nella pensione mensile. Questo dovrebbe essere sufficiente per lui. Inoltre, non gli era permesso uscire, né tantomeno spendere nulla. Doveva accontentarsi di parlare con chiunque a Finsbury Park, che confinava con la modesta pensione in cui viveva.

Non era a Londra da due giorni quando si formò un'infezione da antrace al ginocchio sinistro. Era solo, in una stanza sconosciuta di Londra, con una gamba rigida perché il dolore gli impediva di piegarla. Aveva dato i soldi della pensione alla padrona di casa e aveva tenuto solo una piccola somma per spostarsi in metropolitana. Aveva bisogno come minimo di cotone idrofilo, garze e alcool per sfregamento, ma non aveva soldi per comprare questi articoli igienici di base. Il dolore e l'indigenza lo stavano uccidendo. Non sapeva che pesci pigliare. Non voleva preoccupare Jacqueline, che non poteva fare nulla per lui e che doveva già occuparsi dei suoi due figli. I due figli erano l'unico lavoro che una madre degna di questo nome doveva fare se non voleva consegnare i suoi figli alla musica patogena, alla droga, al lassismo, alla delinquenza, alla disoccupazione e al suicidio.

Una sorta di riflesso imbecille e logico lo colse. Il riflesso di un marinaio che è caduto in mare e si sta arrampicando sugli specchi. In realtà, l'autoconservazione, nient'altro. Ricadde nella famigerata trappola della lettera alla *nonna*.

"Non posso più combattere. Ho fatto di tutto per uscirne, ma sono stanco di esistere. Non potrete mai dire che non ho fatto di tutto per fare miracoli. Mi mancava un esame per finire gli studi superiori, senza alcun aiuto e con una moglie e due figli. Sono in una stanza a Londra con l'antrace nel ginocchio Non ho soldi. Finirò da solo in un ospedale come papà e tu mi avrai ucciso. Fai per i miei figli quello che non hai fatto per me.

Nel genere stupidamente melodrammatico, non potrebbe essere migliore.

Passarono dieci giorni di angoscia. Si tamponò l'eruzione cutanea con un fazzoletto immerso nell'acqua calda del rubinetto del lavabo.

Senza una parola, arrivarono dieci sterline dalla *nonna*. Si era sforzata, ma era la prima e l'ultima volta. Era comunque un salvataggio in extremis. Tristan si comprò i farmaci di base necessari e si abbonò a mezzo litro di latte scremato al giorno per sei settimane. È così che è sopravvissuto senza morire di fame: colazione e latte gli bastavano.

Aveva pensato che avrebbero finito per ucciderlo, facendolo impazzire.

Non è forse così che il capitalismo e il marxismo uccidono milioni di persone? Uccidono senza temere la giustizia, perché la giustizia diventa crimine e il crimine diventa legale.

Sono sempre dalla parte di una sontuosa morale legale, mentre ciò che fanno è criminale. Tutta l'ufficialità che conduce è priva di senso morale. Cosa c'è di morale nella finanza di Rotshchild, Hammer, Loeb e altri? Nella vendita di armi da parte di Bazile Zaharof e Bloch Dassault a tutto ciò che viene sterminato? Cosa c'è di legale nell'assassinio delle piccole imprese, dell'artigianato e dell'agricoltura da parte delle multinazionali strutturate dall'alta finanza tutta ebraica? Cosa c'è di umano nello sterminio marxista di decine e decine di milioni di persone ridotte a elementari unità statistiche matricolari?

Cosa c'è di morale nelle bombe atomiche, all'idrogeno e al neutrone di Oppenheimer, Field e S.T. Cohen? Cohen?

Cosa c'è di umano nella bruttezza istituzionalizzata di Picasso e compagni?

Cosa c'è di umano nel divorzio istituzionalizzato che lascia i bambini a soffrire? Cosa c'è di umano nell'aborto self-service di Simone Veil?

Cosa c'è di morale nella pillola patogena, cancerogena e teratogena di Djérassi? Qualche anno dopo vide un film in cui il finanziatore faceva la seguente dichiarazione:

"Manipoliamo gli imbecilli che guidano le masse che abbiamo fatto impazzire".

Avrebbe amato così tanto una vera famiglia. Avrebbe dimenticato tutto, perdonato tutto per un gesto di tenerezza e di gioia d'amore.

A Londra, la pratica dell'inglese stava facendo pochi progressi. Era rigorosamente paralizzato dalla mancanza di denaro. Quando il ginocchio guarì, andò a fare una passeggiata a Finsbury Park. Zoppicava ancora, ma non distava più di duecento metri dalla pensione.

Cominciò a sognare in inglese:

Amo una ragazza. Una vera ragazza.

Una ragazza con gli occhi pieni

Di inesprimibile abbandono. Sogni...

Amo una ragazza. Che non pensa

Ma le sensazioni si sentono. Amo una ragazza.

Le cui lunghe dita stringono le mie. E fremono, fremono.

Come un cucciolo di gatto dagli occhi verdi, affamato e infreddolito.

Amo una ragazza

Che mi parla senza dire una parola. Amo una ragazza che si scioglie come ghiaccio al sole...

Traduzione:

Amo una ragazza. Una vera ragazza.

Una ragazza con gli occhi pieni. Di inesprimibile abbandono.

Di sogni. Amo una ragazza

Che non pensa.

Ma chi profuma, chi profuma davvero. Amo una ragazza

Le cui lunghe dita abbracciano le mie. E tremano, tremano

Come un povero piccolo gatto dagli occhi verdi che muore di fame e di freddo.

Amo le ragazze che mi parlano.

Senza dirmi una parola. Amo le ragazze che si sciolgono. Come la neve al sole...

Durante una delle sue passeggiate, incontra un'affascinante ragazza inglese, figlia di un pianista da concerto.

La sua gentilezza e le sue carezze lo hanno aiutato a sopportare questo soggiorno, che è stato vitale ma non sufficiente per perfezionare la sintassi della lingua in particolare.

Trascorreva parte del suo tempo nell'appartamento di questa giovane donna, con la quale parlava sempre in inglese.

Tristan tornò in Francia quando i suoi soldi finirono.

Solo anni dopo riuscì, con grande difficoltà, a superare il diploma di laurea e un esame di concorso che lo rese membro a pieno titolo del sistema educativo statale francese.

Madame de Gastine e suo marito non vedevano *l'amata nonna* dallo scoppio della Seconda Guerra Mondiale. Il suocero sembrava disgustato dai suoceri e Tristan aveva sentito alcuni commenti devastanti da parte loro che non lasciavano dubbi su ciò che provava nei loro confronti.

Prima della partenza per l'Africa occidentale francese, il clan familiare aveva chiesto a Madame de Gastine e a suo marito di firmare delle procure. Entrambi dichiararono a chiunque volesse ascoltarli che in questo modo avevano alienato tutti i loro diritti e che Madame de

Gastine era quindi, perfettamente legale, privata della sua fortuna. Tristan non conosceva i dettagli di questa cucina, il cui aspetto legale gli sfuggiva, ma la cui psicologia gli sembrava evidente. In ogni caso, sembrava che le combinazioni del trio familiare l'avessero diseredata nel modo giusto: sua madre era stata privata della sua fortuna.

Il padre di Tristan aveva contratto un debito di un milione, una somma considerevole per l'epoca. Il debito esisteva ancora e il trio lo aveva ricomprato per una cifra irrisoria. Sua madre aveva apposto una piccola firma sulla questione, e questo lo aveva fatto finire!

Fu proprio in quel momento che *la nonna* disse a Tristan, con l'enfasi che le era propria: "Nell'interesse della giustizia e dell'equità, darò a tua madre una grossa somma di denaro".

In realtà, lo scopo di questo accordo, di cui Tristan ignorava la complessità, era quello di far credere alla madre di aver ricevuto una certa somma che comprendeva il debito riacquistato a basso prezzo.

L'aspetto tecnico dell'operazione è sfuggito a Tristan, ma le disposizioni legali devono essere state piuttosto disgustose, dato che l'uomo di legge che le stava eseguendo ha ritenuto opportuno scusarsi: "Non dico che sia morale, ma è *perfettamente legale* e sono obbligato a eseguire gli ordini dei miei clienti"...

Nel ventesimo secolo, tutti i crimini legali sono possibili. I criminali che vendono armi, prodotti chimici o varie forme di inquinamento saranno insigniti della Legione d'Onore, mentre coloro che denunciano i grandi criminali saranno considerati pazzi o saranno condannati in base a leggi promulgate dagli stessi grandi criminali, sostenuti da politici di ogni orientamento politico. Vedremo persino uno strangolatore di un bambino di sei anni non solo non ghigliottinato, ma rilasciato dopo pochi anni, mentre un "uomo di destra" che ha lanciato una piccola bomba che non ha causato vittime sarà condannato all'ergastolo e mai rilasciato.

La grande passione del XX secolo non è solo la servitù, ma il crimine istituzionalizzato *da* e *su* milioni di corpi e anime.

"Non ti dobbiamo niente", gli disse una volta la zia Denise. Una frase ammirevole del ventesimo secolo. Il notevole cinismo di invocare la legge, e solo la legge, per giustificarsi. La preoccupazione di non rischiare nulla perché la legge è dalla loro parte. Ci sono leggi che impediscono di denunciare i criminali, anche se i loro crimini possono essere provati. Politici e giudici senza coscienza applicano oggi leggi immorali e criminali. Nemmeno ai tempi della decadenza e della caduta dell'Impero Romano era così.

Certamente se Tristan fosse stato il fisco, non avrebbero avuto alcun merito nel "dare". Per loro è sufficiente non essere in debito secondo il codice, così possono essere orgogliosi della tranquillizzante certezza di avere una qualche giustificazione per la loro incredibile mentalità.

All'epoca Laure era sola a Parigi, senza aiuto, quasi nevrastenica. Di lì a poco sarebbe morta di cancro. Non le devono nulla. Qual è il codice civile del cuore?

Negli ultimi anni, Laure e Charlotte avevano vissuto con la madre e il patrigno dopo il loro ritorno dall'estero. Charlotte aveva superato il baccalauréat ma, troppo impegnata a casa, non aveva superato il primo anno di medicina. Laure, sensibile e intelligente, era arrivata fino al primo anno ma si era fermata lì. Qualcosa si era rotto dentro di lei, la sua piccola linfa vitale. Per ammirazione e devozione, "viveva" letteralmente la madre, che svolgeva su di lei il ruolo di un vampiro mentale che la destabilizzava. Povera sorellina, nulla poteva tirarla fuori da quel pozzo nero se non una forza esterna radicale.

A volte Tristan parlava alla *nonna* delle sue sorelle e delle loro difficoltà.

"Perché non vengono a trovarmi, potrei dare loro un sostegno *morale*", ha detto.

Charlotte e Laure avevano finalmente lasciato la madre e il patrigno e avevano affittato una soffitta in rue de la Pompe. Non avevano soldi né lavoro. Charlotte era appena tornata da due anni in Scozia, dove aveva insegnato francese in una scuola gratuita. Laure era appena tornata dalla Polonia, dove aveva trovato lavoro presso un'organizzazione di rimpatri. Diciotto anni, Laure, sola, all'estero, in un ambiente militare, con la sua natura, la sua dolcezza e la sua piccola molla rotta. Aveva raccontato a Tristan gli orrori che aveva visto, sentito, sopportato, il comportamento spregevole degli uomini... lui lo sapeva perché lei glielo aveva detto, piangendo sulla sua spalla...

Come hanno potuto la madre e il suocero lasciarla andare in un'atmosfera del genere?

Come ha fatto il trio a non preoccuparsi di loro?

Cosa importava loro dei membri denaturati della famiglia?

Spiegò tutto alla *nonna*. Laure e Charlotte non avevano idea di cosa stesse facendo.

- Conosci il loro indirizzo? chiese la *nonna*.

No, non conosceva il numero di rue de la Pompe, ma sapeva come arrivarci. Per quanto riguarda il numero, gli sarebbe bastata una semplice telefonata per saperlo, perché lo aveva dimenticato, sapendo come arrivarci automaticamente d'ora in poi.

Poi la grossolana malafede e la calcolata cattiveria si sono improvvisamente manifestate con una forza e una veemenza che hanno assicurato il trionfo della loro dialettica con le masse.

Tristan stava soffrendo troppo per apprezzare l'aspetto buffonesco della sua performance, così come la maschera tragica che aveva scelto di mettere sul suo volto verdastro.

Tristan vide davanti a sé una sorta di mostro ripugnante che si ha il riflesso di distruggere se si vuole riprendere fiato.

- Come possono trovarsi in questa situazione e tu non conosci il loro indirizzo, e non sei vicino a loro - che peccato!

Ha continuato a dire qualcosa di strategicamente incoerente e grottesco. E il colpevole era Tristan!

È molto probabile che qualsiasi estraneo presente, ignaro del contesto, in quel momento avrebbe ammirato tanta nobiltà e generosità nella buona *nonna*. Questa ostentata veemenza deve averla convinta di essere una specie di santa...

Poi Tristan scoppiò. E lo fece con una compostezza che l'orrore della situazione rendeva assolutamente necessaria.

Capì, tuttavia, che bisognava essere estremamente dotati per non impazzire in situazioni come queste, che sono multiformi nel mondo moderno.

- Se avessi potuto fare qualcosa per le mie sorelle", dice, "non sarei qui. Sarei andato direttamente da loro. Conosco solo due modi efficaci per aiutarle: dare loro dei soldi e trovare un lavoro. La loro situazione attuale è chiara e non vedo cosa ci farei lì, dove sono stato e da dove vengo. Inoltre, devo lavorare, ho preoccupazioni crudeli e non è andando a mostrare loro lo spettacolo della mia miseria che allevierò la loro, al contrario. Se sono qui è proprio perché voi avete in mano le leve che possono tirarli fuori dai guai...

Giallo-verde, *nonna cara*, alzò un braccio vigile e cacciò via Tristan.

La zia Denise, che era presente, aveva mantenuto un silenzio conciliante, che all'inizio aveva sorpreso Tristan. Era la prima volta che la vedeva non prendere le parti *della sua amata nonna*, che aveva sempre ragione, anche nei pasticci più inverosimilmente scabrosi.

Ma Tristan non fece errori. Faceva anche parte della tecnica: approvare sua madre in questa occasione sarebbe stato rovinare tutto per eccesso di zelo.

Oggi l'ONU incolpa Israele, ma questo non cambia nulla perché duecento risoluzioni sono rimaste inascoltate.

Era quindi importante non aprire una crepa pericolosa nel formidabile apparato artificiale che avevamo costruito insieme per nascondere il loro egoismo, mentre paradossalmente, per una sorta di complicità diabolica, una concessione senza ripercussioni ristabiliva l'apparente equilibrio.

Ma la visita di Tristan non è stata un fallimento.

Dopo questo movimentato intervento, il Consiglio di famiglia votò per un sostanzioso sussidio di cinquemila franchi.

Laure e Charlotte erano un po' riluttanti ad accettare questa generosa elemosina, perché non si facevano più illusioni sulla loro nauseante famiglia. Tornarono dalla *loro amata nonna*, che non vedevano da anni.

Come era prevedibile, sono stati accolti con scene teatrali e grandiose.

- Perché erano rimasti così a lungo senza venire a trovare la loro buona, *cara nonna* che li amava tanto, che aveva fatto tutto per loro, che era stata così devota, che li aveva coccolati, che aveva fatto loro il bagno...

Quando da bambine andavano a trovare l'*amata nonna*, le due sorelline si facevano la pipì addosso.

Dopo questa agitazione, Tristan soffre di un altro attacco di foruncolosi.

Laure, che era stata dalla *nonna*, venne a trovare il fratello. Anche lei aveva voluto fare da avvocato di Tristan in presenza *della nonna*. Parlò dei suoi problemi, della sua salute, dei suoi studi superiori, del pianoforte...

— Dovete aiutarlo", ha detto.

— Sì", dice zio Jacques, "è come la storia del piccolo telegrafista.

— Qual è la storia del piccolo telegrafista?", chiese Laure.

— È la storia di un pittore che, essendo povero, di giorno lavorava come telegrafista e di notte dipingeva.

— E allora? dice Laure.

— Ebbene, ne è morto", disse zio Jacques, compiaciuto della sua arguzia.

Poco dopo, Laura tornò da rue Dehodencq con un magnifico cappotto per Tristan.

Incredibile! Faceva un freddo cane e lui non aveva il cappotto. Era la prima volta che riceveva qualcosa di tempestivo, utile e costoso dalla sua famiglia. Un cappotto nuovo di zecca con il nome del miglior sarto del Cairo. Incredibile! Tristan era sbalordito. Finora gli avevano regalato solo abiti logori o sproporzionati. E ora gli stavano regalando un cappotto nuovo di zecca che valeva una fortuna!

Non passò molto tempo prima che avesse la chiave di questa suprema generosità. Un cugino avvocato, responsabile degli interessi della famiglia in Egitto, era venuto a morire per un attacco di uremia nella villa *della nonna*.

I resti mortali di Tristano ricevettero quindi la delicata attenzione della sua famiglia, che tornò in Egitto per essere sepolta nella tomba di famiglia.

Tristan avrebbe dovuto ringraziare l'*amata nonna* per aver avuto la generosa idea di regalargli il cappotto del nipote morto.

Non poteva. C'era un abisso tra loro e lui. Faceva freddo e lui era malato. Per vigliaccheria, senza dubbio, tenne il cappotto. Lo giustificò a se stesso: era fragile, se gli fosse successo qualcosa, avrebbe fatto troppo il loro gioco. Era già stato in coma a causa di una malattia polmonare. Non voleva prendere un raffreddore. Ma il dono era negativo e faceva male.

Se gli avessero dato un cappotto normale come quello, non di lusso, sarebbe stato davvero contento...

Tristan cominciava a essere stufo di questo trio di incubi, di questa ragnatela, con *la nonna cara* al centro, apatica, solitaria, velenosa. Se solo non se ne fosse accorto, ma *nonna Carissima* governava il mondo intero...

Non era sorpreso che fossero riuscite a restituirlo al padre, infelice e incapace, per schiacciare lui, per schiacciare loro. Fin dal giorno in cui lui e le sue sorelle avevano incrociato il suo sguardo, aveva percepito quanto *la nonna* desiderasse che lui passasse alla storia. Il sentimento di un bambino non inganna. Lo odiava, proprio come odiava suo padre, ma anche di più. Perché suo padre, il non ebreo, l'essere che li superava, era lì, nessuno poteva farci niente, ma sarebbe passato, sarebbe stato passato. Ma Tristan l'ibrido? Lo avrebbero tollerato? L'odio della *nonna* doveva essere portato su di lui, questo promemoria, questa consapevolezza. L'essenza della loro salute era rovinata, anche se erano trattati magnificamente con tecniche chimiche moderne. Si cercò di ostacolare il suo sviluppo, soprattutto il suo autentico sviluppo intellettuale.

Mentre Tristan scrive queste righe, dopo quarant'anni di istruzione secondaria e superiore, si è reso conto che l'educazione secolare ha raggiunto un'ottusità globale, uno zombismo cronico. Una fioritura di debilitati laureati ufficiali occupa tutti i posti politici e amministrativi, incarcerati in criteri giudeo-cartesiani.

Ah, il bel lavoro di Rothschild, Marx, Freud...

Tutto sembrava dimostrare che gli veniva offerta un'istruzione normale, che veniva seguito. Ma in realtà gli stavano togliendo ogni opportunità di studiare. Stavano creando uno stato mentale e delle condizioni in cui era destinato a fallire. Una volta che era riuscito a mettere su casa, l'abbandono l'aveva trasformata in un inferno. Lui, Laure e Charlotte avrebbero potuto rifugiarsi nelle immagini e nelle emozioni pure del passato, nei ricordi del padre, ma questo aiuto doveva essere alienato. Durante il periodo di tenera miseria che sopportarono nella casa paterna, forse, affamati e infreddoliti, si sarebbero rivoltati contro di lui? Forse sarebbe diventato indegno ai loro occhi? Non ci riuscirono.

Il padre non poteva vedere Tristan mentre stava morendo. E loro non potevano vedere lui quando stava morendo. Quante lettere sono state nascoste loro. Gli furono raccontate abominazioni su loro padre. Avevano anche fatto in modo che il padre si convincesse che i suoi figli lo avevano rinnegato, che si erano uniti al clan, che *erano diventati delle amate nonne...*

Stratagemma mirabile e ultimo tentativo dell'*amata nonna*, il padre era morto in mezzo a facce sconosciute senza mai più rivederli...

Poveri esseri spregevoli, degni di pietà in fondo alle cose.

Condannati alla solitudine del clan, relitti impotenti, uniti nella loro solitudine e incapaci di prendere coscienza. *La nonna*, che a ottant'anni è sopravvissuta a due gravi operazioni all'intestino, si reca in Egitto ogni anno. Le vespe mozzate vivono per un po', le api muoiono subito. La madre del padre, la loro dolce nonna, era morta in pochi giorni per la malattia a cui la *nonna* era felicemente sopravvissuta.

Quale potere in Tristan aveva resistito a questa formidabile impresa di disumanizzazione? Ansimava perché erano gli unici che potevano tirarlo fuori dal pozzo nero in cui era stato gettato. In questo assurdo pozzo nero, il mondo intero giaceva, coccolando il proprio suicidio. Il mondo era stato progressivamente anestetizzato. Una fatalità assoluta.

Quale forza lo ha spinto talvolta verso rue Dehodencq, così come l'elettore è spinto verso l'urna, così come l'operaio è spinto verso il partito del gulag?

Quel giorno era seduto accanto alla *sua amata nonna* e lo zio Jacques entrò: "Non dimenticare che hai un appuntamento con l'avvocato".

Pochi minuti dopo erano tutti nell'auto dello zio, con la zia Denise a destra e la *nonna* in mezzo a loro.

Si è recata dal suo avvocato tra i due eredi. Questa immagine commovente è l'unico ricordo comico che ha della famiglia. È vero che da tempo le avevano tolto il senso dell'umorismo.

Ma Tristan non pensava che tutto fosse senza speranza. I malvagi sono persone malate e Tristan avrebbe trovato un modo per curarli.[23]

Era l'unico che li amava e queste persone sfortunate non lo sapevano. Gli altri li disprezzavano, li evitavano o li adulavano.

Tristan li odiava con tutta la forza del suo amore...

Doveva uscire dal masochismo che lo portava ancora troppo spesso a rimpiangere Dehodencq. In questo oceano di miseria, che senso aveva aggrapparsi a una boa di piombo arroventata?

Decise di scrivere alla *sua amata nonna*.

- Per anni ho aspettato che tu riflettessi sul mio destino sfortunato, sulle mie lotte disperate. Per anni sono stato tormentato da pustole e ascessi. So che non le interessa, perché con la metà di quanto le costa la sua auto di servizio avrei già stabilizzato la mia situazione da tempo, assicurato il futuro dei miei figli e studiato pianoforte.

Per anni sono stata abbandonata senza l'aiuto di nessuno. Ho superato la maturità, ho conseguito tre lauree e ho fatto il possibile per mantenere la mia famiglia. Ancora oggi sono una specie di scheletro coperto di pustole, che lotta e spera in un piccolo aiuto effettivo da parte di mia nonna, che se non è ricca, almeno vive in un certo lusso.

---

[23] A questo proposito, si veda il capitolo sull'endocrinologia: "la chiave".

A causa dell'abbandono in cui mi hai lasciato, ho contratto un matrimonio che non sarebbe mai avvenuto se tu non mi avessi lasciato alla deriva.

Non ce la faccio più. Ti prego, non lasciarmi. Non puoi essere così senza cuore. Se non mi rispondi, penserò che non vuoi aiutarmi, e quella sarà l'ultima volta che tuo nipote ti bacerà, perché non ti vedrò più e non ti scriverò mai più"...

Tristan non ha mai ricevuto risposta alla sua lettera disperata.

Grazie a un amico, Tristan e Jacqueline avevano trovato un piccolo bilocale senza pignoramenti. Era al quinto piano di un edificio del quattordicesimo arrondissement. Le due stanze si aprivano su un balcone. Ognuno aveva la propria stanza. Fu un colpo di fortuna per i bambini. Continuarono a vivere come prima, mangiando insieme e decidendo le questioni ordinarie e quotidiane della vita, ma Tristan era consumato dal tradimento della moglie.

E che tradimento!

I due bambini erano pallidi. A venti chilometri da Parigi trovarono una brava donna con una grande casa e un enorme orto che li accolse. La loro salute migliorò. Tristan e Jacqueline andavano a trovarli insieme il più spesso possibile. Parigi, megalopoli e laboratorio nevrotico per i bambini.

A volte Tristan pensava a quella lettera alla sua *amata nonna*.

Che cosa le importava? Non aveva nemmeno cercato di capire cosa avesse passato. Nemmeno per un momento aveva pensato: "Come deve aver sofferto quel ragazzo per scrivermi questo? Di certo, se fossi una nonna normale, non mi scriverebbe questo, anche se fosse un delinquente.

No, era stata semplicemente testarda, offesa.

Tristan immaginava *la sua amata nonna* che, tenendo in mano la lettera, gridava: "Dopo tutto quello che ho fatto per lui, che serpente ho scaldato nel mio petto".

Eppure Tristan immaginava la lettera che la *nonna* e la zia Denise gli avrebbero scritto:

- Mio caro.

Naturalmente non possiamo biasimarvi, sappiamo quanto sia stata dolorosa la vostra vita e quanto siate nervosi, sensibili ed eccessivi. Se siamo stati duri con voi è stato per mettervi alla prova e anche perché la nostra situazione materiale non è più eccellente. Ora puoi contare sul nostro aiuto. Siete quasi riusciti ad affermarvi e noi vi aiuteremo a stabilizzarvi e a studiare il pianoforte che vi è tanto caro. Ci riusciremo e sarà una grande gioia per noi. Le mandiamo i nostri saluti...

Forse un giorno riceverà questa lettera e le lacrime di gioia brilleranno alla luce...

CAPITOLO XI

Passarono i mesi. Tristan era ancora aggrappato a quell'ultimo certificato di licenza inaccessibile. Si stava indebolendo. Tutto ciò che faceva era caratterizzato da rigidità. Era consapevole che si stava rimpicciolendo. Sognava ancora il pianoforte.

Sognava anche un amore che gli avrebbe portato una cascata di infinito...

Un giorno, mentre lavorava nella biblioteca di Sainte Geneviève, si mise a ridere.

Non aveva appena letto in un'opera critica su Shakespeare: "Quel pessimismo che gli ha dato il genio"...

La studentessa seduta accanto a lui si svegliò dal suo mezzo sonno per chiedere preoccupata se stava bene.

— Guarda qui", rispose Tristan. *E se fosse proprio il suo genio a dargli il suo pessimismo?* Mostratemi un genio esilarante!

Fu in queste circostanze che Lucienne e Tristan si incontrarono. Lei aveva i capelli scuri, era snella e bella, con lunghi capelli neri che le scendevano sulle spalle. Aveva una fronte ampia, movimenti facili e una voce calda. Si innamorò perdutamente di Tristan.

Amava il modo in cui questa ragazza di ventitré anni, appena laureata in filosofia, attirava tutto il suo essere. La passione che provava per Tristan lo penetrava con una sorta di calma, una pienezza sconosciuta. Era un'intuizione amorosa, una comprensione pensosa.

— La cultura", gli disse una volta, "è *consapevolezza*, non un amalgama mnemonico di conoscenze. L'antitesi della cultura è accumulare conoscenze e ricavarne solo diplomi. Con la cultura di un agrégé, si può cercare di scoprire l'uomo martirizzando girini...

Era affetta da tubercolosi e i medici le avevano consigliato di sottoporsi alla toracoplastica, un'operazione gravemente mutilante.

Rifiutò e andò a vivere con la sua famiglia in campagna. In sei mesi di riposo, con cibo biologico e aria fresca, si è completamente ristabilita. I suoi medici sono ancora stupiti!

Madame de Gastine era andata a trovare i bambini a casa della buona signora di Morsang sur Orge, dove erano ospitati.

Dopo la visita, la signora scrisse a Tristan che "è stato un peccato mettere i vostri figli in casa di una donna del genere". Tristan rispose che i bambini erano molto giovani e avevano bisogno di aria fresca e di buon cibo, che era garantito dall'enorme orto della signora. E stavano molto bene. E poi, l'educazione borghese destinata a sfociare nella sinistra, nella liberazione della donna, nella droga e nel suicidio giovanile, che valore aveva?

Inoltre, erano poveri e pagare una pensione a questa baby-sitter era già eccessivo. Mandarli in una di quelle scuole religiose, di cui aveva ricordi da incubo, avrebbe richiesto somme considerevoli. Cosa fare, dunque?

Madame de Gastine, sua madre, si stava sicuramente prendendo gioco di lui ancora una volta. Se avesse offerto qualcosa di meglio in termini di aiuto, e in termini materni, qualsiasi cosa sarebbe stata ben accetta. Ma la sua espressione e la sua mancanza di efficienza rendevano il suo intervento più che insopportabile.

Così le rispose in modo duro, ribelle ma giusto. La ringraziò per i suoi consigli inefficaci, negativi e perfettamente inutili. Per lei non era altro che un'altra occasione per castigare il figlio, che non si sarebbe mai sposato né avrebbe avuto figli se fosse stata una madre degna di questo nome.

La stessa vecchia tecnica "raca" di accusare di crimini coloro che sono stati spinti in modo spietato verso il crimine. Questa è ormai una norma sociale universale.

In risposta, ricevette una lettera che era un modello nel suo genere: una proiezione perfetta di se stessa, un autoritratto con ben poco da aggiungere.

- Tristano.

Apprezzo più le azioni che i discorsi (sic).

Le ripeto quello che le ho già scritto: credo che i suoi figli abbiano bisogno di un'atmosfera diversa. Non conosco la signora X, la loro tata, ma so cos'è un bambino e di cosa ha bisogno. (sic). È la mia opinione, ve lo dico, è un mio diritto e un mio dovere (sic).

Capivo perfettamente cosa ti aspettavi dalla gente, una beata ammirazione per quello che chiami il tuo genio (parole del genere non erano mai state espresse da nessuno, tantomeno da Tristan). Questa era la giustificazione di tutte le tue azioni, anche le più vili ed egoiste (sic). Non contare su di me per questo (quando mai Tristan aveva contato su sua madre per qualcosa, soprattutto sotto le bombe a cui lo aveva mandato durante la guerra)? Voglio che tu sia nobile e non ti aiuterò a ingannare te stesso. Forse c'è solo una persona al mondo che può dirti la verità, ed è tua madre, perché è lei che risponde a Dio per te (per carità!). È una dura prova vederti sprofondare nella follia e nel male come tuo padre, ma con meno scuse. Mi dici che non hai bisogno dei miei consigli e delle mie preoccupazioni (a lui bastavano, ma non critiche assurde e negative con buoni consigli impossibili da seguire, accompagnati da rimproveri stupidi e cattivi). Questo l'ho capito da tempo, quindi non te l'ho fatto pesare. Mi dici anche chiaramente che ti interessano solo i soldi (Tristan non le ha mai detto questo. Ha semplicemente detto che un buon consiglio senza i mezzi per seguirlo è perverso). Non ho nulla da darvi. E se lo facessi, di certo ve ne darei per soddisfare i vostri banchetti e le vostre avventure, quando i vostri figli sono stati accuditi da altri (da chi? sicuramente non da lei).

Un giorno sarai solo con te stesso. Quando arriverà quel giorno, dovrete vedervi così come siete, con tutto il vostro sfarzo e glamour e tutto il tempo che avete sprecato a venerarvi (sembra un romanzo autobiografico). Forse allora vorrai diventare qualcos'altro. Voglio sperare che tu sia migliore di quello che ti ostini a rimanere, intossicato dalle parole, incapace di superarti e di dominarti, incapace di fare il tuo dovere, seminando discordia e dissolvendo la rivolta ovunque, e vuoi ancora recitare il ruolo del bigotto (questa era la sua intera confessione).

Ho voluto essere indulgente e darvi, negli ultimi anni, i segni di quella tenerezza che una madre dà al proprio figlio, per quanto possa essere lucida. Tu non sai cosa sia la vera tenerezza, cosa sia il vero amore. Ami solo te stessa (sono tutti termini che Tristano avrebbe usato per descrivere sua madre). La madre dei tuoi sogni sarebbe una serva sicofante che ti aiuterebbe stupidamente ad accecare e ingannare te stesso. Io non sono così. Ma se un giorno avrai bisogno di tutte le cose preziose che ho nel cuore per te e che ora non vedi, se vorrai rivestirti di lealtà e umiltà, vieni, ti aiuterò con l'aiuto di Dio, soffriremo e vinceremo insieme il male e la morte. Fino ad allora, non scrivermi, le lettere torneranno indietro senza essere aperte. Un giorno capirai che questa lettera, che può sembrarti crudele, è stata una grande prova d'amore...

Tristan aveva letto: era l'intero ritratto, l'intera patologia di sua madre. Nessuna lettera l'aveva mai descritta meglio. Aveva proiettato su Tristan la sua autocritica. Non sapeva nulla della natura di suo figlio. C'era in questa lettera, come nel mondo moderno, *una corticalità di verità che rivestiva un'enorme menzogna verso la degradazione dell'altro.*

Qui tutto era vuoto, ipocrita e meschino. C'era tutta sua madre, il suo pathos bigotto e grottesco nei confronti di un figlio che aveva abbandonato nella malattia e nella semi-miseria, e per finire, quel misticismo isterico e istrionico che le era così caratteristico.

Le lacrime riempirono gli occhi di Tristan.

Una volta, ricordava, in un patetico atto di suprema umiltà, lo aveva implorato, citando una lettera che Tristan le aveva scritto mentre era sotto le bombe quotidiane:

"Ditemi che non sono un mostro cattolico"...

Tristan pensò.

No, non avrebbe voluto tornare in un'umanità come quella, anche se il destino gli avesse concesso una vita di perfetta felicità. La vista degli altri, la loro sofferenza, la loro bruttezza, la loro indifferenza per la sofferenza degli altri esseri umani, tutto ciò era intollerabile. Per non parlare della spregevole defecazione che non avrebbe mai accettato.

Ognuno di noi ha il proprio destino.

Il santo, il genio, l'artista, lo speculatore circonciso l'8° giorno, il piccolo borghese, lo sfortunato piccolo borghese. Tutti questi ruoli sono stati appresi nel grembo materno e suonano lo spartito della tragedia del mondo.

Non ci sono fattori esterni che condizionano la nostra sfortuna, la nostra felicità, la nostra fortuna o la nostra sfortuna. Sono legati al nostro ambiente e alla nostra natura astrale e ormonale.

La mia costante distrazione potrebbe gettarmi sotto una macchina, ma non c'entra nulla.

La mia sfortuna non ha nulla a che fare con la mia famiglia ebraica, se non nel senso sociale rothschild-marxista. Individualmente avrei dovuto prendere le distanze da loro. Se avessi avuto la loro mentalità, sarebbero stati diversi con me. Ma mi sento diverso da loro come mi sento diverso dagli schiavi zombificati e votanti che dominano.

Mi soffocano come membro della famiglia e come artista, ma non lo sanno perché i veri valori sfuggono loro e questo è ciò che sta uccidendo il mondo intero. Soffocano tutta la verità e il mio cuore ne è pieno.

Non rimpiango di essere diverso da loro, rimpiango di non essere riuscito a staccarmi dalla loro esistenza, dal pensiero che esistano e che possano aiutarmi. Non si scelgono i propri, ma si rimane legati a loro ed è per questo che penso che siano stati gli unici a potermi aiutare, salvo un puro miracolo.

Le persone capaci di mettere in discussione tutto sulla base di nuove informazioni, prove e argomenti sono estremamente rare.

Non credo di averne mai incontrato uno. Chiunque sia coinvolto in un'ideologia, dal cattolicesimo al marxismo e tutto quello che c'è in mezzo, vi rimane incastrato per il resto della sua vita. Quindi non ci sono quasi persone intelligenti, nel senso più profondo del termine.

Per quanto riguarda i miei congeneri, si può dire che Simone Weil non si sbagliava:

"Non hanno mai quella modesta attenzione che è propria della vera intelligenza". Quanto agli altri, i Goyim, "quel vile seme di bestiame" dello Zohar, non capiscono nulla. Da qui il successo dell'adulazione dialettica, l'idolo del sociale, che porta a ogni tipo di crimine e di gulag.

Sono l'inversione. Una carità imbecille ereditata da 20 secoli di distorsione ha portato a una proliferazione di storpi psichici e motori. Farebbero di tutto per non farvi morire di malattia o di incidente stradale, mentre l'automobile è il più grande assassino di massa mai conosciuto. Nel frattempo, Bazile Zaharoff e Bloch-Dassault vendono armi a tutto ciò che viene sterminato nel mondo. L'Africa e l'Asia hanno visto le loro popolazioni massacrarsi e morire di fame dopo la decolonizzazione... I gulag sovietici sterminano decine di milioni di persone e i bambini sani vengono uccisi nel grembo delle loro madri.

Il genio non può più vivere in questo mondo di quantità, perché è qualitativo. Poiché la natura non perdona mai, le bombe di Messieurs

Oppenheimer, Field, S.T. Cohen, risolveranno il problema insolubile di questo mondo alla rovescia...

È la mia rivolta e la mia non accettazione di tutto ciò che mi mina. Non posso accettare il mondo di oggi, che è stato creato dal mondo di ieri.

La mia storia è nascosta, strana e dolorosa.

Siamo soggetti alle leggi. La sfortuna è meritata da ciò che siamo e non è meritata da ciò che non abbiamo scelto di essere.

La verità è così lontana dalla logica formale. La logica dei pazzi suicidi. Siamo degli imbecilli. La mia è una battaglia schiacciante tra pervertiti speculatori e robot. Posso solo dare una debole immagine di ciò che è. Tutto quello che sento, tutto quello che all'inizio sembra contraddittorio o vero da entrambe le parti. Bisogna innanzitutto prendere coscienza, informarsi senza pregiudizi, soprattutto chi ci è più caro. Fatti, fatti, fatti e argomenti impeccabili. Altrimenti si marcirà nella menzogna.

Niente verità, niente cultura. "Conosci te stesso" dicevano gli antichi greci. Non posso vivere in questa umanità perché è disumana.

Più capisco, meno posso fare. Devo concludere che non c'è nulla da fare, perché non c'è più spazio per la verità.

Tutte le leggi che ho trovato non riporteranno la vita in un mondo inetto e morente.

Per vivere nel senso più elementare del termine, bisogna essere costantemente in una gigantesca astrazione da se stessi di cui nessuno ha idea.

Così il mio io represso si trova sull'orlo della follia: l'anima di un artista compresso non ha altra strada che la follia o il suicidio.

Mio malgrado, sto sfuggendo a questa alternativa.

Ho lottato senza successo contro questa impossibile astrazione di me stesso all'interno della spersonalizzazione imperante: basta guardare quei milioni di elettori consumatori vestiti con la divisa delle stronzate internazionali: i blue jeans Levis. All'interno di un magma emotivo e intellettuale, nulla può essere incanalato nel circolo lineare e vizioso della logica formale riduzionista. Dimenticate la paralogia tra 1984 di Orwell e *Brave New World* di Huxley.

Non sono qui.

Il paradosso viene prima. Ma non c'è nessun paradosso. Il paradosso è una contraddizione analitica che non è riuscita a risolversi in una sintesi superiore. Io sono e non sono. Visione oltre la visione formale. Mi sento più non-essere che essere. Per questo percepisco come evidenti verità che nessuno conosce più, perché gli esseri sono condizionati, subliminati.

I miei pensieri, basati su elementi precisi, fanno deduzioni di verità clamorose e definitive. Quindi non mi resta altro da sperare che la mia speranza, che è infinita.

È la lucidità e la mancanza di compostezza di fronte all'assurdità che ti fa impazzire. Sento tutto ciò che non va. Molte persone hanno una visione coerente perché non sentono e non capiscono nulla. Quando si percepisce una vasta sintesi della realtà, è difficile fare rapidamente ordine. È difficile essere logici quando non si è pazzi. La sfera caotica che nasce nella mente, un'enorme porzione grezza di realtà, richiede anni per essere disciplinata, organizzata ed espressa.[24]

Ne ho preso coscienza per la prima volta a vent'anni; fino ad allora avevo vagato da solo, abbandonato, portando nel cuore un peso sovrumano. Ho cercato di approfittare della mia lucidità, ma è stato molto difficile.

Oggi è ancora peggio, perché essendo diventato consapevole a un livello superiore alla maggioranza degli esseri, mi sento incarcerato in un piccolo spazio di cemento. Sono assolutamente convinto che nessuno possa aiutarmi, perché i miei contemporanei sono incapaci di aiutarsi da soli sulla strada del suicidio globale che stiamo percorrendo. Hanno bisogno di intelligenza e di coraggio, ma non ne hanno. Preferiscono l'illusione di una vita immediata e tranquilla, anche se li porta al peggio nel breve termine. È sconcertante osservare l'inadeguatezza mentale della maggioranza degli esseri umani. Esserne consapevoli è demoralizzante e dà un senso di grandezza di cui si potrebbe fare a meno, perché è una fonte di inestricabilità.

A volte vorrei frenarmi verso la nuova "norma anormale". Più ci provo, più soffro. Più soffro, più penso. Un dilemma tra la follia e il suicidio. Come specchio della verità, sono destinato a infrangersi, perché solo gli specchi dipinti riflettono le bugie.

Le relative vittorie di sopravvivenza lasciano in bocca un sapore di morte.

E c'è dell'altro. Le persone più sensibili sono quelle che sentono meno il loro ambiente immediato. Soffrono per l'universale, per gli innocenti che muoiono di fame in Africa o in Asia, per i bambini che vengono violentati o uccisi.

Animali torturati a centinaia di milioni che non vedono nemmeno la luce del giorno e non possono muoversi. Guerre stupide che uccidono e lasciano tanti invalidi, ciechi, storpi e martiri... La vita quotidiana con i suoi piccoli, insignificanti problemi...

Sono felici, grazie al loro rimpicciolimento mentale.

L'unica felicità di questo tempo sarebbe quella di non soffrire. Non sentire. L'unica felicità dell'anno 2000: non soffrire.

No, non posso accettare il mondo della grande peste, né quello dei cinquanta boia ebrei delle prigioni e dei campi di concentramento che

---

[24] L'intero libro, estremamente anticonformista, è l'espressione di questo sforzo.

hanno sterminato decine di milioni di esseri umani in URSS. Né posso accettare le bombe ebraiche di Hiroshima e Nagasaki, i fisici ebrei, o Dresda e Amburgo rase al suolo dalle bombe.

"Sono una forza da non sottovalutare", ha dichiarato Hernani.

Voglio la verità, anche se uccide. Andrò avanti.

Che senso ha questo combattimento? Schivare, individuare gli ostacoli, in una tale solitudine. Sappiamo con mesi, anni di anticipo, vediamo le masse manipolate correre verso il loro suicidio. Non possiamo fare nulla, perché nessuno capisce nulla. I capelli si rizzano e tutto ciò che si ha è la triste gioia di sapere e l'amarezza di sapere.

Gli ostacoli e i tormenti non sembrano essere organizzati.

Sembrano diversi, considerevoli, slegati. Appaiono inaspettatamente, eppure sono legati da una legge profonda.

Nel mezzo di una sofferenza che mi imprigiona in me stesso, isolato da Dio, di cui non capirò mai il senso dell'umorismo, e dall'umanità, voglio la verità, qualunque essa sia.

Non chiederò nemmeno di *non chiedere*.

Abbiamo scelto di essere ciò che siamo? Non possiamo permetterci di essere spregevoli...

CAPITOLO XII

> *"La certezza di non essere pazzo era la più forte. C'era la verità e c'era la menzogna. Se ti aggrappavi alla verità anche contro il mondo intero, non eri pazzo"* (George Orwell; *"1984"*).

Verso la fine degli studi secondari, Tristan aveva notato una certa affinità con Jean-Jacques Rousseau, che in seguito avrebbe ripudiato completamente. Rousseau risuonava con lui come un fratello. Come Rousseau, credeva nella bontà naturale dell'uomo e pensava che la società lo avesse pervertito. Non gli ci volle molto per capire che il *giudeo-cartesianesimo* aveva sfruttato gli aspetti più falsi, dubbiosi e perversi di Rousseau, che strutturarono fondamentalmente la decadenza moderna con tutti gli pseudo-filosofi del XVIII secolo, il cui illuminismo ci avrebbe fatto precipitare nell'accecante oscurità del XX secolo.

Tuttavia, Rousseau ha espresso una verità essenziale: quando l'uomo segue le regole della vita semplice, le regole divine, rimane in perfetta salute fisica e mentale. Lo dimostrano gli Hounza, una piccola tribù dell'India settentrionale. Respirazione controllata, nessuna dieta carnivora, frutta e verdura il più possibile cruda, pochi cereali, e quattordicimila anime che vivono nella bellezza fisica e morale che oggi ci è vietata. Non conoscono malattie e sanno meditare e pregare fino alla morte, tra i cento e i centoquaranta anni. Tutti i lavori moderni sugli Hounza attestano queste realtà essenziali, che ci mostrano quanto siamo lontani dalla natura, e quindi da Dio.

Più Tristan invecchiava, più notava la sua somiglianza fisica con gli artisti romantici che gli omeopati chiamano "apollinei" e "fosforici". Esile, alto e snello, con un viso ovale, occhi grandi e dolci, una fronte molto alta, guance spesso incavate, un naso aquilino e quella mano speciale che i chirologi chiamano "mano psichica".

A ciò si aggiungono i suoi polmoni fragili, i suoi abiti da dandy e la sua metafisica, e la sua aria luciferina.

La sua fotografia, paragonata a quella dei Romantici, aveva un'incredibile somiglianza. Aveva anche il loro orgoglio, il loro malato senso estetico, la loro immaginazione, il loro tormento egocentrico, i loro ideali, la loro generosità oltre misura. Le biografie di questi artisti presentano analogie sorprendenti. Come Shelley, Byron e Coleridge, aveva dovuto prendere le distanze dai suoi figli. Come loro, si entusiasmava per il bello, il buono, il giusto, il libero, l'amore, l'ideale, la purezza e, nella sua frenesia, li tradiva tutti insieme... Come loro, identificava il male con la malattia. Come loro, possedeva quella sensibilità soggettiva che non si arrende mai a nessuna evidenza, a nessuna sensazione, e che sente ogni urto come un colpo di martello al cuore.

I romantici che si dipingono si camuffano sempre un po'. Tristan non aveva alcun desiderio di posare, a meno che non volesse "posare per non posare".

Soffriva troppo. Sarebbe stato il primo dandy a dire tutta la verità, la verità insopportabile, la verità che nessuno vuole sapere, la verità antipsicologica, antidemagogica, antidiplomatica - in breve, l'acido solforico della verità.

Cosa gli costa questa verità? Niente. Giudica l'assurdità di cui fa parte in base alla sua innocenza e alla sua sofferenza.

L'uomo è caduto per orgoglio? Volendo eguagliare Dio? Inetto!

Come avrebbero potuto, se Dio avesse dato ad Adamo ed Eva un'intelligenza normale, desiderare per un solo secondo di "eguagliare Dio"? Un tale impulso deriva dalla debilitazione mentale. Eguagliare il potere assoluto che ha creato l'uomo, il mammut, la digestione e la quadratura del cerchio?

Satana non poteva che giocare sulla stoltezza di Eva, che era conosciuta in anticipo da Dio, che vive nell'eterno presente e quindi sapeva della caduta ancor prima di crearci. È vero che gli agenti di Satana continuano a giocare sulla tastiera del cretinismo universale: come si possono prendere per geni Rothschild, Marx, Freud, Oppenheimer e Picasso?

Ergo, il primo uomo e la prima donna, capolavori di Dio, non potevano seriamente pensare di essere uguali a Dio. Se hanno potuto pensarlo quando hanno mangiato il frutto dell'albero della conoscenza, è perché erano già stupidi, pazzi e quindi privi di libertà.

Postulati di questa qualità non potevano che dare origine a un dogma ubuesco culminante nell'atrocità marxista, prova universale per eccellenza del cretinismo globale.

Tra l'altro, una religione che non sia logica e scientifica non è una religione.

Una scienza che non sia religione diventa necessariamente l'antitesi della conoscenza e si trasforma in un suicidio.

La Bibbia?

Litania di odio e morte. Il Dio ebraico è un campione organizzatore di orribili massacri che assomiglia alla *nonna più cara*.

L'Antico Testamento è pieno di rumori e furori folli.

Oggi i marx-merdia stanno massacrando le foreste affinché il loro giornale possa completare la cretinizzazione universale, in modo che i semi-idioti possano essere eletti da una massa istupidita.

Suppongo che se un albero nella foresta protestasse, qualche piccolo filosofo autoproclamato che è stato circonciso l'ottavo giorno lo chiamerebbe "nazista".

In fin dei conti, e pochi lo capiscono, il nazismo non fu altro che uno sforzo eroico per riscoprire la vita tradizionale nel rispetto della natura e delle sue leggi, contro la morte inflitta dalle inversioni Gesù-San Paolo e Marx-Lenin.

Il cristianesimo prima dei gulag era una metafisica da boia.

— "Per quanto riguarda i miei nemici, quelli che non hanno voluto che io regnassi su di loro, portateli qui e massacrateli alla mia presenza. Tutti coloro che sono venuti prima di me erano ladri e briganti" - Lao-tzu un brigante, un ladro? Che ridicolo!

Questa frase suona molto come Lenin e Gesù: Luca 19-27 e Giovanni 10-8...[25]

Fin dalle sue origini, il cristianesimo, di cui tanti si vantano, ha manifestato lo stesso odio per il pensiero che si ritrova nel marxismo: tutti i tesori del pensiero antico sono stati distrutti. Ecco alcuni esempi di questo proselitismo incendiario:

- Milioni di libri bruciati nella città di Serapeo.

- Lo stesso vale per la biblioteca del regno di Pergamo.

---

[25] Quando si chiede agli esegeti di spiegare questa frase mostruosa, essi sono sicuri di dire che significa il contrario di ciò che è espresso: bisogna ammirare la spiegazione contorta e contorta che è impossibile da raccontare. (Esperimento effettuato una mezza dozzina di volte)

- L'intera biblioteca Celsius di Efeso.
- L'intera biblioteca di Alessandria...

Questa vocazione del pensiero contro il pensiero annuncia tutti i roghi e tutti i gulag. Lenin e Stalin erano possibili solo perché lo era San Paolo.

Il cristianesimo è il bolscevismo dell'antichità.

Monseigneur Lefebvre e Gorbaciov si nasconderanno dietro lo stesso ventilatore quando sentiranno quello che ho da dire...

Per essere obiettivi, non possiamo trascurare la parentesi dell'Alto Medioevo, quando il prestito a interesse era vietato. È l'eredità di Aristotele, timidamente riformulata da San Tommaso d'Aquino. Ma a parte questa eccezione, il cattolicesimo si è sempre inserito nella tradizione borghese dell'establishment capitalista.

È emblematico che nel III secolo, Callisto, uno schiavo cristiano divenuto poi papa, gestisse per conto del suo padrone una banca per i clienti cristiani, ricevendo depositi e depositandoli presso gli ebrei a interesse.

È innegabile che per cinquemila anni è sempre esistita la simbiosi tra "ebreo e Stato": oggi sono lo Stato.

L'antiebraismo[26] regna nel Paese più ebraico di tutti: l'URSS. Questo ci ha permesso di veder fiorire Solzhenitsyn, ma non ha impedito a Hammer, Warburg, Sasson, Loeb e altri di finanziare la terra dei gulag. Se tutta la macchina marxista fosse stata totalmente occupata da ebrei, come nel 1936, non avremmo avuto alcuna possibilità di conoscere Solzhenitsyn.

Oggi il rumore della loro pubblicità corrompe il buon senso, la follia del progresso ("la menzogna del progresso è Israele" Simone Weil), esaurisce le persone, il denaro regna sovrano, l'industria devasta le campagne e i fiumi e inquina tutto. L'ateismo-levy-sion ottunde il cervello, in particolare con la musica regressiva, patogena e criminogena, e gli spettacoli di foot-ball per le masse dove centinaia, anche migliaia, di persone si massacrano e si calpestano a vicenda in certi concerti rock.

---

[26] Questo è l'unico termine appropriato; gli ebrei sono ben lontani dall'essere tutti semiti.

La frenesia del commercio internazionale trionfa attraverso un globalismo circonciso, da New York a Tokyo, da Londra a Parigi, da Berlino a Città del Capo.

Il Vangelo?

Tutto ciò è assurdo quasi quanto Mosè che ha avuto bisogno di un Dio su una montagna per i Dieci Comandamenti, che sono stati copiati esattamente dal Codice di Hammurabi.

Il pensiero morale, sorprendentemente, è formulato in modo molto più coerente in Platone e nell'Antico Egitto.

No: l'Eucaristia non fa l'uomo. *Le regole della respirazione, di una dieta non carnale, della meditazione e della preghiera fanno l'uomo*, non questa sclerosi dogmatica, questo restringimento dottrinario.

Con il cristianesimo sono state abrogate tutte le leggi psico-dietetiche, cioè tutti i mezzi di accesso alla virtù e al Trascendente.

Tutti i dogmi cattolici si sono sviluppati nel corso della storia, e l'Assunzione risale solo a Pio XII.

Il dogma dell'Eucaristia apparve solo nel 1044. L'affermazione della presenza reale sotto le specie del pane e del vino consacrati apparve per la prima volta in un libro pubblicato da un monaco: Pashase Radhert.

Come può un Dio di bontà condannare in anticipo i malvagi di cui conosce in anticipo i potenziali misfatti?[27]

Come può la morte di Cristo redimere i nati prima di lui e quelli nati dopo di lui, che per 2000 anni hanno continuato ad essere folli e malvagi?

Che logica: era necessario dire agli uomini "siete spregevoli, ma per redimervi vi manderò mio figlio. Voi allora commetterete il più grande di tutti i crimini: torturerete e immolerete il Figlio di Dio e poi... sarete redenti"...

---

[27] La maggior parte dei criminali gravi e degli assassini ha volti spaventosi e agghiaccianti. È impossibile non vedere il determinismo criminale in queste maschere spesso orribili. Inoltre, i registi sono molto bravi a scegliere gli attori per interpretare gli atroci ruoli degli assassini.

E funziona da 2000 anni, così come funzionano da cinquant'anni le fantomatiche camere a gas, con l'implacabilità del dogma e il rigore del diritto penale per i non credenti: il gayssotin sostituisce il rogo.[28]

Gesù fu crocifisso dai Romani e non, legalmente, dagli Ebrei. I Romani vedevano Gesù come un piantagrane e lo consideravano uno Zelota. I Giudei, che conoscevano bene la ferocia della repressione romana, avevano paura e, è certo, esercitarono una notevole pressione su Pilato e lo incoraggiarono. Così denunciarono Cristo ai Romani per proteggere il popolo.

Pilato, come ci racconta la storia, non scherzò e sedò ogni ribellione con il sangue. In seguito, è chiaro che, poiché l'Impero Romano fungeva da incubatore per la nuova religione, era impossibile ritenere i Romani responsabili del Golgota.

I mercanti del Tempio? Un uomo solo con una frusta di corda che attacca una folla di venditori, cambiavalute, sorveglianti e funzionari sarebbe stato immediatamente arrestato. Come avrebbe potuto una simile rissa sfuggire alle guardie romane della fortezza di Antonia, che sorvegliavano il cortile del Tempio e non trovavano nulla da ridire sulle usanze stabilite da tempo dalla consuetudine e dal rabbinato.

Nei Vangeli ci sono centinaia di passaggi che fanno riflettere sull'assurdità dei fatti e dei ragionamenti.

La resurrezione? Se Cristo avesse voluto rivelare la sua natura divina, avrebbe dovuto mostrarsi ai suoi nemici e ai suoi giudici. Ma nessuno di loro lo vide. Solo i suoi compagni e una donna lo videro. La sua tortura ha avuto innumerevoli testimoni, la sua risurrezione solo uno, una donna nel trasporto...

Dobbiamo anche ricordare che il termine "figlio di Dio" era perfettamente usuale a quel tempo.

La parola "Baraba" significa "figlio di Dio" in aramaico.

Paolo di Tarso, liberando i Gentili dai 613 precetti della legge ebraica, che erano esattamente gli stessi della grande tradizione, aprì il mondo greco-romano a questo cattolicesimo, che è una parodia di una religione

---

[28] Allusione alla legge Gayssot, che proibisce a chiunque di dire qualcosa, specialmente qualcosa di veritiero, contro gli ebrei, con il falso pretesto del "razzismo". Proibisce la pubblicazione di ricerche storiche che dispiacciono agli ebrei, soprattutto se vengono fornite tutte le prove e le argomentazioni relative a tali ricerche. È la dittatura assoluta della menzogna.

che doveva culminare negli orrori dell'anatema, dell'eresia, dell'Inquisizione e del marxismo.

L'Inquisizione funziona come il marxismo. L'unica differenza è che la prima costringeva a credere in dogmi assurdi, mentre la seconda infligge la fede nel nulla.

Paolo era considerato un falso apostolo ai suoi tempi e viene disprezzato nell'Apocalisse. La moralità egiziana aveva raggiunto un picco che il cristianesimo non avrebbe mai raggiunto.

Non si trattava delle idee di carità, misericordia, giustizia e fraternità: erano coinvolte nel carattere religioso e mistico di questa civiltà. Il panteismo fu ridotto a monoteismo. Gli dei secondari e i loro simboli non sminuiscono in alcun modo il carattere unico e assoluto di Dio. Sono semplicemente *aspetti diversi* della divinità.

La morale egizia non conosce le diverse divinità e si rivolge a Neter, Dio, senza nominarlo altrimenti.

Il cattolicesimo ha ereditato dall'ebraismo biblico un Dio esclusivo e geloso, che ha portato direttamente alle nozioni di eresia e ai sanguinosi anatemi.

Allora raggiungeremo l'apice dell'orrore: è *meglio essere un credente, anche se vile assassino, che un uomo buono che non crede nel dogma.*

Il dogma ha iniziato la sua persecuzione ammantandosi come un lupo del manto della carità cristiana, che nel XX secolo ha portato alla condanna a morte del genio e al trattamento dei ritardati fisici e mentali come criminali di ogni genere.

Quanto alle controversie dogmatiche, hanno generato solo odio e mai un solo atto di carità. La fede nel peccato originale ha generato l'ossessione del peccato e l'angoscia della perdizione: ha portato a strane nevrosi e a sterili derelitti che possono arrivare fino alla vertigine della dannazione.[29] Il dogma ha portato pace alle anime? Gioia ai puri di cuore? Fiducia in Dio?

Alla fine, tutto questo bazar dogmatico ci ha portato al marxismo rothschildo, a riscattarci in miliardi di dollari, carestie universali e

---

[29] L'endocrinologia getta una luce interessante sul peccato "originale". Sappiamo che l'abuso sessuale determina una carenza degli organi genitali interni (bontà, giustizia, qualità umane, ecc.) a vantaggio di un'esacerbazione della ghiandola tiroidea (orgoglio). Possiamo quindi affermare fisiologicamente che se c'è stato un peccato originale, è stato quello sessuale. L'orgoglio sarebbe solo la conseguenza di un abuso sessuale.

gulag. Il dogmatismo della Chiesa, il grande Satana, ci avrebbe condotto all'immenso Satana del marxismo.

Che cosa ha la Chiesa in cambio? In poche parole, nulla.

Non impedirà le bombe atomiche, le bombe al neutrone o il marxismo.

Tuttavia, merita credito per il suo carattere pastorale. Qui la Chiesa era sublime. Ha dato origine a una devozione ammirevole, a Monsieur Vincent e François d'Assises, a Vézelay e a centoventi cattedrali gotiche in tutta Europa.

La Chiesa dogmatica non ha prodotto altro che un intollerabile fanatismo. L'immagine di Dio che la teologia cattolica impone (un'immagine in cui dobbiamo riconoscere l'influenza degli ebrei, che gli egiziani chiamavano "gli immondi") è un insulto permanente all'idea nobile che tutti hanno della divinità.

Se il cristianesimo, troncato dalle leggi psico-dietetiche che sole danno l'unione con il Trascendente e il senso morale, si è imposto in Occidente, non è attraverso i suoi dogmi, ma contro di essi e nonostante essi. Ha proclamato la pari dignità e la fraternità degli uomini, ha portato conforto ai poveri e agli svantaggiati, ha mitigato l'orgoglio dei forti e dei potenti, ha proclamato la sublimità del sacrificio, ha fondato istituzioni caritatevoli, ha suscitato nelle anime il bisogno di superarsi, senza il quale non può esserci progresso spirituale. Tutto questo è originale? No. Sono i comandamenti generali che si trovano in tutte le grandi religioni, perché esprimono le condizioni stesse della vita sociale.

L'incoerenza dei Vangeli meriterebbe un libro intero.

➢ A volte Gesù abolisce i vecchi riti a favore dell'intenzione morale che è l'unica che conta.

➢ A volte mantiene le prescrizioni della legge e istituisce nuovi riti.

➢ A volte dice che la carità è sufficiente per aprire le porte del paradiso.

➢ A volte si ostina a dire che non c'è salvezza al di fuori della legge.

➢ A volte l'uomo è libero di operare la propria salvezza.

➢ Sia gli eletti (144.000) che i non eletti sono scelti da Dio.

➤ A volte esalta la vita familiare e la fecondità del matrimonio, che viene proclamato indissolubile.

➤ A volte dichiara: "Sono venuto a mettere un uomo contro suo padre, una figlia contro sua madre, una nuora contro sua suocera".

➤ A volte condanna la violenza e la guerra e proclama: "Beati i miti, perché erediteranno la terra; beati i misericordiosi, perché otterranno misericordia; beati i pacifisti, perché saranno chiamati figli di Dio".

➤ A volte dichiara: "Non pensate che io sia venuto a portare la pace sulla terra, non sono venuto a portare la pace ma la spada, sono venuto a portare il fuoco sulla terra e come vorrei che fosse già acceso".

➤ A volte insegna a perdonare le offese.

➤ A volte inveiva contro le città a nord del lago di Tiberiade.

➤ A volte dichiara che bisogna sottomettersi al potere costituito, pagare la tassa anche se è iniqua.

➤ A volte dichiara che i regni sono di Satana e si scaglia contro la gerarchia sociale, gli scribi, i farisei e i capi dei sacerdoti.

Potremmo continuare a descrivere questa incoerenza. Ciò che più colpisce è che la fede è la conditio sine qua non della salvezza. I peggiori crimini saranno redenti da un solo atto di fede in Gesù, articulo mortis.

Il modernismo si è abituato a tutte le forme di demagogia ebraica, e questo esempio evangelico batte tutti i record in questo senso.

Perché mai maledire questo fico, che non poteva produrre nulla in questo periodo dell'anno, quando Gesù poteva moltiplicare i pani e i pesci?

Quindi nessuna idea religiosa originale, solo idee infantili e incoerenti velate da parabole.[30]

Tristan voleva una verità incrollabile, una sincerità assoluta.

Stava per spiegare la fatalità del dandy e come prende lezioni da un grande maestro: la sofferenza. Possiede anche un dono supremo: quello

---

[30] Ci sarebbe molto da dire sul panorama clinico di Cristo, che di per sé riassume l'intera psicopatologia. Questo argomento è trattato in altri miei libri, in particolare: "Auschwitz: la fin de Iechou, Rothschild et Marx.

di dire la verità con totale, sconcertante, indifferente franchezza, qualunque essa sia e nel momento meno opportuno.

Non può fare altrimenti, perché la verità lo sta soffocando e deve farla uscire.

Questa parentela fisica e morale con i poeti e i musicisti romantici lo portò ad alcune nozioni ormai ovvie. Questa lunga predominanza estetica, immaginativa e intuitiva, tipica dell'essere umano, lo spinse a cercare gruppi di diverso tipo.

Aveva osservato nell'esercito, in particolare tra i paracadutisti e le truppe d'assalto, una categoria molto marcata che ritrovò anche tra i lottatori sul ring, i giocatori di rugby e i dittatori marxisti in particolare.

Questo tipo brutale, dalla voce volgare e dal collo taurino era essenzialmente materialista. I suoi valori erano la forza fisica,[31] il gruppo, la famiglia. Ciò che stupiva Tristano era che potevano copulare senza il consenso delle loro partner femminili, il che rendeva questo gruppo di persone degli stupratori endemici.[32]

La presenza di questi dittatori nel mondo moderno era facile da capire. L'uomo può essere governato solo da due autorità: l'intelligenza, in un sistema armonioso e gerarchico, o la forza bruta riduzionista in una situazione caotica.

Se il regime politico elimina tutti i valori di natura spirituale, morale o estetica, cioè autenticamente intellettuale, allora la speculazione e la demagogia dissolveranno necessariamente tutto nell'anarchia.

Per risolvere il problema dell'anarchia che emerge, le intelligenze superiori sono tanto più inefficaci in quanto nessuno è più in grado di comprenderle, poiché la ricostruzione piramidale dell'ordine naturale richiede un tempo considerevole. Quindi, affinché la forza, e solo la forza, possa raggiungere immediatamente un ordine artificiale e riduzionista, la società secernerà questo tipo di "adrenalina", guidata come sarà da un'ideologia semplicistica commisurata alla sua mentalità oggettiva e concreta. La pseudo-democrazia dà quindi origine a tutte le forme di dittatura di sinistra. Le dittature di destra possono emergere solo se alle masse viene lasciato un minimo di coscienza. In questo

---

[31] Stalin, adrenalista, come vedremo, e quindi membro di questo gruppo, disse del Vaticano: "quante divisioni".

[32] Quindi gli stupratori hanno tutti le surrenali iperattive; senza questa qualità endocrina, lo stupro non è possibile.
La tiroide diventa eretta solo con un partner lucido e consenziente. È incapace di stuprare.

caso, i dittatori saranno adrenalici, ma con senso morale e spirito di sintesi (Mussolini, Hitler).[33]

Il secolarismo sradica alla radice ogni consapevolezza intellettuale e morale. Il caos che ne deriva renderà inevitabili le dittature, di cui il globalismo è la peggiore. Il crollo delle religioni sarà una forza trainante tanto quanto il marxismo.

È quindi impossibile oggi concepire un leader, un intellettuale sintetico, perché sarà frainteso dalle masse zombificate e combattuto.

Lo sarà necessariamente se sarà uno spirito completo, che tenga conto dell'entità umana all'interno della natura, che tenga conto di tutti gli aspetti della vita, che prenda come collaboratori spiriti superiori di diverse capacità, ma che abbiano tutti uno spirito che converga verso la sintesi e l'universale, in altre parole l'antitesi radicale e assoluta della speculazione ebraica oggi prevalente.

Qualsiasi leader autentico che cerchi di ripristinare la tradizione fondamentale è quindi destinato a fallire. Qualsiasi dittatore che si affidi a ideologie semplicistiche e materialistiche ("L'aratro fa l'uomo"), che non porteranno altro che miseria e servitù alle masse che stermineranno a milioni, non ha alcuna possibilità di imporsi su una degenerazione galoppante.

Tristan aveva anche osservato uno schema molto chiaro tra i suoi colleghi universitari, gli agrégés e i tirocinanti dell'ospedale.

Visi e mani piuttosto squadrati, corporatura atletica, grande resistenza fisica, sorprendente capacità di assimilare e memorizzare, nessun senso dell'osservazione, scarsa sensibilità, mente razionale per il momento, in un certo senso comica perché si basa solo sull'incidentale, in realtà sulla psicologia di specialisti spesso notevoli. A questo bisogna aggiungere l'autocontrollo, la compostezza e la mancanza di potenziale emotivo. Il fatto che uno di loro fosse laureato in storia, filosofia o medicina non aveva alcuna importanza per Tristan. Era affascinato dall'analogia delle loro reazioni, dalla loro identità, dalla loro mancanza di personalità, dalla loro radicale incapacità di pensare per analogia e sintesi. Quando avevano superato un concorso ufficiale, a Tristan sembravano usciti da uno stampo.

Aveva capito che il sistema pseudo-democratico dei concorsi era l'antitesi del genio. All'estremo, l'intelligenza superiore è unicità.

---

[33] Vale la pena di notare che Hitler, con le sue forti ghiandole surrenali, era molto tiroideo.

L'uomo geniale è colui che ha ragione contro tutti i conformismi e si colloca nella linea dei grandi vivificatori dell'umanità.

Semmelweis fu ridicolizzato da tutte le università del mondo, dai suoi colleghi che furono gli ultimi a comprendere la nozione di identità che aveva portato alla sua scoperta. Aveva ragione contro tutti, e senza di lui non ci sarebbero state l'asepsi, l'ostetricia e la vera chirurgia. Così il sistema universitario reclutava esseri plasmati.

Per assecondare questa distorsione, dovevano quindi avere poca personalità e mancare delle doti che rendono il genio. E ancor più, le doti indispensabili per individuare e comprendere il genio. L'università era quindi l'agente principale della disumanizzazione. Doveva sprofondare in una sorta di marxismo morbido. Dediti alla memoria e all'analisi fino all'età di trentacinque o quarant'anni, a una vera e propria masturbazione intellettuale mnemonico-analitica, gli agrégés e gli stagisti non hanno mai potuto uscire dal solco "giudeo-cartesiano". Di conseguenza, non riescono a penetrare il minimo concetto sintetico. Si perdono nel labirinto delle sfumature e tutto ciò che va oltre il conformismo analitico è per loro "esoterico"![34]

La meditazione è impossibile per loro. Pensano come pantofole perché ragionano bene nel minuscolo. Sono andati verso i missili, le bombe atomiche, i computer e i congelatori, ma la loro conoscenza dell'uomo sta progredendo nella direzione opposta. Si potrebbe dire che il cartesianesimo generalizzato, che Tristano chiamava giudeo-cartesianesimo, era una paralisi totale verso la conoscenza dell'uomo.[35]

I medici ospedalieri sono soggetti a una forma di pensiero totalmente incompatibile con il normale scopo della medicina: comprendere l'intero essere umano, prevenire le malattie e mantenerlo in buona salute.

Cercano la loro sindrome sfortunata e moltiplicano le analisi. Non possono, in nessun caso, fare scoperte sintetiche sull'entità umana. Applicano il loro ragionamento e i loro strumenti di misura a ciò che è alla loro portata. Aggiungono alla lista inesauribile di procedure empiriche, soluzioni di disperazione, farmaci chimici che danno origine

---

[34] Va notato che tutta la vera conoscenza è "esoterica", il che significa che è accessibile solo alle menti di sintesi, di cui l'ufficialità è radicalmente priva.
[35] Cartesio avrebbe ripudiato questo cartesianesimo proprio come Pasteur ripudiò il pasteurismo sul letto di morte:
"Claude Bernard aveva ragione: il microbo è nulla, il terreno è tutto". La vaccinazione è un flagello globale degenerativo e patogeno (cancro, malattie cardiovascolari e mentali).

a malattie più gravi di quelle che pretendono di curare. Utilizzano la chirurgia, che ha fatto progressi tecnici spettacolari, ma che sarebbe usata pochissimo se esistesse la medicina preventiva. Possono quindi portare solo alla tecnologia medica e mai alla salute. Al contrario, più questo tipo di medicina progredisce, più l'umanità si ammala.

Tristan vide l'inevitabilità che governava queste persone, che non lo capivano. Lui sapeva perché, loro no. *

C'era anche un altro tipo di uomo che incontravamo raramente.

Era l'unico a offrire un contatto completo. Erano aperti alla conoscenza iniziatica, come l'astrologia[36], quanto alle cosiddette prospettive cartesiane. Usavano la ragione e l'intuizione in perfetta simbiosi mentale.

La fronte era ampia, gli occhi aperti, ridenti e spesso ottimisti, anche se piuttosto profondi e tristi. La sua altezza era di un metro e settanta al massimo. Era un buongustaio con il sangue freddo. Avevano un'intesa ampia e generale. I loro occhi, almeno quelli che aveva conosciuto, erano irritabili.

Così ha preso coscienza di quattro archetipi umani: Chopin, un professore di medicina, Stalin e Alexis Carrel.

La maggior parte degli esseri umani era composta, a volte con una leggera predominanza ormonale che era immediatamente evidente.

Tristano ha notato quanto queste persone potessero essere flessibili alle circostanze politiche. A seconda dei capricci dell'ufficialità, potevano essere influenzati o manovrati da un faraone, Tommaso d'Aquino, Rothschild o Karl Marx.

La persona media ha accesso solo a un pensiero analitico ridotto. Non ha accesso all'analogia, alla sintesi o alla capacità di generalizzare, come il genio.

Era facile capire come la spettacolare speculazione ebraica potesse stabilire una barriera tra le masse e il Trascendente. Così tutte le imposture venivano prese per buone dalle masse mistificate.

Da qui il mondo di mercanti e schiavi in cui sopravviviamo.

Deve quindi esserci stato un fattore fisiologico che ha determinato i quattro archetipi umani: predominanza intuitiva, predominanza

---

[36] L'astrologia è radicalmente chiusa ai "pituitari" che abbiamo appena descritto e di cui parleremo nel capitolo sulla "chiave".

materialistica, predominanza discorsiva ristretta, predominanza sintetica.

Tristan pensò alle ghiandole endocrine.

Per lui era ancora più facile perché aveva imparato per esperienza che l'artista era visibilmente dedito alle variazioni funzionali della sua tiroide, nozioni mediche che erano di dominio comune.

Tristan aveva capito un'altra cosa di infinita importanza: l'ufficialità medica non aveva compreso l'anteriorità funzionale del sistema ormonale rispetto al sistema nervoso. Non avevano capito che il sistema ormonale dominava il sistema nervoso e l'essere umano in generale.

Il neurone era ossessivo.

Un giorno si imbatté in un articolo di un endocrinologo che, come i suoi colleghi, non era vittima dell'analizzomania. Lì scoprì la traduzione ormonale della sua osservazione archetipica: *Chopin, tiroide, Stalin, surrene, de Gaulle,*[37] *ipofisi, Carrel, genitale interstiziale.*

Il fattore biologico determinante era quindi quello ormonale.

Tristan era quindi un paziente tiroideo, cioè un *ipertiroideo fisiologico*. Questo è incomprensibile per la maggior parte dei pazienti ipofisari. Non riescono a capire come due concetti antinomici possano fondersi in perfetta simbiosi per creare un nuovo concetto: in questo caso, i tipi ghiandolari.

Si era spesso chiesto perché artisti e donne affetti da tiroidismo presentassero un leggero strabismo convergente o divergente. È facile capire che un paziente tiroideo con tendenza all'iperattività presenta un leggero esoftalmo che altera l'asse della visione.

Tra l'ipertiroide e la tiroide, c'era una differenza tra il patologico e il fisiologico. Da un lato, c'era un'effervescenza tiroidea demenziale e, dall'altro, un intuito nervoso con grande fragilità mentale.

"Il dandismo è una forma degradata di ascetismo", diceva Albert Camus.

Ciò è stato confermato fisiologicamente: quando la tiroide di François d'Assisi, La Fontaine e Liszt si calmava, tendeva all'ascetismo.

Tristano riconobbe facilmente di appartenere a questo tipo. Anche tutti gli artisti romantici, come Chopin, Musset, Lamartine, Goethe, Weber

---

[37] De Gaulle è l'archetipo dell'ipofisi, e anche più alto, perché l'archetipo è molto alto, fino a due metri come alcuni contadini del Nilo.

e Mendelssohn, appartenevano a questo tipo. All'origine della psicologia romantica c'era quindi un ipertiroidismo congenito che determinava questa psicologia immaginativa, intuitiva, spiritualista, egocentrica ed estetica.

La mano psichica!

Il poeta, il visionario, il musicista, il mistico: tutto questo era ovvio per lui.

Il vero intellettuale deve necessariamente essere sufficientemente tiroideo, altrimenti si limiterebbe al discorsivo, all'immanenza, e non potrebbe mai capire nulla di François d'Assises o dell'astrologia.

Una tiroide con un'ipofisi sufficientemente alta poteva fare matematica. La persona comune, con un cachet ghiandolare quasi nullo, era necessariamente assorbita dal conformismo, qualunque esso fosse, anche se professava gli hymalaya delle perversità e delle assurdità contemporanee.

Per quanto riguarda la predominanza del sistema ormonale su quello nervoso, questo era ovvio: il nervo può attivare un muscolo e *persino una ghiandola*.

Ma è la nostra natura ormonale a determinare la qualità delle azioni indotte dal sistema nervoso. La tiroide è incatenata al suo universo intuitivo ed estetico, il surrene al suo universo di oggettività e materialismo, l'ipofisi all'analisi, il genitale interno alla sintesi umana armoniosa.

Le mutilazioni sessuali non possono non avere ripercussioni ormonali e psicologiche molto significative, che si ripercuotono sul nostro aspetto fisico e sulla nostra mentalità.

Che rivoluzione nella conoscenza umana!

CAPITOLO XIII

"Les grandes amours vivent d'empêchement" Giraudoux)

Tristan aveva la sensazione di percorrere un cammino sovrumano fino allo sfinimento. La vita continuava, pesante e opprimente. Tristan si stava preparando febbrilmente per il suo certificato di laurea finale, che regolarmente non superava per un solo punto.

In quel periodo incontrò un amico che era stato insegnante di francese in Egitto e che era molto più anziano di lui. Era venuto in Francia per formalizzare una laurea che aveva preparato in Egitto durante la guerra e poi per studiare per un dottorato in Storia. Pedagogico, freddo, ragionatore, sarcastico ma aperto. Tristan gli doveva molte lunghe, distensive e arricchenti ore di conversazione. Victor, questo era il suo nome di battesimo, era una sorta di dilettante, che amava il lavoro misurato, la libertà e la pace. La sua eloquenza era piuttosto bella e aveva un certo senso di autorità. La loro disponibilità reciproca era una ricca fonte.

Una sera Tristan andò a trovare Victor nella sua stanza alla residenza universitaria. Era triste, scoraggiato e al verde. Victor lo accolse come al solito, con gli occhiali dalla montatura dorata leggermente in avanti sul naso, la testa abbassata per vederci meglio, il sopracciglio destro più alto del sinistro, la parola facile.

— Devi tirarti su con le tue gambe", dice in modo perentorio.

Quella sera c'era un ballo al Pavillon des Provinces de France, dove alloggiava Victor. Dovevano andarci e ci andarono insieme.

Tristan non riusciva a vedere nulla, tutte quelle ragazze insignificanti... Si stava preparando ad andarsene perché aveva difficoltà a spingersi attraverso la torba. Proprio mentre stava per fare il primo passo verso l'uscita, Victor lo afferrò:

— Giratevi e guardate quella ragazza laggiù, è uguale a voi.

Scettico, Tristan si girò e rimase abbagliato.

Era alta, snella e bella, il tipo di bellezza sensuale che Tristan apprezzava molto.

Era un magnifico tipo di ballerina slava.

Era vestita senza una vera eleganza, ma dalle sue forme particolarmente definite si capiva che poteva esserlo senza alcuna difficoltà. La sua carnagione era chiara, i suoi capelli biondi brillavano alla luce del sole, la sua bocca era sensuale. Ma c'era qualcosa in lei che spaventava Tristan. Il suo viso era di una bellezza glaciale, l'espressione dura, gli occhi leggermente esoftalmici, che tradivano una tendenza all'ipertiroidismo un po' patologica e non solo tipologica.

Prevedeva un intero futuro di dolore. Si sentiva attratto, ma stava mentendo a se stesso. Tutto in lei stimolava l'essere interiore di Tristan, tutto lo spingeva verso di lei. Eppure un grido gridava di essere strappato via, ma lui non voleva sentirlo.

In piedi davanti a una finestra, non ha ballato. Un ragazzo la invitò, ma lei rifiutò. Poi Tristan si offrì e lei accettò. Aveva una voce che gli trafiggeva l'anima, una voce una dolce, una voce da bambina. Non sapeva ballare, non aveva mai avuto il tempo di imparare, ma aveva il coraggio di fare quello che poteva. Ballarono per un po' nella sala del seminterrato, che era meno affollata. Uscirono. Si baciarono. La lingua di lui scivolò sull'avorio perfetto e morse quella di lei. Lei ricambiò il bacio. I loro baci appassionati si fusero nella febbre reciproca. Le loro mani vagavano sui genitali dell'altro. Tristan era follemente innamorato. I loro baci, il loro abbraccio, gli procuravano una febbre di calda ebbrezza da cui non c'era cura.

Si diressero verso la stazione della metropolitana. Lì c'era un piccolo caffè. Si sedettero lì, amanti in sproporzione. Tristan si sentì attivo. Fino a quel giorno l'aveva trattata con disprezzo, indifferenza, persino cinismo. Peggio ancora, come un bambino si era lasciato amare. Aveva bisogno di amore, di passione. Si abbandonò dolcemente ai suoi baci, che scorrevano come perle sulla sua bellezza.

Certamente l'espressione dei suoi occhi non era quella dei sogni di Tristan. Era ben lontana dalla Venere di Botticelli. La fronte era un po' bassa, l'articolazione del pollice troppo pronunciata, ma assomigliava alla sua poesia londinese e l'immaginazione di Tristan aggiunse ciò che mancava.

Le ha raccontato la sua poesia in francese:

Amo una ragazza. Una vera...

Non le parlava di sé o del suo passato. Amava questa bellissima ragazza. La sua follia raggiunse improvvisamente il culmine. Le fece una domanda brusca e demenziale:

— Mi sposeresti all'istante?

— Sì", rispose.

Erano decisamente pazze l'una dell'altra, questa bionda e questa bionda dalla pelle chiara, alta, sottile, con i lunghi capelli che le ondeggiavano sulle spalle da statua...

Quella sera dovettero separarsi.

Biche, come Tristan l'avrebbe chiamata, iniziò a torturare Tristan.

Non si è presentata all'appuntamento. Lui la incalzava con domande, ma lei non rispondeva. Più l'essere interiore di Tristan era in subbuglio, meno lei si esprimeva. Gli confessò di essere andata a casa di un ragazzo che l'aveva chiusa dentro perché non lo raggiungesse.

Soffriva, soffriva fisicamente. Mi venne in mente una poesia:

Il mio amore è un calice di cristallo dal suono chiaro.

A cui bevo lunghi sorsi di paradiso. Il mio amore è puro come un sogno di Dio. Prima della creazione.

Il mio amore è triste.

Come il primo notturno di Chopin. Suonato in una sera d'autunno.

Il mio amore è felice e disperato. Come una canzone di vita e di morte...

Due amici di Tristan, con cui si era confidato, lo misero in guardia. Entrambi erano psichiatri.

— Sei partito male, stai proiettando il tuo amore nell'eternità, ti stai comportando come il Tristano della leggenda, vivendo la cosa come una passione: soprattutto, non sposarla. L'ho osservata al ballo dove mi trovavo la stessa sera in cui l'hai conosciuta. È l'ultima ragazza di cui dovresti innamorarti: ce l'ha scritto in faccia. Non mangerai, non dormirai, ti porterà in un sanatorio o a Sant'Anna.

Il collega ha interrotto:

— Tu gli dici questo, mentre io, a quarant'anni, mi sono appena fatto succhiare l'uccello. Tristan, sei un poeta, aperto come un libro. Puoi trarre qualcosa dalla tua sofferenza, se non ti uccide", aggiunse con una risata comprensiva.

In condizioni di salute delicate, Biche si reca in campagna per le vacanze di Pasqua. Da lì gli scrisse lettere sorprendentemente vuote. Lui la raggiunse a pochi chilometri da Parigi. Non le parlò del suo passato. Voleva divorziare per il suo bene, poiché da tempo era moralmente separato dalla moglie, per la quale il suo subconscio non avrebbe mai potuto perdonare l'orribile uomo dai capelli rossi e dalle mani assassine...

Naturalmente non avrebbe mai abbandonato i bambini. Lo avrebbe detto a Biche. Era felice di tenerla tra le braccia.

Tornato a Parigi, le scrisse un biglietto, anche se lei doveva tornare qualche giorno dopo.

"Mio caro notturno.

Quanto ho sofferto quando ti ho lasciato e quanto amo soffrire quando ti lascio. Ieri è stato un incanto. Più sento quanto ti amo, più mi fido di te.

Senza di lei, languiva. Immaginare di perderla gli dava una sensazione di vertiginosa e soffocante discesa. Arrivò la domenica e lei era tornata il giorno prima. Non c'erano notizie di Biche.

Ha vagato. Incontra Jean, uno dei suoi due amici psichiatri.

- Posso immaginare quello che ti sta succedendo", le disse, "non fare niente di stupido, soprattutto non sposarla. Bastardo", ha insistito. Ieri l'ho vista al ballo della città, mentre ballava con una zebra. Mi ha praticamente schernito perché sa che sono suo amico. È una Messalina: non è proprio quello che ti serve. Hai bisogno di una Clara Schumann. Sei un poeta, tutti i poeti dovrebbero essere rinchiusi.

Ma per Tristan al mondo c'era solo Biche. Sotto forma di fragile bellezza, era il simbolo dell'adorabile impotenza sepolta nella creazione.

Aveva scelto un amore impossibile e avrebbe pagato.

Sapeva che la sera studiava danza alla scuola di Janine Solane, in rue Notre Dame des Champs. Andò ad aspettarla lì.

Si avvicinò a Tristan, pianse sommessamente e confessò che si era innamorata qualche mese prima e che le girava la testa.

Tristan ascoltava la sua dolce vocina e il suo cuore si scioglieva mentre la guardava. Sognava la pienezza del loro amore, l'unità che le loro due anime avrebbero formato. Loro due, tra le folle estinte, avrebbero raggiunto una felicità più che umana. Amava i suoi pensieri, la sua reticenza, le sue labbra, le sue debolezze.

Il pensiero di esserle infedele lo aborriva. Sentiva che se il suo amore fosse stato una chimera, il suo mondo sarebbe esploso nel nulla.

La sera la vedeva. A volte era imbronciata, senza una parola tenera. Il suo viso sembrava sigillato da una maschera di cera. Lui aspettava invano il suo profumo calmante. Che la lasciasse per un'ora o per un giorno, le mandava lettere e poesie che gli rasserenavano il cuore e la rendevano di nuovo presente. Il suo amore sembrava diffondersi, dissolversi, in un deserto senza oasi. Si preoccupava dei suoi strani umori, della sua brutalità, ma lei non rispondeva. Si ammalò. La separazione, l'angoscia, la mezza morte.

Mio caro Nocturne.

Saremo una miscela indissolubile l'uno dell'altro. Aspetto le tue lettere come l'erba aspetta la rugiada del mattino, ti amo come l'erba aspetta la rugiada. Vorrei che il tuo amore mi facesse dimenticare tutti i lividi. Al telefono mi hai detto che cantavi quando ricevevi le mie lettere. Mi piacerebbe sentirti cantare. Un piccolo notturno deve cantare così bene.

Quando penso di baciarti, mi viene il cuore alle labbra.

Convalescenza.

I suoi genitori erano via e Tristan è venuto a trovarlo. Fu una gioia breve e ineffabile. La notte passò piena dell'impronta di Biche. Al mattino doveva sentire il suono della sua voce. Al telefono lei parlava in un modo stranamente allegro che lo feriva. Lui chiese spiegazioni: aveva ricevuto una visita, "un tipo ben fatto"...

Affranto, Tristan riattaccò e si buttò sul suo giornale.

Mio caro notturno.

Mi sento ancora colpita dalla visita di questo amico. So di essere stupida, ma non posso fare a meno di pensare che sia un vecchio flirt e questo mi ferisce. Non sono geloso. Mi dispiace e basta. Tesoro, che si fotta questo tipo di relazione. Sei abbastanza intelligente da trovare una scusa. O questi ragazzi vogliono flirtare con te o ti amano e in ogni caso sono infelice. Penso di amarti troppo, di averti idealizzato troppo. Sono stanca del mio tormento. So che tu mi ami davvero e che io voglio solo te. Il fatto che io sia infelice a causa tua non è forse la prova che ti amo troppo? Non vedo l'ora di averti tra le mie braccia: il mio amore cresce ogni giorno.

Non ho il coraggio di lavorare perché sono così preoccupato per te. Vorrei entrare nella tua bella testa per sapere quanto mi ami! Allora forse avrei un'abbondanza di dolce pace. Pensavo di essere incapace di amare e all'improvviso mi sei apparso tu e il mio cuore è così stanco di battere che sto soffocando. Non sarebbe meglio essere immuni da questa terribile malattia? Non diceva Shakespeare che "il corso del vero amore non scorre mai liscio"?[38]

Quando ti ho telefonato avevi quello sguardo allegro che odio, ed ero sicuro che un ragazzo fosse venuto a trovarti. Scrivimi una lunga lettera che sia felice quanto le parole. Come può la visita di questo ragazzo averla resa così spaventosamente allegra? Perché devi chiamare una donna *"un tipo ben fatto"*, quando io la chiamerei bella, graziosa, spigliata, o insignificante? La cameriera dei miei zii era solita dire di un medico in trasferta:

"È un bel ragazzo, non è mal costruito. Era un grosso, quadrato, volgare zoticone.

Scrivimi presto, sarò sempre preoccupato per te, è nella tua natura e nella mia. Sabato sera:

La tua allegria ieri mi ha tenuto sveglio tutta la notte. Mi ami? Ti manco? Distruggi questa lettera con quella che mi scriverai.

---

[38] "Il corso del vero amore non è mai andato liscio (Shakespeare)

La risposta di Biche fu un sollievo per il cuore tormentato di Tristan:

Mio caro.

La sua lettera mi ha sorpreso e rattristato. Se pensi davvero quello che scrivi, è la prova che non hai una grande considerazione di me.

Dovrei essere una pessima bugiarda e attrice per scriverti sempre che ti amo, che mi manchi, e allo stesso tempo buttarmi tra le braccia di tutti i ragazzi che vengono qui. Se fosse gelosia, lo capirei, ma se non fosse gelosia, lo sapresti bene. Pensavo davvero che avessimo superato la fase della diffidenza. Sai, se non avessi avuto tanta fiducia in te, sarei morto di paura durante la mia malattia. "Che l'amore sia amore, cioè che sia pace" diceva Montherlant. Mio caro, il nostro amore deve essere forte, cioè mai scosso da piccoli problemi.

Ho tracciato una linea di demarcazione perché credo che la questione sia chiusa. Non voglio mischiare il bene con il male.

Spero che tu possa immaginare quanto io sia felice che la tua visita sia stata un po' troppo breve. Mi rende ancora più impaziente di vederla tra qualche giorno. Naturalmente non le ho detto come mi sento, ma lei sa quanto sia straordinariamente difficile per me esprimermi.

Per fortuna ho un fidanzato abbastanza intelligente da capire senza che io parli. Leggo in Bernanos: "È una delle disgrazie più incomprensibili dell'uomo quella di affidare ciò che ha di più prezioso a qualcosa di così instabile e plastico come la parola. La cosa più preziosa di noi stessi è quella che rimane informale.

Ti scrivo questa frase perché tu capisca che non sono completamente vuoto. La profondità dei miei sentimenti per te mi fa esitare a trovare le parole per esprimerli... Puoi anche capire perché parlo così facilmente quando si tratta di sciocchezze.

Ti bacio, ti amo.

Mio caro Nocturne.

Se solo sapessi con quanta impazienza ho aspettato la tua lettera: hai ragione, ti amo e mi fido di te". Questa frase è una bellissima conclusione: "Che il nostro amore sia pace". Ma tu sai come sono fatto, sono sopraffatto da un soffio. Ma il tempo dimostrerà che non ho nulla di cui preoccuparmi, nemmeno l'ombra che ti accarezza. Vedi, non puoi preoccuparti perché mi esprimo troppo. Se fossi come te, vedresti che è difficile. Mi piace molto la tua frase: *"La profondità del mio sentimento per te mi fa esitare a trovare le parole per esprimerlo"*. Vedi, sono le parole che cerchi e tu ti sei espresso perfettamente...

Biche doveva ancora recarsi in campagna per la sua salute. Fu lì che Tristan la incontrò e la prese tra le braccia. Un piccolo albergo sperduto in un borgo. Lì rimasero entrambi per quindici giorni d'estate. Avrebbe potuto portarla con sé, ma non lo fece. Nella sua stanza o all'ombra fresca dei boschi circostanti. la accarezzava amorevolmente. A volte lei giaceva lì, senza reagire. L'angoscia si gonfiava dentro di lui, non riusciva a sentire il suo amore, anche se l'amava così tanto.

Il mio amore.

Se tremo al pensiero di te. È perché ti amo.

Spesso sono preoccupata e gelosa per tutto e per niente.

È perché ti amo.

Se il mio cuore batte quando sei maldestro. Se sanguina quando sei silenzioso.

E che preferisci la tua ribellione infantile al mio amore.

È perché ti amo.

Se dimentico tutto per te.

Se posso rinunciare a tutto per te. È perché ti amo.

Se i giorni senza di te sono così lunghi. Se voglio risparmiare un minuto.

Sul tempo inesorabile

Per vederti e sentirti vicino a me. È perché ti amo.

Se ho bisogno di vedere l'acqua pura che sgorga dalla tua fonte.

E di non crederci senza vederlo. È che ti amo.

Se penso al cielo azzurro, al giglio, al cristallo Quando penso a te.

È che ti amo...

I genitori di Biche hanno portato la figlia in vacanza per due mesi in Bretagna per la sua salute.

Due mesi senza Biche. Si è indebolito, si è lacerato. Dovette rimanere in una casa di cura per due mesi. Si sviluppò un ascesso esterno alla gola. Si irradiava verso il petto. Aveva scritto a Biche. Erano passati quindici giorni. Lei non ha risposto. Tristan fu portato in ospedale. Non riusciva a dormire e si contorceva sul letto. Antibiotici, elettroshock, propidon... Niente.

Nessuna notizia da Biche.

Poteva sentire la sofferenza ovunque intorno a lui. Una donna anziana, con le gambe tagliate, stava morendo di cancrena diabetica...

La nonna, il mio tesoro, sgorgava con abbandono e disperazione.

Aveva scritto una poesia orribile che aveva strappato e che iniziava così:

Feccia dalla pelle di urina, faccia da vipera, femmina di Pantin con un naso grosso e buffo...

No, non poteva citare questa poesia di odio meritato, che terminava così:

...nonna, sto morendo.

Erano passati diciassette giorni e finalmente una lettera di Biche.

"Mio caro.

Ero davvero disperato quando ti ho lasciato l'altra sera.

La vita è davvero incredibilmente difficile. Mio caro, questa deve essere l'ultima volta che ci separiamo per così tanto tempo.

Il viaggio in Bretagna si è svolto senza problemi, a parte le forti esalazioni di salsicce, formaggi e quant'altro si possa immaginare. Non so se sia dovuto al mio umore, ma in questo momento tutto mi disgusta. Tutto va male. Piove ininterrottamente e ho una grave infezione ai piedi grazie alle meravigliose scarpe che ho, che sono piene di chiodi. Ieri sera ho avuto la febbre e mamma vuole che vada dal medico per fermare l'infezione.

Sono stufo, ma questo non mi impedisce di amarti. Scrivimi e fammi sapere se rimarrai in quella casa di cura. Ho avuto una decina di discussioni con mio padre.

Ti bacio ovunque".

Questa lettera fu un duro colpo per la colomba di un amore le cui ali si dispiegarono verso di lei in un impeto totale.

Ma Tristan non stava chiedendo agli umani ciò che loro non potevano dargli?

Dalla casa di riposo *"Le moulin à vent",* dove si trovava da quando era stato dimesso dall'ospedale, rispose a Biche:

"Mio caro notturno.

Tu non ci sei. Ti sento lontano, così lontano che vorrei morire. Il mio cuore è pieno di tempeste e di singhiozzi. Se solo sapessi quanto ti amo. La tua immagine è presente per me, disperata. La tua assenza mi rende vuota e caotica. La tua presenza mi riempie e mi affascina. Puoi farmi o distruggermi, perché sono tua anima e corpo, ma non voglio essere il giocattolo di una fata capricciosa. Ho paura e ti amo. Partiremo per il sole e per la vita.

Midnight: Mi sento perso senza di te. Ti amo così tanto che il mio cuore scoppierà.

Le lettere di Tristan si susseguivano come onde che si infrangevano. Lettere e poesie di amore assoluto. Sublime illusione. Invano aspettava, tutto gonfio di tremula speranza, un po' di quell'abnegazione che, nel suo fervore, è il segno del vero amore.

Oh, il sorprendente vuoto delle sue lettere!

"I miei genitori mi tengono d'occhio e mi chiedono a chi sto scrivendo. Non posso scrivere. Non ho tempo, vado in piscina, gioco a tennis e faccio passeggiate.

Fu in mezzo a questi oscuri meandri che Madame de Gastine e Laure andarono a trovare Tristan *al Moulin à Vent*.

Non aveva detto nulla a sua madre, eppure conosceva il valore infallibile del suo giudizio, soprattutto quando non aveva avuto alcun contatto personale con le persone che valutava solo grazie alla sua ammirevole osservazione. Avrebbe voluto che la lucidità di sua madre si opponesse alla sua.

Le mostrò una fotografia recente di Biche. Madame de Gastine si portò frettolosamente la mano alla guancia:

— Mio Dio", disse, "non vorrei vivere con una donna così. È molto sensibile, ma non ha pietà. È chiusa, decisamente chiusa. Non si evolverà mai. È un muro. Non può adattarsi. È un muro che vi porterà al suicidio, alla follia o alla tubercolosi (Tristan ricordava l'avvertimento dei suoi amici psichiatri). È sensibile all'atmosfera, complicata fino al midollo, insoddisfatta. Ti sposerà solo per capriccio e per orgoglio. Non sei affatto il tipo di uomo di cui ha bisogno. Ha bisogno di un uomo tranquillo della classe media. Se le difficoltà sono troppo grandi, non proverà alcun sentimento per te. Non supporta le preoccupazioni o le contraddizioni. Si lascia amare. Senza dubbio vi offrirà soddisfazione fisica, ma vi sarà infedele il giorno in cui ne avrà abbastanza, il giorno in cui non soffrirete più a causa sua. Non ha preoccupazioni morali o metafisiche e il giorno in cui vi separerete non sentirete più parlare di lei. Dal punto di vista fisico, non so da che tipo di ambiente provenga, ma ha la razza.

— "Il mio povero bambino", ha aggiunto Madame de Gastine, riconsegnando la foto al figlio.

Non solo Tristan sapeva quanto tutto questo fosse vero, ma tutto si è avverato nel futuro.

Presto sua madre sarebbe diventata la grande amica di Biche e avrebbe torturato Tristan. Aveva dimenticato la sua straordinaria capacità di giudizio. Era vero che sua madre non aveva mai mancato di allearsi contro il figlio.

La sua valutazione di Biche doveva assumere un colore opposto, e questo era fatale, Tristan lo sapeva.

Questo soggiorno lo aveva indebolito ulteriormente. Solo e torturato dai suoi pensieri, senza un'anima con cui confidarsi.

Tutte queste prove lo avevano dissolto.

Come possiamo curare questo tumultuoso impulso mistico, questo maremoto emotivo concentrato su una sola persona, quando un simile amore rivolto a Dio gli avrebbe portato una pace serena?

Biche era tornata dalle vacanze ancora più bella. Capelli biondo oro, pieni di sole e di mare. Tristan aveva preso una sistemazione temporanea, una stanza in casa di una vecchia zitella isterica, piena di gatti e gelosa delle visite di Biche. Questo non migliorò affatto le condizioni per la sua risalita dall'abisso in cui era stato sprofondato.

I bambini erano sempre in campagna. La madre lavorava nell'attività che le riusciva bene. Tristan l'aveva lasciata in grande sofferenza, ma era stata lei a provocarla. La procedura di divorzio era iniziata.

Anni dopo Tristan capì. Come potevano essere possibili situazioni del genere? Il divorzio può avvenire solo se tutto ciò che lo precede è difettoso. Né lo Stato, né la Chiesa, né i genitori, né l'inesistente educazione spirituale e morale, lavorano in simbiosi per far sì che si formino coppie solide e che rimangano unite nell'amore, nell'interesse dei figli, che dovrebbero, dopo l'unione della coppia, essere l'unico ideale, la realtà da far nascere. La cosiddetta libertà di coppia, come la libertà sessuale, non è altro che un gigantesco inganno che culmina nel caos e nel crimine. Se la coppia fosse consolidata biologicamente, mentalmente e spiritualmente, oggi non avremmo, in nome di una finta libertà, milioni di ascoltatori di musica patogena e criminogena, delinquenti a frotte, degenerati di ogni genere, deficienti biologicamente e psicologicamente, assassini di anziani, pedofili che uccidono bambini. Tutto questo magma criminale proviene da coppie fantasma, divorziate o la cui madre lavora fuori casa. Le statistiche elementari sono formali, ma basta il buon senso per capirlo senza alcuna statistica.

Biche era felice di essere amata. Tristan non riceveva nulla. La mancanza d'amore di Biche era schiacciante. Lei gli dava il suo corpo, lui implorava la sua anima. Tutta la sua forza sgorgò nel vuoto e si disperse.

Questo gioco ha messo alla prova tutto il suo essere. Scomposto da una vita di sforzi sovrumani, era una prova finale.

L'amava troppo, con quella forza insaziabile della passione che ama così poco da arrivare a distruggere il suo oggetto.

Quella sera Biche lo raggiunse a casa della vecchia padrona di casa isterica, squilibrata da una verginità prolungata per la quale non aveva alcuna vocazione. E ancora di più, per la mancanza di qualcuno da amare, come dimostra la profusione di gatti.

Biche era dura e brutale. Più lui era gentile, delicato, comprensivo e trasparente, più lei era opaca.

Povero amore, per quello che era, Tristan le chiedeva troppo. Per il suo compleanno, Biche gli fece un regalo.

Cercò di essere tenera, ma non ci riuscì. Tristan non la stava aiutando. Tristan non era d'aiuto: la sua passione per lei non poteva che soffocare Biche.

Si offrì a lui.

Un vertiginoso inferno sensuale, un misto di paradiso e inferno che nessuna parola umana può tradurre. Poi Tristan ebbe l'incredibile sensazione di essere una delicata puttana che era andata a letto con l'uomo delle caverne...

Non aveva più il controllo di se stesso, non aveva più il controllo di nulla. Si tendeva a compiere automaticamente atti ragionevoli. La repressione dell'io dell'artista ha ostacolato il suo sviluppo fino al suicidio.

E questo amore non gli dava pace. Stava cercando di continuare il suo lavoro universitario per ottenere un esame di ruolo. Insegnava...

Ogni anno vedeva i suoi alunni scivolare verticalmente verso il patologico, fino a raggiungere l'orrendo. In un futuro prossimo, poteva immaginarli mentre picchiavano o uccidevano insegnanti e compagni di classe, assassinando per pochi franchi. Il secolarismo, con le sue carenze religiose e morali, li stava facendo perdere ogni anno un po' di più della loro anima. Anche le loro capacità intellettuali di base stavano rapidamente diminuendo.

Stavano chiaramente diventando dei puri amalgami fisico-chimici governati dal democratico conto economico e maturi per una macelleria terzomondista.

Poveri ragazzi, stupefatti, totalmente atonici, plastici a tutte le forme di moda e di isteria collettiva, a tutte le forme di volgarità. Li immaginava in un futuro prossimo vestiti con una specie di uniforme internazionale del cazzo[39] scelta "liberamente", ragazze e ragazzi vestiti in modo identico da una moda imbecille, abbandonati alle droghe e alla pornografia, a una musica vile, patogena e criminogena che uccide l'anima e il sistema nervoso. Li vedeva sempre più malati, con cancro e leucemia. Presto le malattie virali avrebbero ucciso milioni di persone indegne di vivere.

Alla fine, gli esami sarebbero stati aboliti e nessuno avrebbe potuto sostenerli. Li vedeva orientarsi verso tutte le forme di delinquenza e criminalità, le più gravi delle quali sarebbero state non solo incoraggiate, ma rese ufficiali. L'alimentazione chimica e la carenza di vitamina E produrrebbero una profusione di uomini impotenti, donne frigide, omosessuali e pedofili...

Sarebbero costretti a votare per i pagliacci che ci governano, manipolati dall'alta finanza dei miei simili...

Biche non gli dava pace. A volte piangeva di notte fino allo sfinimento. Non ne sapeva più nulla. Eppure si rendeva conto della natura patologica di un amore così oltraggioso, ma non poteva fare nulla contro se stesso, nulla contro la sua passione.

Era guidato dal pensiero dei suoi due figli. Amava i suoi figli, nonostante la tempesta di questa folle passione. Al culmine dell'angoscia, si rivolse all'immagine disperata di sua madre. Era sbagliato, era sbagliato, lo sapeva. Le scrisse e lei venne.

Era venuta per aiutarlo o come una iena che banchetta con i resti di un cadavere?

---

[39] È stato scritto trent'anni prima dell'avvento dei **blue jeans Lévis**. Tutto ciò che dice si è avverato, e l'orrore non è nemmeno completamente descritto.

Giaceva in fondo all'abisso, sapendo che Madame de Gastine gli avrebbe fatto solo del male. Eppure aveva sete della sua illusione, del suo balsamo. Il suo balsamo? Un tampone imbevuto di acido solforico su una ferita aperta.

Le consegnò un'altra fotografia di Biche. Le chiese di dirgli qualcosa di più su di lei, di tirare fuori qualche caratteristica, una sola caratteristica che gli desse speranza. Lei gli disse le stesse cose. Entrambe facevano senza dubbio parte di un'analogia tipologica, ma erano essenzialmente diverse.

Tristan aveva invitato la madre a venire a tranquillizzarlo. Lei chiese dei bambini:

— Sei sicura che Patrice sia tuo? Inoltre, sei responsabile per lui", aggiunse diabolicamente.

Un colpo di mazza. L'aveva raccontato a Biche, senza commenti, in tutto il suo semplice orrore.

— Certo", disse, "è la prima cosa a cui avrei pensato". Tristan le aveva raccontato tutto del suo passato senza nasconderle nulla.

Tristan era solo. Andò a trovare i suoi piccoli con la madre. Era stato deciso di dire loro che lavoravano entrambi e di andare a trovarli insieme il più spesso possibile. La gioia crudele di baciarli. I loro pensieri erano un'ancora per Tristan in questo oceano di furia.

Tristan ha conosciuto i genitori di Biche. Persone affascinanti e sobrie, dedite alla loro enigmatica figlia. Emanava una calma rassicurante.

Tristan si trasferì in una stanza non lontana dall'appartamento dei genitori di Biche. Biche lo raggiungeva la sera.

Qualsiasi cosa ricordasse a Biche che Tristan era stato sposato e aveva avuto dei figli la mandava in uno stato di fatale cattiveria. Voleva Tristan tutto per sé, passato, presente e futuro. Questo atteggiamento spingeva Tristan verso i suoi figli e lo rendeva estremamente pentito.

Per l'anima di Tristano, l'orrore più grande era lo spettacolo della malvagità verso gli indifesi. Preferiva la morte a tale spettacolo. Biche sarebbe stato felice che Tristan abbandonasse i suoi figli. Lo sentiva con certezza e disgusto.

La sua salute continuava a declinare e la sua passione a lacerarla.

Se il mio amore voleva che fossimo felici.

Non ci sarebbe, tesoro, in te. Due esseri così diversi.

Ci sarebbe solo la mia Biche. La mia cara cerva

Accoccolato al mio cuore dagli occhi grandi.

Con la sua dolce bocca di rosa. Alla dolce, dolce voce.

Che possa riecheggiare nella mia anima come una frase di Chopin. Ci saresti tu, mio caro.

Abbracciarti al mio cuore. Per ricevere carezze e baci. Protezione e amore.

Il mio caro sconosciuto che mi ascolta. E mi ama, ma niente di più.

Con fiducia e devozione.

Per sempre chi si lascia amare. Per sempre e in eterno.

Senza fare domande, tutto qui. Se il mio amore volesse

Che possiamo essere felici...

Una lettera da rue Dehodencq.

Non aveva più ricevuto notizie dalla famiglia dopo la lettera fatale che aveva scritto all'*amata nonna* in Inghilterra.

Tristano era deciso a separarsi, almeno in termini pratici, perché la mente non può separarsi così facilmente dagli altri.

Era la zia Denise che voleva vederlo. Così ci andò.

La zia la portò al Bois de Boulogne con la Salmson *della nonna*, per portare a spasso i barboncini.

L'auto scivolava verso il limitare del bosco. La zia intavolò una conversazione.

— Perché hai dovuto scrivere questa lettera alla nonna? Qual era lo scopo?

— Mi ci sono voluti dieci anni, dieci anni di attesa, di rantoli e di lividi, sperando in un piccolo aiuto prima di scriverlo.

— Sei egoista, non pensi al danno che hai fatto alla nonna e poi la uccidi.

C'è stato silenzio per qualche secondo, poi ha continuato:

— Sei un po' pazzo, ragazzo mio, e poi sei stupido, ti avrei imposto a casa, ti avrei imposto.

Seguì un altro silenzio. Tristan rifletté. Era vero che era un po' pazzo.

Questa spontaneità, questa sincerità, questa mania della verità in tutti i campi, questo lirismo, tutto questo non era normale. Lui era l'opposto di loro. Loro agivano solo per calcolo permanente e machiavellico, misurando sempre la stupidità e la debolezza degli altri, la loro vanità. Tristano sentiva di essere l'antitesi di loro.

La zia ha aggiunto:

- La sua lettera mostra il suo istinto di fare richieste.

Sì", pensò Tristan, "come i bambini che lavoravano nelle miniere all'inizio delle macchine di Manchester di Rothschild: non hanno fatto richieste, sono morti.

Risponde alla zia mentre nella sua mente danzano un barboncino e un biglietto della metropolitana perforato:

- Sapete cosa significa, quando non si sa cosa fare per la propria famiglia, dare millecinquecento franchi per tosare un barboncino?

—   Sì, capisco, capisco.

—   Si è perso qualche anno di duro lavoro.

—   Lo abbiamo sperimentato durante la guerra.

—   Sì, nella Zona Libera, sotto la protezione di Pétain, come tanti altri ebrei, e con lo zio Paul che non ti faceva mancare nulla.

L'auto si fermò davanti alla villa *della nonna*.

- Cosa posso fare per te? Disse la zia.

Tristan provò un vero senso di benevolenza perché la zia era avara. Ma aveva cresciuto il nipote e si preoccupava di lui molto più di sua madre. Era anche molto meglio di sua madre, quel vecchio cammello definitivo.

Tristan provava affetto e gratitudine per la zia. Gli aveva scritto per parlargli, per aiutarlo, anche se non aveva alcun *obbligo legale* di farlo, come si diceva in famiglia.

Era il segno evidente di uno sforzo tanto più affettuoso, visto che poco tempo prima aveva proclamato: "Non vi dobbiamo nulla".

Entrarono. La zia fasciò il braccio sinistro di Tristan, che era raddoppiato a causa di un foruncolo. Doveva alla zia un saldo sorprendente, considerando quello che aveva passato fin dalla prima infanzia e l'abbandono che ne era seguito. La zia gli diede millecinquecento franchi e gli disse di smettere di lavorare per un mese.

Lei avrebbe pagato il vitto dei bambini per quel mese: quindicimila franchi.

Quella sera Tristan le telefonò per ringraziarla.

— Hai comprato quello che ti serviva? disse la zia.

— Sì, medicine, frutta, non ho più niente.

— Non spendete tutto, non esagerate", conclude.

La zia inviò a Jacqueline un assegno barrato che nessuno poteva toccare. Jacqueline si recò in rue Dehodencq per cambiare l'assegno in banconote. Ebbe l'ardire di contarle, ma ne mancava una. La zia ne aggiunse un'altra e sussurrò a Jacqueline:

— Ho fatto un grande sforzo per aiutare Tristan e ho dovuto attingere al mio capitale.

Su istigazione della zia, era andato a trovare lo zio, medico dirigente dell'ospedale di Laennec. Quest'ultimo lo invitò a pranzo.

Tristan voleva parlare e lo zio Etienne non era forse il meno disumano della famiglia?

— Perché la nonna ci ha abbandonato? Chiese Tristan.

— So quanto sia difficile la sua situazione", rispose lo zio.

— Allora perché non ce lo spiega?

— Non permetterei mai ai miei figli di chiamarmi in causa, e non c'era bisogno di scrivere quella lettera, ci *sono cose che non si scrivono e basta.*

— Capisco cosa separa la mamma dalla nonna, ma noi nipoti non siamo responsabili. È vero che ho scritto questa lettera alla nonna, Laure non ha mai scritto nulla di simile, eppure è completamente abbandonata.

— Non vediamo mai Laure, non viene mai a trovarci.

— Pensate che abbia il tempo e la voglia di venire a trovarvi nell'indigenza in cui si trova e in cui voi la lasciate?

— Posso solo dirvi una cosa", disse infine lo zio, "Hanno mangiato l'uva verde e ne soffriranno fino all'ennesima generazione.

Le infermiere dello zio somministrarono a Tristan ogni sorta di vaccino, batteriofago e antibiotico senza ottenere il minimo risultato nel curare la sua atroce foruncolosi. Non c'era alcun miglioramento.

Tristan ora sapeva che la pace del cuore e dell'anima, una dieta sana e moderata con meno carne e amidi cotti possibile, molta verdura e frutta, e poche uova e formaggio, lo avrebbe guarito completamente. Per secoli, la gente ha mangiato troppo, in modo angoscioso, e soprattutto tutto quello che voleva. Dopo l'ultima guerra mondiale, questa anarchia si era aggravata e la gente mangiava tutto il necessario per convergere verso una degenerazione di massa, con una profusione di tumori, malattie cardiovascolari e mentali. La vaccinazione sistematica, che infligge al corpo prodotti putridi, ha avuto un ruolo importante nel collasso biologico e mentale della razza umana.

Nonostante la sua salute cagionevole, il fidanzamento con Biche ebbe luogo nell'appartamento della futura cognata. Quel giorno, in Rue du Ranelagh, i nervi di Tristan erano a fior di pelle. Una folla di borghesi insipidi con conversazioni vegetative.

A un chilometro da Vézelay e dal suo gioiello romanico, si sono sposati.

Si trasferirono in una stanza di fronte all'appartamento dei genitori di Biche.

I pasti venivano consumati in famiglia, il che evitava molte difficoltà materiali.

La brutalità di Biche è peggiorata.

Non riusciva a deglutire nulla. Ogni mossa di Biche gli faceva battere il cuore. Lei se ne andava, sbattendo la porta, e rimaneva lì, con il volto impietrito, senza parole. Aveva acceso il ferro rovente dei bambini sul cuore di Tristan. C'era un'estrema fatalità. Sembrava che la natura di Tristan fosse in grado di tirare fuori il peggio di lei.

C'era un conflitto perpetuo tra l'atteggiamento pacifico, persino felice, che doveva ai suoi figli e il suo folle amore, che lo mutilava e gli faceva assumere la sofferenza di Biche.

Da qualsiasi parte lo guardasse, il cuore di Tristan era schiacciato. Una sorta di orgoglio smodato, un'angoscia contro la condizione umana, cresceva in lui.

Bastava un granello di polvere per farlo impazzire.

La febbre è persistente. Bastava una parola di Biche per farla aumentare. La sua volontà era morta. Il suo cervello giaceva in un caos effervescente. Ristagnava, agitando pensieri dolorosi, stordito, quasi catalettico.

Impotente, rimase a letto. I suoceri telefonarono allo zio Etienne. Passarono otto giorni. Arrivò. Lo visitò, non trovò nulla e gli lasciò uno sciroppo per la tosse, una medicina comune.

La febbre persiste.

Passarono tre settimane. Telefonammo e non venne. Fu durante le ore di estrema prostrazione che la crudeltà di Biche si amplificò.

Disperati, i suoceri suggerirono che "forse le nullità? No, disse lo zio, non c'era nulla. Lo zio Jacques andò a prendere Tristan per fargli una radiografia: non trovò nulla.

Tristan partì con Biche, che lo aveva accompagnato nella metropolitana.

Mentre scendeva le scale del corridoio, intravide il fantasma dei capelli bianchi e della pergamena della sua *amata nonna*.

Nonostante le prognosi libere e familiari, sono stati eseguiti esami che hanno rilevato globuli rossi, tracce purulente ed e-coli.

I suoceri informarono la famiglia di questo risultato. I giorni passarono senza che lo zio Etienne desse segni di vita.

In uno slancio di vitalità che rimane nel mezzo della prostrazione, Tristano scrisse una breve nota, le cui parole non riuscì a controllare nello stato in cui si trovava.

Si ricorda che era stato lamentoso, patologico:

"Lo zio Etienne non verrà, i miei suoceri sono disgustati dalla tua negligenza. Se vuoi che io abbia qualche possibilità di guarire, non mostrare questa lettera allo zio Etienne, perché non conosci la pietà e l'amore, anche se sei così sensibile che un granello di polvere ti fa male. Finché potrò, mi occuperò dei miei figli e, se scomparirò, farò per loro quello che tu non hai fatto per me. Questa sarà la mia consolazione..."

Passarono due giorni. Squillò il telefono. "Finalmente", sussurrò il suocero.

No, non era la salute di Tristan a preoccuparli: zia Denise aveva mostrato loro la lettera.

Non li ha più rivisti.

La nonna morì qualche anno dopo, all'età di ottantasei anni. Tristan non andò al funerale. Non era stato in grado di farlo.

L'aveva immaginata portata alla tomba, come dal notaio, tra due poliziotti, lo zio Jacques e la zia Denise, per i quali era comunque grato e affettuoso...

CAPITOLO XIV

> *"Quando saremo tutti colpevoli, la democrazia sarà raggiunta" (Albert Camus)*
>
> *La storia di Israele è preziosa come tipica storia di distorsione dei valori naturali. Gli ebrei hanno un interesse vitale a far ammalare l'umanità e a rovesciare in un senso pericoloso e calunnioso la nozione di bene e di male, di vero e di falso (Nietzsche). Gli ebrei, questo manipolo di sradicati, hanno causato lo sradicamento dell'intero (Simone Weil).*
>
> *Chi avrebbe mai pensato che un rito potesse spingersi così lontano e rischiare di distruggere tutto ai confini delle nazioni. (Dominique Aubier nel suo libro sulla circoncisione dell'8° giorno).*
>
> *Per 5.000 anni abbiamo parlato troppo, parole di morte per noi stessi e per gli altri (George Steiner).*
>
> *Manipoliamo gli idioti che gestiscono le masse che abbiamo fatto impazzire (il finanziere in un film americano).*

Agiscono sempre contro qualcuno o qualcosa. Mai per qualcuno o qualcosa.

Da qui la loro malsana perfezione. Tirano, non danno.

Sradicano e mutilano la natura e l'uomo. È la loro maledizione.

Non credono in se stessi. Così mettono tutta la loro energia nella dimostrazione esteriore di un'essenza inesistente.

Assorbiti da questa lotta negativa, non hanno più nulla da amare.

La preoccupazione per la dimostrazione sostituisce la donazione, l'amore, la creazione e la preghiera. Incapaci di "realizzare", distruggono, degradano e caricaturano.

Quindi sono l'opposto dell'umano. Si isolano dall'umanità e scatenano un odio sanguinario contro se stessi: l'antiebraismo che hanno portato con sé e diffuso ovunque per 5.000 anni.

Geniali e spettacolari facsimili senza anima. Con un'apparenza più vera del reale, da cui la mistificazione universale.

Il dubbio, l'incertezza e la distruzione non creano amore: sono poveri.

Armi diaboliche che permettono loro di ottenere questo successo satanico al di fuori dell'umano, contro l'umano, dando all'umano l'illusione di essere "per l'umano".

Cercano di penetrare l'essenza delle cose con una volontà aggressiva, una mente analitica, non amorevole.

Per questo l'analisi ebraica presenta per l'eternità un volto di vertiginosa disperazione. Creazioni illusorie, distruzioni reali perché violano un equilibrio.

Proviamo un'immensa pietà per questi esseri che sono eternamente costretti a rimanere estranei a tutta l'essenza e, se vogliono forzarla, a raggiungere solo una perfezione diabolica, abbagliante ma...

La Chiesa pastorale ha avuto l'immenso merito della carità e della cultura monastica, dello splendore di Vézelay e Chartres, della santità di Monsieur Vincent e François d'Assises.

Ma la Chiesa dogmatica ha trasformato la storia in una sclerosi dottrinaria dove i temibili concetti di eresia e anatema, che l'antico paganesimo aveva ignorato, hanno fatto scorrere mari di sangue e lacrime.

Il dogma, una sfida all'intelligenza elementare e al senso morale, un insieme di cose astruse e contraddittorie, ha ereditato dalla Sinagoga un Dio esclusivo, tirannico e geloso, il Dio dei teologi della giustizia, della legge della ritorsione e della pratica del capro espiatorio.

Era inevitabile che questa religione di dottrinari e teofagi, che per 20 secoli ha ignorato le regole psico-dietetiche che fanno l'uomo e lo uniscono al Trascendente, culminasse nel giudeo-cartesianesimo, cioè nella speculazione atea della finanza liberale di Rothschild, riducendo ad ogni inquinamento, Einstein e gli attacchi genetici del nucleare, le cui scorie possono essere immagazzinate e non possono essere neutralizzate, Oppenheimer e la sua bomba atomica, Field e la sua bomba all'idrogeno, S. T. e la sua bomba atomica, e Einstein e gli attacchi genetici del nucleare, le cui scorie possono essere immagazzinate e non possono essere neutralizzate.T. Cohen e la sua bomba al neutrone, Freud e il suo abulismo pornografico, Djérassi e la sua pillola patogena e teratogena, Weizenbaum e i suoi computer che trasformeranno gli uomini in mappe, Picasso e la sua arte da ossario.

In 5000 anni di razzismo finora sconosciuto, coloro che praticano la circoncisione all'ottavo giorno di vita (causa fondamentale di un trauma ormonale-psichico che spiega il loro costante particolarismo nel tempo e nello spazio) hanno fondato quattro religioni rivoluzionarie: l'ebraismo, l'islam, il cristianesimo e il marxismo. Il marxismo, un misticismo ateo, è il culmine finale e suicida del giudeo-cartesianesimo, che a sua volta ha portato il giudeo-cristianesimo a una fine violenta e furiosa.

CHIRURGIA DELL'ANIMA

Gli ebrei sono manipolati dalla circoncisione, che è l'unica causa del loro particolarismo.

Questo intervento ormonale è un intervento chirurgico sull'anima. Interrompendo i 21 giorni della prima pubertà, che inizia l'8° giorno, darà loro una mentalità speculativa-parassitaria incoercibile. Da un lato abbiamo gli scienziati e i finanzieri ipofisici e dall'altro gli interpreti e gli attori virtuosi, i romanzieri della tiroide. Con i genitali interni danneggiati, avremo una morale di clan ma una mancanza di sintesi e di senso morale. *Questa è la realtà ineluttabile che esclude l'antigiudaismo.*

Vittime di se stessi, ipnotizzati da un rito religioso di cui non conoscono la malvagità, sono interamente incrostati dalla maledizione.

Così gli ebrei si vedono diversi dagli altri, e lo sono. Di conseguenza, è inevitabile che siano sempre, e oggi più che mai, un corpo estraneo tra le nazioni.

Sono entrati nelle nazioni come stranieri; sono stati un popolo tra i popoli, conservando il loro carattere attraverso la circoncisione in età prepuberale e riti rigidi e precisi, e attraverso leggi che li hanno tenuti separati e li hanno perpetuati. Entrarono nelle società non come ospiti modesti, ma come conquistatori. hanno preso il controllo del commercio e della finanza, ma non in modo così radicale e assoluto come nel 2000. Hanno uno spirito di superiorità e un'avidità di denaro che li spinge all'usura, fonte epi-centrica dell'antiebraismo in ogni tempo e in ogni luogo. All'inizio sono stati accolti senza pregiudizi, anzi hanno ricevuto un trattamento preferenziale per consolidare la loro posizione. Il loro prestigio, la ricchezza acquisita a spese di coloro che li avevano accolti, provocò una profonda avversione, che si espresse poi in pogrom ed espulsioni dal Paese ospitante. Questo è stato il modello della storia ebraica ovunque e senza eccezioni. Oggi la situazione è infinitamente peggiore, perché con la loro totale egemonia i popoli sono ridotti alla miseria e alla degenerazione.

In una lettera a Karl Marx, Baruch Lévy scriveva: "In una nuova organizzazione dell'umanità, i figli di Israele, sparsi in tutto il mondo, diventeranno ovunque l'elemento guida senza incontrare la minima opposizione, soprattutto se riusciranno a imporre alle masse lavoratrici la guida di un ebreo".

Con la vittoria del proletariato, i governi della Repubblica passeranno facilmente in mani ebraiche. La proprietà privata potrà essere facilmente abolita da leader ebrei che amministreranno la ricchezza pubblica. Si realizzeranno così le promesse del Talmud, secondo cui gli ebrei possederanno la ricchezza di tutti i popoli del mondo. Il socialismo è quindi un'enorme mistificazione ebraica, perché il suo obiettivo non è l'elevazione del proletariato e l'alleviamento dell'ingiustizia sociale, ma il dominio mondiale ebraico: questo è ciò che chiamiamo globalismo nel 2000. Due parametri apparentemente antinomici si completano a vicenda: da un lato il denaro ebraico, dall'altro il socialismo e il comunismo ebraico. Gli ebrei sono stati i fondatori del capitalismo industriale e finanziario e collaborano sistematicamente all'estrema centralizzazione del capitale che ne faciliterà la socializzazione. D'altra parte, sono i più feroci avversari del capitale. C'è l'ebreo che scava nell'oro e l'ebreo rivoluzionario. Rothschild contro Marx, Marx contro Rothschild, una brillante dialettica di nemici fraterni che produce i movimenti della storia. A partire dalla rivoluzione ebraica, non quella francese, sono diventati i padroni del denaro e, attraverso il denaro, i padroni del mondo. La maggior parte dei maestri del bolscevismo erano ebrei, compreso Lenin, che aveva una madre ebrea: Trotsky, Sverdloff, Zinovef, Kameneff, Ouritski, Sokolnikoff ecc. In Germania, i leader dello spartachismo erano ebrei: Liebknecht, Rose Luxembourg, Kurth Eisner, Eugène Lévine. In Francia, Léon Blum era ebreo. In Spagna il padrone assoluto di Madrid, devastata dalla guerra civile, era Heinz Neumann, un ebreo tedesco. Contrariamente a quanto si potrebbe pensare, la mentalità supercapitalista e quella socialista non sono affatto opposte nella sostanza: *basano entrambe su una concezione economico-materialista del mondo.*

Bisogna distinguere tra il proprietario della terra o dell'industria e il finanziere che vive di speculazione. La rivoluzione è stata fatale per i primi, da cui la rapida disintegrazione dell'umanità, ma ha fatto le colossali fortune dei secondi, fortune artificiali, gigantesche e necrotiche. Il socialismo non è l'obiettivo della rivoluzione, ma un mezzo di distruzione che favorisce la finanza ebraica internazionale. Gli ebrei hanno una fortuna diversa da quella dei goyim. Non temono il comunismo, ma ne traggono profitto. Sono moderni capitalisti, cioè speculatori e trafficanti di denaro.

Il prototipo è il banchiere con la sua cassaforte e il suo portafoglio. Per l'ebraismo il mezzo più sicuro per raggiungere il dominio mondiale è il socialcomunismo che, sottraendo la proprietà ai goyim e accentrandola nelle mani del partito guidato dagli ebrei, realizzerà il progetto talmudico di rendere l'ebreo re e sacerdote del mondo. I governi passeranno così nelle mani degli ebrei grazie alla vittoria del proletariato. La proprietà individuale può essere abolita da governanti ebrei che amministreranno la ricchezza pubblica ovunque. I lavoratori sono quindi lo strumento al servizio degli ebrei, potenziali padroni del mondo. La rivoluzione socialista o comunista è la via più breve e sicura per la concentrazione totale del capitale nelle mani degli ebrei: sarà un supercapitalismo di Stato.

La profezia del Talmud si realizzerà allora:

"Tutti i popoli della terra saranno incatenati al trono di Israele in seguito a un'atroce guerra mondiale in cui tre quarti della popolazione saranno decimati. Saranno necessari trecento asini per portare le chiavi del tesoro".

Negli ultimi quarant'anni circa, tutti sono stati ipnotizzati dal dogma delle 6 milioni di camere a gas. Nessuno ci ha pensato, nessuno l'ha messo in discussione.

Il caso Faurisson è emerso nel 1979 sul quotidiano *Le Monde*.

Alcuni iniziano a pensare. Con grande stupore di tutti, è emerso che il professore non aveva il diritto di esprimersi. Ha diritto a pesanti sanzioni penali, ai gas lacrimogeni e a un fallito attentato. Che strano sistema democratico e che strana applicazione della libertà di espressione sancita dai diritti umani!

Chiunque può capire che se avesse sbagliato gli sarebbe stato permesso di esprimersi liberamente, se non altro per schiacciarlo in televisione, sulla stampa, alla radio e nell'editoria in mano agli ebrei. Anche senza studiare il problema, è già chiaro che si tratta di un'impostura, di cui abbiamo una prova nove volte più evidente nel comportamento verso Faurisson e tutti gli storici cosiddetti "revisionisti", anche se il termine è un pleonasmo perché tutti gli storici sono per essenza revisionisti, altrimenti sono solo propagandisti pagati.

Ecco quindi l'implacabile aspetto psicologico del problema: ci sono leggi totalitarie e staliniste per mettere a tacere gli storici! La conclusione di Tristan era perentoria prima di studiare anche solo l'ombra dell'aspetto tecnico del problema.

Tuttavia, la curiosità lo ha portato ad approfondire questo aspetto tecnico.

Il *libro American Jewish Year*, a pagina 666 del numero 43, afferma senza ambiguità che il numero di ebrei presenti nell'Europa occupata era di 3.300.000!

A partire dal 1941, migliaia di ebrei partirono per la Zona Libera (donne e bambini) e per la Spagna (uomini). Tristan e tutti i suoi familiari e amici erano tra.

È assurdo cremare quattro milioni di ebrei partendo dal presupposto che due milioni morirono a causa della guerra (che è un'esagerazione), quando sappiamo quanto tempo ci volle per la cremazione e il numero di crematori. Inoltre, i forni crematori avanzati non furono installati fino alla fine del 1943: prima di quella data, le cremazioni erano tecnicamente insufficienti. In queste condizioni, avrebbero scatenato epidemie di tifo in tutta Europa. Milioni di persone sarebbero state quindi sterminate in circa un anno, il che è ridicolmente impossibile. Per di più, gli ebrei che se ne andarono furono così tanti che Hitler si offrì di scambiarne un milione con gli USA in cambio di 15.000 camion: gli ebrei statunitensi preferirono lasciarli morire di fame e di tifo per poter inventare il succulento Olocausto e usarlo per la loro egemonia mondiale e per il massacro dei palestinesi. Ergo, lo sterminio di un Paese come la Svizzera in sette campi di concentramento - alcuni dei quali ufficialmente non hanno mai avuto camere a gas - è un'assurdità aritmetica.

Il ciclone B è l'acido cianidrico. Recentemente, l'amministratore delegato del più grande impianto di produzione di acido cianidrico ha scritto a uno sfortunato insegnante di storia che era stato licenziato per aver detto ai suoi alunni che esisteva una scuola revisionista:

- Ero direttore dell'impianto di Saint Avold che, con la sua produzione di quaranta tonnellate al giorno di ione cianuro, *nel 1970 era il più grande del mondo. Teoricamente, questa produzione avrebbe permesso di avvelenare mortalmente 500 milioni di esseri umani in un giorno. Quindi conosco bene i problemi legati alla manipolazione dell'acido cianidrico. Posso confermare che tutti i racconti che ho letto o sentito*

sulle camere a gas in cui venivano messe da 2 a 3.000 persone sono frutto della fantasia.[40]

Non ha senso andare oltre per capire che si tratta di una messinscena. Ma facciamolo per curiosità.

Le centinaia di fotografie scattate dagli americani durante il presunto periodo dell'Olocausto non rivelano nessuna delle immense pile di carbone necessarie, né il denso fumo nero che avrebbe dovuto essere permanente per tali cremazioni.

Sappiamo tutti cos'è una camera a gas ad acido cianidrico: è il modo in cui gli americani giustiziano i loro condannati a morte.

Si tratta di una camera per uno (massimo 2) detenuti. Questa camera è incredibilmente complessa e costosa. Una camera del genere per 2.000 vittime non solo sarebbe stata finanziariamente impossibile, ma avrebbe anche lasciato tracce considerevoli che sarebbe stato impossibile sradicare. Avrebbero lasciato ordini, documenti e archivi. Lo stesso Raymond Aron disse che non era mai stato trovato nulla, nonostante tutti i forni crematori fossero ancora funzionanti. Questi forni erano essenziali nelle prigioni e nei campi di concentramento per prevenire il tifo.

Per quanto riguarda il ciclone B, è stato utilizzato in Germania dai servizi di igiene fin dal 1920. Veniva usato per lavare i vestiti. In sono state trovate tonnellate di ciclone B in alcuni campi in cui è stato ufficialmente dichiarato che la gasazione non ha mai avuto luogo.

Leuchter, che dirige e vende tutto ciò che ha a che fare con le camere a gas per i condannati a morte, si recò in Germania per studiare il problema. Il suo famoso rapporto concludeva che tali gasazioni erano impossibili. Due specialisti di alto livello concordano sull'impostura. Lo sfortunato Leuchter pagò l'onestà del suo lavoro con la completa rovina. Un'altra prova del nove della frode. La libertà democratica di espressione sancita dai diritti umani è valida solo se ciò che si dice piace agli ebrei. Altrimenti, i giudici asserviti vi rovineranno.

Una tesi di dottorato sul rapporto Gerstein (che denunciava l'assassinio degli ebrei in modo così grottesco che il tribunale di Norimberga non poté accettare la sua testimonianza, e che curiosamente si concluse con un "suicidio") fu cancellata per volontà ebraica, contro la competenza dei professori universitari, con un futile pretesto.

---

[40] Gérard Roubeix, CEO di Arts et Manufactures.

E questo dogma continua ad essere imposto dalla Merdia di Marx e dall'atea Levy Zion. Le masse mondiali lo hanno inghiottito.

Nonostante queste evidenti realtà, continua l'intorpidimento comatoso e ipnotico delle masse, stupefatte dal rock, dalla techno, dal calcio, dalle droghe e dall'alcol.

Il grande fratello Rothschild Marx mette sotto processo chiunque denunci l'assurdità del dogma. In Germania, il dubbio significa prigione.

Come se tutto ciò non dimostrasse l'impostura della cosiddetta democrazia.

I miliardari circoncisi americani, tanto rossi quanto circoncisi, hanno finanziato il bolscevismo.

Hammer, con la sua faccia da carnivoro, vale venti milioni di dollari. Durante la Seconda Guerra Mondiale, da solo possedeva tanto petrolio quanto le tre potenze dell'Asse. (Giappone, Germania e Italia).

La sua bolletta telefonica a Los Angeles supera il miliardo di centesimi all'anno. (Dieci milioni di franchi pesanti)

Il suo impero è uno dei più potenti del pianeta. Incontra continuamente capi di Stato. Dal suo appartamento di fronte alla Casa Bianca a quello di fronte al Cremlino, viaggia in aereo e viene ricevuto come un capo di Stato. Dal 1917 è l'interlocutore privilegiato del Cremlino. Ha incontrato i sette Segretari Generali del Partito Comunista e i tredici Presidenti degli Stati Uniti.

Rockfeller (Steinhauer), un altro miliardario rosso circonciso, possiede la più potente compagnia petrolifera del mondo. Insieme a Hammer, negoziarono la creazione di una Camera di Commercio Sovietico-Americana per facilitare le esportazioni in URSS di macchine utensili, senza le quali l'esercito sovietico, che minacciava il mondo, non sarebbe esistito.

I banchieri circoncisi Kuhn, Loeb e Warburg trasferirono seicento milioni di rubli tra il 1918 e il 1922. Il padre di Hammer era il re del trasferimento clandestino di fondi per le attività sovversive del Cominterm. Per questo reato fu persino imprigionato nella prigione di Sing Sing nel 1920. Gli subentra il figlio Armand. Nel 1922 Hammer riuscì a convincere l'anticomunista Ford ad aprire fabbriche in URSS. Esperti comunisti si recarono nelle fabbriche di Ford per imparare il mestiere.

In un rapporto a Roosevelt dell'ambasciatore americano a Mosca, si legge:

"Stalin ammette che 2/3 delle più grandi aziende sovietiche sono state costruite con l'aiuto di finanziatori americani.

È comprensibile che Hammer venga ricevuto a Mosca come un capo di Stato.

Nel 1960, prese al suo seguito i più potenti uomini d'affari occidentali e li avviò sulla strada degli scambi economici tra Est e Ovest.

Il vasto movimento verso l'Est iniziato nei primi anni Settanta è stato accompagnato dalla chiusura di fabbriche in Occidente, dalla disoccupazione e dalla manipolazione fiscale. I leader comunisti speravano che accogliendo le multinazionali avrebbero consolidato il loro potere e recuperato l'arretratezza accumulata dalle loro industrie.

Il direttore del KGB dell'epoca non ha forse detto:

- *Stiamo costruendo una società comunista con la vostra esperienza, e manterremo il nostro sistema e le nostre regole con il vostro aiuto.*

L'aereo personale di Hammer vola dal suo appartamento alla Casa Bianca al Cremlino senza formalità.

Si trattava di autocarri costruiti da Ford sulle rive del Volga e successivamente utilizzati in Afghanistan.

Come esempio simbolico, Hammer ha firmato i due più grandi contratti economici mai negoziati tra l'Occidente e l'URSS. Venti miliardi di dollari e la fornitura di fertilizzanti all'URSS per vent'anni. Otto miliardi di dollari per rifornire la costa occidentale degli Stati Uniti e il Giappone con il petrolio e il gas della Siberia, sfruttati dalla società di Hammer.

Naturalmente, per tutti questi accordi, l'URSS ha beneficiato di crediti occidentali ridicolmente bassi, finanziati dai contribuenti occidentali.

La cortina di ferro è una lastra di vetro trasparente per i banchieri ebrei americani e per i goyim trascinati al loro seguito.

La tanto decantata "distensione" è stata soprattutto un periodo di intenso spionaggio economico e tecnologico.

Durante l'invasione russa dell'Afghanistan, l'incontro Hammer-Brejniev si concluse con questa dichiarazione del miliardario:

- *L'Afghanistan fa parte della sfera d'influenza sovietica".*

Poi, offrendo al Pakistan di investire nel petrolio, ha fatto in modo che le promesse di prospezione petrolifera bloccassero il confine pakistano, possibile punto di passaggio per aiuti e rifornimenti destinati alla resistenza afghana.

Nessun presidente americano, da Roosevelt a Regan, è stato eletto senza il contributo elettorale di Hammer, sia per i democratici che per i repubblicani.

Tuttavia, nel 1960 fu presentato all'ufficio del Presidente degli Stati Uniti un rapporto "top secret" che aveva un solo scopo: dissuadere qualsiasi Presidente dal negoziare con Hammer.

È grazie ai miliardari americani circoncisi l'8° giorno che l'industria e l'esercito dell'URSS esistevano e funzionavano.

Non ci può essere bolscevismo senza capitalismo americano circonciso.

Questo prototipo di miliardari rossi è inamovibile e inattaccabile. Sono i veri re del mondo.

È il regno assoluto di individui simili a despoti che sta rafforzando il mondo cosiddetto "democratico".

Hammer rimane il leader degli altri miliardari rossi circoncisi e di alcuni non circoncisi. Il suo Boeing 727 appositamente convertito è stato l'unico aereo privato a entrare stabilmente nello spazio aereo sovietico.

Lenin disse: "I capitalisti ci vendono la corda per impiccarli". Forniscono anche la forca.

Vale la pena descrivere un altro miliardario ebreo, Klimrod, a titolo simbolico.

È stato detto che è l'uomo d'affari ebreo più ricco del mondo insieme ad Hammer. Ma questo è irrilevante, perché lo stesso si potrebbe dire di molti finanzieri ebrei. Il suo valore è di miliardi di dollari.

Nel 1945 fu trovato in una fossa piena di cadaveri in un campo di concentramento tedesco. Era vivo. Divenuto terrorista in Israele e "giustiziere antinazista", si trasferisce a Tangeri dove prospera grazie al contrabbando di sigarette. Arriva negli Stati Uniti all'età di ventidue anni e due mesi dopo si ritrova a capo di sessanta società.

Nel 1980 possedeva 1.687 aziende. Esse coprivano tutto ciò che poteva essere venduto: cibo, ristoranti, stampa, televisione, vendita di tutti i tipi di prodotti all'URSS, comprese le fabbriche "chiavi in mano".

Rimanendo nell'ombra, elude tutte le leggi antitrust e ha i suoi uomini in ogni governo.

Che cosa rappresenta un piccolo presidente degli Stati Uniti, un commerciante di noccioline o un attore cinematografico, che viene spazzato via ogni quattro anni, messo al suo posto da un Congresso e da una mafia in mano all'alta finanza, rispetto a un tale potere occulto con permanenza assoluta, capace di manipolare i governi a suo piacimento?

Qual è il potenziale di distruzione organica, mentale, ecologica e morale contenuto in tale potere speculativo, isolato da tutte le vere leggi della vita che solo le élite provvidenziali e i saggi conoscono?

È quasi impossibile per la maggioranza degli esseri umani prendere coscienza della gigantesca perversione della speculazione giudeo-cartesiana.

Non riesco a cogliere la sintesi distruttiva di finanzieri, Marx, Freud, Oppenheimer, S.T. Cohen, Djérassi, medicina fisico-chimica patogena e teratogena, materialismo, l'inaudita menzogna del progresso e della democrazia, che è la loro dittatura. Cohen, i Djérassi, la medicina fisico-chimica patogena e teratogena, il materialismo, la menzogna inaudita del progresso e della democrazia, che non è altro che la loro dittatura assoluta sulle masse e la loro progressiva e implacabile degradazione.

Eppure, sotto l'egida di questa democrazia, i diritti umani di cui si riempiono la bocca sono violati in ogni Paese del mondo, tranne che nel loro caso. Inoltre, 2/3 dell'umanità sta morendo di fame.

La miseria materiale e spirituale raggiunge il suo apice sotto la tirannia inquinante delle politiche rothschildo-marxiste, esercitata sui corpi e sulle anime, nonché sul suolo del pianeta, sterilizzato da sostanze chimiche e disturbato dalla deforestazione.

Tutto questo è nascosto alla maggioranza degli esseri umani che hanno perso ogni intelligenza sintetica e accettano, in un determinismo che sembra assoluto e cosmico, tutto ciò che va male purché sia ufficiale e pubblicizzato dai media.

Ogni loro gesto, la loro forma mentale di espressione, i loro obiettivi sono stranamente inumani. Sono osceni.

In un bagno universale di menzogna, eseguono un'autopsia sul mondo intero. Il loro aspetto fisico, così prodigiosamente modellato sulle rappresentazioni simboliche di Satana in tutte le tradizioni religiose, è abbagliante nel suo significato: *Mendès-France, Olivenstein, Hammer,*

Raymond Aron, Gainsbourg ecc. sono dei perfetti gargoyle. Nulla da ritoccare.

La nonna e la sua distruttività immediata. Hammer, Oppenheimer, Freud, Marx e la loro distruzione universale. *Marx e l'odio. Da Hammer e Marx a S.T. Cohen, tutte le loro analisi uccidono.*

Le loro facoltà scintillanti nell'immediato, le loro speculazioni che sembrano positive, geniali per le masse, che a loro volta conferiscono loro l'ammirazione del maggior numero di persone.

Laurent Schwarz, matematico trotzkista, intelligente?

S.T. Cohen, inventore della bomba al neutrone, intelligente?

Hammer, il miliardario rosso che sta preparando attivamente la bolscevizzazione del mondo e la terza guerra mondiale, intelligente?

Il massimo della derisione e della mistificazione.

"Non hanno mai quella modesta attenzione propria della vera intelligenza", ha detto Simone Weil.

La vera intelligenza non è riconosciuta in questo modo, e tutto è organizzato per renderla fasulla agli occhi di una massa degenerata che può solo adorare i suoi carnefici.

Sanguinamento e marcescenza universali.

Una sanguinosa farsa di antagonismo Est-Ovest, mentre la cricca dei miliardari rossi diffonde il bolscevismo e l'URSS è sostenuta dal 1917[41] dai banchieri ebrei americani.

Non hanno fede, né speranza, né carità. Abbiamo mai visto un occhio ebraico che contenga una goccia di tenerezza gratuita? Guardate quegli occhi troppo luminosi, o atonali, rivestiti di una falsa dolcezza da cui il cuore è assente.

I loro occhi non hanno sentimenti profondi, non hanno anima. Come tutti i nevrotici, non hanno cuore, ma hanno un attaccamento para-isterico alla madre. Schiacciano tutto con la materia, per amore della materia. L'oro ama solo l'oro. Le loro speculazioni, per quanto disinteressate, sono come una nevrosi, una malattia da cui è esclusa ogni sintesi umana.

---

[41] In realtà, la finanza ebraica negli Stati Uniti preparò la rivoluzione bolscevica con finanziamenti nel 1900. La rivoluzione non è scoppiata nel 1917: ha richiesto un lungo periodo di preparazione finanziaria.

Perché questa condanna metafisica attraverso il ridicolo strumento della circoncisione dell'ottavo giorno?

Perché la loro intelligenza nevrotica non smette di funzionare? Perché sono condannati a una distruzione così fatale?

I loro pensieri hanno il volto dei loro volti.

Lo sfruttamento del mito democratico, la menzogna del progresso, il capitalismo, il comunismo, tutti gli *ismi*. La terza e ultima guerra mondiale.

La responsabilità dell'uomo medio in questa *enigmatica*[42] mistificazione democratica è nulla, questa è l'assurdità...

Léon Blum contro Citroën, Marx contro Rothschild.

Dite alle persone "vi darò la libertà" e le renderete schiave, e verranno a frotte. Dite loro che li costringerete a dare la vera libertà e non verranno, a meno che non ci siano sei milioni di disoccupati sul territorio nazionale. Nel 2000 la pigrizia umana è così totale che nemmeno sei milioni di disoccupati impediranno loro di votare democratico! Preferiscono nutrirsi di demagogia, etichette, illusioni, calcio, musica regressiva, ignorante e patogena, droghe, pornografia e spettacoli idioti. Basta che tutto questo brilli e si agiti.

Rockefeller "L'uomo che fa cadere le pietre" e non si cura di ciò che c'è intorno.

È stata la monarchia ebraica a far sì che la rivoluzione, a vantaggio dei finanzieri, venisse definita "francese".

È il socialismo ebraico che ci sta portando al comunismo ebraico e al globalismo.

Satana viene circonciso l'ottavo giorno.

Sono in un circolo vizioso dal quale non possono uscire e nel quale ci trascinano. Sono psicopatici, parlano velocemente e a gesti, parlano molto e un dialogo con loro è un tour de force. Non hanno integrità intellettuale. Seducono le masse. Adulano e sfruttano la stupidità, la vanità, la debolezza e la volgarità degli uomini e soprattutto delle donne. Non stanno fermi un minuto. Vengono da te... quando hanno bisogno di te. Non sono felici. Mostrano il loro ostinato odio in qualsiasi

---

[42] "*Enaurme*" ricorda "*Re Ubu*": "Quando avrò preso tutti i soldi, ucciderò tutti e me ne andrò".

momento, perché la menzogna è essenziale per la loro sopravvivenza come una foglia lo è per una lumaca.

Indicate loro i nomi degli ebrei del marciume di Weimar, il fatto che questo marciume è scomparso con l'avvento di Hitler, i nomi dei boia ebrei delle carceri e dei campi di concentramento dell'URSS che hanno sterminato decine di milioni di goyim, e non li vedrete mai più.

Non sopportano alcuna verità su se stessi, ma proclamano come verità le menzogne che servono loro, come l'assurdità aritmetico-tecnica di 6 milioni di camere a gas.

Manca quella facoltà di astrazione da se stessi che permette loro di guardarsi in mezzo alla tragedia, di trovarsi metafisicamente comici, di essere divertiti dalla loro predestinazione come popolo eletto da Satana, di lottare contro il destino.

Sudano le loro "creazioni", la loro crudeltà, il loro sostegno, il loro amore, il loro misticismo, come un malato suda un sudore inquietante. Ipersicuri, (Rothschild, Marx, Freud e altri) mai brillanti.

Tutto ciò che creano si distrugge per sintesi ed è spettacolare per l'analista beato.

Nessun santo, nessun genio, nessun grande artista ebreo. Mozart? Non ebreo, certo, ma proveniente da una famiglia che aveva abbandonato l'ebraismo secoli prima.

Picasso? Sì, certo: "Questo clown pubblico che ha sfruttato al meglio la stupidità dei suoi contemporanei", come lui stesso ha confessato.

Appena provano a pensare, sono mitomani di Freud e Marx, i punti di arrivo del nichilismo occidentale. Sono chiusi, radicalmente chiusi, a qualsiasi manifestazione di intelligenza superiore, che è essenzialmente "antiebraica", perché nulla di sintetico può essere costruito nell'orbita delle loro necrotiche speculazioni giudeo-cartesiane.

Le loro analisi dissolventi e la distruzione del senso morale sono necessarie per regnare su una massa incolta. Il secolarismo inaugura, la musica patogena e criminogena, l'alcol e le droghe completano la distruzione universale. I Goyim sono ormai condizionati come macchine mangiasoldi. Voteranno tutti per il cretino necessario, il mocio manipolato da Israele, che paga le elezioni del presidente americano, del presidente francese e di altri presidenti consorti.

Impongono il loro razzismo in nome dell'antirazzismo. Lasciate che un solo nordafricano entri in Israele, dove nemmeno i palestinesi hanno il diritto di vivere sul proprio suolo.

Milioni di uomini subumani sono in marcia.

Non hanno scrupoli. La loro infermità non è la crudeltà e l'odio su una scala in cui la crudeltà e l'odio sarebbero così intensi da superare l'umano. Il loro odio e il loro amore sono astratti, e quindi decuplicati e infernali. Il loro amore è un artificio demoniaco in cui la distruzione di centinaia di milioni di persone appare potenzialmente a un vero pensatore. La loro pietà può solo portare all'umiliazione omicida nei cuori degli altri. Pietà e compassione sono strane perché una distrugge inconsciamente il mondo inconscio e l'altra genera una disperazione più distruttiva. Hanno un cuore teorico e sono lieti di offrirvi un aiuto soprannaturale. I convertiti della famiglia sono ignoranti del senso morale di base e vi convertirebbero volentieri con le clave, anche se siete un miliardo di volte più "cristiani"[43] di loro.

Anche se non sono convertiti intellettualmente, e in tal caso fanno comunque un buon affare, sono comunque esclusi dall'ingresso a ciò che di buono c'è nel Nuovo Testamento. Mistici curiosi, imitatori di cristiani, capaci di lasciare i loro vicini nell'indigenza e di pregare con fervore. Un ebreo convertito è sempre un'antinomia vivente, un attore che recita male perché non riesce a entrare nel personaggio. Eppure sono attori notevoli, comici, nel teatro, nel cinema, strumenti di propaganda interamente nelle loro mani per l'istupidimento globale delle masse.

Tristan potrebbe dire di quei famosi sacerdoti che sono ancora più ebrei di prima della loro conversione e che non vogliono mai sentir parlare della questione ebraica. In realtà, non sono cambiati, ma c'è un effetto di contrasto.

Tutti questi pianisti dalla tecnica mozzafiato, acrobati prodigiosi.

Nessun compositore supera il fascino di Mendelssohn e Meyerbeer. Si tratta invece di un gioco di prestigio tecnico di musica senz'anima.

Analizzano, soppesano, l'importante è che porti denaro o la soddisfazione nevrotica della speculazione. Il risultato sono idealismi falsi come il capitalismo, il socialismo e il marxismo. Spinoza separò la mistica dalla filosofia, distruggendo la filosofia e aprendo la strada alla suicida scienza moderna.

O viviamo disperati, carenti, "ridotti" nell'inferno tecnocratico dell'Occidente, dove i nostri figli si drogano e si suicidano nel bel mezzo delle loro speculazioni multiformi, e il freudianesimo non li

---

[43] Cioè, dotato di un senso morale che è poco espresso nei Vangeli e meglio espresso in Platone e nell'Antico Egitto (vedi pagine precedenti).

salverà, perché la mente cede di fronte a tanta barbarie, o chiederemo la salvezza a un'ideologia che ci farà precipitare in un inferno ancora peggiore. L'inferno delle unità statistiche matematiche elementari e dei gulag. La nostra codardia nel capitalismo ci farà precipitare nel globalismo, che ci finirà.

Il grande trionfatore dell'umanità "pituitaria" (analitica) di oggi.

Si sono spinti il più possibile in questa direzione. Forse dovremmo dimenticare che stanno temporaneamente distruggendo la sintesi umana per accedere a questa rivelazione. Sono ormai al di sopra delle loro possibilità ed è per questo che ci stermineranno insieme a loro stessi.

Sono involuti superiori. Sono ormonalmente malati.

La loro unità psico-fisiologica li priva di tutto ciò che costituisce l'uomo oggettivo: cuore, intelligenza, equilibrio.

L'inesistente senso morale è sostituito dalla morale dell'ostentazione, della presunzione e del senso della tribù.

È chiaro che il clima, la posizione geografica e l'alimentazione determinano i gruppi etnici. Non esistono razze fisse. La conoscenza dei saggi, come la scienza moderna, nega questo concetto vago.

Se si osserva attentamente una fotografia in bianco e nero di un paziente acromegalico la cui malattia sta progredendo, si noterà che dopo un po' di tempo le fotografie assumono l'aspetto di un negro. L'ultima foto mostra un negro senza la minima ambiguità.

Un negro è quindi "un ipofisario con manifestazioni acromegaliche".

L'acromegalia è una malattia dell'ipofisi che conferisce caratteristiche negroidi.

Poiché la ghiandola pituitaria è molto sviluppata negli ebrei a causa della circoncisione dell'ottavo giorno, si è parlato a lungo delle origini negre degli ebrei. Questo è molto lontano dal problema.

È ovvio che non troveremo mai negri con la morfologia di Chopin o Lamartine, che siano "tiroidei".

Allo stesso modo, la fotografia di un paziente mixedematoso (insufficienza tiroidea patologica) ha un'incredibile somiglianza con quella di un pigmeo: stessa morfologia generale, stesso linguaggio del corpo. Questa analogia dimostra che il pigmeo è fisiologicamente ipotiroideo.

Questo tipo di elaborazione, senza la quale non ci può essere pensiero, è radicalmente esclusa dall'università. È la nozione di identità.

Nessuna influenza geografica o climatica può spiegare la particolarità ebraica, che è stata costante nel tempo e nello spazio, poiché non hanno mai vissuto nello stesso luogo per 1000 anni, il tempo necessario per formare un gruppo etnico. La loro particolarità è strettamente dovuta alla circoncisione l'8° giorno, il 1° giorno della prima pubertà, che dura 21 giorni.

La speculazione ebraica ha sradicato il senso morale, lo spirito di sintesi che è alla base delle vere élite. Il loro particolarismo tiene in pugno l'intera ufficialità del XX secolo.

La circoncisione spiega questo fisico spesso caricaturale e questi notevoli poteri speculativi. Li ritroviamo nella perversione di Freud e di Marx e in tutti i sostenitori di un liberalismo sguaiato che è un inquinatore universale. Il loro razzismo stimola l'antirazzismo a loro vantaggio. La loro tendenza "iper" tiroidea spiega la loro sorprendente vitalità, la loro sensibilità paranoica e la loro psicologia "geremizzante". La loro sensibilità fisica è spesso anormale, così come la loro mancanza di adattamento. Le loro capacità speculative ipofisarie sono ammirate dai Goyim. Usano il clan per mantenersi, con quella sfumatura isterica delle madri che amano i figli e dei figli che amano le madri.

I 21 giorni della prima pubertà, che inizia l'8° giorno, sono estremamente importanti. Basterebbe abolire la circoncisione ebraica per tornare ai valori tradizionali e veder scomparire la piaga mondiale della speculazione ebraica. La società non può essere costruita e sostenuta senza un senso di moralità e di sintesi.

Nichilismo occidentale e circoncisione! Il naso di Cleopatra!

I medici non possono capire tutto questo: la maggior parte di loro, almeno, non ha ancora colto l'anteriorità funzionale del sistema ormonale rispetto al sistema nervoso.

Perché sono condannati con questo ridicolo mezzo della circoncisione, che i commentari della Torah rendono ancora più oscuro, poiché dicono: "Gli effetti della circoncisione sono al di là della comprensione umana".

Non è più così.

Il razionalismo giudeo-cartesiano si autodistruggerà per la sua incapacità di risolvere i segreti del mondo e dell'uomo, per la sua incapacità di fermare il martirio e lo strazio imposti dal suo inguaribile materialismo rothschildo-marxista.

L'uomo ha perso fiducia in questa scienza, che in realtà non è altro che magia nera. Cercherà la fonte della verità nella sua mente rigenerata. Il mito socialista non può sopravvivere al tempo necessario per portare alla rovina economica e morale.

È l'ultima credenza mistica della Giudeo-Cristianità.

La Chiesa dogmatica e sclerotica e la massoneria socialista sarebbero state due facce della stessa medaglia appese al collo di coloro che erano stati circoncisi l'ottavo giorno dopo la nascita...

LETTERA APERTA AD ALBERT COHEN.

Gentile Signore.

Dopo averla vista e ascoltata in televisione, mi sono immerso in una dolorosa meditazione sui nostri determinismi e mi sono chiesto come un uomo come lei potesse essere così lontano da qualsiasi consapevolezza fondamentale.

Innanzitutto, un dettaglio del vostro programma: William Harvey, il medico inglese morto a metà del XVII secolo che scoprì la circolazione del sangue, non ha nulla a che vedere con il medico e teologo svizzero che fu bruciato su istigazione di Calvino.

Ho visto solo i ¾ del suo programma ed è possibile che se avessi visto e sentito tutto avrei avuto altre cose da dirle rispetto a quelle che seguono, ma credo che quanto segue sia sufficiente per scuotere una coscienza.

Lei ha parlato dell'assassinio di Pierre Laval con apparente compassione. Senza dimenticare di dire che "era un bastardo che meritava una pallottola in testa".

Questo bastardo aveva un solo obiettivo, salvare la Francia, l'Europa e il mondo dal bolscevismo con le povere carte a sua disposizione, una Francia occupata, un maresciallo, consapevole della tragedia bolscevica. "Auguro alla Germania di vincere", disse, "perché senza di lei il mondo sarà bolscevico".

Se si pensa alle decine di milioni di cadaveri della "Bolscevia", ai 200 milioni di vittime del marxismo e ai tentacoli in espansione di questa ideologia assassina, ci si chiede come si possa dare un tale giudizio su questo moderno Talleyrand, che aveva perfettamente ragione, come confermerebbe Solzhenitsyn. Perciò ha fatto del suo meglio per evitare un simile cataclisma, anche se questo dispiace ai nostri congeneri liberal-marxisti.

Ricordate cosa disse il Vaticano nel 1942: "La Germania nazista combatte per i suoi amici e per i suoi nemici, perché se il fronte orientale crolla, il destino dell'Occidente è segnato". Avete letto il *Mein Kampf* e lo avete confrontato con gli anni trascorsi dalla sua pubblicazione anni Venti? Allora sarete in grado di trarre le conclusioni accecanti che sono necessarie.

Se la politica di Hitler fosse stata seguita, non avremmo raggiunto un tale grado di degenerazione, caos, criminalità e cannibalizzazione della natura. In Europa si sarebbe seguita una politica autarchica e biologica. Una sovrappopolazione demenziale di esseri sempre più degenerati e l'invasione dell'Europa da parte del Terzo Mondo sarebbero state impossibili.

Soprattutto, non vivremmo sotto la dittatura dei finanzieri ebrei rossi e tutti i Paesi non sarebbero ridotti alla rovina economica e a debiti impagabili. Infine, la guerra del 1939 fu dichiarata da noi ebrei a Hitler nel 1933 e resa inevitabile dalla politica di saccheggio stabilita dal Trattato di Versailles, contro la quale Hitler protestò legittimamente.

Dovreste leggere l'articolo del rabbino Reifer, che traccia un implacabile atto d'accusa contro noi ebrei, spiegando l'inevitabilità della nascita di Hitler.

Questa disastrosa politica mondiale fu imposta dalla finanza ebraica negli Stati Uniti, che finanziò contemporaneamente gli Alleati e la rivoluzione bolscevica.

Poi, nel 1919, i Warburg vennero a negoziare la pace che aprì la strada alla Seconda Guerra Mondiale.

I giornali americani riportano che gli ebrei hanno dichiarato guerra a Hitler nel 1933. Documenti e testimonianze attestano che Hitler fece tutto il possibile per evitare la guerra. La prima prova è il suo sistema economico incredibilmente efficiente, che era totalmente incompatibile con l'idea stessa di guerra!

Hitler aveva raggiunto un accordo perfetto con il colonnello Beck sulla questione di Danzica, un'autostrada che godeva dell'exterritorialità, ecc. Fu sotto l'influenza dell'Inghilterra, manipolata dal finanziere ebreo Baruch, che Beck cambiò idea e rese inevitabile l'invasione della Polonia. La Posnania era popolata da tedeschi che venivano maltrattati e talvolta massacrati...

Il primo ministro Chamberlain non scrisse forse a sua sorella nel 1939: "Sono stati gli ebrei a farci entrare in guerra"?

Tutti questi fatti sono realtà le cui prove non possono essere distrutte dalla nostra propaganda.[44]

Grazie a storici coraggiosi della sinistra, oggi capiamo che il rapporto sei milioni di stanze-gas è un'assurdità aritmetica e tecnica.

È impossibile sterminare 4 o 6 milioni di persone, un Paese come la Svizzera, in sette campi di concentramento, la maggior parte dei quali ufficialmente non aveva camere a gas. Specialisti di altissimo livello affermano l'impossibilità di gasare 2.000 persone alla volta con acido cianidrico (cyclon b).

Ci rendiamo anche conto che l'affare Barbie era una montatura dei Wiessenthal e dell'alta finanza ebraica. Barbie è stato al servizio della CIA, il governo ebraico-americano, per installare e consolidare regimi fascisti in Sud America. Se Barbie fosse stato francese, gli sarebbe stata eretta una statua per commemorare il suo lavoro di soldato. Ha lasciato che un piccolo numero di bambini ebrei venisse portato via su ordine? E allora? Ha forse dei diritti esclusivi? Chi ha massacrato migliaia di bambini boeri nei campi di concentramento in Sudafrica se non gli inglesi, che avevano alle spalle un finanziere ebreo tedesco, un finanziere ebreo portoghese e un finanziere ebreo inglese: Lord Rothschild, guarda caso.

Hai detto che *essere ebrei è una sublimità*?

A parte il fatto che non ho mai sentito un'affermazione più razzista e megalomane, vorrei chiederle da dove trae il suo orgoglio?

Come ebreo proveniente da una famiglia illustre, non vedo alcuna sublimità in questo.

Prima di tutto, siamo una razza? No, perché le razze non esistono. Esistono solo gruppi etnici che sono il risultato di un adattamento ormonale a un ambiente fisso per almeno 1.000 anni. Ma noi non abbiamo mai raggiunto questa condizione. Il nostro particolarismo patologico, e brillantemente speculativo, deriva esclusivamente dalla circoncisione dell'ottavo giorno, che ha prodotto un grave trauma ormonale e psicologico.

---

[44] Dopo la morte di questo autore ebreo, Rudolf Hess fu assassinato nella sua prigione all'età di 93 anni: è stato dimostrato che non poteva trattarsi di suicidio, per una serie di ragioni concrete e ineludibili. Immaginate l'esplosione mondiale che le sue rivelazioni avrebbero potuto scatenare. In quest'epoca di menzogne, era l'ultima cosa di cui avevamo bisogno!

Questo gruppo ormonalmente disturbato rifiutò la rivelazione egiziana e ottenne il Dio carnale che si meritava. Produsse alcuni profeti che si affrettarono a massacrare. Creò un popolo artificiale di schiavi fuggitivi che distrusse con un massacro i popoli di cui ignorava la civiltà e il lavoro, un popolo di un Dio tribale monoteista avido del sangue dei sacrifici.

"Ho indurito i loro cuori perché non ascoltino la mia parola", ha detto Isaia, una delle loro rare luci splendenti.

La vostra sublimità deriva dalla vostra parentela "ormonale"?

Con i miliardari rossi, Rothschild, Hammer, Rockfeller, Warburg, Schiff, Sassoon, Oppenheimer e altri?

Con Marx e i suoi 200 milioni di cadaveri, giustiziati da boia di prigioni e campi di concentramento come Kaganovitch, Frenkel, Yagoda, Jejoff, Abramovici, Firine, Appeter, Rappaport, ecc.

Freud? E la sua pornografia e la sua putrefazione mondiale, la sua distruzione della famiglia e di tutti i teneri sentimenti che sono l'essenza della vita, e la cui fumosa teoria non si basa su nulla.

Picasso? E il suo degrado estetico, che ha umilmente confessato. Einstein e la fissione nucleare?

Oppenheimer e la sua bomba atomica? Field e la sua bomba all'idrogeno?

S.T. Cohen e la sua bomba al neutrone? Meyer-Lanski, padrino della Maffia?

Flato-Sharon truffatore internazionale e frodatore elettorale?

In una parola, tutti i tiranni della dittatura democratica serviti da ben pasciuti politicanti di tutti i partiti, quei deficienti implacabili che ci stanno portando verso il peggio?

No, mio caro signore, qualsiasi uomo degno di questo nome non può che vergognarsi di appartenere a questa cricca di grandi criminali che hanno in mano tutti gli ingranaggi dell'ufficialità e stanno per liquidare l'umanità e il pianeta.

Il nostro collega George Steiner ha riassunto tutto molto bene:

"Da 5.000 anni parliamo troppo, una parola di morte per noi stessi e per gli altri". Credere nei miei buoni sentimenti.

CAPITOLO XV

La febbre di Tristan persisteva. Giaceva in un caos di sofferenza effervescente.

Stava delirando.

Amo amare.

Questa è la mia forza e la mia debolezza. La mia enorme lotta contro l'impossibile.

La presenza di un cuore nudo di fronte al cinismo nichilista, la morte di ogni sentimento autentico.

Niente più gentilezza, niente più rigore, niente.

La speranza quando non c'è speranza. La mia presenza di fronte all'ostilità totale.

Gli aggregati vedono coerentemente nel minuscolo, rimpiccioliscono facilmente le loro idee.

Nietzsche, Pascal avevano tendenze aforistiche.

Di fronte ai pensieri dolorosi riversati dal caos, c'è poco spazio per l'ordine e ce ne sarà sempre meno.

Ci sono molti umanoidi per i quali le cose ovvie sono teorie e le verità sono sistemi.

Mio Dio, dammi la pace. Satana, dammi la pace della letargica felicità di uno spettatore di una partita di calcio. Milioni e milioni.

L'assenza di problemi attraverso il livellamento, l'anestesia definitiva attraverso la bomba al neutrone.

Nonna cara? Biche? Ho ancora Chopin e i piccoli.

Soffriamo per ciò che è falso in noi. Prima morale, poi fisiologico. Fisiologico, poi di nuovo morale. E di nuovo fisiologico.

La spirale discendente della disintegrazione umana. Infinite malattie psicosomatiche e somatopsichiche. L'uomo diventa un omuncolo che gesticola su una musica che farebbe fuggire le scimmie. Basta guardare le facce a teschio e ossa incrociate di certi cantanti rock o di altri impostori, che cantano ritmi scialbi e orrendi.

Un difetto congenito dovuto alla nostra degenerazione dalla caduta. Dall'alienazione della felicità originaria che forse avevamo. Ci sono popoli che sanno vivere, che non conoscono né malattia né follia e solo una morte tardiva, intorno ai centoventi o centocinquanta anni.[45]

Se seguissimo le leggi della vita, potremmo sperimentare la felicità quaggiù, una morte dolce e accettata per completare una vita di realizzazione.

Climi diversi, cibi non conformi alla nostra natura e che, in questo secolo, sono resi più dannosi dalla chimica, ci stanno gradualmente facendo degenerare. Quasi tutti noi stiamo morendo di cancro o di malattie cardiovascolari, soprattutto a causa dell'incongruenza della nostra alimentazione.

Quando vedo i volti, sento che non sono normali, spesso molto brutti come sono, li immagino belli, come dovrebbero essere. Se le persone ritrovassero il loro equilibrio organico e mentale, i loro volti sarebbero splendidi. Dio ci ha permesso di perdere il nostro volto insieme alla nostra felicità.

Ci ha permesso di ignorare le sue leggi per stupidità e ignoranza. Facce da degenerati. La nostra sicurezza non gli bastava. Voleva che fossimo instabili per vederci lottare e annegare. Tutto sommato, non abbiamo capito nulla né di lui né di noi stessi.

E ora stiamo perendo sotto la falce giudeo-cartesiana. E perché? La pace autentica è non sofferenza, non gioia, non esistenza.

Voglio tornare al nulla con i miei due piccoli.

Ero felice prima di nascere, non me lo ricordo nemmeno. Anche il non ricordare è una forma di felicità. Siamo tutti storpi: il pensiero e il genio sono difetti nati dalla disperazione. L'uomo in paradiso assomigliava più a un peccatore di linea che a Nietzsche.

Non è stato costretto a scavare nei problemi con la sua intelligenza, a urlare il suo dolore con il suo genio.

Anche l'attore è un povero mostro. Ho visto marionette in teatro che recitano sentimenti e passioni che non gli appartengono.

L'attore è tutto tranne che se stesso: non deve essere nulla.

Amo amare. Il mio tesoro.

---

[45] Allude agli Hounza dell'India settentrionale. Principalmente frugivori.

Non abbiamo notato che i cervi piangono sempre?

È perché soffrono. La cerva sarebbe una ballerina se fosse una donna, come il levriero, il purosangue e la gazzella.

La mia cerva è una donna, una cerva e un po' troia. Sta zitta. È un piccolo mostro che voglio amare perché ha bisogno d'amore e lo sopporta fino allo sfinimento. Chi dice che siamo tutti masochisti quando si tratta di amore? C'è del vero in questo.

Si lascia amare. Io amo per amare. Le ho dato tutto, tutto il mio cuore.

Tutta la mia angoscia. In amore scegliete ciò che vi richiede di più. Si sceglie ciò che è più dannoso per noi. Ho scelto Biche mio malgrado, sapendo che forse mi avrebbe dissolto, annientato. Mi sono voltata verso il passato, con gli occhi pieni di lacrime e stregata dalla mia passione, sono partita. Mi sono spogliato di vite che non mi appartenevano e la cui sicurezza mi era cara.

Amo la sua debolezza.

Non mi è rimasto nulla, nemmeno la dignità.

È bellissima, ma non riesce a immaginare che ci sia qualcos'altro al mondo per me oltre a lei, solo lei.

- Ho una piccola testa di cerva", mi disse un giorno, "non una grande testa di elefante.

Sì, ha questo adorabile musetto da cerbiatta che mi fa soffrire tantissimo. Non riesco a spiegarglielo. Ma cosa posso fare?

È nata con il dono della danza. La danza era la sua gioia di vivere. I suoi genitori non l'hanno capito, quindi non è diventata una ballerina, ma sarà sempre una ballerina, così come io sarò sempre una pianista, *essenzialmente*.

Un ballerino senza danza, un pianista senza pianoforte.

Persi nel mondo moderno. Non possiamo cambiare la nostra essenza, questo mondo di bruti può ucciderci, tutto qui.

Ha incontrato la mia passione e ne aveva bisogno. Voleva assorbirmi anima e corpo, voleva essere il mio idolo silenzioso. Non ammette nella mia testa nient'altro che lei stessa, non sopporta i miei due figli.

Se potesse scoprire che due bambini sono sacri... Se potesse capire che questi due piccoli esseri non sono tra lei e me, tra il mio amore e lei.

Non riesco a vedere chiaramente in questo buio condannato.

La amerei con la stessa passione se si unisse a me nel mio dovere di padre e di artista? O addirittura!

Non sarebbe forse implicito in me in modo silenzioso? Non saremmo un insieme silenzioso? Ma allora non saremmo totalmente diversi?

Se avessi studiato pianoforte, non avrei avuto bisogno di pensare. Non sono stato creato per pensare. Penserò sempre come un bambino. Non si può chiedere molto al cervello di un bambino.

Il dandy è il bambino per eccellenza. Allora compatiteci. Dategli la danza, datemi un pianoforte, perché io amo e non posso più amare.

Ma Biche, gelosa di due figli...

Signore, non dovremmo odiarti perché *non ci parli sempre delle leggi della vita che portano alla felicità?*

Noël

Per la prima volta, per qualche motivo, la *nonna* andò a trovare i figli di Tristan. Diede alla tata un orsacchiotto e un piccolo biglietto. Diceva:

"Cosa vuoi, non è perché il loro padre è un mostro e un ingrato. Se penso a tutto quello che ho fatto per lui! Che serpente ho scaldato nel mio seno!".

E le persone nel suo salone, annuendo, suggerivano che fosse una specie di santa.

Febbre, sempre febbre. Costretto a letto, lucido, devastato.

Pochi giorni dopo avrebbe dovuto sostenere l'esame finale di licenza.

André, il suo amico psichiatra, venne a trovare Tristan e decise che sarebbe stato più saggio per lui andare in ospedale.

I sulfamidici avevano eliminato i colibacilli, ma le tracce purulente erano rimaste.

Il primario dell'Hôtel Dieu dove alloggiava, genero di un medico amico del padre e della madre che aveva dato alla luce Tristan, era soprannominato il "professore dei miracoli". Aveva infatti guarito un paziente affetto da cirrosi epatica, da meningite cerebrospinale e da altre malattie calamitose. In ogni caso, lasciò l'ospedale sulle sue gambe, ma nessuno sapeva se un mese dopo fosse ancora vivo.

L'atteggiamento e il fisico del dottore colpirono Tristan in modo strano. Era quadrato, atletico e dotato di una memoria prodigiosa, che era facile osservare quando esaminava i pazienti al mattino con i suoi studenti. Il tirocinante che lo seguiva era esattamente dello stesso tipo, tanto che avrebbero potuto facilmente essere scambiati per padre e figlio. Erano due perfetti pituitari.

Tristan aveva notato, come ha detto, la frequenza di questo tipo tra gli agrégés, gli stagisti molto prima di dare loro un "appellativo ghiandolare".

Era ben consapevole che questa osservazione sarebbe sfuggita a chiunque altro perché nei dettagli erano diversi, ma è proprio il dettaglio che l'uomo comune sa osservare.

Per Tristan, la loro somiglianza era evidente quanto quella con Chopin, Musset, Liszt, Goethe, Disraeli e gli allampanati romantici in generale.

Il professore non ha osservato nulla. Non fece domande. La sua unica preoccupazione era quella *di trovare la sindrome.* Strumenti di misurazione, test sui materiali, radiografie dei polmoni e dei reni, test dell'albumina, iperglicemia indotta, vari esami del sangue, metabolismo basale...

Poiché le tracce purulente erano scomparse, il professore concluse: "Febbre fisiologica".

A Tristan fu somministrato un sedativo nervino che lo mandò in uno stato di soffocamento tale che dovette rinunciare.

Tristan meditava sulla vera medicina. Gli sembrava così aberrante che non riusciva a credere che qualcuno potesse credere seriamente in essa e applicarla sistematicamente. Solo le cause nutrizionali e psicologiche potevano portare alle origini di una malattia.

Biche era arrivato. La febbre era salita. Ma questa febbre, questo pus, questi microbi non erano forse *l'espressione fisica dello strappo della sua anima?*

Titubante, lascia l'Hôtel Dieu per recarsi alla Sorbona per la sua ultima laurea. Scrive in uno stile semi-nebbioso, supera gli esami orali a pieni voti e ottiene la laurea con lode.

Insegnava già da dieci anni.

Nonostante questa notevole anzianità, molti dei suoi colleghi, anch'essi laureati in lettere, non hanno potuto ottenere la cattedra: hanno dovuto superare un concorso, il CAPES o l'agrégation.

I loro stipendi rimanevano irrisori e statici. Un giorno, un comitato di insegnanti non di ruolo si riunì e consultò un sindacato molto importante. La direttrice del sindacato, Mademoiselle Abraham, rispose:

- Siamo un sindacato di insegnanti di ruolo, quindi non ci interessa il problema degli insegnanti non di ruolo.

Così un collega si è presentato per raggruppare e difendere gli interessi degli insegnanti non di ruolo laureati in lettere. Era un comunista.

Nessuno poteva scegliere di eleggere un altro, perché non c'era nessuno che difendesse i loro interessi fondamentali. Il dilemma era semplice: o essere difesi da un comunista o non essere difesi affatto.

Non è forse questo un aspetto fondamentale del mondo moderno? Le nazioni la cui tradizione è l'antitesi del marxismo finiscono per trovare un solo apparente protettore, il marxismo.

Non risolverà nulla, ma è l'unico.

Un giorno divorerà il mondo intero, lasciando al capitalismo solo i finanziatori che lo finanzieranno, proprio come hanno finanziato il bolscevismo in Russia: quello sarà l'inferno globalista.

Questi iperpremiati universitari non avevano capito nulla della sua agonia senza sindrome.

Biche rimaneva irascibile e nervosa, creando dentro di sé conflitti insani. L'esistenza dei bambini la rivoltava. Sanguinava al pensiero che quei due piccoli significassero così poco per lei. Era combattuto tra la sua passione e il suo dovere.

Un giovedì dovette andare a trovare i suoi piccoli.

Biche ha sofferto molto. Era cattiva solo perché stava soffrendo. Tristan non prese il treno per la periferia.

Rimase accanto a lei, sentendo il suo dolore. Disperato, indebolito, pazzo di passione e torturato.

I volti dei suoi due figli davanti a lui.

No, non è l'amore, quella spregevole schiavitù di cui si muore.

Non poteva più desiderare. Per ventinove anni aveva usato la sua debole forza di volontà in una lotta estenuante per negare se stesso, per rinnegare la sua vocazione di pianista, di pensatore e di artista per acquistare, quasi suo malgrado, il diritto di esistere. Tutto ciò che aveva costruito stava crollando a causa di una passione a cui la sua ragione si opponeva, da cui era inevitabilmente attratto e contro cui non poteva fare nulla.

Sentiva la minaccia della tubercolosi e della follia. I medici *materialisti* non potevano fare nulla per lui.

La Provvidenza, non c'è altra parola per definirla, gli mise poi davanti agli occhi un articolo medico che formulava la traduzione endocrinologica dei quattro archetipi umani che aveva osservato. Il lottatore sul ring, Stalin e Kruscev erano tutti *surreni*.

Specializzandi *in ipofisi* e associati.

Artisti romantici come Chopin, Musset, Liszt e lui stesso erano *pazienti della tiroide*.

Il dottor Alexis Carrel era perfettamente adatto al tipo *genitale interno o interstiziale*.

Si mise quindi in contatto per lettera con il medico che aveva scritto questo articolo folgorante, di cui aveva subito compreso i misteri.

Questo medico di Bordeaux, il dottor Jean Gautier, aveva fatto la scoperta più importante del secolo in termini di conoscenza dell'uomo: l'*anteriorità funzionale del sistema ormonale rispetto al sistema nervoso e all'essere umano in generale*.

Il loro primo contatto fu urgente e lui le scrisse una lettera caotica in cui si mescolavano le ferite del suo passato, il suo matrimonio, la sua passione per Biche, i suoi figli e le sue scuse per l'esteta condannato a morte dal progresso.

La risposta del medico fu rapida:

Mio caro signore.

Non disperate. Analizzate la vostra situazione con troppa lucidità, ragione e buon senso per non guarire e ricomporvi. Avete un ideale, il pianoforte, un dovere, i vostri figli: avete tutto ciò che serve per riempire magnificamente la vita di un uomo dal cuore intelligente e molto sentimentale.

Ti aiuto io. Lei ha scritto un notevole saggio sul dandismo.

La fotografia allegata illustra chiaramente il mio tipo "tiroide". Hai inevitabilmente scelto una donna il cui tipo ghiandolare ha una certa affinità con il tuo. Ma le mancano i genitali interni, il che la rende molto egoista. Sono insoddisfatte, alla ricerca di sensazioni e gelose.

Sei come Chopin e Musset con George Sand: le dimostri troppo che la ami. Ma la Sand era una genitrice riproduttiva, che le permetteva di essere infedele, ma con una certa gentilezza.

Segua le due prescrizioni ormonali che sto scrivendo per lei e sua moglie. Quando si sarà ripreso, venga a trovarmi e faremo una lunga chiacchierata...

Tristan e Biche hanno preso gli ormoni e hanno smesso di farsi a pezzi.

Purtroppo gli ormoni erano molto costosi e non potevano permettersi di rinnovarli.

Poi Biche, per mille sciocchezze, si riprese la maschera. Cercò di piegarsi all'enigma del suo carattere. Cercarono le parole per placarlo. Tutto lo scontentava. In presenza di amici non riusciva a parlare. Biche lo paralizzava. Una sola parola poteva scatenarla, ferirla, scorticarla viva.

Tristan aveva detto che lei lo stava distruggendo.

"Per me andrebbe benissimo", rispose lei.

Una lettera, suo figlio era malato.

Quaranta di febbre. Tenne per sé le sue preoccupazioni. Biche aveva visto la busta: "Se ami i tuoi figli, non restare qui, vai e stai con loro", aveva detto.

Poi, rivolgendosi a Tristan in modo formale:

— "Cosa ci fai qui?

Questa scena aveva ridotto Tristan in uno stato di stordimento. Durante il pranzo avrebbe recitato la commedia della serenità davanti ai suoi genitori. Lui non ci riusciva. Così lo attirò in disparte nel soggiorno, dandogli un'illusione di tenerezza, in modo che potesse recitare una relativa felicità anche davanti ai suoi genitori.

Dopo il pasto, si ritrovarono soli.

— "Dobbiamo solo essere fratello e sorella", gli ha detto, "e in più voglio accettare un lavoro da modella che mi è stato offerto in Svizzera". E poi:

— "Voglio fare quello che voglio fare".

Infine, ha aggiunto questa frase inaudita: "Non voglio essere dannato da solo".

È scomparsa per tutto il pomeriggio.

Le chiese dove fosse stata. Lei rispose: "Stavo cercando un albergo". Quella sera, nella loro camera da letto, lui insistette perché lei se ne andasse.

Lei voleva che se ne andasse. Tutto ciò che doveva fare era andarsene.

Si sedette sul bordo del letto, soffrendo per entrambi. Le loro due sofferenze erano antagoniste: lei aveva solo la sua, lui le stava vivendo entrambe.

Così, per un tempo interminabile, parlò. Le spiegò che per qualche stranezza della natura c'erano cose che lei non capiva, che doveva provare, che i bambini non si mettevano tra lui e lei.

Che era una cerva gelosa di due bambini.

Si era calmata e piangeva tra le braccia di Tristan. "Non è colpa mia", gemeva, "non lasciarmi mai".

Tristan lo sapeva. Povero piccolo fiore di serra, proprio come piaceva a lui. Doveva comprare altri ormoni, doveva farlo, e così fece.

Passarono due settimane. Lui si azzardò a parlarle dei suoi progetti per la Svizzera. "Ma io non voglio fare la modella, perché vuoi che faccia la modella?", rispose lei.

Biche rimase incinta.

Così, nelle settimane successive, la sua piccola Biche iniziò a lavorare a maglia alcune cose deliziose per il piccolo cerbiatto che stava per nascere. C'era un cappottino rosa con il cappuccio, delle piccole muffole bianche...

Com'era bello tutto questo...

Se solo sapeste quanto è bello vedere una piccola cerbiatta lavorare a maglia. Il suo piccolo fiore di serra...

Quel giorno, Tristan non soffriva più. Non voleva più soffrire. Se avesse fatto ancora male, avrebbe detto al suo piano...

CAPITOLO XVI

"La vita è unità nella varietà" (Tommaso d'Aquino)

"La sofferenza, levatrice dell'uomo interiore" (Principe Paolo Scortesco)

Tristan ha approfittato delle lunghe vacanze scolastiche estive per visitare il fisiologo e l'endocrinologo che lo hanno aiutato.

Quest'uomo aveva scoperto una chiave fondamentale della natura umana: l'onnipotenza delle ghiandole endocrine. Scoprì che il tipo "tiroide" a cui apparteneva era l'apollineo dell'astrologia e il fosforo dell'omeopatia. Anche le prospettive venusiane facevano parte della caratterizzazione tiroidea, così come i dati marziani facevano parte della caratterizzazione surrenale. Egli riteneva che questi dati non sarebbero stati percepiti da una società materialista e primitiva, prima del crollo del materialismo.

Anche l'anteriorità funzionale del sistema ormonale non era compresa nel XX secolo. Ci sarebbe voluto molto tempo perché questa nuova conoscenza penetrasse nella coscienza collettiva.

Intuì che questo scambio di opinioni sarebbe stato per lui un'enorme apertura alla Conoscenza. Dovevamo allontanarci da tutte queste pseudo-filosofie giudaico-cartesiane che potevano solo generare il nulla dell'intelletto razionalista.

L'intelligenza sintetica e l'intuizione avevano abbandonato l'uomo sotto l'influenza della dittatura assoluta di un intelletto spietato e votato alla sua esclusività. Logicamente, tutto ciò che ha prodotto è stata la stupidità materialista e il suo orgoglio irrisorio, che ha portato al suicidio dei corpi, delle anime e del pianeta.

Il Dottore assomigliava a Montaigne e soprattutto al generale Chiang Kai-Shek. Tristan ricordava il generale nazionalista che, con l'aiuto del generale MacArthur, era pronto a impedire l'avvento di Mao Tse Tung e del comunismo in Cina. Il successo era certo, ma il governo "americano" impedì a Mac Arthur di unire le forze con Chiang Kai Shek e fu richiamato negli USA, mentre il generale nazionalista fu relegato a

Formosa... È *certo* che l'intervento di Mac Arthur avrebbe impedito l'avvento del comunismo in Cina: chi *ha fatto il* comunismo cinese?

Lo scienziato raccontò a Tristan di essere stato un pre-mongolo ma che, grazie alla sua conoscenza dell'uomo ormonale, era riuscito a uscire da questo stato. Era anche riuscito più volte a trasformare piccoli mongoli in piccoli negozianti e impiegati, dando loro un aspetto fisico che portava solo tracce di mongoloidismo. Quando, anni dopo, questi ex-mongoli andavano a trovare il medico che aveva diagnosticato il loro mongolismo, questi, senza eccezioni, preferivano accusarsi di una diagnosi errata piuttosto che riconoscere l'efficacia terapeutica del dottor Gautier.

Il dottor Gautier aveva ancora in casa una vestigia asiatica, di cui si è già parlato, poiché assomigliava a Chiang Kai Chek.

Tra loro si sarebbe instaurato un lungo e affascinante dialogo, unico al mondo.

— Mio caro Tristan sei insolitamente sensibile, emotivo e sentimentale. Sei più o meno in grado di capire tutto, anche se solo per intuizione. Quindi non c'è nulla che possa ostacolare una sorta di chiarimento di tutti i problemi generali e personali che ti preoccupano e ti opprimono. Innanzitutto, parliamo del suo matrimonio con la donna che lei chiama "cerbiatta". È molto difficile per lei adattarsi a sua moglie, figuriamoci se lei si adatta a lei. Non solo è un tipo di tiroide, ma ha una lieve tendenza patologica all'ipertiroidismo. Questo significa che è impossibile per voi due vivere insieme. Ha bisogno di un'ipofisi calma e non problematica senza una vita intellettuale ed emotiva straripante come la vostra. La sua tendenza ipertiroidea patologica mi appare evidente da una semplice fotografia, senza esami di laboratorio, come mi appaiono le labbra violacee di tua nonna, che non conosco.

Tristan era sbalordito.

— Come fa a sapere tutto questo?

— È molto semplice. Sua nonna appartiene a un tipo specifico di tiroide che spesso compare nella setta dei circoncisi dell'8° giorno a causa di uno squilibrio ormonale provocato dalla circoncisione maschile dell'8° giorno. Ne parleremo più avanti. Questo particolare gli è peculiare a partire da una certa età e posso dirvi che anche vostra madre, che appartiene a questa tipologia, avrà queste labbra se vivrà in età matura. Posso aggiungere che entrambi hanno problemi di circolazione alle gambe e una tendenza alle palpitazioni.

La curiosità di Tristan fu stuzzicata dalla sua stessa impazienza. Nella sua mente scorreva il caos, un universo di domande da porre, ma il dottore continuò.

— Tra lei e sua moglie c'è un'inevitabilità ormonale su cui non si può fare molto, soprattutto nelle condizioni in cui viviamo oggi. Dovrete separarvi prima di essere costretti ad assentarvi per mesi dal lavoro o ad ammalarvi gravemente, soprattutto nel caso di due persone affette da malattie della tiroide o dei polmoni.

— Ma io amo mia moglie!

— Ne sono convinto, e anche oltre misura. Vi aiuterò a superare questa difficile prova, innanzitutto spiegandovi. Daremo uno sguardo all'umanità e cercheremo di capire ciò che nessuno ha ancora afferrato. So che il vostro battito cardiaco sta accelerando perché la vostra tiroide è eccitata dall'aspetto nuovo e oppositivo di tutto ciò che vi sto spiegando. Vi spiegherò quindi alcune nuove concezioni che riguardano l'uomo e che nessuno per il momento capirà, a parte qualche tiroide di tipo superiore e gli "interstiziali". È vero queste due categorie di esseri sono praticamente scomparse.

— Alcuni pazzi non riescono a capire cosa signifìchi "fulgorazioni tiroidee", perché è ovvio che le tiroidi iperattive si trovano nei pazzi iperattivi.

— Quello che dici è vero e ben osservato e compreso. A volte riescono a capire molte cose, ma non riescono a trarne vantaggio. Il caos delle loro menti non è costruttivo. Inoltre, tenderanno a distorcere le realtà che stiamo per esporre per soddisfare i loro istinti, le loro idiosincrasie, i loro hobby, i loro interessi, la loro follia. Non possono realizzare l'Astrazione indipendentemente dalle loro idee, dai loro sentimenti personali, dai loro condizionamenti e dalle loro preferenze. Il genio, invece, ha accesso alla verità anche se è soggettivamente molto sgradevole. Non tiene conto delle sue preferenze e osserva solo i fatti e le argomentazioni profondamente ponderate. Il pazzo non può fare nulla di tutto questo. Per capire tutto questo, abbiamo bisogno di un minimo di substrato ormonale tiroideo e interstiziale.

— Che cos'è l'interstizio?

Tristan stava bevendo.

— È una parte ghiandolare che fa parte delle gonadi nell'uomo e delle ovaie nella donna. È la controparte dei "genitali riproduttivi". I genitali "interstiziali" e "riproduttivi" costituiscono la ghiandola genitale. La ghiandola interstiziale o "genitale interna" è atrofizzata nelle persone affette da demenza. Questo, ovviamente, è il segno costante della follia in un essere normalmente costituito. (Perché uno stato mentale aberrante è naturale negli esseri congenitamente malformati, come i microcefali, gli anencefalici, ecc.

— Certo che lo è. L'interstiziale deve essere la ghiandola della salute mentale, del senso morale, del coraggio, delle capacità intellettuali superiori come la nozione di identità e di sintesi - tutte possibilità vietate ai pazzi. È tutto questo, insieme alla forza di volontà, a costituire la vera intelligenza che manca ai pazzi. Nel linguaggio popolare si dice che un uomo senza coraggio non ha i testicoli. L'osservazione popolare ha scoperto, attraverso un'osservazione secolare, la ghiandola genitale interna senza saperlo.

— L'interstiziale è quindi un uomo dotato di un potere interstiziale che gli conferisce la padronanza dei suoi pensieri e delle sue azioni.

— Probabilmente questa ghiandola è attualmente poco sviluppata.

— No, è esigua nell'umanità di oggi e sta diminuendo sempre di più a causa delle condizioni generali della vita moderna: agitazione frenetica, chemioterapia del suolo, del cibo, della terapia, vaccinazioni sistematiche,[46] tutte cose che sono un assassinio di questa ghiandola fondamentale. Questa ghiandola è quella dello scopo umano. Vedi, Tristan, la base fondamentale di queste nuove scoperte è che siamo funzionalmente diretti dal nostro sistema ormonale e non dal nostro sistema nervoso, come la maggioranza dei medici ancora crede.[47] tutto nel nostro essere è influenzato sia dalla mente che dal corpo attraverso il sistema ormonale. Ecco perché tecniche millenarie come la respirazione, o la respirazione controllata, assicurano il perfetto controllo del sistema ormonale, rendendo impossibili le malattie psicosomatiche.

Sono ben consapevole dell'importanza del sistema ormonale quando vedo l'importanza della tiroide in tutte le mie reazioni.

---

[46] Una ventina di iniezioni di prodotti putridi nel corpo, contenenti metalli pericolosi come l'alluminio Le vaccinazioni causano cancro, malattie cardiovascolari e malattie mentali... Nel 2000, ad esempio, la vaccinazione contro l'epatite B ha causato sclerosi multipla e spondilite anchilosante...

[47] Molti omeopati e naturopati hanno compreso perfettamente questa anteriorità funzionale.

—   È naturale che si acceda direttamente a questi dati, ma ci sono molte altre prove disponibili.

—   Quali?

—   Per esempio, alcuni insetti a cui è stata tagliata la testa possono continuare il loro corteggiamento! Se tutti i nervi che portano agli organi sessuali di un cane vengono tagliati, questo non abolisce il rut o la normale procreazione di questi organi. La resezione dell'intero sistema simpatico non altera in alcun modo i segni vitali, le emozioni o le attività sessuali di un cane operato in questo modo. Ma l'asportazione di uno solo dei quattro sistemi endocrini organici impedisce la comparsa dell'istinto sessuale in questo animale e porta alla degenerazione degli organi riproduttivi.

—   Tutto questo mi è perfettamente evidente da molto tempo. Se le endocrine, come diceva Carrel nel 1937, ci danno le nostre caratteristiche fisiche e mentali, è ovvio che il sistema ormonale ci dirige funzionalmente. *Il nostro sistema nervoso ci fa agire solo in base a ciò che siamo ormonalmente. È quindi chiaro che il nostro sistema ormonale dirige il nostro sistema nervoso.*

—   Per voi questo ragionamento è elementare, ma conoscete abbastanza gli "agrégés" e gli "internes" per sapere che per loro non è affatto ovvio. Vedremo più avanti *perché non riescono a capire*. Abbiamo quattro endocrini organici*surrenale, pituitario, tiroideo e genitale*. Ognuna di queste, quando è fisiologicamente iperattiva e le altre sono in uno stato normale, determina uno dei quattro prototipi umani. Se si vuole un'immagine simbolica, la surrenale sarà un lottatore su un ring, o Stalin, il tipo materialista, il meno evoluto. Il suo aspetto ricorda l'orango, con la sua mimica e i suoi gesti. Tutti ricordano Krusciov che batteva con la scarpa sulla scrivania durante una riunione dell'ONU. Un grosso contadino dell'Alto Nilo è un perfetto rappresentante del tipo ipofisario, e il generale de Gaulle è un tipo prevalentemente ipofisario. Lei rappresenta perfettamente il tipo tiroideo, così come Chopin, Goethe, Chateaubriand e così via. Un grande santo sarebbe una tiroide interstiziale, tu "dandy" sei una tiroide meno interstiziale che ti rende suscettibile alla passione. Avete la tiroide interstiziale perché altrimenti non vi occupereste di verità, sintesi e bellezza. Ma questo influisce più sul cervello che sul corpo. Si può anche capire la frase di Camus: "Il dandismo è una forma degradata di ascetismo". In altre parole, si potrebbe dire che il dandy è una specie di santo degenerato, il che è perfettamente confermato dall'endocrinologia. Non è impossibile che un malato di tiroide diventi un asceta, come lo sarebbe in una società tradizionale e non patogena come la nostra. Il dandy diventa un asceta anche nella nostra società, almeno negli ultimi secoli, perché La Fontaine, dandy prima del tempo, e Liszt, sono diventati asceti quando sono diventati maggiorenni. La Fontaine si vestì di silice e Liszt divenne il canonico Liszt. Così come François d'Assises. Tutti e tre erano libertini. Quando la tiroide si stancò con l'età, subentrò l'interstiziale, da cui l'evoluzione verso le qualità spirituali dell'interstiziale. Purtroppo non ci siete ancora arrivati. Ogni donna affascinante manda in trance la vostra tiroide ed esercita su di voi una sorta di fascino fatale. L'unica cura è il cibo vegetariano, la respirazione controllata e la preghiera attiva, cioè non l'elemosina. L'esacerbazione della tiroide porta a un grande utilizzo dei genitali riproduttivi, che a sua volta riduce l'attività dei genitali interni. Vi parlerò di un fenomeno sorprendente: l'uomo primitivo era surrenale, era il grande bruto. Quello che seguì fu quello dell'uomo di Cro Magnon, l'artista delle caverne, era tiroideo. L'umanità di oggi è ipofisaria, analitica e ideologica. Ma si scopre che l'uomo bambino è surrenale, il che gli permette di tenere il braccino alzato ad angolo retto per tre quarti d'ora, cosa che noi non potremmo fare. Dopo la pubertà, che è la terza (e non solo la seconda, che tutti conoscono e chiamano "pubertà"), diventa tiroideo, cinguetta, parla, si comporta come un piccolo poeta e crea neologismi. Poi, verso i 18 anni, l'età della pubertà definitiva, diventano interstiziali, cioè in pieno possesso del loro libero arbitrio. Si capisce, a questo proposito, la necessità di un'educazione rigorosa per sviluppare l'interstiziale e creare quel tipo di tutori che, acquisendo i giusti automatismi, contribuiscano a rafforzarlo.

— Se ho capito bene, l'umanità si sta evolvendo esattamente come un bambino e, se facciamo un confronto, saremmo vicini al nostro 18° compleanno, la nostra ultima pubertà. Questa è quella che gli astrologi chiamano l'Età dell'Acquario.

— Sì, la fine dell'umanità ipofisaria è vicina. Dopo il nostro suicidio, raggiungeremo la nostra ultima pubertà: l'umanità sarà diventata maggiorenne, avrà compiuto il suo diciottesimo anno.

— Questo è chiaro.

— Per te, Tristan, ma non per un ipofisico che ha perso il senso del sacro, della religione autentica, della bellezza, della sintesi - in una parola, tutte le componenti essenziali della mente che ci permettono di capire a questo livello di pensiero. L'intelletto analitico, che è l'unica cosa da fare in un'ufficialità suicida, ci permette solo di aderire a miraggi suicidi. Eppure l'osservazione analitica elementare dimostra che la scienza è suicida. Eppure gli scienziati del tempo continuano a essere i giocattoli della frenesia inventiva. Che cosa vi aspettate che capiscano le ghiandole pituitarie quando escono con orrori come la Torre Eiffel, il Centro Pompidou, la chimica sintetica come principio di salute, le vaccinazioni, e prendono Freud e Marx per geni?

Tristan rimase sognante. Il medico continuò:

— Tu sei Tristano, il discendente diretto di questo antenato dei Cro-Magnon. Era alto, simile a un gatto, muscoloso e civettuolo. Adornava il suo corpo con pelli di animali, colori e tatuaggi. Era uno stregone e un poeta Era già un visionario e un poeta grazie al suo potere tiroideo. È da lui che l'uomo trae l'estensione e l'ampiezza del suo sorprendente vocabolario. Il periodo romantico ci offre gli esempi più rappresentativi di questo tipo: Chopin, Musset, Liszt, Chateaubriand, Weber, Lamartine, Disraeli, Goethe... Hanno quell'aspetto lungo e allampanato, la testa ovoidale, gli occhi spalancati, altamente espressivi e mobili. Ricordiamo che i pazienti ipertiroidei patologici hanno gli occhi esoftalmici. La loro fisionomia è vivace, i loro tratti mobili trasmettono fedelmente le loro impressioni, i loro sentimenti. Il loro linguaggio è facile, a volte sofisticato, e sanno istintivamente come adulare. Sono ermafroditi sentimentali. Sono effettivamente uomini, ma con qualcosa di femminile nei gesti, nella dolcezza dello sguardo e dell'espressione. Spesso sono più femminili delle donne stesse quando si tratta di sentimenti, perché non sono capaci di nessuna delle meschinità che caratterizzano la psicologia femminile. La loro sensibilità è acuta e tagliente e percepiscono la più piccola sensazione, la più piccola ferita. Anche la più piccola sensazione li fa ripiegare su se stessi come la più piccola forza contraria. Sono trascinate dai loro sentimenti come un torrente le cui onde si infrangono su una roccia e diventano bianche di schiuma. Gli esseri umani non li capiscono, il che non facilita il loro stato civile. Nemmeno noi capiamo gli esseri umani. Li sentiamo, li conosciamo, ma non possiamo capirli perché sono così lontani dalla nostra mentalità. Posso persino dire che più li conosciamo, meno li capiamo. Ci sembrano senza cuore, insignificanti, futili, irrisori e il più delle volte interessati a ciò che non interessa. Questo è ancora più vero nella nostra epoca di stupidità e bruttezza generalizzate, che li stupisce. Perché siamo così sensibili al dolore?

Beh, in generale, come non era il caso del fortemente surrenalico Goethe, hanno surreni fisiologicamente deboli. La vostra mano estremamente fine, che i chirologi chiamano "mano psichica", è l'antitesi della grande zampa materialista dell'adrenalista. Le surrenali conferiscono caratteristiche maschili: una relativa insensibilità al dolore che permette di combattere e una forza muscolare che serve allo stesso scopo. Conferisce una brutalità che incoraggia la femmina a essere forzata e costretta. Ma mentre l'adrenaliano prova un piacere al limite del masochismo quando è sottoposto al dolore, il dandy della tiroide lo subisce e se ne lamenta. Il dolore gli piace solo perché eccita la sua tiroide, cioè la sua intelligenza e la sua immaginazione. Una tiroide con ghiandole surrenali deboli provoca l'angoscia che Kierkegaard, un uomo tiroideo, chiamava "la spina nella carne".

— Quindi è così che spieghi l'aspetto essenziale del mio matrimonio con Biche?

— Sì, perché non l'avete sposata solo perché era bella. È vero che ha soddisfatto una visualizzazione che avevi da tempo nella tua mente - è normale che un uomo tiroideo alto, biondo e snello si innamori di una donna tiroidea di tipo simile - ma ha provocato uno stato d'amore appassionato. Che cosa è successo? Un'eccitazione psicologica favorevole provocava l'eccitazione della tiroide, la secrezione che ne derivava agiva sulla sessualità e lo stato di eccitazione di quest'ultima agiva sulla stessa ghiandola, che a sua volta agiva sul cervello per produrre rappresentazioni erotiche immaginative. Queste ultime tendevano ad aumentare l'eccitazione sessuale, che si ripercuoteva ancora una volta sulla tiroide: *da qui questo circolo vizioso funzionale*, che diventa un elemento vitale per il mantenimento dell'ossidazione, cioè della vita. Quindi nel dandy c'è una fisiologica ricerca del dolore da parte della tiroide, che sembra paradossale, ma che si spiega molto bene se si conoscono le varie funzioni coinvolte. Questa tendenza alla tristezza è evidente nella musica di Chopin. La polonaise in do bemolle è quasi luttuosa, non è una danza felice, né una marcia sfolgorante come l'armonia e il ritmo sembrerebbero desiderare. È certo che questo stato funzionale di eccessiva sensibilità, che nell'essere ordinario e normale trasforma le sensazioni visive e uditive in gioia, nel dandy romantico si metamorfosizza in una sensazione che, fino a un certo limite o intensità, porta gioia, e oltre questo limite un'impressione dolorosa e poi penosa. Poiché il romantico cerca sensazioni violente per rinvigorire una tiroide che si stanca rapidamente perché mal supportata dai surreni e dai genitali interni, finisce in quasi tutte le circostanze, per intensità o durata, con l'affaticarsi, il dispiacere e il dolore. In una civiltà tradizionale, il vegetarianismo, l'educazione spirituale e la respirazione gli avrebbero risparmiato questo stato. Apparterrebbe alla classe dei sacerdoti e dei chierici di governo. Non dimentichiamo che la tiroide è la ghiandola della sessualità, il che significa che ciò che non esce dall'alto esce dal basso! Gli ormoni tiroidei vengono utilizzati o per l'alta intellettualità o per la sessualità. A seconda del contesto sociologico in cui si trova, la tiroide sarà fondamentalmente o altamente intellettuale o erotica. Così il romantico si evolve, ondeggia, varia dal piacere al dolore, con lo stesso tipo di sensazioni, colori, musica, sentimenti, godimento riproduttivo. Passa continuamente da una sensazione di piacere a una sensazione di dolore, in altre parole dall'attività della tiroide alla sua insufficienza. Poiché l'attività della tiroide porta gioia, la sua insufficienza porta tristezza, angoscia e malattia, perché è importante sapere che non sono i microbi a causare la malattia, *ma le loro forme patogene in un ambiente malsano*.[48]

Vale la pena notare che, oltre alle numerose malattie psicosomatiche, c'è l'ingestione di molecole che non sono specifiche per il biotipo umano. In altre parole, mangiamo ciò che non è adatto al nostro corpo. Questo è fondamentalmente patogeno. La guarigione dei tumori grazie al ritorno al cibo crudo e al vero istinto che ritorna dopo pochi giorni di ingestione di cibo crudo è un fenomeno ormai noto. Se i microbi fossero la causa delle malattie, i miliardi di bacilli di Kock nella metropolitana di Parigi, ad esempio, *trasformerebbero tutti i parigini in malati di tubercolosi, ma non è così*.

Tale è dunque la sensibilità del dandy romantico, esagerata perché qualsiasi sensazione lo fa soffrire alla minima forza che grava su di lui, perché si adatta male. Quando una forza agisce sul nostro essere, dobbiamo affrontarla attraverso la secrezione ormonale che risponde ad essa. Se la forza è potente, sono le surrenali a intervenire, determinando una certa insensibilità che permette al soggetto di sopportare un rumore violento, un'illuminazione intensa o un peso elevato. Quando la forza è meno percepibile, come nel caso di un oggetto poco illuminato o situato all'ombra, è la tiroide che deve intervenire per dare più acutezza alla vista e più finezza all'udito. Se una forza agisce troppo a lungo, l'ipofisi interviene per fornire la resistenza desiderata. Si può capire la predominanza ipofisaria necessaria per i candidati agli esami ufficiali di concorso, come l'agrégation o il tirocinio in medicina. In caso di pericolo, i genitali interni intervengono per fornire coraggio e forza di volontà. Questi esempi di adattamento potrebbero essere moltiplicati all'infinito, poiché esistono per tutti i casi possibili della vita.

L'artista romantico non utilizza ciascuna delle sue secrezioni per opporsi alle varie forze contrarie. Utilizza sempre la tiroide, che diventa la sua secrezione universale. In queste circostanze, la sofferenza attiva la tiroide, rendendola intelligente e creativa. Ma se la sofferenza o l'opposizione durano troppo a lungo, il suo stato di ipertiroidismo fisiologico diventa patologico: può impazzire o suicidarsi. *È importante ricordare che la follia è uno stato di ipertiroidismo*, così come la

---

[48] Non dimentichiamo che Pasteur morì dicendo: "Claude Bernard ha ragione, il microbo è nulla, il campo è tutto".

nevrastenia è uno stato di ipotiroidismo. Questo non può essere verificato in laboratorio, da cui l'incapacità delle menti analitiche di rendersi conto di queste verità.

Il suo egocentrismo, il suo egocentrismo dovuto alla mancanza di adattamento e alla sua grande sensibilità, fanno sì che ami l'adulazione, ami diventare una star, distinguersi per le sue doti artistiche, la sua loquacità, il suo potere mimetico o la riproduzione sentimentale. Ha un'inclinazione per il teatro, perché è un attore impareggiabile. È anche un oratore, un conferenziere, un predicatore, un grande politico (assolutamente non un "politico", perché non può rientrare nei branchi amorfi e nella nullità dei partiti politici irreggimentati), ha la voce giusta, la velocità di elocuzione. La voce non proviene dal sistema nervoso ma dal sistema ghiandolare. Gli anencefalici, che non hanno nemmeno una protuberanza, si esprimono non solo con gesti ed emozioni, ma anche con cinguettii. La voce proviene quindi dalla tiroide. Ecco perché la tiroide parla bene non appena si sente circondata da comprensione e simpatia intelligente. Poiché sono colpiti dall'aspetto delle cose, usano un linguaggio colorito. Poiché vivono i sentimenti fino alla sofferenza, sono innanzitutto poeti.

Ha il dono di esprimere i suoi sentimenti con parole e immagini. Solo tiroideo, sarà un poeta impressionista più o meno decadente. Interstiziale, tende al classicismo, cioè a dipingere personaggi comuni a tutti gli esseri umani: La Fontaine, dandy romantico prima del tempo, è uno di questi.

Se avete un organo genitale riproduttivo attivo, avete Alfred de Musset, e se avete un organo genitale interstiziale carente, avete Oscar Wilde e la sua omosessualità.

Le persone tiroidee sono anche eccellenti musicisti, compositori, pianisti e violinisti. Sono intelligenti, veloci e capiscono testi e persone a metà strada. È un essere sorprendente, destinato a soffrire. Sapete che molti malati di tiroide sono morti di tubercolosi: Chopin, Lamartine, Keats, Schiller e altri.

In effetti, per chi soffre di tiroide, un raffreddore o un dolore al cuore possono permettere alla tubercolosi di prendere piede. Se una temperatura cronica si verifica e persiste, la tiroide si trova in difficoltà. Bisogna sostenerlo, ed è quello che ho fatto quando mi ha scritto che i medici le hanno parlato di "febbre fisiologica", che indica un lieve stato di ipertiroidismo non misurabile.

La malattia può progredire con riacutizzazioni. Quando la tiroide ha delle risorse, si arrabbia, si irrita e combatte con la febbre. In questo modo, i microbi patogeni adottano una forma di resistenza. Rimangono relativamente poco virulenti finché la tiroide è in grado di riprendere i suoi sforzi. Ma se una nuova causa la indebolisce, i microbi patogeni si moltiplicano. La tiroide può ancora essere in grado di combatterli, ma se diventa stanca ed esausta, l'infezione uccide il paziente. È così che Keats morì all'età di venticinque anni, consumato dal crepacuore, ahimè per una donna che non valeva la pena di essere presa in considerazione. Questo dramma è tipico del nostro morfotipo. Le donne molto belle ma mentalmente inadeguate sono la trappola fatale della tiroide.

— Questo mi porta alla questione del dongiovannismo tiroideo.

— Ebbene, la tiroide è la ghiandola che più frequentemente causa anomalie nel piacere e nel desiderio sessuale maschile. Chi soffre di tiroide ha una tiroide potente che non è mai soddisfatta di un atto sessuale normale. Si stanca rapidamente perché sappiamo che è una ghiandola endocrina che viene stimolata da sensazioni originali, nuove, irregolari, variabili e mutevoli. Sono sensazioni come queste che attivano più facilmente la tiroide nella vita, nell'attività intellettuale e in tutto ciò che ha a che fare con la sessualità, dando un'impressione molto viva di piacere e soddisfazione. Invece, nel caso di sensazioni sempre uguali, della stessa intensità, di un decorso uguale e noto, questa endocrina diventa insufficiente, riducendo il soggetto al disgusto, all'apatia, al torpore che può, nei casi meno evoluti, portarlo alla droga o all'alcol. Così è difficile per loro compiere l'atto sessuale in modo monotono perché l'abitudine porta a una sorta di impotenza, a una depressione da chagrin ipotiroideo, mentre una donna nuova, nell'aspetto, nei modi, nella conversazione, nello stile di vita ripristina la virilità dell'uomo tiroideo eccitando la sua tiroide. Questo è ciò che è successo con la vostra storia d'amore con la cerva. Da un lato, la tua tiroide immaginativa ti impediva fisiologicamente di avere rapporti coniugali regolari e ordinari e, dall'altro, le tue funzioni fisiologiche sentimentali molto sviluppate si ripercuotevano sul tuo interstizio, lasciandoti in possesso di un grande senso morale, annullato dalla passione. L'incontro con la biche ha portato a uno stato d'amore molto sentimentale e passionale. Abbiamo parlato del processo fisiologico, del circolo vizioso funzionale che, se aveste perso la cerva, avrebbe potuto portare allo shock, all'ipotiroidismo, al suicidio, alla follia e alla malattia broncopolmonare. *La passione è l'insufficienza dei genitali interni, dominata da una tiroide iperattiva. La tiroide, va ricordato, è la ghiandola della tentazione.* Quindi è sorto in voi un violento conflitto tra il vostro amore passionale e l'amore per i vostri figli, di cui non vi importava nulla.

Non è metafisicamente affascinante notare che questa sofferenza vi ha fatto riflettere, vi ha portato a considerare problemi fondamentali che riguardano tutti gli uomini. Avete meditato sull'uomo ormonale, totalmente sconosciuto all'ufficialità, che si è limitata a misurare analiticamente le secrezioni ormonali e a fare osservazioni puramente empiriche. Una bolla di dolore si è sprigionata dentro di voi con il desiderio impellente di trascendere queste dolorose prove.

— Cosa pensa della mia tiroide di cerva in termini di caratterizzazione ormonale?

— Senza dubbio c'è un po' di cerbiatto in sua moglie, ma il suo simbolo è molto più un'illusione che una realtà. Questo tipo di illusione sulle donne è tipico della tiroide. È molto più simile a un gatto che diventa crudele sotto l'influenza delle surrenali, o a certi felini dalle zampe alte come il puma o il giaguaro. Avete notato che aveva un'articolazione del pollice molto pronunciata e che i piedi e le mani erano leggermente sproporzionati rispetto al resto del corpo. La stessa sproporzione si nota nel puma in relazione a un corpo flessuoso e allungato. Non aveva molto cuore per lei e per i suoi figli. È una malata di tiroide con insufficienza interstiziale e non ha molti sentimenti al di fuori degli stretti confini della sua persona. Posso assicurarle che, una volta separati, non avrà più nulla a che fare con lei. È una tiroide *fisica, non sentimentale* come te. Ha la capacità di ballare, la leggerezza, la flessuosità, gli automatismi. Questo è il tipo di ballerino slavo. Esistono tre tipi di ballerina: la tiroide aggraziata, una ballerina classica, l'ipofisaria, una ballerina acrobatica americana, e la genitale, una ballerina spagnola.

- Mi parli del concetto di genio in termini di endocrinologia.

— L'uomo geniale deve possedere un potente organo genitale interno o interstiziale che è stato il lavoro funzionale delle ghiandole surrenali, tiroidee e pituitarie tutte insieme. Ha la straordinaria proprietà di provocare l'attività di queste tre ghiandole secondo la sua volontà, perché in fisiologia tutti i fenomeni sono reversibili. È quindi fortemente tiroideo, artistico, sensibile, altruista e sentimentale. Grazie alle surrenali, mette la sua forza e il suo potere al servizio della sua bontà. È anche obiettivo e pratico, perché considera i fenomeni per quello che sono e non secondo i capricci delle sue preferenze personali, del suo clan o del suo partito: non ha mai paura della verità. È anche ipofisico e analitico, il che lo rende un pensatore completo. È sempre un filosofo, cioè capace di considerare i problemi umani senza pregiudizi e con totale imparzialità. Nel mondo ufficiale non ci sono geni. Ci sono solo persone mediocri che si preoccupano dei loro interessi immediati e che non si rendono conto che si stanno suicidando obbedendo ai dettami dei loro onnipotenti padroni finanziari. Ecco perché l'inquinamento fisico e morale, le carestie, le guerre mondiali e locali e le rivoluzioni permanenti sono la fine dell'umanità. Il santo, il genio, il dandy sono tutti tiroidi con poteri interstiziali diversi. Ma non è impossibile che un dandy diventi un genio. Dipende dalla disciplina imposta all'interstizio dalla dieta, dalla respirazione, dal lavoro spirituale e dalla preghiera in particolare.

— Per concludere su questo argomento e per dimostrarle che ho capito bene, farò due osservazioni: innanzitutto, l'uomo normale è libero solo all'interno di un determinismo ormonale. Un droghiere il cui sistema ormonale è in equilibrio avrà la libertà di essere un buon droghiere. Lo stesso vale per un artista, un intellettuale, un artigiano. Ma mi sembra che le persone del mondo moderno, vasi marci di squilibri ormonali, nervosi e neurovegetativi, siano praticamente condannate al determinismo assoluto dei consumatori-elettori. Questo è ovviamente dovuto al fatto che né il secolarismo, né la chemificazione, né la vaccinazione sistematica possono sviluppare l'interstizio. Per quanto riguarda la tiroide, vorrei tradurre in endocrinologia la formula camusiana: "*Il dandy, quando non si uccide o non impazzisce, fa carriera e posa per i posteri*". Quindi dirò questo: "Se l'ipertiroideo fisiologico di tipo superiore non si uccide in una fase di iper- o ipo-tiroidismo, o se sotto l'effetto di una sofferenza troppo intensa non sprofonda nella follia (forme frustrate di follia erotica, megalomane o paranoica) trova nella realizzazione del suo scopo di artista un equilibrio fisiologico che rende possibile la sua vita", ma il più delle volte è breve e dolorosa a causa dell'esagerato dispendio di energia vitale, della sua grande sensibilità determinata dall'ipertiroidismo congenito e accentuato, dalla debolezza delle ghiandole surrenali e dall'insufficienza della ghiandola interstiziale che viene ipotrofizzata dal dolore, dalle difficoltà della vita, dagli eccessi sessuali e dalla mancanza di adattamento alle circostanze.

- Avete capito perfettamente![49]

---

[49] Questo affascinante argomento è stato trattato in un dottorato alla Sorbona. Giugno 1971 con il titolo "*Studio psicofisiologico dei dandy romantici* (o dandismo, ipertiroidismo fisiologico)". La giuria era presieduta dal decano Raymond Las Vergnas e il relatore della tesi era il professor Albeaux Fernet, un noto endocrinologo che ha introdotto in Francia il famoso Hans Selye, che ci ha dato la parola "stress".

CAPITOLO XVII

"Non hanno mai quella modesta attenzione propria della vera intelligenza" (Simone Weil)

Il cranio di Tristan rimase in un tale stato di effervescenza che ebbe difficoltà a esprimere in un filamento logico l'intero globo sintetico di caos che lo abitava. Quello che voleva era capire tutto quello che stava provando in modo così perfetto.

— Cominciò Tristan:

— Per anni ho creduto che l'unico denominatore comune che può spiegare il particolarismo ebraico nel tempo e nello spazio sia la circoncisione nell'ottavo giorno.

Avevate perfettamente ragione, questa è l'unica e vera causa del loro particolarismo brillantemente speculativo e parassitario. Ma prima metterò alla prova la vostra pazienza, perché è necessario un preambolo. Avrete notato senza difficoltà che il mondo moderno è radicalmente privo di geni perché nell'ufficialità non c'è alcuno spirito di sintesi. Essa sarebbe costretta a fare esattamente il contrario di tutto ciò che viene fatto in ogni campo. Il genio lavorerebbe per un mondo qualitativo e biologico. Di conseguenza, non solo nessun problema può essere risolto, ma può solo diventare radicalmente insolubile, culminando in tutte le forme di inquinamento e in una terza guerra mondiale. I manicomi si stanno riempiendo di matti e ci sarà sempre meno spazio per accoglierli, soprattutto perché la follia diventerà normativa. Pazzi lucidi, criminali e idioti diventeranno scrittori e compositori di musica regressiva, patogena e criminogena. Gli Stati sono gestiti da persone squilibrate, perché solo primitivi o pazzi laureati, guidati dalla finanza e dal marxismo, sono alla guida visibile degli Stati. L'uomo è sottoposto a una schiavitù atroce, peggiore di quella dell'antichità.

— Sì, questo è indiscutibile.

Il medico si alzò e si avvicinò a un cassetto, da cui tirò fuori due fotografie. Ne porse una a Tristan:

— Cosa pensi che sia?

Tristan aveva osservato.

— Un negro, non è vero? Ma cosa ha a che fare con gli ebrei che governano il mondo e che attualmente ci interessano?

— Siate pazienti, so che non lo siete, ma vi ho detto che dovevo farvi una premessa importante. Beh, no, non è un negro: è un acromegalico dopo dieci anni di malattia. L'acromegalia è una malattia dell'ipofisi iperfunzionante.

Il medico mostrò a Tristan altre fotografie del paziente, scattate nel corso dei 10 anni in cui la malattia era progredita. L'uomo aveva assunto un aspetto sempre più negroide, fino ad assumere il perfetto aspetto di un negro. Il fenomeno era ancora più evidente in una fotografia in bianco e nero.

— Cosa ne deduce?

— È semplice, direi che il negro è un normale acromegalico.

— Molto ben compreso, ma mal espresso. Diremmo che il negro è un ipofisario con manifestazioni acromegaliche.

— Capisco perfettamente e avevo capito che un negro non potrà mai essere un tiroide come Pericle, Chopin, Goethe, Lamartine o Chateaubriand.

— È di fatto impossibile dal punto di vista ormonale, soprattutto in prossimità dell'equatore. Solo gli indiani possono avere questo tipo di tiroide perché la loro civiltà era in grado di produrre tiroidi interstiziali capaci di levitare. Non solo una tiroide non può nascere vicino all'equatore, ma da adulta non potrebbe vivere lì e morirebbe molto rapidamente. La tiroide può vivere solo in paesi temperati o freddi, senza esagerare.

— Ma un negro può essere un buon specialista accademico, un onesto romanziere o un pianista jazz.

— Senza dubbio, ma mai uno Chopin, un Pericle o un Carrel.

— Per me è tutto perfettamente chiaro e ovvio.

— Per voi, ma non pensate che sia ovvio per il malato di ipofisi di cui parleremo più avanti. Né pensate che tutto questo stia per penetrare nella coscienza collettiva. Ci vorranno secoli.

Il medico produsse un'altra fotografia. Mostrava un idiota con la pancia sporgente. Era di profilo, con la fronte bassa e le labbra spesse. Era un ipotiroideo patologico. Il medico scattò un'altra foto e la mostrò a Tristan. Era molto simile all'altra nell'aspetto generale.

— Sapete che aspetto ha la persona in questa seconda foto?

— No?

— È un pigmeo.

— Oh, la somiglianza psicologica è visibile nella foto: vedete come entrambi tengono il braccio sinistro stupidamente piegato con la mano che pende verso il basso. Eppure queste due foto, così simili, sono state scattate a distanza di anni e non hanno nulla in comune.

Questi fatti nuovi, così eclatanti, costrinsero Tristano a un momento di silenzio meditativo, mentre sentiva la sua effervescenza mentale crescere con questa consapevolezza, i cui semi erano già dentro di lui.

— Sapete come chiamare l'elaborazione intellettuale che avete appena praticato con tanta naturalezza e senza la quale non può esistere una vera conoscenza? È la nozione di identità. Questa elaborazione, come la sintesi, è radicalmente esclusa intellettualismo ufficiale. Quanto a coloro che sarebbero in grado di praticarle, sono esclusi dal sistema aberrante delle competizioni tecnocratiche, che hanno anche un effetto patogeno sulla mente. Queste gare lasciano solo l'analitico e il mnemonico e sono quindi dei veri e propri lavaggi del cervello. L'analisi e la memoria sono essenziali, certo, ma non sono in alcun modo i criteri per un'intellettualità superiore. In conclusione, le qualità della vera élite sono totalmente assenti dall'ufficialità.

— Ma dov'è la questione dei circoncisi dell'ottavo giorno in tutto questo?

— Sono sicuro che lo percepite, ma aspettate ancora un po'. Vi racconterò un aneddoto simbolico che vi farà capire l'inevitabilità dei nostri tempi. Ricevo qui molte persone, medici, avvocati, professori, ebrei o goyim. Il mio ufficio è un caos, una dispersione necessaria. Guardate la mensola del camino.

Tristano si avvicinò al focolare e vide un libro su Kierkegaard sul marmo, con una fascia a lettere rosse: "L'umanesimo appartiene ai preti, ai santi, ai pazzi, ai filosofi o ai dandy? Questa frase intelligente e comica fu una specie di colpo al cuore di Tristano. Poneva una domanda originale, sia nella forma che nella sostanza.

Sul libro c'era una pistola di pietra, forse del XV secolo, ma lui la vide appena e la allontanò con la mano per rileggere meglio la domanda scioccante.

Il medico rimase in silenzio e continuò:

- Questa frase ti ha colpito, la pistola è stata un'ombra per te. Ebbene, quando ricevo una persona circoncisa l'ottavo giorno, anche se è solo un sarto, fa quello che fai tu. Gli altri esseri umani, gli insegnanti, i medici persino, senza eccezione, prendono la pistola, la giocherellano, la esaminano, mentre la frase in rosso non suggerisce loro nulla. Quindi, vedete, l'uomo circonciso pensa. Se pensa in modo giusto o sbagliato non è questo il punto. Ma pensa. Vedete, tra qualsiasi sintesi, qualsiasi verità e le masse, l'ebreo mette una "pistola", una cosetta facile e insignificante per catturare l'attenzione delle masse e fare soldi sulla stupidità umana. Si pensi alla musica attuale, al calcio, all'editoria, alla stampa, alla televisione e alla radio. La dialettica demagogica ufficiale si sta abbassando al livello delle masse sempre più degradate. Le masse seguono, e dalla Seconda Guerra Mondiale, che è stata radicalmente economica, si sono precipitate verso ogni tipo di degrado e di macelleria. E le masse sono tutti tranne i santi, i veri geni, i veri artisti e gli ebrei. Solo questi ultimi hanno avuto il potere ufficiale dalla rivoluzione del 1789. Anche i reverendi padri, ebrei convertiti, non possono sfuggire a questo destino. Un famoso padre ebreo, con cui ho avuto recentemente una conversazione, mi ha detto che la circoncisione non spiegava gli ebrei - anche se non sapeva nulla di endocrinologia, materia in cui sono specializzato - e che la storia era sufficiente a spiegarli, il che è assurdo perché i ghetti hanno solo pochi secoli. In realtà, hanno dato il meglio di sé in molte civiltà precristiane, dove l'antisemitismo (o l'antiebraismo, per essere più precisi) era molto diffuso. In realtà, ovunque si sono insediati, in ogni tempo, in paesi e lingue diverse. Mi ha anche detto che la Massoneria è un mito, cosa che fa ridere anche il massone medio, e che non ci sono mai stati tanti grandi artisti come ai nostri tempi, che Carrel era una persona superficiale e gretta e Simone Weil un caso patologico! In altre parole, il Reverendo Padre non faceva altro che ripetere ciò che qualsiasi zombie socialista-comunista avrebbe potuto dirmi. È quindi incapace di ascoltare uno specialista che si occupa di endocrinologia da quarant'anni, di capire Carrel e Simone Weil. Il tutto con aplomb, pretenziosità e incredibile arroganza. Simone Weil ha riassunto molto bene questo aspetto mentalità ebraica: "Non hanno mai quella modesta attenzione propria della vera intelligenza". Si può notare che, con questi nuovi Padri, la Chiesa sta sprofondando nel marxismo, nella difesa dei diritti umani che vengono violati ovunque, e che in realtà valgono solo per proteggere l'egemonia ebraica. Nonostante le famose encicliche che condannavano radicalmente il liberalismo e il marxismo, entrambi "intrinsecamente perversi", il secondo esistente solo grazie al primo.

Ora possiamo entrare nel vivo del più scoraggiante degli argomenti.

Sappiamo che non esistono razze, ma solo gruppi etnici, che sono il risultato di un adattamento ormonale a un ambiente fisso per circa 10 secoli. È evidente che non sono la posizione geografica, l'alimentazione o il clima a spiegare gli ebrei, che non sono mai rimasti in un luogo fisso per mille anni come il negro, l'eschimese o il pigmeo. Hanno soggiornato in Palestina solo per un periodo molto breve e si sono diffusi in tutto il mondo. Inoltre, assumono le caratteristiche dei Paesi in cui hanno vissuto a lungo: un ebreo basso e tarchiato del Sud America non assomiglia a un ebreo alto, biondo e con gli occhi azzurri della Polonia. Hanno solo due aspetti in comune: caratteristiche spesso caricaturali e oggetto di derisione secolare e, per molti di loro, una capacità mnemonica e speculativa senza pari. È questo che permette loro di sviluppare i principali crimini del liberalismo, del marxismo, del freudianesimo e delle bombe atomiche all'idrogeno e al neutrone. Né l'istruzione né il cibo Kocher possono conferire un particolarismo così implacabile. Gli inglesi, per esempio, sono prevalentemente ipofisici: "Wait and see[50] è la formula per eccellenza del loro empirismo. I tedeschi hanno una tendenza surrenale che conferisce loro una mentalità gregaria, come gli antichi assiri che indossavano i loro stessi stivali, praticavano lo stesso sistema di quinta colonna e avevano anche una tendenza aggressiva e carri armati. Insomma, gli ebrei, praticanti o atei, tutti sottoposti a circoncisione, sono sparsi per il mondo da migliaia di anni. Come si può trovare un denominatore comune per spiegare il loro particolarismo, dal momento che nessuna posizione geografica, nessun clima o alimentazione specifica possono spiegarlo? Si è parlato molto della loro formazione religiosa, ma questa non ha alcun ruolo tra gli ebrei dell'alta borghesia, che vanno in Sinagoga solo per motivi di convenienza. *La circoncisione l'8° giorno è l'unico denominatore comune che può spiegare questo particolarismo.*

Questa particolarità è facile da definire e da osservare nell'anno 2000:

Tratti fisici caricaturali, come Mendès France, Raymond Aron, Serge Gainsbourg, Soros, Hamer ecc. ed enormi possibilità speculative a scapito del senso morale e dello spirito di sintesi.

Anche la scienza materialista ha scoperto che esiste un momento biologico importante, la prima pubertà, che inizia l'8° giorno, 21 giorni

---

[50] Aspettate e vedrete.

dopo la nascita. In questo periodo si verificano notevoli sconvolgimenti.[51] La circoncisione interrompe questi sconvolgimenti in un piccolo essere così fragile come il neonato.

Questa pratica di circoncisione nel primo giorno di pubertà conferisce un particolarismo speculativo che gli esseri umani non sono in grado di concettualizzare.

La circoncisione è una pratica molto antica. Era praticata dagli Egizi in epoca pre-faraonica e dai Sumeri nel delta del Tigri-Eufrate. Gli Egizi conoscevano le proprietà ghiandolari della tiroide. La simboleggiavano nella sua posizione anatomica con un sole, il che significa che sapevano *che era la ghiandola della vita e dell'intelligenza.* Eseguivano la circoncisione il 5° giorno, cioè tre giorni prima dell'inizio della pubertà. Questo permetteva a di guarire, rendendo meno brutale il trauma inflitto alla ghiandola interstiziale, che non era ancora sveglia.

Lo hanno fatto per creare un'élite morale e intellettuale.

Ma questa circoncisione era totalmente diversa nei suoi effetti dalla circoncisione ebraica. I faraoni venivano battezzati con acqua e circoncisi il 5° giorno dopo la nascita. Venivano nutriti con olio di palma e germe di grano contenente vitamina E (ricordiamo l'importanza dell'alimentazione delle api per la formazione della regina) e praticavano la consanguineità incestuosa per compensare gli svantaggi di questa circoncisione. In tutti gli altri casi, la consanguineità incestuosa dovrebbe essere evitata a causa dei suoi gravi effetti patogeni e degenerativi. Ricevevano una rigorosa educazione intellettuale, fisica, morale e spirituale sotto l'egida dei sacerdoti di Horus. Per migliaia di anni si sono succeduti sul trono egizio. Provenendo da un numero ristretto di famiglie, la loro longevità era assicurata, così come la loro capacità di riprodursi. Erano molto intelligenti, così come i membri della casta sacerdotale che venivano circoncisi nelle stesse condizioni. Fu la loro grande superiorità intellettuale a portare, tra l'altro, alla *scoperta della scrittura fonetica.*

Mosè, un iniziato egiziano, conosceva la questione ghiandolare molto meno dei sacerdoti di Horus. Decise di rendere il suo popolo superiore a tutti gli altri sistematizzando la circoncisione già prescritta da Abramo. Per questo nella Bibbia è scritto che la circoncisione

---

[51] Si veda il mio *"File segreti del XX secolo", la cui* prima parte è dedicata alla circoncisione ebraica.

"simboleggia un patto con Dio e che Israele sarà il popolo che regnerà sulla terra".[52]

Un professore di Bibbia ebraica mi ha detto recentemente che la prescrizione della circoncisione non si trova in nessuno dei principali testi di Mosè, e che il termine "popolo eletto" è un termine improprio in ebraico, il cui vero significato è "popolo modello" di saggezza e virtù. Tutto questo è discutibile, perché mai avrebbero dovuto praticarlo e perché questa psicosi di superiorità megalomane? Chi potrebbe dirci che Rothschild, Hammer, Marx, Freud, Picasso, Oppenheimer, Field, S.T. Cohen Flato- Sharon, Djérassi, Meyer Lanski, Tordjman,[53] Bénézareff,[54] Kaganovitch,[55] Jejoff, Badinter,[56] Kouchner, Lang,[57] ecc. sono modelli di saggezza e virtù?

La circoncisione ebraica era quindi molto diversa da quella faraonica e anche i risultati erano molto diversi. Di conseguenza, gli ebrei erano vere e proprie caricature dei faraoni. Erano tanto analitici quanto i Faraoni erano sintetici.

Gli ebrei credono quindi nella loro superiorità razziale (anche se le razze non esistono e loro non sono un gruppo etnico) e morale, che non esiste. *Questo fatto, noto a tutti, dimostra che sono fondamentalmente razzisti, il che è comico perché sostengono ovunque l'antirazzismo a loro vantaggio, solo per servire il loro razzismo egemonico. È incredibile che i Goyim siano disposti a cadere vittime dell'enormità di questo inganno. La questione ebraica non può in alcun modo essere inclusa nel mito dell'antirazzismo che hanno creato.*

Questa mutilazione sessuale dell'8° giorno non è stata quindi inventata da Mosè, ma sfruttata da lui ignorando la realtà ormonale. *Questa mutilazione sessuale il 1° giorno della pubertà rende molto attivi i surreni, l'ipofisi, la tiroide e i genitali riproduttivi, ma a scapito dei genitali interni. È qui che sta il dramma.*

---

[52] Ho letto nei commenti alla Torah: "Non cercare di capire il problema della circoncisione, è al di là della comprensione umana".
[53] Uno psicanalista marcio che ci dice che se non troviamo normale la pornografia è perché siamo prigionieri di alcuni cliché mentali arretrati.
[54] Re del film pornografico.
[55] Ha guidato l'URSS con Stalin ed è stato a capo del sistema di campi di concentramento che ha sterminato decine di milioni di russi.
[56] Giurista ebreo che introdusse la pena di morte per gli innocenti e la abolì per gli assassini. Ci dice anche che un buon padre deve essere un po' omosessuale e un po' pedofilo. Sua moglie nega l'istinto materno.
[57] Gli ultimi due ci dicono che i bambini hanno diritto al piacere sessuale... Lang era ministro dell'Istruzione: poveri bambini!

A questo punto della vita inizia la prima pubertà. Tutte le ghiandole devono essere attivate e portate in equilibrio per dare al bambino i mezzi per adattarsi alla sua nuova esistenza. Infatti 3 ghiandole, surrenale, tiroide, ipofisi, su impulso dell'ipofisi devono lavorare insieme per risvegliare l'interstizio. Purtroppo la circoncisione, attraverso la ferita che provoca, fa sì che gli ormoni secreti confluiscano abbondantemente nelle parti sessuali esterne e distoglie la secrezione dei genitali interni dalla sua missione essenziale: *il sistema ghiandolare e l'encefalo*. Attaccandosi prematuramente ai genitali esterni in questo momento, gli ormoni conferiscono loro un alto livello di attività.

Ma la funzione naturale della secrezione genitale è quella di influenzare l'intera economia e, più in particolare, il sistema nervoso, per conferire all'essere una superiorità intellettuale e morale. Viene quindi distolta dal suo scopo e non può compiere la sua missione.

Invece di perfezionare l'uomo morale e intellettuale, lo renderà prima un riproduttore, concentrandosi sugli organi sessuali. Poi, dato che gli organi genitali interni non sono molto efficienti, lascia che le altre endocrine organiche si scatenino. Ecco perché troviamo tra loro ipoadrenalisti (in numero ridotto, perché l'umanità di oggi è ben lontana dall'umanità surrenale), molti tiroidisti e quantità di specialisti dell'ipofisi (finanza, fisica, chimica, medicina specialistica, psicoanalisi, ideologie).

Ma, e questo è l'epicentro del dramma, non essendo guidati dai genitali interni, si lasciano trasportare dalle loro speculazioni in modo fatale.

Le loro speculazioni si collocheranno quindi agli antipodi dell'umano.

Producono logici smarriti (Marx), sognatori del sistema (erotomania freudiana) e finanzieri (Rothschild, Warburg). Sono intelligenti e attenti, nel senso banale del termine, ma mancano totalmente di spirito di sintesi e non sono mai i creatori intellettuali o artistici che danno vita all'umanità. I loro unici "geni" sono due mitomani: Freud e Marx. Questi lucidi pazzi hanno portato all'erotizzazione del pianeta e al massacro di decine di milioni di esseri umani.

Il loro impulso a godersi la vita, la loro vivacità mentale, le loro tendenze scientifiche speculative e persino mediche ipofisarie li fanno sembrare in anticipo sull'evoluzione umana, ma sono bloccati in uno stato di perfezione e non saranno in grado di tenere il passo con l'umanità che si muove verso l'interstiziale. Sono già dei fossili o degli squilibrati mentali e il loro unico mezzo per mantenere la loro egemonia è il potere del denaro e della demagogia. Va detto che alcuni ebrei avanzati non approvano il comportamento dei loro simili, ma non possono dire nulla. Bergson mise in guardia gli ebrei di Germania dal loro stesso comportamento, invitandoli a cambiarlo se non volevano assistere all'emergere di una grande ondata antisemita (questo termine non ha alcun senso, perché un ebreo polacco che vive in Polonia da secoli non è affatto semita: dovrebbe essere antiebraico).

Dieci anni dopo questo monito, apparve il nazismo, annunciato anche dal rabbino Reifer. In un articolo pubblicato nel 1933, l'anno in cui Hitler salì al potere, Reifer fece il punto della situazione.

— Diventeranno sempre più infelici, preoccupati, ansiosi e pagheranno un prezzo sempre più alto per la follia, come dimostrano le statistiche americane. La loro tragedia è la mancanza di altruismo, di "sentimento" per gli altri (non è una questione di "sensibilità", perché ne hanno una che sfiora la paranoia). Gli ebrei pensano sempre a se stessi, alla loro setta, al loro clan, alla loro famiglia. Vedono gli altri esseri umani come opportunità da sfruttare, il che spiega chiaramente quattro o cinquemila anni di antiebraismo. Tutte le loro speculazioni servono solo a loro, in ultima analisi. Quando l'ebreo pensa al suo clan, pensa a se stesso. C'è una certa differenza tra l'ebreo e l'ebrea. La donna è generalmente dotata di maggiori qualità e si può dire che l'altruismo della donna sia una causa fondamentale della sopravvivenza di questa setta. È più onesta e coraggiosa. Naturalmente, l'ebrea tiroidea, come vostra madre e vostra nonna, è diversa. Non aveva cuore per voi, né per i vostri figli, se è per questo. Le manca il sentimento materno. È il caso delle famose attrici Rachel e Sarah Bernard, perché la loro funzione interstiziale era scarsa.

— Tua madre ha la maggior parte dei difetti di una donna: gelosia, tendenza a commettere il male e a dirlo per umiliare e degradare, proprio come tua nonna, che è dello stesso tipo. Ha le caratteristiche sia di una donna che di un'ebrea tiroidea, le prime forse un po' più delle seconde.

Se Mosè è in gran parte responsabile della pratica della circoncisione, ha creato questa setta di persone preoccupate, ansiose, disregolate dal punto di vista ghiandolare, tra le quali troviamo la stragrande maggioranza dei nevrotici della psicoanalisi. *Ha inculcato loro l'idea di un'egemonia mondiale, che hanno raggiunto grazie alla scomparsa delle élite provvidenziali provocata dalla rivoluzione ebraica del 1789 e all'inferiorità mentale della maggioranza degli esseri umani.*

Questi ultimi sono ormai storditi dal secolarismo e da tutto ciò che esso contiene, ossia la chimicizzazione del suolo, il cibo, la medicina, l'alcol, la musica patogena e ipnotica, le droghe, la vaccinazione sistematica, il calcio, la televisione, in una parola la finanza, il freudismo, il marxismo. I peggiori orrori sono diventati normativi, poiché le persone sono state condizionate fin dall'infanzia a estirpare dalle loro menti l'intuizione, il senso morale, il senso del sacro, il senso estetico - in altre parole, tutte le componenti di una mente sana. Gli ebrei possono ora, con la complicità dei politici e dei giudici che dipendono da loro, imporre i peggiori orrori purché siano diffusi dai media e dall'ufficialità. Scomparso il senso critico, possono manipolare liberamente le masse.

— Ma prima o poi si troveranno a scontrarsi con altri squilibrati ghiandolari, i cinesi, che, umanamente parlando, sono vicini a loro. I cinesi circoncidono le donne da migliaia di anni e questa pratica ha effetti speculativi e morali simili alla circoncisione. C'è da temere che a quel punto dovremo sopportare una guerra o che la nostra civiltà perisca. Va notato che i prestiti bancari che hanno permesso l'esistenza della spaventosa Armata Rossa si apriranno sempre di più alla Cina, che con l'aiuto americano potrà costruire un esercito ancora più formidabile. Non sarebbe sorprendente se gli Stati Uniti vendessero alla Cina la bomba atomica.[58]

— Gli ebrei sono ipermaschi, i cinesi iperfemminili. Questi ultimi possono convivere tra loro, mentre gli ebrei non possono e sono costretti a essere parassiti. La Cina è l'unico Paese in cui gli ebrei non sono riusciti a penetrare, se non attraverso l'ideologia marxista e gli inizi del liberalismo, perché i cinesi sono anche dotati di talento per il commercio e la speculazione. I cinesi parsimoniosi, frugali e nemici del godimento materiale, mentre l'ebreo è un uomo che gode e spende per sé e per l'ostentazione. Il finanziere Oppenheimer spese ben 150 milioni di vecchi franchi (1,5 milioni di nuovi franchi) in una delle sue serate in Sudafrica.

Questi ultimi, insieme a Warburg, Rockfeller, Hammer, Schiff, Loeb e molti altri finanzieri ebrei, manipolano le ragnatele di organizzazioni internazionali come il Bilderberg, la Commissione Trilaterale e la C.F.R., dove vengono "imprigionati" (volontariamente e nel loro interesse) i politici di tutti i partiti di destra e di sinistra (esclusi i nazionalisti, che non sono rappresentati nei parlamenti).

— Ma anche i musulmani praticano la circoncisione?

— Sì, *ma non il primo giorno di pubertà*. La loro circoncisione non ha quindi ripercussioni immediate a livello internazionale o cosmico. Soprattutto, la loro circoncisione (tra gli 8 e i 12 anni) esaspera

---

[58] Ne hanno parlato i telegiornali. (TF1)

i loro genitali riproduttivi. Questo li renderà un popolo sessuato. Gli altri endocrini non vengono stimolati, al contrario, quindi non diventeranno mai persone speculative come gli ebrei, né persone tiroidee più o meno interstiziali. *L'unica cosa che potrebbe salvare l'umanità sarebbe l'abolizione radicale della circoncisione dell'8° giorno.* Sembra che questo non farebbe molta differenza, perché è troppo tardi: la macchina infernale marxista-liberale è stata lanciata senza pilota ad alta velocità lungo una pista. Dovrà terminare la sua corsa di Sisifo in un cataclisma globale.

— Inoltre, mi sembra dubbio che si possa far capire agli ebrei che questa pratica li fissa nel materialismo, nel razionalismo e nella pura speculazione, che li portano anche all'autodistruzione. Sono consapevoli di aver raggiunto l'egemonia mondiale, ma non capiscono che ciò è concomitante alla distruzione generale causata dalla loro *"antitrascendenza"*.[59]

— E lo Stato di Israele?

— Si inserisce perfettamente nel programma di distruzione del mondo. Quello che si può dire è che i primi immigrati erano i meno segnati dalla circoncisione ebraica. C'erano molti uomini coraggiosi, fisicamente belli, senza il notevole stigma dei volti ebraici che sono stati oggetto di scherno per migliaia di anni. Era uno degli ebrei internati, molti dei quali morirono di tifo e di fame. Facevano parte del milione di ebrei che Hitler voleva scambiare per autocarri, ma loro preferirono gli autocarri ai loro compagni ebrei, che avrebbero permesso loro di architettare il succoso ricatto dell'Olocausto. I leader ebrei non andranno mai in Israele: usano Israele come testa di ponte verso il Medio Oriente per il petrolio e le materie prime.

— Tutto questo per me è ovvio, perché l'ho capito e visto ogni giorno per decenni. Vorrei farle un'altra domanda: all'inizio del secolo, un ebreo di nome Otto Weininger scrisse: "Siamo nell'epoca della donna e dell'ebreo". Questa frase mi ha colpito perché riassume le mie osservazioni sulla donna moderna. È certo che le donne non possono essere geni, menti sintetiche dotate di senso morale. È impossibile immaginare una donna che somigli somaticamente a Pericle, Goethe o Carrel. Inoltre, si è dimostrata radicalmente incompetente quando si tratta di un vero anticonformismo. È incapace di astrazione: se, ad esempio, ama un genio, lo sosterrà finché lo amerà. Se si separa da lui, non avrà più nulla della consapevolezza "emotiva" che aveva del suo

---

[59] Un'umanità materialista senza Dio e senza un'élite sintetica.

partner e butterà via il bambino con l'acqua sporca. Un uomo, invece, può rispettare e ammirare il suo avversario. Invece di basarsi sui maltrattamenti secolari che le sono stati inflitti per reclamare i suoi diritti di casalinga e madre di figli equilibrati, si lancia in un'isteria di uguaglianza con gli umanoidi della tecnocrazia. Ha persino perso l'elementare senso estetico che le aveva dato l'istinto per i bei vestiti. È diventata orrenda in quell'uniforme della stupidità internazionale, i blue jeans Levis. Le donne si sono certamente integrate "liberamente", attraverso un progressivo condizionamento, in tutti i conformismi creati dagli ebrei. M.L.F., abbigliamento maschile, la pillola patogena, generalmente cancerogena e teratogena, l'aborto self-service. *Nessuna di noi ha abbastanza personalità per vestirsi in modo diverso da una moda cretina, o per dire "no", quello che voglio è una moglie, una madre con un marito degno di questo nome. Non siamo uguali agli uomini, ma complementari. Le nostre nature sono diverse. Vogliamo figli cresciuti secondo la saggezza e la morale eterna".* Non ha nemmeno l'intelligenza sufficiente per rivendicare il suo scopo fondamentale. Per quarant'anni l'ho sentita esprimere la sua schiavitù con questa frase internazionale in tutta la sua stupidità: "Non voglio essere la tua cameriera". Riassume la loro vanità, il loro orgoglio e la loro inadeguatezza mentale.[60] Poiché le donne non hanno personalità, il che è normale, sono diventate stupide perché gli uomini le hanno istupidite. (L'uomo che ha ingoiato anche il mito idiota della "liberazione della donna", che è diventata "un oggetto libero" per girare film pornografici). Tutte le donne che incontrerete, sempre che ce ne siano, aborriranno l'M.L.F.

— Qual è, secondo lei, il ruolo metafisico degli ebrei?

— Tutte le umanità sono finite in un cataclisma. L'umanità surrenale e tiroidea dei Cro-Magnon (e di altri prima della comparsa dell'uomo: la fine dei dinosauri, per esempio). L'umanità ipofisaria deve lasciare il posto a quella interstiziale. La missione degli ebrei sembra essere quella di stimolare l'umanità ipofisaria con un eccesso cataclismatico. Saranno superati dopo il duello finale tra Rothschild e Marx, armati da Oppenheimer e S.T. Cohen. Cohen. E ciò avverrà senza una guerra sino-americana. La cinese iperfemminile ha poca barba. Grazie all'escissione, la donna cinese può fare matematica per più di diciotto anni! Per eredità, l'uomo cinese raggiunge nuove vette nella speculazione commerciale.

---

[60] Ci sono alcune donne che affermano la loro femminilità, ma sono sempre più rare.

— Se ci fosse una donna normale, cosa direbbe?

— Direbbe che non può essere intelligente come Pericle o Rothschild. Avrà pensato con la sua testa e non sarà stata oggetto di una propaganda idiota. Saprà che le donne non hanno mai avuto un'iniziativa trascendente, anche quando per secoli e in diverse civiltà hanno goduto di svaghi e studiato musica, senza mai produrre uno Schubert! Possono però raggiungere il misticismo. Vi dirà che è stata fatta per completare il suo compagno e per crescere dei figli che non saranno, come oggi, condannati alla droga e alla delinquenza, in una parola, per farne dei veri uomini e delle vere donne...

— Esiste in Occidente?

CAPITOLO XVIII

> *Lévy, Homais. Homais Lévy. Circolo vizioso internazionale. Homais li supera. Lo fanno ministro, accademico, si può contare su di lui per servire ciecamente i suoi padroni. È più ripugnante di Lévy, che almeno ha la scusa della fatalità patologica, che lo costringe a dotare il mondo di cretinismo.*

— Tutti questi concetti sono irrimediabilmente inaccessibili ai nostri colleghi universitari della Sorbona o della Facoltà di Medicina?

— Non hai dubbi?

— No, ma vorrei analizzare quella che per me è una verità primaria.

— Facciamolo insieme. Vi presento una conoscenza espressa in 5000 pagine di testo che Albert Camus, nella sua assoluta integrità intellettuale, ha impiegato un anno ad assimilare.

— Non importa, perché ho capito il senso.

— Bene. Ha osservato il mondo medico ufficiale?

— Sì, conosco diversi professori e medici, e ho amici e colleghi che sono tirocinanti in ospedale. Ho persino pranzato nella sala di guardia, con quegli orribili disegni pornografici alle pareti, che la dicono lunga sul livello di evoluzione spirituale ed estetica della professione medica. È difficile immaginare le pareti delle residenze dei sacerdoti medici nelle civiltà tradizionali decorate con tali orrori.

— Non è certo un luogo in cui ci si deve sentire a proprio agio.

— No, ma è quello che chiamo "i miei esercizi di adattamento".

— Cosa avete notato in questo ambiente?

— La strana somiglianza degli stagisti. Anche quando uno è basso e grasso e l'altro alto e magro, si *assomigliano*. Quando la loro morfologia generale è simile, a volte li confondo: per me la loro somiglianza è flagrante come quella dei romantici del XIX secolo.

— Perfetto: avete scoperto l'essenziale. Ne avete mai visto uno che assomigliasse a Chopin o a Laennec?

— Mai.

— Il tipo che il vostro occhio sintetico ha scoperto è *prevalentemente ipofisario.*

Per superare lo stage, che richiede grande resistenza fisica e memoria, è necessario appartenere a questo tipo ghiandolare o almeno avere un'ipofisi potente.

— Quindi un genio come Montaigne o Vigny non avrebbe superato questo concorso?

— Mai. La loro resistenza è debole, la loro memoria astratta è stupida. Rischiano la tubercolosi se riescono a fare questo tour de force fisiologico. Albert Camus, di cui ho ammirato la forza di pensiero ne L'homme révolté, fu fermato dalla tubercolosi sulla via dell'agrégation. Montaigne si lamentava sempre della sua memoria. Conoscete la storia di Semmelweis?

— No.

— Era un medico e professore ungherese, di tipo tiroideo, vissuto a Vienna alla fine del secolo scorso. A quei tempi, il sistema universitario non era così rigido come oggi. Grazie a una "nozione di identità", scoprì che la morte per "febbre puerperale" veniva inflitta alle partorienti da studenti e medici che non si lavavano le mani. *Senza di lui non esisterebbero l'asepsi, l'ostetricia e la chirurgia.* Come professore poté esprimersi, ma fu deriso a livello internazionale e inevitabilmente impazzì. Da allora a Vienna è stata eretta una sua statua. Quando si studia il modo in cui la classe medica si comportò nei suoi confronti, si rimane stupiti dalla stupidità e dalla malvagità del genere umano. Oggi non avrebbe nemmeno la possibilità di essere ridicolizzato, perché non potrebbe ricoprire una posizione ufficiale che gli permetta di esprimersi. Al massimo, sarebbe un eccellente medico locale che torna alla naturopatia di base.[61] Tutti i ricercatori che non

---

[61] Ci sono innumerevoli scopritori nella storia e nella medicina che vengono pesantemente condannati per il crimine di aver espresso la verità. In questo modo si ridicolizza il secolo (Faurisson, Garaudy, Beljanski, le Ribault, Solomidès, Hamer, solo per citarne alcuni).

aderiscono all'asse di analisi giudeo-cartesiano sono condannabili e condannati. Ciò è tanto più comico, se si osa dirlo, se si considera che da quando è iniziata la ricerca ufficiale sul cancro, il cancro si è sviluppato in progressione geometrica. Il che dimostra chiaramente che il focus della ricerca è sbagliato. Il problema del cancro è prima di tutto una questione di chemioterapia e di stress. Qualsiasi ricerca autentica che coinvolga *la mente* e non la *pesatura* di laboratorio viene etichettata come "esoterica", il che paralizza ogni ricerca. L'asfissia è quindi organizzata, politicamente, legalmente e amministrativamente.

— In altre parole, c'è spazio solo per i robot che si lasciano manipolare dal sistema ufficiale, peggiorando nel tempo la sclerosi. Eppure i chirurghi ipofisari sono buoni specialisti, buoni tecnici e buoni chirurghi.

— Non c'è dubbio che abbiano queste qualità. Il medico intellettuale sarebbe un tecnico mediocre, un chirurgo deplorevole a causa del suo sentimentalismo. Il suo ruolo sarebbe sintetico e manageriale. Eviterebbe la frammentazione analitica e manterrebbe la prospettiva dell'uomo globale. Tenderebbe a mantenere la medicina nella prospettiva dell'igiene e della salute naturale in generale. Purtroppo, il regno degli ipofisiologi controllati dagli ebrei del sistema è esclusivo di tutti gli editori, senza eccezioni. Questo vale per tutte le prospettive, non solo per quella medica. Il risultato è che qualsiasi lavoro di sintesi che metta necessariamente in discussione l'asfissia giudeo-cartesiana è certo di essere rifiutato ovunque. Qualsiasi opera brillante sarà quindi fraintesa ed esclusa, dagli editori cattolici tanto quanto, se non più, da altri.

— Personalmente, in presenza di pituitari, ho sempre la sensazione *che trasudino minuzia*. È come l'ispettore generale che non ha idea di quanto sia grande una mente e riferisce su di errori di battitura lasciati fuori dai documenti, anche nell'istruzione superiore. Le persone affette da ipofisi mostrano un'incapacità di ragionare su più di una singola linea logica. Non sono in grado di considerare diversi livelli, diversi aspetti, un'intera gamma di parametri. *Si ha l'impressione categorica che la specializzazione sia una forma naturale della loro mente e che non possano collegarla a una sintesi, che non è di loro interesse*. Sarebbero obsoleti, mentre false sintesi come il marxismo e il freudismo li deliziano.

— Immaginiamo un piccolo esperimento spettacolare. Supponiamo di scrivere una pagina molto concisa su un aspetto dell'intero universo di nuove conoscenze che stiamo esaminando. Presentiamo questa pagina a un ipofisario. Nel mezzo inseriamo un'enorme gaffe, per esempio che il nonno simpatico non si forma prima dei settantacinque anni. Ebbene, la nostra ipofisi rimarrà affascinata da questa gaffe. Non cercherà di cogliere l'intero quadro, per quanto brillante possa essere, mentre voi, per quanto vi riguarda, avreste percepito l'intero quadro e avreste corretto l'imprecisione senza attribuirle alcuna importanza se non quella di doverla correggere. A un livello ipofisario ancora più basso, se gli presentate un testo affascinante, la prima cosa che lo colpirà sarà l'errore di ortografia che avete a malapena notato.

— Ho visto mille volte questa psicologia fondamentale nell'approccio all'ipofisi. Come ho visto, l'università ha escluso dai suoi banchi il vero tipo intellettuale a favore degli ebrei ipofisari e tiroidei (anche l'ebreo tiroideo ha una solida ghiandola pituitaria). In medicina la situazione è talmente spettacolare da risultare oscena. Inoltre, l'istruzione a tutti i livelli sta diventando il primo stadio dell'ottundimento collettivo al servizio di un totalitarismo occulto il cui unico scopo è produrre specialisti produttori-consumatori freudo-marxisti. L'università diventa così l'agente di ogni tipo di inquinamento materialista, chimico, marxista e freudiano. Le menti diventeranno radicalmente ottuse e non saranno più in grado di assimilare l'ortodossia giudaico-cartesiana di base. Vedremo masse di bambini analfabeti, diplomati incapaci di scrivere tre pagine senza una serie di errori di ortografia, grammatica e sintassi.

— Un esito fatale. *Ma guardiamo al problema dell'ipofisi nel campo della medicina.* Stanno facendo marcire l'umanità con vaccinazioni sistematiche, chimica sintetica patogena e teratogeni. Pensate: 20-30 iniezioni di vaccini putridi contenenti metalli pericolosi come l'alluminio e il mercurio aumentano il rischio di cancro, malattie cardiovascolari e malattie mentali, per non parlare di paralisi, sclerosi multipla e spondilite anchilosante. Distruggono tutte le nostre difese. Vediamo quindi la ghiandola pituitaria in campo medico, per poi trasporre la sintesi che ne deriva a tutti gli aspetti della società. L'ipofisi permette al corpo di apprezzare il valore fisico e chimico del pensiero umano. Le nostre idee sono infatti una sorta di combinazione di ormoni e vibrazioni delle cellule nervose. *È quindi l'unica cosa che può dirci che cos'è un pensiero.* Ci dà la ragione, la capacità di confrontare le ideologie. Il suo potere di apprezzare le idee gli conferisce un certo margine di astrazione, cioè di portare un'idea sugli oggetti che percepiamo. Vediamo sedie di varie forme: sono sedie. Vediamo persone, le contiamo, sono persone. *Questo è l'inizio di un'astrazione, un'astrazione molto rudimentale, perché non si riferisce essenzialmente all'oggettività o all'idea in esame, ma a un numero.*

Così l'ipofisi, con le sue accentuate tendenze ideologiche, ha spinto l'uomo a contare, a fare calcoli, a costruire le scienze positive, la matematica. L'uomo ha incontrato molte difficoltà nel giungere al simbolismo matematico. In natura non esistono due oggetti uguali. Gli uomini primitivi li osservavano con la vista, l'udito e il tatto molto sviluppato, nei loro dettagli e non nei loro elementi comuni. Così hanno moltiplicato segni e termini per designare tutto ciò che li circondava. L'uomo riuscì a contare fino a 3, come fanno tuttora alcuni selvaggi, e poi dopo molto tempo fino a 10. La necessità di suddividere le terre inondate e altamente fertili delle valli del Nilo e dell'Eufrate li costrinse a usare la lunghezza, i numeri e la geometria. L'astronomia contribuì alla ricerca matematica. Gli indù inventarono i numeri per sostituire le lettere. Si trattò di un chiaro passo avanti: i calcoli, le moltiplicazioni e le divisioni divennero più facili e veloci. Poi arrivò il simbolismo algebrico, che permise alle lettere di riacquistare la loro importanza. La fisica passò dall'essere sperimentale ad essere sempre più matematica. La natura offre cambiamenti relativamente lenti e di solito costanti. Così gli scienziati sono stati in grado di effettuare misurazioni e di ideare esperimenti che riproducessero alcuni dei fenomeni della natura. Sono stati in grado di scoprire le forze principali che li determinano e di ricavarne le applicazioni che l'industria utilizza.

Avremmo potuto comprendere gli esseri umani allo stesso modo se fossimo stati in grado di condurre su di loro indagini così semplici. Possiamo indubbiamente fare esperimenti sulle componenti materiali del suo corpo, ma i suoi stati emotivi restano al di fuori della nostra portata e della nostra misurazione. L'uomo è in continua trasformazione, in perpetua variazione. Possiamo certamente condurre esperimenti sul sangue, sull'urina e sulle funzioni vegetative, ma non possiamo spiegare lo stato di trasformazione del suo spirito. *La mente, che è la manifestazione dei fenomeni ghiandolari, ha un'influenza importante sullo stato generale del funzionamento organico.* Lo spettacolo di un grave incidente, per esempio, suscita uno stato d'animo unito a un'emozione (paura, tristezza, ecc.) *che è semplicemente una modificazione dell'equilibrio ghiandolare, che si ripercuote su tutti i metabolismi funzionali dei più diversi organi vegetativi e nervosi.* Se l'equilibrio non viene ristabilito, ne consegue la malattia. Questa alterazione dell'equilibrio ghiandolare è quindi un potenziale morboso essenziale per tutte le malattie che si manifestano nei diversi tipi di esseri umani nelle forme più diverse: infezioni, disturbi funzionali del cuore, dei polmoni, del sistema digestivo e renale, e così via. I disturbi ghiandolari provocano quindi danni a tutte le cellule e a tutti gli organi, ed è per questo che vi siete sentiti diventare tubercolotici e schizofrenici, le due malattie degli intellettuali dovute alla loro difficoltà di adattamento al mondo materiale e alla repressione dell'Io. È bene ricordare che la malattia può essere causata anche dall'ingestione di molecole non specifiche del biotipo umano. Così la mente, come il cibo, può farci ammalare. Ha un effetto considerevole sia sul sistema ormonale che sulla mente disturbata.

Prendiamo il tuo esempio: il medico ipofisario non ha riscontrato in te nessuna delle sindromi elencate. Ha quindi concluso: "Febbre fisiologica", *che non significa assolutamente nulla. Avrebbe dovuto sapere che la febbre è uno stato di ipertiroidismo.* E questo è vero anche se non può essere misurato quantitativamente e anche se non si conoscono le caratteristiche del vostro biotipo tiroideo.

Il medico ipofisario non sospetta fenomeni simili: non può concepire che tutto in un essere umano sia influenzato sia dalla mente che dal corpo attraverso il sistema ghiandolare.

Gli allopati hanno una certa superiorità rispetto agli omeopati. È riuscito a classificare le malattie, cioè a classificare le malattie, a riconoscere i sintomi eclatanti di una malattia e a darle un nome. Ha scelto i segni essenziali e ha trascurato quelli secondari. Gli omeopati non sono riusciti a fare questo, a parte alcuni maestri come il dottor Louis Rousseau, che sanno che *il fosforo* è tiroideo, il *fluorico* è ipofisario e il *carbonico* è surrenalico. Ma la maggior parte di loro si perde in una moltitudine di sintomi secondari che attacca, e non sa che i vari tipi, fluorica, carbonica, fosforica, di cui accusa le intossicazioni tubercolari o sifilitiche, corrispondono a stati ghiandolari. Gli allopati non tengono conto degli stati funzionali, reazionari e individuali, come avete appreso con stupore durante la vostra degenza in ospedale. Pensano di poter risolvere tutto con la chimica di sintesi, che è un veleno non solo per l'individuo ma anche per i suoi discendenti. Gli omeopati tengono conto soprattutto degli stati individuali, ma non capiscono nulla degli stati funzionali.

Per la loro mentalità, i medici ipofisari sono stati affascinati dal laboratorio perché non capiscono nulla degli stati patologici e delle possibilità di adattamento e reazione negli esseri viventi. Sono corsi in laboratorio, hanno amplificato, ampliato abusivamente, complicato all'infinito i dati che ci vengono forniti, ad esempio, nel diabete dallo zucchero, nell'albuminuria dall'albumina. Hanno esaminato lo stato dei nostri organi e delle nostre cellule in tutti i liquidi e le secrezioni usando la chimica e nei tessuti usando il microscopio. Hanno quindi osservato i risultati in termini di più o meno del normale. *In questo modo, l'urea, il colesterolo e l'ipertensione arteriosa sono diventati malattie quando sono solo sintomi.* Il concetto di malattia degenera sempre di più man mano che la vera causa della malattia stessa diventa sempre più lontana nella mente del medico. Per fare un esempio spettacolare, la donna moderna soffre di una gamma estremamente ampia di disturbi, che la costringono a consultare ogni tipo di specialista. *Eppure questa diversità di sintomi fa parte di una paradossale sindrome da ipertiroidismo. Questo sintomo è causato non solo dalla chemioterapia generale, dal caffè, dal tabacco, dall'alcol e da varie sostanze tossiche, ma soprattutto perché la donna moderna vive contro la sua natura.*

Così lei e i suoi figli degenerano sempre di più e soffrono sempre di più di nuove malattie. Le donne diventano più brutte e perdono la loro somiglianza con l'eterno femminino di tutte le tradizioni, di cui la Venere di Botticelli rimane un simbolo.

Fino all'ultima guerra, le belle donne vestite con gusto squisito erano ovunque. Nel 2000 sono scomparse.

Prendiamo ad esempio il diabete. Si tratta di un eccesso di zucchero nelle urine. È il risultato di uno squilibrio dei fenomeni ghiandolari. Il pancreas regola il livello di zucchero immagazzinato. Le altre ghiandole cercano di metterlo in circolazione. Il diabete può essere causato dal cattivo funzionamento del pancreas o da un'eccessiva attività delle altre ghiandole. Può anche avere entrambe le cause. L'iniezione di insulina non risolve il problema.

Il difetto più grave dell'ipofisi è che non riesce a uscire dall'immediato, da ciò che ha davanti. È una mente primitiva. Non può fare riferimento a una realtà più ampia che potrebbe contraddire le conclusioni che trae dall'osservazione immediata e presente. Non può accedere alla vera origine dei fenomeni.

Un'altra osservazione di vitale importanza:

L'ipofisi vede un nervo che attiva un muscolo. Vede un uomo diventare basedowiano in seguito a uno shock psicologico e conclude che è il sistema nervoso a dirigere l'uomo. **Ma è vittima di un'illusione sostenuta da una logica elementare!**

Quando proviamo un'emozione, tutte le componenti del nostro individuo sono coinvolte e influenzate. *Se non comprendiamo la precedenza funzionale del sistema ormonale rispetto al sistema nervoso*, non possiamo capire come il sistema nervoso possa agire su tutti gli elementi, alcuni dei quali, come i globuli rossi, il cui carico di ossigeno varia a seconda delle emozioni, non sono collegati al sistema nervoso dai nervi!

L'ipofisi è legata all'immediato presente.

Così non può capire nulla dell'uomo, che non è altro che evoluzione, trasformazione e variazione, a causa delle forze che agiscono continuamente su di lui, che condizionano la sua attività e alle quali deve adattarsi e sottomettersi. Un'altra carenza dell'ipofisi è che può individuare solo una causa anatomica o ritmica o una lesione nel cattivo stato di un organo, senza poter fare riferimento alle ghiandole endocrine, al loro modo di agire sugli organi e, oltre a questo, allo stile di vita, all'alimentazione e alla psicologia disturbata del paziente.

Il funzionamento di cuore, polmoni e apparato digerente dipende dalle secrezioni ghiandolari. La loro azione è descritta a lungo nei libri di endocrinologia, ma né i fisiologi né i medici ne tengono conto. Perché? Perché pensano ancora che le ghiandole endocrine siano controllate dal sistema nervoso, il che è totalmente falso, nonostante le apparenze.

Non sono mai tornati alla fonte, alle origini funzionali dell'essere umano, al suo stato embriologico e fetale. Non riescono a capire che è la prima comparsa degli organi, la loro età, a determinare la loro azione sul funzionamento dell'essere umano. Il sistema ghiandolare è il primo a formarsi. È quindi quello che dirige funzionalmente l'essere e il sistema nervoso. Vi ho detto che i bambini anencefalici, che hanno solo un midollo spinale di solito mal costituito, reagiscono con movimenti, riflessi, emozioni, soprattutto dolorose, e un balbettio che si ritrova solo più tardi nei bambini normali. L'ipofisi descrive lo stato dell'anencefalo senza poterlo interpretare. Non solo l'ipofisi, come abbiamo appena visto, è incapace di vera attenzione, ma *è impermeabile alla vera astrazione perché giudica solo in base ai suoi sensi e ai suoi strumenti di misurazione.*

Non può liberarsi dalle idee sensoriali per elevarsi a vero pensiero. Né può cogliere la nozione di identità e di sintesi, che sono le elaborazioni psicologiche superiori.

In breve, l'ipofisi conosce solo i dettagli, mai il quadro completo: è un analista puro. Non gli verrà mai in mente che segni diversi e disparati possano avere origine dalla stessa funzione ormonale. Allo stesso modo, una condizione manifestata da segni simili può avere origine da stati ghiandolari opposti della stessa ghiandola o da due stati funzionali diversi. Tutto questo è troppo arduo per cervelli di grande semplicità, anche se le ghiandole pituitarie hanno inventato la matematica, un po' un gioco per le loro menti, ma che hanno complicato oltre quelle che sono le concezioni reali di solito.

Non possono sospettare che febbre, mania e follia siano manifestazioni di ipertiroidismo. Che il coma, la sincope, la malinconia, la tristezza sono stati ipotiroidei più o meno pronunciati. Sono intellettualmente incapaci di vedere la somiglianza tra questi stati e gli stati ghiandolari. È facile vedere che i sintomi clinici dell'ipotiroidismo e della tristezza marcata sono *analoghi*, ma questo per loro non significa nulla. In breve, i pituitari non riescono ad andare oltre lo stadio analitico dell'elaborazione intellettuale. Si illudono che, ricercando sempre più minuziosamente le particolarità di un fenomeno, finiranno per scoprirne le cause. Si tratta di un'enorme illusione, perché solo i segni grossolani, spesso visibili a occhio nudo, forniscono le caratteristiche di base comuni a tutta una serie di fenomeni e possono condurre alla loro origine. I piccoli segni distintivi su cui si basa la patologia non portano da nessuna parte, se non a dividere all'infinito le nostre conoscenze e a immaginare, per ogni nuovo segno, un farmaco chimico che aggiunge carico terapeutico e aumenta lo iatrogenismo e il teratogenismo. Di conseguenza, l'efficacia diventa sempre più debole, come accade attualmente per gli antibiotici e soprattutto per le condizioni caratterizzate da marcati squilibri funzionali, come le patologie ghiandolari e le malattie mentali.

Ricordate alcuni fatti fondamentali che ripeterò qui:

1. Alcuni insetti maschi continuano ad accoppiarsi anche se la femmina ha tagliato loro la testa.

2. Una cavalletta senza testa vive per più di dieci giorni.

3. Sezionare tutti i nervi che portano agli organi sessuali non abolisce l'accoppiamento o la normale funzione procreativa di questi organi.

4. La resezione dell'intero sistema simpatico non altera i segni vitali, le emozioni o le attività sessuali del cane.

5. La soppressione di un singolo sistema endocrino organico impedisce radicalmente all'animale di sviluppare l'istinto sessuale e causa la degenerazione degli organi riproduttivi.

Queste osservazioni avrebbero potuto portare alla comprensione più perentoria del fatto che il sistema nervoso gioca solo un ruolo molto secondario nelle attività complesse e che *il sistema ormonale è totalmente predominante dal punto di vista funzionale.*

Ma questi fatti evidenti non sono stati compresi.

È incredibile pensare che prima di Freud si sapeva che l'asportazione della tiroide portava alla scomparsa dell'intelligenza e della sessualità!

È quindi chiaro che la sessualità animale è controllata dal sistema ormonale e non dal sistema nervoso.

Se l'ipofisi fosse dotata della capacità di sintesi e della nozione di identità, avrebbe scoperto che la causa fisiologica della follia è l'atrofia della ghiandola genitale interna.

Ha osservato questa atrofia nelle persone affette da demenza, ma ha abbandonato questo segno costante a favore della ricerca di segni disparati e incostanti, che non hanno nulla di essenziale e non ci insegneranno mai nulla. Così esaminiamo persone con cervello normale affette da demenza, mentre altre con cervello anormale sono perfettamente normali.

Quindi non sappiamo cosa sia la malattia mentale. L'identità della follia è caratterizzata come segue:

1. Perdita delle elaborazioni psicologiche superiori: sintesi e nozione di identità.

2. Perdita del senso morale.

3. Perdita di forza di volontà.

4. Perdita dell'attenzione volontaria. Si tratta di un'attenzione focalizzata su uno scopo più elevato, su qualcosa *che ci infastidisce o è sgradevole.*

Queste sono le caratteristiche fondamentali della follia.

Poiché il possesso di brillanti capacità analitiche è perfettamente compatibile con una diagnosi di follia, possiamo fare la diagnosi di:

➢ Psichiatria.

➢ Scienza.

➢ Politica.

➢ Medicina.

➢ Finanza.

Non c'è scienza senza senso morale. Una scienza di questo tipo non può che portare alla distruzione universale, con i Chernobyl e le scorie nucleari non neutralizzabili e non stoccabili, per esempio.

La nostra società è quindi folle e quindi suicida.

Concludiamo ora questa panoramica del nostro mondo attuale. Voi siete l'ultimo dandy metafisico della storia inventata dai circoncisi. Il dandy è in rivolta contro il Creatore e gli antroposofi lo chiamano "il Lucifero". Per il dandy, il Creatore è responsabile della sofferenza di tutta la creazione perché Dio, onnisciente, sapeva che l'uomo sarebbe caduto e quindi gli ha tolto a priori ogni libertà. Così Dio ha creato l'uomo, sapendo che il suo destino sarebbe stato la miseria e la crudeltà. Il dandy è sempre oppositivo per vocazione. È un tipo umano che si rinnova, torna in vita come la fenice, si sviluppa per un certo periodo, poi diminuisce fino a sembrare scomparso. È necessariamente scomparso da tutti gli ambienti ufficiali dediti all'insignificanza e alla turpitudine mentale. Siete quindi condannati alla solitudine totale.

La degenerazione di questo tipo è rappresentata dagli omosessuali dalla vista lunga, la cui sessualità non solo è distorta, ma addirittura impotente. Sono un prodotto di scarto, un tipo di rifiuto ghiandolare, generalmente di scarso interesse perché ingannevole, ai margini di ciò che è normale e sano. Si vantano di Freud, il che rivela la loro mancanza di valore morale e intellettuale.

Quando gli ebrei domineranno il mondo, gli omosessuali avranno uno status sociale ufficiale perché saranno preziosi ausiliari degli ebrei nella loro opera di disintegrazione. Finiranno per rovinare totalmente la gioventù e la moda e avranno il diritto di adottare bambini, il che è un orrore assoluto.

Il dandy della tiroide non è squilibrato: è eccessivo, un essere con variazioni funzionali nella norma umana. Ha i difetti delle sue qualità, ma un potenziale intellettuale ed emotivo raro. L'omosessuale, invece, è squilibrato in senso patologico, mentre il dandy romantico è un artista che può sembrare squilibrato a causa di una funzione ghiandolare normale ma molto *esagerata*.

È questo che gli conferisce la sua rapida intelligenza, la sua velocità generale, i suoi eccellenti automatismi e la sua impazienza.

La società mondiale sta crollando, memorizzando i propri errori. La follia si sta impadronendo di ogni aspetto della vita ufficiale, gli pseudoconoscitori fanno scoperte sconsiderate e i veri valori morali, spirituali ed estetici sono crollati perché non sono più sostenuti dall'efficienza fisiologica. L'uomo si è ridotto a vivere solo per il denaro, il sesso e la preoccupazione per la sicurezza vitale. È stato ridotto a una forma di schiavitù unica nella storia dell'umanità. La criminalità e la follia crescono in progressione geometrica e non possono essere contenute perché l'ufficialità stessa opera secondo criteri di follia e criminalità. Come disse Carrel nel 1935: "I veri criminali non sono nelle prigioni, ma ai vertici della società liberale". Aggiunse anche che "il borghese liberale è il fratello maggiore del bolscevico". Purtroppo, queste due affermazioni non hanno più bisogno di essere dimostrate nel 2000.[62]

L'educazione materialista secolare si sta diffondendo e chi la segue è sempre meno capace di assimilarla, perché ipotrofizza subdolamente la mente, anche per le qualità analitiche e mnemoniche ufficiali. Gli alunni del terzo anno di scuola secondaria non sono in grado di svolgere i ragionamenti elementari e il numero di analfabeti cresce in modo allarmante.

La pletora di conoscenze oscilla tra l'eccessivo tecnicismo a cui diamo il nome di scienza, quando è solo una forma di applicazione, e la verbosità, l'osservazione di fatti da cui non siamo in grado di estrarre un'unica grande idea, essendo l'ufficialità radicalmente priva di spirito di sintesi.

Un mondo del genere è necessariamente suicida...

Angelika

---

[62] Ecco perché Alexis Carrel, forse il più grande genio di cui l'umanità possa andare fiera, viene ribattezzato ovunque. Abbiamo qui il simbolo perfetto di tutte le inversioni, con l'abolizione della pena di morte che permette al criminale di uccidere di nuovo da 6 a 15 volte (cosa non eccezionale per la stampa ufficiale).

CAPITOLO XIX

> *Le donne sono così stupide rispetto all'intelligenza astratta degli uomini che credono di poter essere intelligenti quanto gli uomini. Pensa di poter diventare Pericle, Goethe, Chopin o Carrel! La sua illusione è tanto più grande perché non capisce la sua incapacità. La donna che si presume intelligente non può che partecipare a tutte le finzioni moderne; sarà un ministro che si imbottisce di pillole, ma mai un Lao-Tseu o un Carrel.*
>
> *Senza l'amore oblativo per un uomo e per i suoi figli, una donna non è nulla. Solo la donna intelligente sa di non esserlo. È l'intuizione di un uomo.*

ANGELIKA

La lunga conversazione che Tristan aveva avuto con questo genio dell'endocrinologia lo aveva profondamente interessato. In un certo senso, aveva nove prove endocrinologiche di tutte le sue osservazioni. Il genio non consiste forse nel percepire il determinismo degli altri attraverso un determinismo superiore?

Oggi che le "ipointerstiziali superiori"[63] regnano e fanno impazzire e dilaniare sempre più la massa degli esseri umani, non è forse d'ora in poi tutto interamente deterministico fino alla fine di questa umanità ipofisaria, fino alla terza guerra mondiale e all'inquinamento generale? Perché dovremmo stupirci che i quadri della Cina comunista, organizzati dal richiamo di MacArthur, siano stati addestrati dai gesuiti e dagli americani? Perché stupirsi se il Papa stringe la mano al più alto prelato dell'anglicanesimo quando "il protestantesimo è l'universalizzazione dello spirito ebraico"?[64] La follia è ormai universale e l'ecumenismo può essere praticato solo in mezzo alla

---

[63] Iper-ipofisari, iper-tiroidei, iper-genitali riproduttori **fisiologici**, ma ipointeressati: speculatori geniali **ma di una morale e di una sintesi**. "E il mondo sarà governato da mostri" dice l'Apocalisse.

[64] Louis Rougier in *"La mystique démocratique"*.

follia. I Rothschild di Marx esercitano ora un potere totalitario sui burattini della politica e sui robot del mondo accademico che guidano le masse terrorizzate e zombificate.

Era inevitabile che in un mondo in cui le donne sono disintegrate e desiderose di equilibrio, anche artificiale, anche vegetativo, Tristano fosse in grado di dare loro il minimo equilibrio. Le donne con affetti ridotti e sistemi nervosi ed endocrini in decadenza non possono avere l'eroismo che consiste nell'essere la metà di un'effervescenza. Creare oggi significa creare pericolosamente, persino in modo suicida.

Per le donne, la creazione, la verità, il rigore e la bellezza sono fattori fondamentali di squilibrio: non possono adattarsi all'uomo che ne canta le lodi in un oceano di menzogne. Questo oceano alimenta ormai ciò che resta dell'uomo e diventa la condizione di sopravvivenza nel mondo di mercanti e schiavi in cui, appunto, stiamo cercando di sopravvivere.

Nonostante i consigli del dotto endocrinologo, Tristan aveva cercato di stare vicino alla moglie. Biche non aspettava un figlio?

Ma la situazione non è migliorata e Tristan è diventato così esausto che gli è stato prescritto un soggiorno di tre mesi in una casa di cura.

I suoceri hanno organizzato un divorzio amichevole. Avevano divorziato.

Si erano messi in coda al Palazzo di Giustizia, o beffa! Tristan pensava che lì avrebbero trovato un vero giudice, al quale spiegare l'inevitabilità del loro divorzio, necessario in un contesto così delicato. Il giudice aveva l'aspetto di un droghiere e il divorzio era un evento seriale: qualcosa di simile alla coda per le tessere alimentari durante la guerra. Una routine da uomo di legge pagato. Nient'altro. Il divorzio era disumanizzato come il matrimonio, che senza basi serie portava a divorzi insensati e alla nascita dei figli di domani, tossicodipendenti, clienti di discoteche, suicidi...

L'uomo era ovviamente scomparso.[65]

Dopo tre mesi in una casa di riposo e una sofferenza indicibile, Tristan sentì il desiderio di tornare dai suoi figli e dalla loro madre, nonostante l'orribile tradimento di lei, che aveva giurato di seppellire nel silenzio dell'oblio. I bambini erano la cosa più importante. Jacqueline rifiutò. Il suo rifiuto era in linea con il suo precedente comportamento

---

[65] Nel 1980, un medico disse all'autore: "Sotto i cinquant'anni non ci sono più uomini". Quindi sono questi gli omuncoli che stanno per scomparire.

scanzonato. Era maturato, aveva capito. Non avrebbe più lasciato sua moglie, nemmeno per Venere stessa.

Tristan si rassegnò ad affittare una stanza da un'affascinante signora anziana nel sesto arrondissement di Parigi. Riprese a insegnare inglese alla scuola secondaria e francese in una famosa scuola per adulti stranieri. Questa scuola riuniva le ragazze più belle del mondo, che venivano lì per imparare il francese. Tristan visse molte avventure, che incantarono la sua natura di Don Giovanni. Quante volte ha avuto appuntamenti durante il giorno e ha confuso i nomi di queste squisite creature di 20 e 30 anni che gli hanno lasciato biglietti d'amore sulla scrivania mentre altri lo guardavano amorevolmente per tutta la durata del corso!

Un giorno uno dei suoi allievi stava prendendo il tè nel bar dove lui stava bevendo una birra.

— Ah, lui", disse l'allievo, "non vorrei essere la tua amante!

— Perché?", ribatté.

— Perché sarei il duecentoquarantatreesimo!

— No", rispose Tristano, "saresti il duecentoquarantatreesimo!

L'allieva si assentò per qualche giorno e al suo ritorno dovette leggere un testo che lui aveva dato ai suoi alunni per esercitarsi nella dizione. Le prestò il libro contenente il testo, che si chiamava "L'aimable voleur", e le chiese di restituirglielo al più presto, perché il libro gli forniva testi notevoli per il loro valore pedagogico.

Il giorno dopo glielo restituì e Tristano mise il libro sulla scrivania della sua stanza. Due settimane dopo, quando dovette scegliere un testo adatto per i suoi studenti, aprì il libro e trovò un biglietto su cui era scritto: "E quando avrai finito con il duecentoquarantatreesimo, il duecentoquarantatreesimo bis aspetta il suo turno".

Le telefonò, fingendo di averla fatta aspettare di proposito, e quella sera stessa...

Fu in quel periodo che conobbe Hella. Tedesca, non era bella, ma "meglio che bella", diceva un amico filosofo rumeno. Molto distinta, molto ben costruita, molto elegante. Di notevole intelligenza accademica e non, aveva imparato il francese, che parlava senza accento, ed era diventata segretaria esecutiva dell'amministratore delegato di una famosa tipografia che aveva stampato Balzac. Era una perfezionista che, come le persone felici, non ha storia.

La loro unione sessuale era di una tale qualità, un "decimo cielo", che Tristano non aveva mai provato una simile estasi con un'altra donna. Lei aveva un solo sogno: il matrimonio. Tristano non aveva ancora superato l'esame di concorso che gli avrebbe dato la cattedra, quindi, pur avendo accettato il principio, rimandò la scadenza grazie a questo alibi. Quando superò l'esame, Hella lo mise alle strette... Tristan le disse che era disposto a sposarla ma che non avrebbe vissuto con lei. Pensava che questo l'avrebbe dissuasa, ma non fu così. Tristano, della natività della Bilancia, non sapeva come dire di no. Per compiacere Hella, accettò di sposarla. Accontentare è spesso molto più crudele che rifiutare, perché Hella avrebbe pagato a caro prezzo questo matrimonio aberrante.

Lui accettò, dicendole che se si fosse innamorato avrebbe divorziato. Lei accettò anche questo.

È vero che Tristan pensava che un giorno si sarebbe sistemato e avrebbe portato Hella nel suo cuore per sempre.

Per il momento, le donne, compresa Hella, la sua grande amica, non erano più il suo obiettivo o il suo problema. Stava trovando un equilibrio fisiologico in questo vorticoso flirt che lasciava molto indietro le sue esibizioni da Don Giovanni. Piacere, mai dolore. Fino ad allora, non appena aveva preso sul serio una donna, non appena le aveva dato il suo amore, era stato solo per subire il martirio. Ne aveva avuto abbastanza, come si suol dire, e ora era rigorosamente a numero, non a sottoscrizione.

Non dite mai "Fontana, non berrò più la tua acqua".

Lui e Hella vivevano separati e lui andava a trovarla nei fine settimana. Andava a prendere i bambini, che andavano molto d'accordo con lei. Ma lui stava per lasciarla e lei non aveva la pazienza di aspettare Tristan, che sarebbe tornato sicuramente da lei, così lasciò la Francia, andò in Germania e divenne gravemente malata di mente.

Un giorno, quando aveva appena finito la lezione, notò una ragazza che scendeva dalla scala principale della scuola. Aveva appena avuto una bella rivincita con Biche, ma era al di là della redenzione.

L'insidiosa malattia della passione stava per colpirlo di nuovo.

Aveva due scuse: questa ragazza di ventidue anni era squisita e se non gli fosse piaciuta non sarebbe successo nulla. *Que sera sera*.

Indossava un incantevole abito bavarese, i suoi lunghi capelli erano biondi come il grano, la sua carnagione rosea e chiara, e il suo aspetto era così femminile da far giurare tra le ragazze che erano tutte, per quanto graziose, accusate di una certa mascolinizzazione peculiare dell'epoca. Era impensabile immaginarla come ministro della Sanità che promulgava la pillola e l'aborto, impossibile immaginarla anche come membro del Movimento di Liberazione della Donna. Le donne vere ignorano questo tipo di intruglio, ma dove sono? Tristan, che era morbosamente timido, si sentiva pronto per qualsiasi cosa audace. Si avvicinò con sicurezza a lei. Le posò delicatamente la punta delle dita sul braccio e le sussurrò: "È la cosa più bella che abbia mai visto, signorina, può darmi un minuto? Lei arrossì piacevolmente, borbottò qualche parola in un francese embrionale e disse più chiaramente "che avrebbe visto".

Il suo sorriso aveva dato speranza a Tristan. Per due mesi era scomparsa da scuola. Aveva avuto paura di Tristan. Si sentiva allo stesso tempo attratta e spaventata da lui. All'inizio, come direbbe qualcun altro, preferì fuggire e rifugiarsi da amici in Inghilterra. Tristan se ne stava in disparte.

Passarono le settimane. All'improvviso la vide scendere lo scalone. Il cuore gli batteva forte, doveva parlarle, le parlò. Lei accettò di incontrarlo.

Avrebbero vissuto mesi di felicità e anni di infelicità.

Quando la rivide negli occhi della sua mente, anni dopo la loro separazione, con il suo corpetto di pizzo e il suo fascino infantile, quando vide i suoi meravigliosi disegni ingenui, adorabili e così deliziosamente stilizzati, sentì quanto il suo essere fosse profondamente legato a lei. Angelika, questo era il suo nome, era venusiana come Tristan. Era psicologicamente e astrologicamente ovvio che Venere li avesse fatti incontrare.

Si stabilirono a Maisons Alfort, in un piccolo bilocale preso in affitto, e presto nacque la piccola e adorabile Nathalie, che divenne presto il grande amore di suo padre, un grande amore che sarebbe diventato anche fonte di dolore. Fu battezzata a Notre Dame de Paris e, per qualche eccezione, fu concesso loro l'uso della corte d'onore riservata a re e regine. Nathalie, con i suoi capelli d'oro e i suoi occhi celesti, era la gioia di mamma e papà.

Ma il destino non voleva che questa felicità durasse.

Patrice, figlio di Tristan e Jacqueline, era in età scolare. Aveva un carattere molto difficile. Nato in Scorpione, possedeva le qualità più negative di questa nativitá. Tristan aveva un amico che era un notevole astrologo e, senza dirgli che si trattava di suo figlio, gli chiese di disegnare la sua carta. Iniziò come segue: "Non ho mai visto una tale profusione di aspetti negativi". Seguì un'analisi che, ahimè, si rivelò vera fino alla fine del suo sfortunato destino, poiché morì all'età di trentanove anni per un'emorragia cerebrale contratta mescolando alcol e droghe chimiche. Le difficoltà del figlio fecero sentire ancora di più a Tristan la necessità di fare tutto per lui, per salvarlo da questo inevitabile destino. Patrice doveva superare il baccalauréat. Tristan voleva anche che superasse un numero minimo di esami per accedere all'insegnamento. Lo aveva già mandato per un anno in una scuola spagnola e parlava perfettamente la lingua. Per aiutarlo in generale e in inglese in particolare, doveva stare a casa più spesso che a casa della madre.

Purtroppo, la sua aggressività, la sua pigrizia e le sue cattive tendenze rendevano precaria l'atmosfera familiare. Angelika, gelosa come una bambina di questo figlio impossibile, assunse un atteggiamento così penoso e infantile da costringere Tristan, per così dire, a prendere le parti del figlio per non farlo sentire abbandonato o non amato. Angelika avrebbe dovuto farsi da parte con intelligenza, facendo del suo meglio per non decuplicare il peso già schiacciante di Tristan.

Ma questo sembrava impossibile a una donna di questo secolo generalmente priva di qualsiasi educazione spirituale, morale e intellettuale a sua misura. Se entrambi fossero vissuti in una civiltà tradizionale, non ci sarebbe stato alcun divorzio, l'educazione di base della coppia e l'amore reciproco sarebbero stati la molla di tutto, e tutto ciò che era opposto nelle rispettive nature sarebbe stato incanalato in una simbiosi di amore e dovere.

Nella nostra civiltà materialista, tutto ciò che era diverso doveva essere contrastato e diventare antagonista. I difetti diventavano fonte di conflitto e di patologie deterministiche. Tale è stato il destino delle coppie del XX secolo, con i loro matrimoni infantili e i divorzi seriali. Ciò che stupisce in un'epoca come questa sono i matrimoni che durano.

Il tasso di divorzio era alle stelle e anche la convivenza non era favorita dal punto di vista fiscale quando si presentava una dichiarazione congiunta.

Tre anni dopo il loro matrimonio, Angelika aveva mostrato a Tristan l'analisi della scrittura che suo padre aveva fatto fare in Svizzera da un analista della scrittura di lingua tedesca. La lettera analizzata era stata scritta in inglese, la lingua in cui Tristan e Angelika parlavano, poiché Angelika non conosceva ancora abbastanza bene il francese. La grafologa non conosceva l'inglese e le sue due analisi in tedesco furono tradotte in francese.

Queste due analisi hanno fornito un'immancabile sintesi di ciò che avrebbero vissuto nei dodici anni successivi.

L'analisi di Tristan è stata la seguente:

È molto intelligente e molto sensibile. Ha una grande originalità e un evidente senso artistico. Si dice che abbia una mente fertile e la capacità di lavorare in modo creativo perché è notevolmente dotato e ha uno spiccato senso del bello. Tuttavia, il suo pensiero procede spesso per analisi e scomposizione. Soffre per non permettere alle sue esperienze e ai suoi sentimenti di avere la loro integrità e di metterli in discussione con la sua intelligenza. Soppesare i pro e i contro, riflettere, rifiutare e riprendere i problemi sono le attività caratteristiche del suo pensiero, che spesso lo mettono in contrasto con i suoi sentimenti, soprattutto perché ha un animo sensibile e aperto. Quando ha scritto questo esempio, lo scrittore si trovava in uno stato di forte euforia, in cui vedeva il mondo e il suo futuro partner sotto forma di immagine ideale, prestando troppa poca attenzione alla realtà.

Essendo dipendente dall'atmosfera, sperimenta la delusione e la tristezza con la stessa intensità di un momentaneo stato d'animo felice.

Chi scrive è, per così dire, preda di questa ciclotimia e avrà difficoltà a liberarsene senza un aiuto esterno. È probabile che, in caso di grave disaccordo, cercherà un modo per uscirne, anche in modi che non gli gioverebbero. È sicuro che il suo partner sarà in grado di dargli molta forza e aiuto in queste circostanze.

Sebbene la sceneggiatrice sia molto attenta, il partner deve essere consapevole che il suo mondo viene prima di tutto e può essere affrontato solo con molta comprensione e pazienza.

Sarebbe opportuno che la futura compagna approfondisse la conoscenza di quest'uomo dotato e interessante attraverso un lungo fidanzamento, in modo che nella vita di tutti i giorni possa essere sicura di sopportare i mille inconvenienti che sono l'opposto della concezione romantica della vita dello scrittore.

Sembrava ovvio che Angelika non fosse in grado di assumere un simile compagno. La sua analisi lo confermò:

Questo è lo scritto di una persona particolarmente sensibile e vulnerabile che spesso cerca invano di risolvere i propri problemi.

Questo è senza dubbio dovuto al fatto che ha aspettative esagerate nei confronti delle persone e delle cose. Crolla nell'impotenza se non ottiene una rapida trasformazione. Pur essendo sveglia e pratica, ha conservato una fede infantile nel meraviglioso. Per questo motivo spreca le sue forze fisiche e mentali e reagisce in modo emotivamente e psicologicamente imbarazzante nei momenti critici. È quindi vittima dei suoi stessi sentimenti. È anche estremamente scrupolosa e il suo amore per l'ordine è la sua legge suprema. Ha difficoltà a capire che gli altri improvvisano e agiscono a tentoni.

La sua infanzia deve essere stata segnata da inaspettati sbalzi d'umore nell'ambiente circostante. Non sa che questo ha aggravato notevolmente la sua suscettibilità. Le mancano un atteggiamento spensierato e il senso dell'umorismo.

Il suo senso del dovere e della responsabilità, e lo sforzo che fa per rimanere paziente anche quando ha voglia di "mollare tutto", sono ancora più apprezzati. Le piace essere viziata, ma le piace anche viziare, e circonda coloro che ama di cure materne. Se non viene ricambiata, cade nella disperazione. Tuttavia, con un po' di abilità e di psicologia, chi la circonda può ottenere da lei dei tesori. tende a essere troppo spontanea. I suoi tentativi di rimediare, anche se con buone intenzioni, non sono sempre abili. Dovrebbe sfruttare il suo ottimo gusto e la sua sensibilità artistica, nonché le sue trascurate ma notevoli capacità manuali. Potrebbe diventare un'arredatrice d'interni. Al momento in cui scriviamo, le mancano la fiducia in se stessa e uno stimolo esterno. È fondamentale per il suo stato d'animo che riesca a darsi una sensazione di calore e sicurezza. Questa sensazione le manca da molto tempo e i suoi tentativi di acquisirla sono fatti con una febbre che rende difficile a chi la circonda capire cosa vuole e cosa prova.

La sua tendenza a rifugiarsi nella volontà di credere la aiutò per un po', ma non le portò alcun sollievo morale duraturo.

Date le qualità umane e i molti doni che possiede, questa persona dovrebbe essere in grado di dare una svolta alla sua vita correggendo la sua suscettibilità malata e mettendosi alla prova in un'attività pratica.

Quando Tristan rilesse le due analisi, rimase sbalordito. Stupito dallo straordinario talento e dalla conoscenza del grafologo, stupito perché il confronto di queste due analisi era una sintesi perfetta del loro dramma. La prodigiosa precisione della loro rivelazione era ineguagliabile. In poche righe c'era la veridicità e la precisione di ciò che avevano vissuto per dodici anni.

Nonostante i legami venusiani che li univano, stavano per sperimentare il martirio. L'amore di Tristan per la moglie e la figlia era così grande che non avrebbe esitato a dare la vita per lei, se lei non lo avesse lasciato e non avesse portato con sé la loro adorabile piccola Nathalie.

Angelika è nata in Toro. Era il suo prototipo. Aveva un viso fresco come la primavera, un viso dolce incorniciato da splendidi capelli biondo-oro. Era sensibile e fantasiosa, con una punta di bovarismo. Il suo aspetto generale evocava una persona carnale, materna, con una forte tendenza al digestivo, al lento, al vegetativo, tutti tratti caratteriali che erano l'antitesi di Tristano, che era cerebrale, intuitivo, iperveloce e idealista.

Angelika amava la natura, la campagna e la vita semplice, ma amava anche le comodità della città e i complessi comfort del progresso la affascinavano.

Tristano era la "tiroide Bilancia" che conosciamo, il cui difetto principale era quello di farsi catturare come un'allodola nelle reti delle belle creature. Infatti, preferiva sempre una donna bella ma moralmente disgraziata a una meno bella ma ricca di qualità fondamentali, indulgenza, maturità, forza morale, solidità emotiva, insomma tutte le qualità di cui Tristano aveva più bisogno.

Angelika è nata durante la Seconda guerra mondiale, mentre il padre, avvocato e soldato, era lontano. La madre era sempre stata in cattiva salute psicologica e, quando Tristan la conobbe, la vide bere ogni sera una o due bottiglie di champagne e liquori, oltre a fumare molte sigarette. Si stava felicemente preparando al cancro di cui morì qualche anno dopo. Era evidente che non era mai stata in grado di dare ad Angelika tutta la tenerezza di cui quel bel fiore bavarese aveva tanto bisogno.

È quindi certo che sia Angelika che Tristan soffrivano di una grave carenza materna, che poteva essere colmata solo da un partner *materno*.

Questa crudele mancanza era aggravata dal fatto che entrambe le loro madri erano vive.

Quindi la loro negatività alimentava costantemente la loro carenza.

Quindi entrambi avevano bisogno di un compagno che facesse da madre per colmare questo abisso emotivo. Ma non era questo il caso.

Angelika e Tristan sono stati annegati in una sfera viziosa. Due esseri venusiani, attratti l'uno dall'altra ma incapaci di farsi da madre. Era un fallimento garantito, soprattutto perché Tristan, artista e schizoide, aveva il massimo bisogno di una donna indulgente e moralmente forte. Nulla era servito a strutturare i due. Quando Angelika aveva cinque anni, le bombe piovvero intorno a lei. Si diresse da sola verso il rifugio, le scosse erano spaventose per una bambina piccola.

Il fratello di Angelika era un irascibile accusato, un piccolo adrenalico tarchiato che aveva ricevuto ancora meno della sorella. Il suo aspetto era tanto rude quanto la sorella era bella e affascinante. Angelika aveva ricordi assillanti di scene violente che coinvolgevano suo fratello. A peggiorare le cose, all'età di diciassette anni era diventata segretaria del padre avvocato. Aveva accesso a fascicoli di divorzio da incubo, i cui orrori avevano seminato nella sua mente l'odio, il disprezzo e il disgusto per gli uomini.

Per Tristan era importante occuparsi del figlio Patrice. Certo, i figli di questa generazione, privati di tutto ciò che è importante e lacerati dal divorzio, non sono facili. Come potrebbero esserlo? I genitori separati dal lavoro di entrambi i membri della coppia, dal divorzio o da entrambi allo stesso tempo, non sono più presenti per offrire ai figli la *vera* conoscenza che struttura il loro essere, l'affetto costante, la solida educazione. La madre, assente da casa e in fuga, può solo fornire ai figli cibo industriale chimico e cancerogeno, privo di vitamine naturali,[66] minerali e oligoelementi. L'influenza secolare, che trasmette agli scolari influenze marxiste e freudiane, è alla base di questo sistematico indebolimento del nostro stesso essere.[67] Dovevamo quindi essere più comprensivi e più umani. Dovevamo tenere conto di tutti i fattori distruttivi che agiscono su questa generazione sacrificata.

Angelika, segnata dalla brutalità del fratello, lo vedeva in Patrice con un panico infantile. Tristan, di fronte a questa aggressività che peggiorava tutto, dovette sollevare un'imalaya per far sì che il figlio prendesse il baccalauréat e imparasse due lingue. Riuscì persino a fargli ottenere un posto di insegnante in un istituto privato. Era sul punto di ottenere la cattedra, perché all'epoca poteva partecipare a un concorso per diventare insegnante universitario senza avere una laurea in lettere. Ma all'età di ventuno anni, quando divenne maggiorenne, gettò via tutto e sprofondò nelle droghe chimiche, nell'alcol e nel tabacco, che lo uccisero all'età di trentanove anni.

L'atteggiamento geloso e aggressivo di Angelika costringeva Tristan a stare accanto al figlio per non privarlo di affetto e sicurezza. Il comportamento sconsiderato di Angelika ha lasciato il segno su Patrice. Non diceva spesso a Tristan: "Puoi scegliere tra me e tuo figlio; se scegli

---

[66] È stato dimostrato che le vitamine sintetiche sono cancerogene.
[67] La lotta di classe, come l'invasione sessuale e i complessi di tremolii, era perfettamente ignorata e sconosciuta sotto il nazionalsocialismo, come lo era nell'Antico Egitto...

tuo figlio, me ne vado"? Purtroppo era quello che stava per fare, perché Tristan non poteva abbandonare il figlio in una situazione così difficile.

Quando Patrice veniva a trovare il padre e la matrigna, e spesso veniva in modo che il padre potesse seguirlo, si comportava, almeno all'inizio, in modo decoroso. Ma le cose cambiarono. Cominciò a rubare loro dei soldi, cosa che sconvolse Angelika, che non fece nulla per stimolare il bambino e aiutarlo. Le cose peggiorarono. Patrice si presentava sparuto, barcollante, con la lingua impastata e la parola ingoiata per effetto di droghe chimiche. Questi spiacevoli incidenti spingevano talvolta Angelika ad andare in albergo con Nathalie quando Patrice arrivava. Senza dubbio un genero di quella generazione può causare problemi. Tristan sapeva che molti dei figli dei suoi professori della Sorbona avevano seri problemi. Recentemente due di loro, fratello e sorella, figli di un famoso professore, si erano suicidati. Ma come si fa a non provare un po' di affetto per il figlio di una persona che si dice di amare? Avrebbe potuto rifugiarsi dietro Tristan e lasciar fluire liberamente la sua autorità e il suo affetto.

Patrice era riuscito a superare il baccalauréat, a iscriversi alla Sorbona, a insegnare e a imparare tre lingue. Ma presto si sarebbe trovato a lavare i piatti nei ristoranti di Londra.

Angelika soffriva di una sindrome che questo dotto endocrinologo chiamò "ipertiroidismo paradossale". Nel mondo moderno, questa sindrome colpisce un gran numero di donne ed è la causa della nascita di persone irascibili con problemi comportamentali e, talvolta, persino di mongoloidi. L'eziologia di questa sindrome risiede nel fatto che le donne vivono contro la loro natura. Perdono il loro carattere femminile di grazia, bellezza, dolcezza e delicatezza.

Il palliativo per questa sindrome è una vita tranquilla con una compagna materna. Aveva vari aspetti di questa sindrome che gli specialisti dell'ipofisi non sono mai riusciti a ridurre a un'entità morbosa: mal di testa, scariche, dolori alle gambe, aritmia, stanchezza, pensieri cupi. Il suo sistema nervoso era estremamente debole e la sua ipofisi era caratteristicamente inadeguata. Questa caratteristica le era stata rivelata da due fatti clinici: da un lato, l'assenza di smagliature dopo il parto e, dall'altro, l'incapacità mentale di distinguere i concetti di nominativo e accusativo in tedesco, la sua lingua.

Non era quindi in grado di analizzare i fatti in modo oggettivo, di lottare contro il proprio stato paranoico, oggi così comune. Non aveva senso di autocritica. Aveva una scarsa capacità di attenzione volontaria e mostrava una notevole sensibilità ai rumori che sembravano arrivare a lei dieci volte. Questo segno, da solo, indica un grave disturbo della tiroide nel senso di iper-intensità. Era negativa, esigente, aggressiva e incessantemente esigente. Indecisa e ossessionata dall'insicurezza, il suo campo di coscienza era notevolmente ristretto.

Eppure, a volte era vagamente consapevole delle sue difficoltà e dimostrava una sincera buona volontà. Non ha forse battuto a macchina in francese (conosceva a malapena la lingua) l'intera tesi di dottorato che il marito doveva difendere alla Sorbona?

Ha messo Nathalie contro il padre, tanto che la bambina di sei anni gli ha detto: "Ne abbiamo abbastanza, troveremo un altro papà".

È esattamente quello che hanno fatto in seguito.

Angelika era tagliata fuori dal mondo del marito e non ne sapeva nulla. Il suo campo di coscienza oscillava tra la figlia, di cui si occupava molto bene in termini pratici, ma alla quale non avrebbe certo dato un'anima. Aveva assimilato tutti i principi di salute e di medicina naturale che Tristan le aveva insegnato. Si occupava molto bene della sua casa. L'errore di Tristan, e che errore, è stato quello di pretendere un lavoro mastodontico da un piccolo scoiattolo.

Tristano aveva una grande debolezza, così ben descritta nell'analisi grafologica: aveva bisogno di tenerezza e di sfoghi. Si confidava con conoscenti intelligenti e medici importanti. Angelika lo vedeva come una persecuzione, mai come l'impulso incoercibile di un marito sofferente, sentimentale, frustrato, che aveva bisogno di trarre forza dalla comprensione, dall'incoraggiamento e dalla consolazione.

Uno degli amici di Tristan era un famoso medico anziano, ex collega del grande Alexis Carrel. Era solito parlargli delle sue preoccupazioni e delle sue sofferenze. Cominciò ad ammonire Tristan, in modo paterno. Insisteva sul fatto che non avrebbe mai dovuto innamorarsi di una donna che non era adatta a lui, che aveva cose molto migliori da fare con il suo potenziale che sprecare le sue energie con i problemi delle donne.

Tristan lo lasciò parlare senza dire una parola. Quando il dottore ebbe finito il suo sermone, Tristan tirò fuori dal portafoglio una fotografia di Angelika.

Il vecchio medico la guardò a lungo e alla fine disse:

- Ah, capisco...

Invitato da Tristan a pranzo e a cena a casa sua, di fronte ad Angelika aveva letteralmente l'imbarazzo della scelta. Il suo comportamento e il suo ragionevole giudizio erano totalmente distorti dai sentimenti che

Angelika gli aveva ispirato. Questo significa semplicemente che se avesse avuto quarant'anni di meno, se le circostanze lo avessero voluto, se il destino lo avesse scritto, sarebbe *caduto* esattamente come Tristano...

Angelika è attratta dagli anziani, il che sottolinea il suo bisogno di maternità e la sua psicologia infantile.

A volte aveva una dolorosa sensazione di freddo interno (un sintomo della sindrome da ipertiroidismo paradossale). Poi, ha detto, ha perso ogni interesse, anche per il suo bambino. Un giorno ha sbattuto la testa contro il muro gridando: "Voglio essere uccisa".

La cosa più triste e struggente è l'indebolimento del padre che ha imposto alla figlia. Un vicino di casa, amico di Angelika, venne a trovare Tristan un giorno e gli disse: "Quello che tua moglie sta facendo con tua figlia è criminale, la bambina ti odierà".

Anzi, era peggio. Nathalie divenne indifferente. Più tardi, quando Tristan andò in pensione, lei aveva vent'anni, lui le tagliò un po' la pensione, in circostanze che giustificano O quanto, e lei portò suo padre in tribunale.

Tanto amore riversato su persone che non la amavano.

Tristan sospettava di essere in procinto di vivere una prova ancora peggiore?[68]

In assenza di un motivo apparente, Angelika ha spaccato la candela del lampadario del pianoforte con il dorso della mano. Peggio ancora, ha impugnato un tagliacarte e se l'è puntato alla nuca, dando vita a una crisi isterica di fronte alla bambina, che urlava in agonia.

Nathalie imitava totalmente la madre, cosa normale a quell'età, e abbaiava come la madre quando parlava al padre: "Porteremo via tutti i mobili"...

E così un giorno accadde. Tristan avrebbe preferito morire piuttosto che affrontare tutto questo.

La forza dell'amore aveva impedito a Tristan di fuggire, di abbandonare tutto. Senza questo amore folle, non avrebbe mai dovuto sopportare tanta sofferenza, la sua, quella di sua moglie e quella della bambina per la quale non poteva fare nulla.

---

[68] Capitolo "Monique".

Tristan cercò spesso di spiegare alla moglie tutto ciò che li riguardava, la sua buona volontà, il suo desiderio di fare ciò che era meglio, persino di accettare che lei andasse in Baviera a riposare con i suoi genitori ogni volta che ne sentiva il bisogno. Nulla servì, anzi. L'intelligenza sarebbe stata inutile in queste circostanze; *tutto avrebbe dovuto essere sui binari della verità e della natura* Anche se comprendiamo l'essenziale della geopolitica mondiale, questo non impedirà l'inevitabilità della terza guerra mondiale e di tutto l'inquinamento, perché la natura non perdona mai.

Nessuno capisce e nessuno ascolta.

Un giorno, mentre era in vacanza con il padre in Baviera, Angelika gli scrisse una lettera che rimarrà impressa nel suo cuore:

Il mio amore,

Vi ringraziamo per le vostre belle rose. Sì, il Natale è stato triste senza di te, ma è stato meglio così. Tesoro, sono alla fine della mia vita. Non so cosa fare. Sono condannato a essere infelice, i miei genitori, tu, cos'altro mi resta se non...?

Perdonami se non sono stata una buona moglie per te. Ma non dimenticherò che ti amo ancora e che ti terrò per sempre nel mio cuore, anche se sei molto lontano, sì molto lontano.

Spero che Dio mi perdoni. Anche tu e la bambina, ma io non posso più stare su questa terra, devo trovare la pace, la pace eterna. L'ho sempre saputo. Sentivo che i miei sensi e i miei nervi mi avrebbero abbandonato un giorno. Prenditi cura della nostra cara Nathalie e non dirle mai la verità. Dille solo che le volevo molto, molto bene e che Dio voleva riprendersi sua madre. Vi terrò due posti accanto a me. Amore mio, fai qualcosa per questa povera umanità, scrivi tutto quello che hai da dire, pensando a me e alla bambina. Promettimi, perdonami, perdonami, ti amo. Tienimi sempre nel tuo cuore, amami e amami amando Nathalie.

Vorrei darti un altro grande abbraccio.

Questa lettera causò a Tristan un dolore immenso. Telefonò immediatamente in Baviera. Angelika stava bene. La lettera era già vecchia di cinque giorni. Un dolore ancora più grande lo attendeva.

Angelika torna in Francia. Non si è uccisa, come Tristan temeva. La sua lettera era una sorta di richiesta di aiuto. Ma cosa poteva fare ? Stava facendo tutto il possibile con quello che aveva. Tristan adorava sua moglie, ma lui stesso era in un tale stato di depressione solitaria che avrebbe appoggiato la testa sulla spalla di qualsiasi donna tenera che avesse incontrato. Obiettivamente, Angelika aveva tutto ciò che era possibile per una ragionevole felicità: un marito che l'amava, una bella bambina, un comodo appartamento arredato in stile Luigi XVI e inglese, Tristan che faceva fino a quaranta ore di lezione alla settimana, un numero enorme, per compensare la mancanza di stipendio nella casa dove lavorava solo lui. La bambina era stata educata secondo i principi dell'alimentazione biologica e, quando la si guardava a scuola, sembrava una rosellina in un letto di cardi...

Tristan riusciva a capire tutto, a sistemare tutto, a mitigare tutto e la sua natura "Bilancia" lo portava persino a scendere a compromessi e a essere estremamente tollerante.

Angelika conosceva la natura del marito da molto tempo prima del matrimonio, grazie all'eccellente analisi grafologica effettuata su richiesta del padre. Se aveva accettato il marito così com'era, perché farlo soffrire così tanto? Perché soffrire tanto lei stessa quando aveva un figlio così bello? Il dongiovannismo di Tristano non la distruggeva forse profondamente? Certamente poteva avere un ruolo importante. Come poteva assumersi un tale difetto con un carattere infantile quando una donna forte poteva già sopportarlo così male? Se a questo si aggiunge il lato oscuro del materialismo, di cui non era a conoscenza, si ottiene un totale vuoto spirituale e intellettuale.

Nella donna moderna sono colpiti sia il corpo che la mente. Il corpo di Angelika era splendido, ma il suo sistema nervoso si era deteriorato. Nel 1880 Dostoevskij aveva previsto che il progresso applicato all'alimentazione avrebbe distrutto il sistema nervoso. Nel 2000, questo risultato è stato raggiunto in tutto il mondo.

Il segno distintivo di una certa maturità ed equilibrio è vivere nel presente, lasciare che i problemi del passato svaniscano dalla memoria e non crogiolarsi nei ricordi negativi, perché ciò impedisce qualsiasi dinamismo positivo. È fondamentale dimenticare i fallimenti, accettare il naturale invecchiamento e ciò che non può essere evitato in futuro.

Angelika era l'opposto di tutto questo, una sorta di opposto permanente e ossessivo. Viveva di rimproveri, affermazioni ridicole e ricordi negativi, e l'idea di invecchiare la mandava in panico.

"Che cosa ho ottenuto in questi dieci anni?" ha detto.

Niente: un marito che la adorava e che lavorava fino all'osso per lei, un figlio adorabile e una casa confortevole. No, non aveva avuto nulla.

Un giorno Tristan, ancora convalescente per una congestione polmonare, voleva andare all'università per una lezione. La sua auto si era rotta e chiese alla moglie di prestargli la sua. Lei rifiutò. Così Tristan fece un viaggio di tre ore in treno e metropolitana da Vigneux sur Seine, dove vivevano, a Porte de Clignancourt, dove si tenevano i corsi dell'Università Paris IV. Ma non aveva avuto il permesso medico di alzarsi dal letto.

"A un tale grado di incoscienza e di egoismo", ha detto il suo amico psichiatra, che aveva già seguito il suo dramma con Biche, "non c'è più speranza".

Non ha mai parlato di tutte le cose positive che stavano accadendo a loro tre. Non vedeva tutta l'energia che Tristan spendeva per loro due. Eppure loro tre avrebbero potuto creare un'isola di felicità. E per spezzare lo spirito di Tristan in un colpo solo, una volta gli disse: "Non posso darti nulla, ma potrei darlo a un uomo della classe media"...

La chiamava "sincerità". Non immaginava che una donna coraggiosa e nobile se ne sarebbe andata, forse, ma senza dire queste cose. È vero che una donna del genere non le avrebbe dette perché non le avrebbe pensate.

Questa frase aveva fatto perdere ogni speranza a Tristan. Decise di ripeterla ai suoceri. Era così ingenuo da pensare che il suocero, per esempio, avrebbe reagito a queste sciocchezze e avrebbe insegnato alla figlia le nozioni di dovere e responsabilità. Avrebbe anche potuto comprare loro una casa a nome di Angelika (poteva permetterselo), il che avrebbe contribuito a ridurre il sovraccarico di lavoro di Tristan. L'affitto era considerevole.

Tristan avrebbe chiesto loro l'anticipo, per esempio, e avrebbe pagato le rate mensili. Certo, l'alloggio in affitto era piacevole all'interno, ma si trovava in una grande città di cemento che difficilmente favoriva la salute mentale di due venusiani. I suicidi erano frequenti. La delinquenza era in aumento. Questi fattori, da soli, hanno senza dubbio contribuito alla rovina della loro famiglia. Ahimè, non ci si poteva aspettare un comportamento tradizionale da genitori plasmati dal materialismo e che avevano già dimostrato il loro valore nell'educazione della figlia. La loro complicità psicologica e finanziaria con lo stato mentale fatiscente della figlia avrebbe consumato la loro rovina.

Un farmacista ebreo, candidato al parlamento, che aveva visto in Tristan il capo di un movimento ambientalista, avrebbe presto approfittato della loro separazione per depositare a pagamento i mobili che Angelika aveva tolto dall'appartamento. La partenza era stata finanziata dai suoceri.

Pochi giorni prima di questa defezione, un'amica di Angelika era venuta a casa sua. Le disse:

— Lei dice che suo marito non fa le piccole cose per lei, ma ha mai messo le braccia intorno a lui per chiederglielo? Sa che è un pensatore e non pensa a tutti questi dettagli.

Angélika non rispose. L'amico continuò:

— Lei dice che guarda il film in televisione alle otto e mezza, ma lei non lavora, ha mai fatto in modo che la cena fosse pronta alle nove? Inoltre, suo marito avrebbe potuto richiederla.

Angelika continua a non rispondere. L'amico continuò:

— Perché non gli ha prestato la sua auto per andare all'università quando si stava ancora riprendendo da una congestione polmonare e la sua auto si era rotta?

Angelika rimase ostinatamente in silenzio. Quando l'amica se ne andò, cominciò a piangere e a dire: "*È un bene che io vada in Germania, non sentirò mai più cose del genere*".

A quel punto Tristano aveva imparato le basi dell'astrologia. Poteva vedere fino a che punto l'equilibrio umano fosse legato a questa conoscenza iniziatica, radicalmente incompatibile con il materialismo che chiamava "giudeo-cartesiano". Questa ignoranza sarebbe durata fino al suicidio di questa umanità ben organizzata, in particolare dopo la rivoluzione del 1789.

Erano entrambi archetipi, lei del Toro, lui della Bilancia.

La sintesi del loro rapporto è stata perfettamente espressa in questo riassunto: "Toro e Bilancia hanno affinità venusiane di sensibilità e gentilezza, ma dietro i gusti comuni si celano un essere istintivo (Toro) e un essere raffinato e decadente (Bilancia).

La posizione della Luna di Tristan nel Toro di Angelika implicava una profonda comprensione del loro essere, che entrambi avevano sperimentato, ma il quadrato dell'ascendente "Scorpione" di Tristan e del "Leone" di Angelika segnava un radicale disaccordo nell'ordine delle contingenze - che anche loro avevano sperimentato perfettamente.[69] Avevano vissuto tutto questo durante i dodici anni del loro matrimonio.

---

[69] Chiunque si interessi di astrologia sa che Leone e Scorpione sono nemici irriducibili. Già questo spiegherebbe la tragedia di questa coppia.

Una posizione nella carta di Tristano era molto interessante e illustrava la qualità profonda di tutti i suoi scritti. Plutone nell'ottava casa.

Lo si può trovare in Liszt, Hitler e de Gaulle.

Questa è la posizione più pericolosa in termini di equilibrio psichico. Il "Maestro degli Inferi che si collega alle forze animiche a livello karmico" produce uno stato di scissione e sonnambulismo quasi permanente. Il soggetto è assente dalla realtà mondana ed è dotato di una forza magnetica di notevole influenza. A seconda della direzione e degli influssi del sole, la forza motrice, la fede mistica nella sua missione sulla terra lo renderà un santo o un vero e proprio demone.

Plutone nelle sue attribuzioni generali riguarda le masse, il popolo, le grandi correnti di idee. Siamo in presenza del predestinato che deve partecipare o guidare un grande sconvolgimento del popolo. Poiché tutti i pianeti hanno una corrispondenza opposta in termini di influssi buoni o cattivi, Plutone porterebbe i buoni effetti di Marte: *questo spiega l'ardore bellicoso del soggetto al servizio di una psiche mistica.*

Tristan aveva sperimentato questo aspetto del suo tema da quando era cosciente.

Ma come poteva un simile essere affrontare la psicologia femminile del ventesimo secolo? Angelika non gli aveva forse detto..:

- *Siete un oggetto di lusso di cui nessuno ha più bisogno.*

Come poteva una donna moderna neuro-psichicamente semidistrutta amare un uomo così effervescente, quando solo piccole preoccupazioni occupavano la sua mente, o ciò che ne rimaneva?

Tristan era infatti il marito della moglie di un gestore di ristorante.

Il marito di Jacqueline, politecnico, il marito di Biche, direttore di una birreria, il futuro marito di Angelika...

Tristan non sarebbe mai riuscito a trovare una compagna, perché la loro unione poteva ragionevolmente durare solo quanto una rosa cresciuta in un terreno chimico. La sua natura di Bilancia lo avrebbe comunque spinto verso il matrimonio, perché non sopportava la solitudine, ma in questo momento di dolore l'idea stessa di un'altra donna gli era impossibile.

Angelika se ne andò il 20 dicembre, pochi giorni prima di Natale. Aveva tolto i mobili "perché Patrice non entrasse nei suoi mobili".

Si ritrovò solo, distrutto, in un appartamento mezzo vuoto. Sentiva che tutto gli era stato strappato via, tutto il suo cuore. Non riusciva a pensare ad altro che a morire. Angelika gli aveva detto: "Se sei malato, non verrò a curarti"...

Tristan rimase a letto per diversi giorni, incapace di deglutire qualsiasi cosa. Funzionava come un automa. Voleva morire, morire, morire.

Nessuna lettera, nessuno squillo di telefono. Una solitudine insopportabile in un mondo in cui non trovava nulla per cui vivere. La sua piccola Nathalie, che voleva crescere libera dal materialismo, a cui stavano per inaridire il cuore. Angelika gliel'aveva portata via. Non sarebbe mai riuscito a insegnarle tutto quello che sapeva, non sarebbe mai riuscito a farla diventare *una donna*.

In un abisso di dolore che nessuna parola poteva esprimere, una preghiera proruppe dal suo cuore insanguinato:

Sono il Signore Gesù[70] sulle vostre ginocchia piegate.
Peccatore e pentito, poi di nuovo peccatore.
Accetto l'orrore, accetto la bellezza.
Accetto il mistero di tante iniquità
Io sono tuo,
Signore, tienimi dentro di te.
Che la mia anima serena accetti tutto e tutto.
Che io possa rimanere piegato sotto le tue ginocchia divine...

---

[70] L'autore non è cattolico, per ragioni spiegate nelle pagine precedenti. "Gesù" conserva qui il significato di divinità, principio primo di tutte le cose. Egli rifiuta ancora di più Geova.

CAPITOLO XX

> *La nozione di karma porta pace all'anima e una certa logica al nostro destino. Senza di essa, la vita individuale rimane "una storia piena di rumore e di furore" dove regnano solo ingiustizia e assurdità.*
>
> *Se abbiamo problemi con persone brave e intelligenti, assicuriamoci che siano problemi nostri e non loro.*

MONIQUE, O IL COLPO DI GRAZIA DEL KARMA

Ancora una volta Tristan sopravvisse suo malgrado. Il suo cuore, intriso di disperazione, non voleva più nulla, e rinnegava questo secolo, di cui non amava nulla. Ma c'era in lui questa strana e miracolosa super vitalità che lo costringeva a vivere suo malgrado e che lo manteneva, anche nel momento più acuto della disperazione e della prostrazione, sessualmente potente. "Vuoi morire, ma dovrai comunque camminare", sembrava sussurrargli il destino. Dovrai soffrire ancora molto prima di esalare l'ultimo respiro, perché nulla è finito".

Nulla era finito, e poco sapeva che lo aspettavano prove supreme. In extremis, il soffio del destino lo aveva tenuto lontano dalla tomba. Sopravvisse come un automa, continuando a tenere le lezioni all'università e a segnare le prove degli esami e dei concorsi di cui era responsabile. La gelida solitudine della città di cemento in cui viveva, in un appartamento che Angelika aveva svuotato per tre quarti, era interrotta solo dalla donna delle pulizie italiana. Un giorno, con il suo accento marcato, disse a Tristan: "Ah, signore! In che stato di degrado è il mio Paese! Lo conoscevo prospero e ordinato ai tempi di Mussolini. Allora non c'era la Mafia, ma ora qui è tutto marcio"...

Alcuni amici e conoscenti vennero a trovare Tristan. Una sera un amico medico gli disse che la sua prostrazione poteva portarlo al peggio e che avrebbe dovuto presentarlo a un amico che gestiva un'importante agenzia matrimoniale.

Tristan non ne aveva voglia, e per di più sapeva che la qualità fisica e psicologica delle donne che incontrava lì doveva essere molto lontana dall'immagine che gli aveva lasciato la sua Angelika con il bambino. La sua solitudine era così straziante, era così vicino al suicidio, che qualsiasi contatto umano era meglio di questo destino di morte vivente che stava subendo.

Accettò l'appuntamento. Ad accoglierlo c'era una manager bionda dal fisico generoso, raccomandata dal direttore. Non appena lo vide, esclamò: "Cosa diavolo ci fai qui?

Due giorni dopo si infilò a letto con Tristan, che non era stato in grado di dire di no a una bella donna e il cui stato mentale disperato non lo rendeva impotente. Le donne che gli aveva presentato tradivano tutte uno stato fisico e mentale penoso. Così Tristan rimase con loro solo il tempo di salutarle.

Un giorno è stato introdotto in una sala d'aspetto dove pensava di dover aspettare.

Nella stanza c'era una persona piuttosto piccola, vestita con pantaloni verdi extra-large grottescamente deturpanti, con occhi che non rivelavano alcuna tenerezza, alcun sentimento, e questo sguardo lo colpì.

Aveva una sorta di preoccupante fissità. La sua carnagione era giallastra, indice di un temperamento bilioso, aggressivo e irascibile. Neanche per un secondo Tristan aveva pensato che questa persona avesse qualcosa in comune con lui. Era l'antitesi radicale e assoluta della bionda rosea che era stata la rovina di Tristan. Pensava che, come lui, fosse in attesa.

Con grande stupore di Tristan, si aprì una porta e la formosa direttrice disse:

— Come è andata? Avete imparato a conoscervi?

Tristan balbettò stupito:

— No!

Educato com'era, scambiò qualche parola con questa persona, poi, per osservarla meglio, si sedette con lei davanti allo specchio del camino. Certo, la pelle piuttosto gialla, l'espressione assente degli occhi e il mento appiattito non lasciavano presagire nulla di buono, come avrebbe detto il puro intuito e l'osservazione fisiognomica di Lombroso.[71] La conversazione fu comunque amichevole e, sebbene il fisico della donna fosse ben lontano dalle fantasie di Tristan, le diede il suo biglietto da visita. Poi, non pensandoci più, tornò a casa per sprofondare nella sua spessa e disperata solitudine.

Una sera, come di consueto dopo la partenza della moglie e della figlia, rimase prostrato quando squillò il telefono.

Era Monique, perché questo era il nome della persona che aveva incontrato all'agenzia e che avrebbe fatto precipitare la fine della sua vita nella disperazione più definitiva.

Aveva circa trent'anni.

Lei propose di uscire, di cenare insieme. Nello stato in cui si trovava, sapeva che qualsiasi cosa era meglio della prostrazione suicida che aveva imparato ad amare e che lo stava uccidendo come il cianuro.

Tristan uscì con lei. Il suo bisogno di esprimersi era così forte che le raccontò la sua tragedia. Non aveva altro in mente, niente. Non le nascose nessuno dei suoi difetti e lei rispose con gentilezza e compassione. Si innamorò. Nessuno si rende conto di quanto e quanto poco una donna possa nascondere quando è innamorata. Riuscì a esprimere un carattere la cui essenza era l'opposto della sua, come si sarebbe rivelata nel suo calvario. Era rassicurante, forse per natura perché era un'infermiera. Quanto Tristan avrebbe voluto fidarsi di chiunque lo avesse raccolto, perso nei bassifondi della disperazione più assoluta... Lei sarebbe stata l'eccezione delle donne incontrate in un'agenzia parigina dove la tara era la regola. Per lui, distrutto, aveva una tenerezza materna e la sensualità di mille bionde rosee, spesso così vuote e ombelicali. Il dolore lo demineralizzò: si instaurò una periartrite scapolo-omerale che paralizzò a turno entrambe le braccia. Non poteva vestirsi, svestirsi o pettinarsi. L'intelligenza di Monique gli sembrava notevole; sembrava avere pieno accesso alla sua lucidità di scrittore anticonformista e filosofo maledetto.

"Mio Dio!", si disse, "che cos'è la pelle rosa e i capelli biondi in confronto a questa perfezione di tenerezza, sensualità e intelligenza?"

La vita doveva riprendere il sopravvento. Aveva bisogno di questa illusione perché la vita riprendesse il sopravvento.

---

[71] Famoso psichiatra italiano, ebreo, che ha svolto un lavoro interessante in vari campi. Il suo libro *Dégénérescence* è interessante, anche se troppo sistematico.

La perfezione di Monique durò due anni interi. Lei lo ha ispirato a scrivere questa poesia:

Alla mia Monique

Sento che il mio cuore
Traboccante di tenerezza e gratitudine
Per tutto ciò che sei.
O mio angelo custode,
o mio dolce compagno.
La cui tenera presenza è piena di pietà.
So che Nathalie e la sua povera madre
Non guarirà mai la ferita del mio tormento.
E sento che solo tu puoi farlo, su questa terra.
Portami un po' di firmamento con la tua anima.

All'inizio di questa relazione, Tristan aveva rinunciato ad essere amato. Era troppo distrutto, troppo legato alla moglie e alla figlia per poter amare attivamente. Ma sentiva crescere dentro di sé un profondo senso di gratitudine e di infinita tenerezza per Monique, un sentimento che assomigliava all'amore. Monique, se non fosse per la sua carnagione, i suoi occhi e il suo mento, tutti chiaramente karmici, non dava alcun segno delle gravi difficoltà mentali che stava vivendo. Il suo amore appassionato per Tristan mascherava tutto e superava il suo determinismo karmico. L'amore deve essere l'unica via per superare il determinismo.

L'angoscia mentale di Tristan dopo la partenza della sua famiglia lo aveva ridotto al peggio. Le spalle paralizzate che gli immobilizzavano le braccia in posizione eretta, la sindrome di Menières dopo un incidente d'auto che gli aveva provocato ronzii alle orecchie, attacchi di perdita di equilibrio e vomito notturno, perdita dell'udito all'orecchio destro: tutto questo, insieme al dolore, lo aveva ridotto a un invalido, non potendo nemmeno farsi il bagno da solo. Quest'uomo alto e bello era un relitto radicale.

Monique, infermiera e fisioterapista, si occupava di Tristan con tenera devozione. Era un suo oggetto, totalmente suo, incapace di qualsiasi iniziativa ordinaria. Riusciva a malapena a correggere i suoi compiti perché il suo stato di salute lo aveva portato a essere nominato al Centre National de Télé Enseignement nella sezione di istruzione superiore. Ridotto all'impotenza, da solo, si sarebbe senza dubbio suicidato, perché non aveva alternative in fondo a l'abisso della disperazione, e in una radicale incapacità fisica. Il lutto lo aveva massicciamente demineralizzato, il calcio non era più fissato, la tiroide e le paratiroidi funzionavano male, disturbate dal lutto che, come abbiamo visto, è uno stato di ipotiroidismo.

Non solo il sostegno di Monique per la sua salute fisica in declino è stato ammirevole, ma anche il suo sostegno morale è stato altrettanto impressionante.

È in questo periodo che Tristan viene denunciato dalla LICRA, su istigazione di Michel Droit, per il suo libro "*Dossiers secrets du XXIème siècle*" *(Dossier segreti del XXI secolo)*, non distribuito ma conosciuto da una ristretta élite, in cui aveva implacabilmente stigmatizzato le azioni dei suoi congeneri globali del marxismo rothschildo, speculativo, suicida, megalomane, razzista, travestito da antirazzismo, e sostenuto, ahimè, dalla flaccida complicità degli umanoidi contemporanei. In considerazione del famoso nome ebraico dell'autore, la LICRA ha ritirato la denuncia e il giudice ha archiviato il caso.

Michel Droit, dalla prima firma del libro, ignorava che il suo autore fosse un ebreo appartenente a una famiglia importante, perché il faux-cul-isme non corre mai rischi del genere, soprattutto se vuole raggiungere l'Académie Française. Ma un goy può incriminare un altro goy per farsi bello...

Monique sembrava erculea. Un compagno moralmente e fisicamente rovinato, incriminato dalla gigantesca forza globale dei suoi congeneri radicalmente totalitari... Quale donna oggi sarebbe capace di un tale eroismo. Ci voleva molto amore.

Nonostante le precauzioni, Monique rimase incinta. Si recò da un suo vecchio amico che era un medico qualificato. Tristan non ha mai capito perché glielo avesse presentato. Se avesse percepito quanto fosse anormalmente sviluppato il senso estetico di Tristan, non avrebbe commesso questo errore. Si era inflitta una prova che sarebbe rimasta un incubo per il resto della sua vita.

Era stato amico di quest'uomo! Era di statura media, un ebreo, e aveva un viso orribile. I capelli erano radi e disordinati, la carnagione cerea, il viso emaciato e coperto da una tale profusione di rughe da sembrare una vecchia mela rinsecchita. Tristan non aveva mai visto nulla di più orribile: era più brutto di Wiessenthal, Gainsbourg, Mendès France. Come poteva Monique essere toccata da questo?

Sebbene il sogno di Monique fosse quello di avere un figlio, nelle circostanze in cui si trovavano, con Tristan invalido, non potevano averne uno. Sebbene Tristan considerasse l'aborto un crimine, riteneva che avere un figlio nella loro situazione fosse un crimine ancora peggiore. Monique abortì.

Da allora hanno avuto un bellissimo bambino che amano, e quando Tristan lo guarda, con il cuore traboccante d'amore, pensa che il bambino che hanno ucciso sarebbe simile a quello, e allora il suo cuore si lacera di orrore e chiede perdono a Dio. Ogni volta che gli viene in mente questo pensiero, assume la forma di un ululato cosmico.

Erano passati due anni. Non aveva notizie di sua moglie e di sua figlia e l'unico contatto era costituito dagli assegni che inviava loro. La psicologia di Monique stava già cambiando in peggio, *ma non c'entrava qualcosa l'aborto che aveva subito? È possibile subire una tale prova senza che il sistema somatico e psichico ne risenta?*

La risposta è categorica: l'*aborto è un cataclisma somato-psichico.*

Monique desiderava ossessivamente un figlio.

Tristan non lo voleva a nessun prezzo: il suo dramma, la sua salute fisica e mentale, lo stato della nostra società in decomposizione...

Ma Monique ne desiderava uno con tale urgenza che Tristan si convinse che l'equilibrio di base della sua amica era legato a una maternità tanto desiderata. Così Tristan accettò la prospettiva e pensò persino che sarebbe tornata tutta la sua tenerezza, che era stata completamente spenta. Aveva bisogno di questo bambino che avrebbe riportato l'armonia che cominciava a sfuggirle. Tristan avrebbe voluto essere l'unico figlio della sua amica, ma Monique voleva un figlio e lui non aveva il coraggio di rifiutarlo. Le fece questo dono divino.

Quando Angelika lo scoprì, chiese il divorzio, ma non importava: lei viveva già da tempo con il direttore di una grande fabbrica di birra tedesca.

La tenerezza di Monique lasciò rapidamente il posto a un'aggressività, a una rabbia che non riusciva a controllare e di cui lui si chiedeva se fosse consapevole.

Per i primi due anni del loro matrimonio, quando Tristan guidava, Monique era impassibile, rilassata e senza paura. Nel terzo anno divenne odiosa quando era in macchina con Tristan al volante. La sensibilità di Tristan era così tesa che temeva un incidente quando lei era con lui. Monique non riusciva a capire perché Tristan guidasse in modo diverso da lei. Tutti sappiamo che guidiamo in modo diverso, ma lo superiamo. Ovviamente non riusciva a controllarlo. Tutto ciò che non rientrava nella sua soggettività di guidatrice le sembrava avventato. Tristan aveva la stessa sensazione quando Monique guidava, ma sapeva come nasconderla.

Tre mesi dopo la nascita del figlio Aurélien, questi fu battezzato in campagna. La religione ebraica era impensabile per Tristan, così come il cattolicesimo della Chiesa conciliare. Il fondamentalismo cattolico aveva ancora un quadro morale e religioso che poteva dare struttura a una persona e non farla precipitare nella techno e nella droga. Scelse come padrino un contadino colto, profondamente religioso e con una grande qualità d'animo. Lo conosceva da circa dieci anni. Charlotte, sua sorella, sposata in America con un francese, fu la madrina prescelta.

Non la vedeva da una decina d'anni, ma era sua sorella e sarebbe stata una buona madrina perché aveva certe qualità.

Dopo la cerimonia in una chiesa tradizionale piena di gente, a differenza delle altre chiese conciliari, si sono riuniti tutti in una locanda di campagna adatta all'occasione.

Quando Tristan portò la piccola cesta dall'auto alla locanda, guardò il sorriso angelico di questa piccola creatura dagli occhi azzurri, dai bei capelli biondi e dallo sguardo tenero e malizioso, e il suo cuore si gonfiò improvvisamente d'amore per lui, un amore grande come tutto il cielo azzurro. Aurélien le riempì il cuore e lo fece traboccare.

Le avrebbe dato un cuore e un'anima così pesanti da sopportare in questo momento.

Monique e Tristan ritenevano giustamente che Parigi e la sua periferia non fossero un buon posto per crescere un bambino. Le megalopoli moderne erano diventate laboratori nevrotici e in generale patogeni.

Così dovettero trasferirsi in provincia, nonostante gli amici li avessero avvertiti dei pericoli che avrebbe comportato seppellire lì un malato di tiroide.

Perseverano nel loro progetto, soprattutto nell'interesse del bambino, e anche perché Parigi non avrebbe presto avuto un futuro.

Così partirono per Berry, dove avevano trovato una casa a un prezzo accessibile. Monique era stata assegnata all'ospedale del capoluogo e Tristan si era dimesso da docente alla Paris-Sorbonne per assumere un posto fisso al Centre National de Télé Enseignement. Poteva essere ovunque in Francia per scrivere le sue lezioni e correggere i suoi esami DEUG e CAPES. Doveva venire a Parigi solo per una riunione trimestrale.

Qualche settimana prima della partenza, accadde qualcosa che avrebbe dovuto mettere in guardia Tristan. Monique aveva un'amica, Gladys, che aveva frequentato con lei la scuola per infermieri. Un giorno telefonò a Tristan con un messaggio curioso. Gladys gli disse: "So che

Monique verrà alle tre per portarmi dei regali, quindi dille che non ci sarò e che mi sta disturbando"...

Tristan rimase ancora più sconcertato dal fatto che Gladys non fornisse alcuna spiegazione o commento per questa categorica esclusione. Tristan conosceva Gladys, che gli era stata presentata. Era una persona calma e ragionevole.

Questo comportamento da parte sua ha rivelato, in modo nebuloso, una grande anomalia nel carattere di Monique.

Monique aveva un carattere piuttosto curioso: aveva un impulso incoercibile alla devozione intempestiva. Voleva aiutare quando voleva, chi voleva, dove voleva e come voleva. Sorprendentemente, si trattava sempre di persone passive, lo stesso Tristan nello stato pietoso in cui lo aveva trovato (non si lamentava, perché lei gli aveva salvato la vita), la sua stessa madre che non diceva nulla, persone anziane o che la vedevano per la prima volta che potevano beneficiare appieno di una valanga di cure. Questo dinamismo incoercibile si arrestava bruscamente alla minima opposizione, critica, domanda, imbarazzo o opinione personale. Il lato genuinamente altruistico del suo approccio, cioè la funzione degli altri, era praticamente assente. Sembrava che il potenziale molto reale della sua vocazione alla devozione avesse trasformato il suo carattere altruistico in una colorazione maniacale. Una volta, invitata a stare con Tristan, insistette per lavare i piatti alla padrona di casa. La padrona insistette per rifiutare, ma Monique non cedette. La padrona di casa fu costretta a dirlo a Monique,

"Ma Monique, io sono a casa". D'altra parte, Monique non *sentiva* che si aveva un bisogno fondamentale di qualcosa quando si era vicini a lei. Non era sempre stata così, anzi. Nel periodo che precedeva la gestazione, anticipava i minimi bisogni di Tristan senza che lui li esprimesse.

Monique aveva preso un congedo massimo in occasione della nascita di Aurélien. Doveva tornare al lavoro. Tristan decise che il part-time era sufficiente, perché sapeva quanto la presenza della madre a casa fosse essenziale per l'equilibrio del bambino e della famiglia in generale.

Abbiamo quindi dovuto trovare un aiuto a casa, soprattutto per il bambino.

Tristan fece pubblicità in tre paesi: Francia, Germania e Inghilterra. Alla ragazza che si rivolgeva a lui offriva lezioni complete di francese, inglese, medicina naturale, le basi del pianoforte e la scelta della specialità più adatta a lei attraverso il Centro dove lui stesso era insegnante. Non ricevette alcuna risposta. Forse perché aveva specificato che non voleva né blue jeans né sigarette.

Un giorno, una persona che viveva a Vigneux arrivò con le sue due figlie. Una era una bionda piuttosto scialba e l'altra era piccola, con un carattere biotipologico decisamente ipotiroideo. L'aspetto generale della madre era angosciante al massimo grado, il suo aspetto, la sua voce e i suoi vestiti.

Si verificò uno strano fenomeno in cui, soprattutto dopo gli anni successivi, era impossibile non vedere il dito della Provvidenza con la P maiuscola. Era ovviamente la bella bionda che avrebbe dovuto attrarre Tristan in primo luogo. Ma non era affatto così. La sorella, con il suo viso un po' mongoloide, era ovviamente un po' handicappata.

Per di più, indossava dei pantaloni che non valorizzavano affatto il suo aspetto. Con i suoi capelli corti, inoltre, avrebbe potuto essere scambiata per un ragazzo.

Monique non ha accettato. Tristan, pur essendo sempre stato attratto dalla bellezza, soprattutto quando si trattava di donne, aveva *involontariamente* e *completamente* dimenticato questa particolarità della sua natura.

Percepì in questo insieme poco attraente una tenerezza, una profondità, una sensibilità altruistica espressa negli occhi, rivelata nell'espressione. Sentiva una perfezione che non sarebbe mai stata negata dal futuro.

Così accettò di accoglierla. Le avrebbe dato un po' di soldi, le avrebbe insegnato, l'avrebbe preparata per un esame in linea con la sua vocazione, i suoi gusti e le sue aspirazioni.

Non si era sbagliato. Questa bambina era un angelo molto vicino a Dio.

Il suo amore e la sua competenza per il bambino erano sconfinati e lo compensavano. Quanto, invece, la leggera goffaggine della sua tipologia ghiandolare. I genitori di Beatrice, come veniva chiamata, non si interessarono alla figlia e non mostrarono mai alcun sentimento o dono nei suoi confronti.

Era peggio di un'orfana e sua madre era una psicopatica i cui problemi peggiori potevano essere riscontrati solo in istituti specializzati.

Tristan iniziò a mandarla a scuola lui stesso, dato che la ragazza non conosceva i confini della Francia e non aveva mai sentito parlare di Napoleone.

Non passò molto tempo prima che andasse a scuola, superando il "brevet des collèges", suonando la Prima Invenzione di Bach al pianoforte, la Lettera a Elise di Beethoven, le Terre straniere di Schumann e studiando un libro di naturopatia di base scritto da Tristan.

Aveva insegnato al bambino a leggere e scrivere e gli aveva trasmesso le lezioni di inglese e di pianoforte che Tristan gli aveva impartito. Grazie a lei, il ragazzo suonò un pezzo di pianoforte alla scuola di musica locale per due anni di fila. Era un'insegnante eccellente e Tristan stesso le invidiava questa qualità, questa pazienza che lui non possedeva. Seguì anche un corso di dattilografia audiovisiva e iniziò a battere a macchina tutte le sue lezioni in vista del diploma di maturità.

I suoi miracoli non si fermavano qui: si occupava di tutta la casa e delle mansioni di segreteria di Tristan, che nel suo stato di sovraccarico di lavoro aveva sempre un boccone veloce da mangiare quando ne aveva bisogno. Si occupava anche del giardino e Tristan l'aveva vista trasportare enormi tronchi per metterli via.

Tutto questo era avvolto dall'amore per il bambino e per loro tre in generale.

Dire che era sorprendente non basta a descrivere questo tesoro senza precedenti, impossibile da trovare nel XX secolo. Questa gentilezza, questa efficienza, questa profonda perfezione permisero a Tristan, tenendo d'occhio lei e il bambino, di svolgere tutto il suo lavoro di insegnante, scrittore e conferenziere.

Finché rimasero a Vigneux, tutto andò bene e Béatrice tornò a casa a dormire dai genitori, a trecento metri dall'appartamento.

Presto partirono per la provincia e da allora Beatrice rimase con loro tre.

Per qualche mese, le cose erano tranquille. Monique era totalmente fredda e non mostrava alcuna tenerezza nei confronti di Bea, perché così la chiamavamo. C'era una sensazione molto chiara che lei trattasse Bea come un colono avrebbe trattato un negro nei primi giorni della colonizzazione. Monique era fredda, senza tenerezza, mentre Tristan amava tanto l'amore. La sessualità della sua compagna era scomparsa dopo la nascita di Aurelien, eppure il 'Don Giovanni' aveva bisogno di essere calmato.

Ben presto, quando Monique tornò dal lavoro verso le sette, l'atmosfera era di rabbia e irritazione. Invece di consolare la piccola Bea e di dimostrarle infinita gratitudine per il tesoro che era, Monique non faceva che inveire contro di lei. Invece di comprendere un piccolo imbarazzo dovuto a una lieve insufficienza tiroidea, così poco rispetto all'inno di qualità e di amore per la loro bambina che lei mostrava, invece di essere grata per questa devozione alla casa, continuava ad attaccarla, il che faceva battere il cuore della bambina e la rendeva senza parole. Tristan cercò di compensare questa spregevole brutalità, ma senza successo:

— *Sei buono solo per pulire*", ha detto.

Tristan ricordava come, da bambino, gli batteva il cuore per la cattiveria della *sua amata nonna*, che il suo primo cugino chiamava "pelle di vacca". E ora notava lo stesso comportamento in Monique, con la stessa carnagione giallastra, lo stesso sguardo privo di sentimenti che sembrava emanare da un essere non biologicamente completo. Tristan non aveva mai notato la generosa indulgenza di Monique, la sua fondamentale gratitudine per quell'essere meraviglioso che dava loro tutto senza badare a spese. E Tristan poteva compensarla solo con una piccola paghetta e con l'educazione che le dava. Niente in confronto a tutto ciò che lei offriva loro, con il suo cuore aperto e la dolcezza assoluta che non si sarebbe mai negata. E una tale perfezione per il loro bambino!

Questa cattiveria ringhiosa, assolutamente sadica, non misurata e del tutto immeritata verso una persona così buona sembrava a Tristan il massimo della mostruosità. Il cuore di Tristan affondava ogni volta che Monique attaccava Bea. Con la sua estrema sensibilità sentimentale, sentiva perfettamente il dolore struggente della bambina. Soffriva per lei e ogni volta che lei era sconvolta da Monique, anche lui ne era sconvolto. Così cercava di "tirarla su" con tutto il suo affetto.

— Mio piccolo tesoro, non importa. Sai che Monique è così, quindi non preoccuparti.

Dopo la brutalità di Monique, la ragazza piangeva per ore, a volte per giorni. Tristan impiegava tutte le sue energie per contrastare gli effetti di questo vile, micidiale abuso verbale. Era come un omicidio.

Tristan, che aveva difeso la sua tesi di laurea "sugli stati di iper- e ipotiroidismo", sapeva bene che se si attaccano persone con tendenza all'ipo, si provoca una grave accentuazione dell'ipotiroidismo, che può portare a una tragica tristezza, alla nevrastenia, a uno stato di immobilità quasi catatonica e *quindi alla morte*.

Il comportamento di Monique era quindi quello di un'assassina. Per Tristan era ancora più spaventoso perché aveva notato che Monique aveva questo appiattimento laterale del mento, a sua volta leggermente recessivo.

Tutto ciò rientrava nel tipo di impulsi descritti da Lombroso.

A volte Béa, disintegrata da Monique, rimaneva incapace di lasciare il letto per uno o due giorni, così dinamica, così energica, così instancabile,[72] messa in stato di shock, che sappiamo essere uno stato di ipotiroidismo.

Tristan sapeva che solo la tenerezza di Monique poteva fare tutto. Fece quello che poté, ma era l'amore della padrona di casa che contava per quella povera bambina, orfana di fatto, e peggio ancora perché i suoi genitori erano negativi. Da solo, per consolarla, era solo marginalmente efficace.

Uno di quei tragici giorni, mentre Tristan tornava dalla riunione trimestrale dell'università a Parigi, chiese mentre tornava a casa:

- Bea ha mangiato qualcosa o bevuto del brodo?

Non solo la bambina non aveva preso nulla perché Monique non le aveva dato nulla, ma era rimasta sola nella sua stanza, nella sua prostrazione quasi catatonica, senza una parola di calore. In cucina c'era una ciotola davanti a Monique, che si era appena servita. Tristan la prese e la portò al povero tesoro. I suoi occhi erano pieni di lacrime e sentiva il disgusto nel cuore. Questo comportamento omicida del feto sarebbe stato sciaccante se Monique si fosse accusata umilmente, ma poiché non lo era, era estremamente sprezzevole.

Ci sono due tipi di sofferenza: quella che si esprime nella cattiveria e che suscita solo disgusto, e quella che si esprime nella gentilezza e che suscita quella forma suprema di amore che è la compassione. Questo dolore era di Bea. Monique avrebbe fatto di questa compassione un diamante nel cuore di Tristan...

È vero che Monique parlava a Tristan con un tono di voce tale che un giorno lui fu costretto a dirle:

—— Non conosco nessuna manovra che permetta alla moglie di parlarle con quel tono di voce.

Un amico che aveva assistito alla qualità perfetta dei primi due anni della loro unione disse una volta a Tristan:

—— Non ti ama più. Ti guarda con odio, la nascita del bambino ha distrutto tutto.

Tristan spiegò che la nascita del bambino aveva poco a che fare con tutto ciò, poiché il comportamento di Monique era rimasto invariato per circa un anno prima della nascita del bambino. Ma Tristan non poteva

---

[72] Tuttavia, aveva delle forti ghiandole surrenali.

fare a meno di pensare che l'orribile aborto che Monique aveva subito era stato ferocemente accostato al suo stato temperamentale.

Il piccolo Aurélien, l'angelo del suo cuore, cresceva e imparava nella calma del giorno, mentre il padre lavorava, coprendoli entrambi. Monique tornava a casa e faceva battere i loro cuori con le sue eiaculazioni derisorie e spietate, che la piccola Béa sopportava senza fiatare. Solo le lacrime e i silenzi gelati testimoniavano la paralisi e lo strazio della sua piccola anima tenera e generosa, che aveva fatto nascere nel cuore di Tristan l'albero eterno e fiorito della compassione.

Monique non ha mai fatto un gesto di affetto, non ha mai detto una parola di gentilezza, non ha mai fatto l'amore. Parlava in modo duro con Tristan e scortese con Beatrice. Quello che insegnava a Bea sui lavori domestici era giudizioso, ma lo sfogava in un modo inaccettabile, persino insopportabile. Era così ignara da non rendersi conto dell'incredibile differenza di tono che usava nei confronti del figlio e di Bea e Tristan. Miele puro con suo figlio, acido solforico con noi. Il più delle volte Tristan rinunciava a parlare con lei perché sentiva che non lo ascoltava. Non si può dire che questo fosse esclusivo di Tristan, perché la sua amica Gladys una volta aveva detto a Tristan: "Ogni conversazione con Monique è come camminare su una corda tesa". Quindi era tutto sulla stessa linea e probabilmente sarebbe esagerato pensare che Monique riservasse il suo comportamento al suo compagno e alla piccola Bea. C'era una psicopatia generale. Quando doveva parlare con lei a causa di obblighi ragionevoli, doveva prenderla con filosofia. Si accorse che tutti si arrendevano, persino sua madre, che un giorno gli disse:

— Sai com'è Monique...

Erano ormai diversi anni che stavano insieme a Berry e Monique stava chiaramente peggiorando. Il suo comportamento nei confronti di Bea era infantile, di una gelosia incoercibile. A volte Tristan scriveva tutte le lacrime che non versava in un quaderno che teneva vicino a sé. A volte improvvisava pezzi del suo cuore al pianoforte. Monique passava di lì e con tono asciutto diceva:

— Ora vado a dormire.

Come potevano le melodie improvvisate di Tristan tenere sveglia Monique di notte, quando per mesi avevano addormentato il loro amore infantile? E anche se l'avessero fatto, come avrebbe potuto metterla così, senza fervore, senza tenerezza, senza rispetto? Sentiva che Monique non sapeva chi fosse. Come avrebbe potuto saperlo il loro bambino? L'impronta emotiva imposta a un bambino può paralizzare per sempre la comprensione intellettuale. Come avrebbe potuto insegnargli tutto ciò che sapeva per tirarlo fuori dall'abisso *giudeo-cartesiano* se non l'avessero fatto insieme nell'amore reciproco? Tristano era infelice senza amore e senza rispetto, e con questa grottesca gelosia verso la piccola Bea che foderava la propria casa con amore, pazienza e vera cultura verso il proprio figlio?

Dovevamo pensare al piccolo e fare ciò che era meglio per lui. Doveva mostrare a sua madre tutto l'amore di cui aveva bisogno perché, dopo tutto, era malata. Se avesse avuto il cancro, anche lui l'avrebbe amata e avrebbe potuto dimostrarglielo, ma questa malattia mentale stava costruendo un muro di cemento tra lei e l'affetto del suo compagno. Non si può amare un bambino se non si ama la madre. Amare un bambino senza amare la propria madre o il proprio padre significa amare solo se stessi. Una donna che ama un bambino senza amare suo padre non è altro che una donna egoista che ama solo un'estensione viscerale di se stessa, e nient'altro. Ahimè, il bambino cominciava a sembrare sua madre a suo padre. E questo sarebbe continuato in modo mostruoso fino all'età adulta. Il mimetismo e l'impronta psicologica dei bambini sono implacabili. La mancanza d'amore di Monique sarebbe stata copiata dal bambino, tanto più che Monique sarebbe sprofondata nell'abisso dell'immoralità per consolidarla, come vedremo.

Eppure Tristan sognava di far crescere suo figlio ai massimi livelli. Voleva insegnargli tutta la sua unica consapevolezza. Aveva già aiutato la piccola Béa ad acquisire ciò che nessun altro aveva: una vera integrità, un sano giudizio, uno spirito critico che non si lasciava sfuggire nulla degli imbrogli che ci travolgevano ogni giorno. Con pazienza, insegnò ad Aurélien tutte le basi della scuola materna: lettura, scrittura e aritmetica, con l'aggiunta dell'anima.

A volte Tristan sentiva un crudele bisogno di una donna degna di questo nome. Ma sarebbe stato un tradimento nei confronti di suo figlio. Non voleva altre donne, ma l'asfissia sessuale gli faceva desiderare avventure.

Se avesse potuto vedere Monique manifestarsi come si stava manifestando e soprattutto come si sarebbe manifestata quando si sarebbero separati, non solo non le avrebbe mai dato un figlio, ma non l'avrebbe mai vista nemmeno una volta, solo una volta. Ma ora era la madre del suo amato figlio. Ora Aurélien era qui e lei doveva insegnargli a essere sano nel corpo e nell'anima. Per realizzare in lui l'ideale di vita di Tristan. Ma l'avventatezza di Monique le stava togliendo ogni speranza.

Cosa avrebbe potuto ottenere suo figlio senza l'amore, il rispetto e la femminilità di Monique? Era come cercare di riempire un barile senza fondo con l'acqua di Lourdes. Guardandosi intorno in Francia, Germania, Spagna e Inghilterra, non c'erano più uomini. C'erano umanoidi in blue-jean, profittatori materialisti, e donne che li imitavano in nome di una sordida e imbecille parità dei sessi, vestite come avanzi di magazzino bisognosi di un restyling maschile. Politici spazzini e intrallazzatori che tenevano alla grandezza e alla bellezza della Francia come alla loro prima camicia. Un paese penetrato dagli africani fino alla completa diluizione nel nulla biotipologico. Se suo figlio doveva annegare in questa massa di informalità asessuata, non sarebbe stato meglio morire con lui? Non avrebbe potuto fare nulla se Monique non avesse saputo chi era. Nella sua condizione non lo saprebbe mai, perché potrebbe amare il bambino solo attraverso l'amore per il padre che potrebbe dargli così tanto. Cercare di crescere suo figlio non era forse la suprema illusione che lo teneva in vita?

Come Tristano soffriva per la terra...

I nervi di Tristan stavano cedendo. Nascondeva il fatto di piangere da solo durante il giorno. L'incredibile dolcezza, la gentilezza e l'efficienza di Beatrice gli permisero di resistere allo shock, in altre parole alla psicopatia di Monique. Senza Béatrice sarebbe crollato. Era stupito nel vedere la piccola Béa che faceva i suoi studi tecnici e secondari, studiava l'inglese e il pianoforte, trasmetteva le sue conoscenze ad Aurélien, puliva tutta la casa, faceva da assistente fisso, organizzava la lettura, la scrittura e i giochi per il piccolo, il tutto per ore e ore. Era tutto un miracolo. Come poteva Monique non rendersi conto di avere vicino a sé un tesoro che sarebbe stato impossibile trovare alla fine di questo secolo?

Tristano aveva costruito Beatrice, ma lei aveva il potenziale che rendeva facile il suo lavoro di Pigmalione. La Provvidenza aveva mandato Béa perché Tristano potesse realizzare il suo ideale spirituale nel figlio in un mondo che aveva perso tutto. Béa adorava suo figlio, era ferma e paziente, ed era un miracolo che Monique si rifiutava di vedere.

L'orribile ghigno del destino.

Come, ma come, non poteva capire la meravigliosa, armoniosa complementarietà di loro quattro?

Non capiva che, anche se avesse avuto un carattere soave, non sarebbe mai stata in grado, lavorando, di occuparsi della bambina, della casa, della propria madre che era venuta a vivere non lontano da loro, in città, e la cui situazione materiale era pietosa, di un marito artista, tutto sommato, ammetteva, difficile da vivere, a causa della sua delicatezza sensibile ed estetica dalle molteplici esigenze? Ma Béa, la loro piccola Béa, ha reso tutto possibile, quasi facile. Come si può essere gelosi di questa bambina leggermente handicappata che con la sua competenza, la sua dedizione e la sua gentilezza ha dato loro una casa, un bambino felice che ha potuto, almeno per gli anni dell'asilo, essere isolato dal secolarismo, fornitore di consumatori di voti, clienti di musica patogena, dalla droga, dalla disoccupazione, dalla vestimentarietà panciuta con le natiche modellate, dal suicidio che uccide cinquantamila giovani francesi all'anno e dal terrorismo. E per di più con un marito già difficile da mantenere da solo...

C'era in Monique una forza di rifiuto di essere felice, di distruzione che non era mascherata dalla sua isteria da bulldozer altruista.

Aveva tutto ciò che è essenziale, tutto ciò che nessuna donna poteva avere nella seconda metà del XX secolo.

Non baciava nemmeno più Tristan al mattino e alla sera, né rispondeva quando lui le parlava. Una sera, mentre lui faceva il bagno tardi - era l'unica volta nella sua vita che faceva il bagno a quell'ora - lei ebbe un attacco di isteria tale che Tristan perse improvvisamente ogni fiducia e speranza in lei.

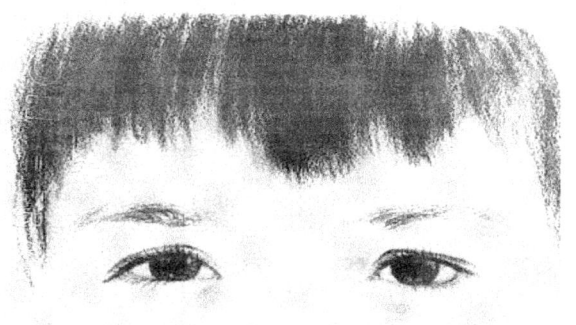

"Il servo dal cuore grande di cui eri geloso".

La sua gelosia infantile nei confronti di questa piccola e indifesa creatura, così buona, non faceva che aumentare. Tristan sentiva e vedeva sempre di più questa sadica aggressività nei confronti della bambina. Era come una granata esplosiva in tutto ciò che diceva e nessun ragionamento poteva cambiare il suo comportamento spaventoso.

Tristan cercò di consolare la povera e cara bambina, ma il potere distruttivo di Monique era infinitamente più grande dei tesori di balsamo che Tristan applicava alle sue ferite.

Quando la madre di Monique andò in pensione, Monique passò un mese intero a sistemare la casa. Béatrice e Tristan si occupavano del piccolo sia la sera che il giorno, dato che Monique tornava a casa solo tardi.

Béa continuò a insegnare lettura, scrittura, pianoforte, inglese e giochi con la sua favolosa efficienza. Tristan si occupò del suo lavoro universitario, scrivendo i suoi libri e insegnando a Bea. Monique non era mai riuscita a stare con il bambino per tre ore per la sua formazione e istruzione. Non aveva la vocazione per farlo. Quando non lavorava all'ospedale, doveva essere in movimento, fare cose pratiche, quindi Béa era insostituibile: Monique non ne era consapevole.

La gelosia di Monique cresceva, così come il suo sadismo.

Così la compassione di Tristan per la piccola Bea crebbe ancora di più, provocando un'ulteriore ondata di gelosia e sadismo da parte di Monique. Un circolo vizioso infernale dal quale non poteva uscire. Tristan chiamava Béa "il mio piccolo tesoro", così come chiamava le sue figlie Nathalie e Chantal, e chiamava Monique "mamma", che è il nome più tenero che si possa dare alla sua compagna. "Il mio piccolo tesoro" mandava Monique in fibrillazione. Si metteva sullo stesso piano di questa meravigliosa ragazza un po' handicappata e questo provocava una certa vergogna da parte di Tristan: come poteva porsi in un simile accostamento? L'idea della gelosia era assurda. Tristan avrebbe semplicemente difeso questa bella innocente da chiunque le avesse fatto del male, fosse stato un parente stretto o un estraneo. Purtroppo, era quello che aveva dovuto fare alla sua compagna, la persona più vicina a lui, quella che amava di più, la madre di suo figlio. Tale gelosia aggiungeva un aspetto grottesco alla sua natura patologica: Tristan aveva conosciuto molte belle ragazze, per quanto poco intelligenti, nessuna delle quali sarebbe mai stata gelosa di questo meraviglioso esserino segnato dal destino, solo, senza veri genitori. Era impensabile.

Per una donna normale, soprattutto se ha un figlio ed è costretta a lavorare, la piccola Bea non potrebbe che suscitare una tenera gratitudine, e in questo caso, in questo secolo di suicidio collettivo e di decadenza, anche una gratitudine sconvolta. Dove si può trovare oggi qualcuno che ami il proprio figlio, lo curi magnificamente, lo educhi quando tu, la madre, sei costretta a lavorare? Dove? Tristan aveva assistito alla tragedia dei bambini affidati a donne anonime che, senza amore, svolgono un lavoro tecnico a pagamento. Aurélien stava beneficiando dell'impossibile: l'*amore*, la *dedizione gratuita*, ciò che costruisce il cuore e l'anima di un bambino. E Monique non capiva questo enorme dono del destino? Non si poteva amare Aurelien senza amare la piccola Bea a metà del XX secolo, se si aveva una coscienza. Ma presto Tristan avrebbe avuto nove prove per dimostrare la mancanza di coscienza di Monique.

L'orrore ha sempre delle scuse, e purtroppo valide.

Da bambina, Monique era stata rifiutata dal padre e picchiata. Questo trauma generale le è rimasto addosso ed è stato aggravato da una caduta in un pozzo che l'ha spaventata a morte. Tutto ciò aveva portato a uno squilibrio di spirito e a una frustrazione che poteva spiegare la gelosia infantile. In effetti, Monique non era abbastanza forte per farsi carico del lavoro, del bambino, di un marito artista che da solo, alla fine del XX secolo, avrebbe monopolizzato tutte le sue energie, e anche di una madre dal carattere tenero, dall'intelligenza debole sulla quale Monique compensava la carenza paterna che era, bisogna dirlo, notevole. In effetti, l'unico legame affettivo di Monique era quello con la madre. Quanto al suo amore per Aurélien, era chiaramente di *natura strettamente biologica*, come dimostra il suo bisogno imperativo di maternità. Se avesse amato davvero suo figlio avrebbe tenuto conto della *sintesi* necessaria per il suo equilibrio, soprattutto con un padre di qualità. Se la madre avesse avuto un livello mentale un po' più alto, la sua fermezza avrebbe potuto far uscire Monique dalla vescicosi e preservare così la felicità della figlia. Purtroppo la madre aveva già fallito due volte nel suo matrimonio, quindi anche la figlia doveva fallire. Non c'era modo di sostenere la figlia, ma era obbligata a sostenere la sua vescica. Qualsiasi nevrosi aumenta se è sostenuta da qualcuno che è emotivamente vicino. La presenza della madre avrebbe quindi fatto precipitare tutto nel vuoto. La madre non aveva avuto una crisi isterica perché Tristan era passato a baciare suo figlio, di cui si stava occupando in quel momento?

Nonostante il dispetto di Monique nei confronti di Bea, Tristan accettò il progetto di una casa che avrebbe pagato per metà e che sarebbe stata intestata a Monique e Aurélien. Pensava che Monique sarebbe stata così felice di avere una casa che avrebbe anche capito quanto Bea fosse indispensabile per loro. Aveva la segreta speranza che la gratitudine di Monique potesse trasformarsi in terapia. Purtroppo era un ottimista e non aveva valutato la gravità delle condizioni di Monique dal punto di vista clinico. Appena firmato, Monique gli disse senza mezzi termini che "Beatrice non avrebbe mai messo piede in casa sua". Non avrebbe mai firmato se avesse immaginato la gravità dello stato mentale della sua compagna.

Per di più, quando la casa è stata inquadrata, Tristan si è reso conto che avrebbe potuto disporre solo di una stanza di ventidue metri quadrati! Aveva firmato per questo e aveva bisogno di almeno cinquanta metri quadrati per il suo lavoro e la sua camera da letto. Inoltre, tutti i loro mobili non avevano alcuna possibilità di entrare in casa. Così il destino aveva deciso di separarli.

La casa sarebbe stata costruita in pochi mesi. Monique aveva parlato di trovare una stanza per Bea non lontano dalla casa. Tristan trovò la soluzione accettabile, a condizione che Monique dimostrasse affetto alla bambina prima di trasferirsi nella stanza prevista. In nessun caso la bambina doveva sentirsi "lasciata sola" in città, senza amore. Tristan accettò la soluzione alla sola condizione che Monique fosse gentile con Bea nei mesi successivi, fino al completamento della casa.

Tristan sentiva che la sua presenza non aiutava la situazione con Monique e decise di andare a stare con sua figlia e alcuni amici in Spagna per qualche settimana. Forse le cose tra Monique e Beatrice sarebbero tornate ad essere equilibrate.

Un po' prima del delicato momento del mese, la piccola Béa si trovò in uno stato di nervosismo, comune nelle donne in perfetta salute, e quindi ancora più comprensibile in Béa. Aveva solo bisogno di essere compresa, amata, confortata e sostenuta. Invece, Monique e sua madre si preoccuparono di lei, telefonando ai genitori della ragazza (di cui Monique conosceva la qualità, dato che aveva fatto una serie di digressioni peggiorative e perfettamente obiettive su di loro). Questo ha avuto l'effetto di aggravare la condizione della povera ragazza, che si è trovata in un deserto morale popolato da Monique e dalla sua madre schiacciante. Nessuna delle due pensò di dare un po' di tenerezza alla povera bambina. Solo molto più tardi Tristan venne a conoscenza degli eventi dagli stessi genitori di Bea, perché Bea non gli aveva detto nulla. Essi dissero: "Quando Madame Monique ci ha telefonato, abbiamo pensato che ci fosse qualcosa che non andava nella sua testa". I genitori di Bea, pur deplorevoli, per usare un eufemismo, avevano espresso una triste verità. C'erano altre manifestazioni dello stato mentale di Monique:

Monique aveva due grandi amiche, Gladys, già citata, e Simone. Tutte e tre si erano diplomate alla stessa scuola per infermiere di Parigi. Simone era venuta a stare da noi per qualche giorno. Quando Tristan la riaccompagnò alla stazione, lei gli disse:

— Quando io e la madre di Monique siamo in cucina, ci sentiamo degli idioti.

Anche a questo livello di base, Monique non permetteva alcuna iniziativa. Poi, mentre parlavano del carattere difficile di Monique, Simone disse:

— Non riesco a sopportare Monique per più di una settimana, anche se è la mia migliore amica.

Tristan voleva provare a parlare con Monique, per spiegarle il cammino straziante che stava conducendo tutti loro, soprattutto il loro caro bambino. L'idea di parlare con Monique era una prova terribile, perché sapeva che non stava ascoltando, che era inaccessibile a qualsiasi ragionamento, che era incapace di capire ciò che era essenziale per il futuro del piccolo, protetto dalla situazione attuale dalla calma di tutti, dalla tenerezza della loro piccola comunità. Lui e Beatrice erano modelli di gentilezza, pazienza e delicatezza nei suoi confronti. Béa a volte "rispondeva", ma Monique doveva averla spinta al limite. Monique non si rendeva conto di quanto fossero indulgenti con lei. C'era qualcosa di ripugnante nella sua codardia nei loro confronti. Era certo che un uomo normale l'avrebbe picchiata a breve termine in tali circostanze, o l'avrebbe lasciata nonostante il bambino. Un'altra ragazza se ne sarebbe andata, insultando Monique. Era il caso di diverse ragazze che avevano preceduto Bea e che non avevano sopportato Monique per più di qualche settimana.

Curiosamente, l'unica ragazza che Monique aveva sopportato si limitava a badare al ragazzo, a poltrire su una poltrona, a pretendere che Tristan le impartisse il maggior numero possibile di lezioni di inglese, di naturopatia, ecc. Si stava guadagnando da vivere in modo confortevole. Poi Monique si sforzò così tanto che svenne tra le braccia di Tristan. Tristan, preoccupato, scrisse alla madre della ragazza esprimendo la sua preoccupazione e chiedendole di suggerire alla figlia di dare una mano in casa. La ragazza partì qualche giorno dopo con il pretesto di vedere i genitori e... non tornò più.

In un certo senso, è stata la gentilezza di Bea e Tristan ad aiutarli a sopportare Monique. La ragazza era certamente inconsapevole del proprio carattere. Tutti loro dovevano essere indulgenti e comprendere la dolorosa e complicata situazione psicologica di Monique. Monique stava approfittando della loro intelligenza e gentilezza nei suoi confronti.

Beatrice era mossa solo dall'amore per il bambino e dall'affetto per i suoi genitori. Questo amore era così visibile, così trasparente, così traboccante da far venire le lacrime agli occhi di Tristan quando guardava Beatrice e suo figlio senza dare l'impressione di farlo. Tante volte gli erano venute le lacrime agli occhi mentre li osservava nel backstage, vedendo quel fiume di tenerezza, devozione e pazienza. E proprio su un tale tesoro Monique stava commettendo un sacrilegio!

Cercò di nuovo di coinvolgere Monique in un dialogo.

— Dovresti essere consapevole del tuo carattere. Simone, il tuo amico di vent'anni, non ti sopporta per più di una settimana.

— Simone ti ha detto questo? Le telefonerò per sapere se è vero.

La fiducia che aveva in ciò che Tristan le stava dicendo la diceva lunga sulla qualità del suo affetto.

Monique ha telefonato:

— È vero, Simone, che non mi sopporti per più di una settimana?

— Come ben sai, Monique, non lo sa nemmeno mia sorella quando vieni a trovarci in Bretagna. Ma questo non ti impedisce di essere la mia migliore amica.

Monique riattaccò e non vide più Simone per molto tempo.

Questa conversazione non gli ha insegnato nessuna lezione, nemmeno l'umorismo elementare che sarebbe consistito nel dire: "So di avere un carattere impossibile, proteggiti da me, non lasciare che ti faccia nulla".

In effetti, è esattamente quello che Tristan aveva detto alle sue fidanzate anni prima.

Non ci hanno fatto caso, ma non c'è stato quasi nessun problema.

Passarono alcuni giorni e Gladys, l'altra amica, telefonò per controllare. Tristan descrisse la tragica situazione in cui si trovavano. Raccontò la telefonata di Monique a Simone.

Gladys interruppe:

— Ma non è una settimana che non la sopporto, sono quarantotto ore.

E ripeté la frase che Tristan aveva già sentito:

— In effetti, ogni conversazione con Monique è una passeggiata sul filo del rasoio.

Tristan telefonò a un amico professore di medicina che aveva lavorato alla sua tesi di dottorato.

— Le donne più intelligenti", le dice, "sono attualmente coinvolte in perversioni con fissazioni infantili, derisorie e persino grottesche. È il prezzo dell'attuale degenerazione. Non sono più ottimista di te, soprattutto se si tratta di una sindrome di Caino (gelosia).

Tristan era certamente un pessimista.

Monique aveva tradito i suoi sentimenti, le sue aspirazioni più nobili. Il futuro di Aurelien dipendeva dalla miracolosa efficienza di Bea, perché i primi anni sono decisivi per il destino di una persona, ma entrambi dovevano sostenerla. Tristan era un insegnante e poteva salvare suo figlio dalla scuola secolare dove per decenni aveva visto i suoi alunni cadere a pezzi. A suo figlio doveva essere risparmiata la scuola libera, che era ancora più marcia di quella laica. Sembrava che la Chiesa cercasse disperatamente di superare lo scivolamento verso il nulla. Monique stava riducendo al nulla ciò che lui aveva costruito con tanto dolore e tanto amore. A cosa serviva la sua consapevolezza, quella consapevolezza che pensava di aver dato a Monique e che avrebbe dovuto essere un'armatura invincibile contro la sua stessa grottesca e sadica nevrosi?

Voleva tanto che Aureliano non avesse nulla a che fare con questo cristianesimo feroce e riduzionista, con questo colonialismo che per trent'anni ha massacrato ventimila neri alla settimana nelle miniere del Sudafrica per sfruttare le miniere d'oro, con questi gulag che uccidono persone a decine di milioni per il loro bene, con questa musica ipnotica, patogena, criminogena, degradante...

Era la fine dei tempi.

Tristan non sapeva a chi rivolgersi. Voleva proteggere il suo piccolo. Lo voleva assolutamente. Aveva costruito tutto per questo scopo e non poteva lasciare che tutto andasse in frantumi. Avrebbe dato la vita per proteggere suo figlio, per educarlo secondo il suo cuore e la sua coscienza. No, non sarebbe andato tutto distrutto.

Voleva morire tenendo il suo piccolo tra le braccia. Quanto è grande la tentazione!

Oh, se fosse malato di terra!

Cosa gli avrebbe offerto questo mondo senza la protezione della sua lucidità? Il nulla radicale, quello che si vede sui giornali e in televisione, la musica ossessionante che uccide e ti fa amare attraverso la distruzione animica. Avrebbe accettato qualsiasi cosa pur di far crescere il loro piccolo verso il suo ideale: per questo, Monique doveva amare Tristan e il loro piccolo sarebbe sbocciato al di là degli agenti distruttivi come le trenta iniezioni di vaccini putridi che distruggono il nostro sistema immunitario...

Tristan aveva una grande amica, una professoressa di Bibbia ebraica, un'ebrea veramente virtuosa, che era così disciplinata nella sua dieta che, all'età di settantatré anni, non mostrava il minimo segno di presbiopia. Le scrisse il suo dramma, La follia di Monique. La risposta fu uno shock.

> A Tristan e Monique.
>
> Il 25 maggio, alle 20.30, mio nipote Emmanuel, bello, dotato, poeta, che rifiutava questa società e non praticava nessuno dei vizi della gioventù di oggi, a ventidue anni, laureato in storia e sociologia, stava passeggiando da solo in un villaggio vicino a Orange quando è stato travolto e ucciso da una moto che attraversava la strada. La gendarmeria ha informato mia figlia, che era a Parigi. Sono andato a Orange da solo per espletare le formalità.
>
> Mi trovai davanti alla buca in cui era stata calata la bara che conteneva il mio amato nipote, che avevo cresciuto. La terra fu gettata dentro e tutto si consumò.
>
> Stabat mater
>
> Di fronte a questo, i vostri conflitti abracadabra mi sembrano indegni, futili, irrisori e questi sono solo degli eufemismi. Immaginate che una cosa del genere accada a vostro figlio: spero che impariate una lezione dalla mia disgrazia. Non preoccuparti di scrivermi. Nessuna parola, niente potrebbe lenire il mio dolore e con esso scenderò nello Scheal.
>
> Ester

Tristan non aveva bisogno di questa atroce lezione. Diede la lettera a Monique. L'unica cosa che le venne in mente di dire e che diede alla sua vescicite tutta la sua dimensione fu:

— Che cosa ha a che fare con me?

Tristano mostrò la lettera di Ester al padrino di Aureliano, il saggio della terra che aveva scelto per il suo bambino.

— *Questa è la fine dei tempi", disse a Tristano,* mostrandogli un'immagine della Vergine coperta di sangue, disegnata da un veggente. "*Il diavolo non è riuscito a distruggerti finora. Vi distruggerà attraverso colui in cui avete riposto tutta la vostra fiducia, colui che pensavate di aver protetto da tutte le imposture: la donna, sua costante alleata. Ricordate quello che ha detto il vostro compagno Otto Weininger:*

"Siamo nell'era della donna e dell'ebreo".

Madame de Gastine morì all'età di sessantanove anni a causa di una grave malattia reumatica, la poliartrite cronica progressiva. Tristan aveva sentito il suo cuore riconciliarsi con la madre e aveva recitato la preghiera che aveva sentito traboccare dal suo cuore quando la moglie e la figlia lo avevano lasciato. Purtroppo, due giorni dopo il funerale, un conoscente comune gli raccontò le cose orribili che sua madre aveva detto di lui pochi giorni prima di morire.

Dopo la morte della madre, il destino aveva decretato un divorzio eterno tra lui e la madre...

Tristan aveva una vecchia amica a Parigi, ma era una delle donne più intelligenti del secolo. Una tale finezza di mente, una tale ampiezza di osservazione della storia e dell'attualità erano uniche al mondo.

Aveva confidato la sua tragedia a Frédérique, come veniva chiamata, perché non c'era nessuno al mondo a cui si potesse confidare meglio un simile dolore. Lei aveva risposto a lungo, pensando che la ragione avrebbe prevalso e che Monique stesse semplicemente attraversando una difficoltà temporanea. Le sembrava impossibile che una gelosia così irrisoria potesse attecchire nel cuore di Monique. Aveva anche telefonato a Monique, che le aveva risposto:

- *Tutti mi danno torto, compresa mia madre.*

Promette a Tristan che scriverà a Monique e le invierà il testo.

La perfezione della lettera è ineguagliabile su ogni piano: *tutto* è stato detto e Tristan non avrebbe mai potuto fare meglio di questa sintesi finita.

Mia cara Monique.

Sono rimasto costernato nell'apprendere del conflitto telefonico. Ho riflettuto e ho deciso di scriverle per aiutarla a uscire dall'infelice impasse in cui si è cacciata.

Innanzitutto vorrei esprimere la mia stima per la discrezione di Tristan, che qualche settimana fa non mi ha detto una parola sulla vostra controversia, informandomi solo delle immense difficoltà che gli impedivano di scrivermi.

Come sai, quando ti ho incontrato per la prima volta ti ho sempre valorizzato, sia nella corrispondenza che di persona, perché sentivo che, oltre al tuo fascino, avevi qualità di cuore e di comprensione, che giustificavano la natura passionale di Tristan, la sua natura ipersensibile e vulnerabile, la sua sete di tenerezza, il suo bisogno di protezione, così comuni nell'uomo ma in misura maggiore in lui, tutti tratti degni di compassione.

Se foste un'infermiera, sapreste come capire e fare da madre a un uomo che era perennemente "malato di terra" e viveva solo dall'entusiasmo alla disperazione, mai tiepido.

Mi hai detto, Monique, che la tua lamentela risiedeva nel fatto che lui coccolava con parole e attenzioni la ragazza un po' disabile incaricata di accudire il tuo piccolo Aurélien e di assistere in casa e con il padre di tuo figlio.

Come non gioire, Monique, tu che sei tutta grazia, di questo accordo in cui il bambino svantaggiato per natura condivideva con Aurelien un sentimento paterno naturalmente incline all'effusione.

Ah, Monique, avevi la possibilità, ed eri ancora in tempo, di assicurarti una doppia maternità in linea con la doppia paternità di Tristan, e causeresti una tripla disgrazia, quella di Aurelien, di Tristan e la tua, respingendo il piccolo innocente da casa. Pensate alla ferita che infliggereste al bambino. Aurelien sa tutto, sente tutto, e le ferite impresse nel suo fragile e malleabile subconscio lasciano inibizioni per tutta la vita che seminano gravi problemi in età adulta.

Per amore di questo bambino, per prudenza nei confronti di questa fragile crescita umana, per rispetto dell'armonia che dovete insegnargli in modo esemplare, non offendetevi per l'affetto-compassione di Tristan, che sono sicuro non altera in alcun modo il sentimento indefettibile che ha sempre avuto per voi. In realtà, avete una doppia maternità da assumere nei confronti del bambino e del padre. Come sai, Monique, non c'è amore coniugale che non raggiunga la maturità senza che il marito diventi per la moglie, e questo è molto bello, il figlio maggiore. È la conquista più bella di tutte, e la moglie diventa così naturalmente madre che il marito la chiama "madre".

Altrimenti è come uno strumento musicale a cui manca una corda. Non torturare la tua anima con l'ansia di una rivalità emotiva che nasconde nelle sue pieghe un'agitazione indegna del tuo incomparabile fascino. Non distruggere la tua casa per la sola ragione, mi hai detto, della tua insofferenza per la tenerezza espressa a parole da Tristan al tuo piccolo aiutante.

Il fatto che la coccoli come se fosse sua figlia non è nulla di cui allarmarsi, né sminuisce la vostra priorità. Spalanca il tuo cuore e scaccia questo totalitarismo. Rimetti il tuo bel sorriso a Monique, "non impediat musicam" dicono i testi sacri: "non impedire la musica". Certo, non vi dico nulla di nuovo dicendovi che la musica è armonia, è tutto ciò che sorge da noi in accordi piacevoli. È la risoluzione delle dissonanze e delle alterazioni nel ritorno alla tonalità iniziale. È l'espressione della conciliazione e della riconciliazione nello strumento del nostro cuore. Ti prego, Monique, fai pace dentro di te, ricrea l'armonia della tua casa. Abbraccia la compagna che è stata scuoiata viva fin dall'infanzia, ama la piccola e preziosa compagna che il tuo Aureliano deve considerare come la sua sorella maggiore. Fate un respiro profondo e liberatevi dell'ossessione che sarebbe la rovina della vostra vita. Andate dal padre di Aureliano con il vostro bel sorriso e sarà la fine di un incubo collettivo. Faccio un patto con il cielo per aiutarvi a ritrovare voi stessi e la vostra casa, in pace con il cuore, e vi bacio.

Frédérique

Era nello scopo logico di una lettera del genere compiere il miracolo dello spirito se avesse incontrato uno spirito. Ma non ci riuscì. Settimane dopo Frédérique disse a Tristan: "La sventurata è fondamentalmente malvagia".

L'incubo che avrebbe imposto a Tristan avrebbe assunto proporzioni gigantesche e omicide.

Tutto ciò che Monique ebbe da dire in risposta a questa lettera fu indicibile:

"Frédérique si veste come una vecchia baldracca, protegge tutti i maschi del quartiere ed è l'amante di Tristan."

Frédérique aveva quasi ottant'anni...

È nel destino, nell'astrologia, che Tristano cercherà di far luce sulla sua tragedia e soprattutto su quella dell'amato figlio, perché nonostante la disperazione, non perde la speranza...

Tristan conosceva da anni un amico che praticava l'antica arte dell'astrologia per motivi di saggezza. Aveva avuto molte occasioni per osservarne le sorprendenti capacità. Aveva collegato le basi endocrinologiche della biotipologia con le corrispondenze astrologiche più interessanti, soprattutto in termini di potenziale patologico, che Tristan verificava ogni giorno.

Voleva sapere se le stelle gli avrebbero permesso di crescere suo figlio, cioè, in quest'epoca di totale decadenza, di ottenere una vittoria sul nulla. Una tale vittoria era possibile solo con l'amore di Monique. Il problema di Monique era quindi l'epicentro di tutto. Così scrisse all'amico Maurice:

Mio caro Maurice.

Lei e un amico parigino straordinariamente intelligente siete le uniche persone a cui posso confidare la mia tragedia. Quella di voler crescere mio figlio al livello della mia coscienza, in questo mondo che è praticamente distrutto. Ma Monique, che tu conosci bene, mi sta creando un grosso problema che io non posso risolvere e che solo lei potrebbe dominare e persino sradicare totalmente dal suo inconscio. Ma può farlo? Questa è la domanda che vorrei porre alla vostra coscienza astrologica. Se non posso lavorare per mio figlio, nulla mi interessa più. Le chiedo di esaminare le nostre rispettive carte e di dirmi senza mezzi termini cosa ne pensa.

A casa abbiamo una piccola Beatrice che insegna ad Aurélien e ci aiuta in modo magistrale in casa. Eppure è ipotiroidea nel complesso, di tipo ghiandolare, e quindi leggermente handicappata. La sua perfezione in termini di competenza è sublime. Riesce a educare nostro figlio, a fare tutto in casa, a studiare da sola in vista del "brevet des collèges", a studiare il pianoforte e l'inglese, che trasmette a nostro figlio... Si occupa anche dei miei pasti, del lavoro di segreteria e così via. È un miracolo!

Le insegno da tre anni e, nonostante la sua intrinseca goffaggine ghiandolare, riesce in tutto ciò che fa. È unica e insostituibile al giorno d'oggi e, per un provvidenziale colpo di grazia, ama Aurélien con tutto il cuore. Fa tutto con amore, e potete capire quanto le sia grata per questo dono della Provvidenza. È un agente fondamentale se voglio proteggere mio figlio da quello che io chiamo, come ricordate, "giudeo-cartesianesimo". Un po' disgraziata, è stata la vittima di tutti. Da bambina è stata perseguitata a scuola: le hanno tolto due denti. Quanto ai suoi genitori, erano dei veri perdenti.

Monique, invece di essere emotivamente grata per questo dono del cielo che l'amplia con tanta efficienza, tenerezza e pazienza, manifesta nei suoi confronti un'incoercibile sindrome di gelosia infantile che si traduce nel peggio. Non solo non mostra alcuna tenerezza per la povera cara, ma non smette mai di attaccarla qualunque cosa dica o faccia, mentre anche se Monique non lavorasse, non sarebbe in grado di fare tutto quello che fa Beatrice (paziente, incredibile, pedagogica, efficiente, costante dedizione).

Non riesco a contare i giorni in cui questa povera bambina, che fa di tutto e di più per noi, non piange a causa della sadica paranoia di Monique. Da parte mia, nonostante il mio sovraccarico di lavoro come insegnante e scrittrice, cerco di compensare la brutalità di Monique nei confronti della sfortunata bambina. Cerco di consolarla, di mostrarle un po' dell'affetto che Monique le nega. Questi esseri leggermente ipotiroidei hanno bisogno di molto più affetto degli altri esseri umani, e sanno come restituirlo in un modo che commuove il cuore. Potrei fare a meno di questo lavoro doloroso perché ho altre cose da fare, ma sento che la bambina sta morendo perché Monique non solo non le dà un briciolo dell'affetto che merita per tanto amore e devozione unici, ma è tragicamente negativa nei suoi confronti. Purtroppo, la mia compassione per questa bambina si decuplica quando la cattiveria di Monique nei suoi confronti si decuplica. È un circolo vizioso completo, perché il mio intervento con la bambina sta diventando sempre più simile a una terapia di base, ma è inefficace se si considera il trauma che Monique le sta infliggendo. La povera bambina a volte piange per ore, immobile, senza che Monique si muova minimamente.

Non importa quanto io spieghi a Monique che se desse a questa piccola Provvidenza l'amore e l'incoraggiamento di cui ha bisogno, non dovrei svolgere questo compito io stessa, con scarso successo. È inutile: lei continua a monologare sulle premesse della sua vescicosi, sorda a ogni buon senso, a ogni ragionamento, a ogni umanità elementare.

Abbiamo un figlio da crescere, una casa che stiamo comprando a nome di Monique, che sto arredando e per la quale mi sto accollando un anticipo del 50% in quindici anni. Ma se Monique non vede che abbiamo tutto e non cerca di migliorare, non potrò fare nulla per mio figlio e non avrò nulla per cui vivere. Inoltre, con questa casa che abbiamo comprato, se non andiamo perfettamente d'accordo, precipiteremo nell'anarchia suicida. Ecco dove ci troviamo: in un vicolo cieco, per di più molto doloroso. Monique non capisce affatto che quello che mi rimprovera, cioè di raccogliere ogni giorno quella povera creatura, è colpa sua e solo sua!

La nostra amica Frédérique, che le ha scritto una lettera ammirevole, le ha detto: "Stai scagliando questa bambina contro il cuore di Tristan". Ed è esattamente quello che sta facendo. Non c'è dialogo con Monique: sta girando in tondo nella sua ossessione e sta distruggendo tutti noi, compreso il nostro amato bambino, che è la cosa peggiore. Non vedo alcuna soluzione. Eppure mi dico che è impossibile che Monique non abbia una salute mentale sufficiente per riprendersi all'ultimo momento. Cosa dicono le nostre carte natali?

Personalmente, mi dico che tutto ciò che ha intelligenza, rigore e amore deve sparire da questo mondo. Per questo non ho più speranza.

Tre settimane dopo ricevette tre studi. Tutte queste considerazioni facevano luce, ma non risolvevano, l'inestricabile rete di cui Monique era la chiave di volta.

All'inizio della sua vita, il piccolo Aurélien era destinato a essere messo alla prova dalla madre, che lo avrebbe ferito a causa del suo disaccordo con il padre. Il suo tema natale mostrava che il padre avrebbe agito con ostinazione per isolare il figlio dal mondo decadente che lo circondava. Aureliano si sarebbe legato a una causa lontana alla quale avrebbe dato tutto il suo amore. Era destinato a creare per un vasto pubblico nel perseguimento di un ideale. Sarebbe stato incline a distaccarsi dalle cose terrene, indulgendo in una certa rinuncia, devozione, abnegazione e sacrificio. Esisterebbe in isolamento, escludendo la notorietà. Proteggerebbe i deboli, i diseredati, si occuperebbe dei malati e svilupperebbe doti sovra-normali.

La carta di Tristan indica che egli ha percepito il destino del figlio e ha cercato con tutte le sue forze di preparare il bambino al suo compito. Sembra che Monique e Tristan non si separeranno (errore dell'astrologo), rimanendo uniti nel loro amore e nell'educazione del bambino.

Il tema di Tristano era l'amore "ipermaterno" per il figlio (era vero che Tristano si sentiva l'anima di un padre-pollaio).

C'era una sorta di nobile isteria nel tema di Tristano, il desiderio di proteggere il figlio dalla disumanità che il suo cuore aborriva.

Tristano avrebbe quindi teso a imporre ad Aureliano un sistema educativo isolato, ma la carta del bambino rivelava che non ne soffriva affatto, anzi. L'accordo di Monique e Tristan sul bambino fu confermato (un altro e medesimo errore dell'astrologo). Aurélien sarebbe stato profondamente ribelle alla società, ma poteva esserlo più del padre?

Si dice che Aurélien fosse dotato di una notevole quantità di fluido magnetico, che poteva aiutare a dare sollievo agli altri (Tristan aveva già sperimentato questo dono nel figlio, che, appoggiando le mani sull'addome, faceva sparire il mal di stomaco in pochi minuti). Il bambino si sarebbe sentito a casa con il padre come con la madre. Le circostanze di Tristan e Monique servivano solo a sottolineare lo stato caotico dei loro rispettivi temi. Finché remavano insieme in direzione di una spaventosa lucidità e della cura per gli afflitti, remavano insieme. Il bambino aveva gettato il sasso della sua presenza in un'acqua in cui si muovevano correnti divergenti.

Il karma ha imposto loro tutto il peso della loro disarmonia.

Non c'era speranza per Monique", disse Maurice. Era un personaggio serio, testardo e monolitico.

La prima volta che Tristan telefonò a Maurice per parlare del tema di Monique, prima di inviargli un lavoro scritto, gli parlò a lungo del suo Marte afflitto e brutale e concluse:

- Non potevo...

Ma chi avrebbe potuto vivere con Monique se non fosse stata assolutamente docile per dieci anni, a parte Tristan? Di certo non sua madre, che non ne aveva fatto mistero a Tristan.

La tendenza al suicidio di Tristan, se non avesse potuto fare nulla per suo figlio, era scritta nella sua cartella clinica.

Anche lo studio di Maurice su Monique è stato rivelatore.

Il suo ascendente era in Ariete, il segno ostinato e persino violento di Marte. Le disarmonie erano violente e pesanti. Il bambino avrebbe sofferto per le ferite inferte da Marte. La tragedia karmica di Monique risiedeva nel fatto che non poteva controllare la sua formidabile forza di Marte, **che non riceveva alcun influsso benefico da Mercurio (intelligenza) o da Venere (bontà, bellezza, dolcezza)**. Avrebbe dovuto superare le sue stelle, che normalmente "inclinano ma non determinano".[73]

Sarebbe stato necessario che, avendo preso coscienza della durezza delle sue corna d'ariete, cercasse di deviarne gli effetti dolorosi per gli altri e per se stessa. Aggiunge alcune considerazioni tratte dal tema di Beatrice: era una presenza miracolosa per il bambino e una provvidenza per tutti. Possedeva un vero potere salvifico riservato a certi esseri privilegiati da Dio per aiutare, consolare e salvare il prossimo.

Conclude: quando non sopporti qualcuno, le tue corna d'ariete fanno male, Monique, fanno molto male. Se ami tuo figlio, è assurdo danneggiare questa piccola provvidenza, perché il risultato non può che essere negativo per il bambino, per il tuo partner e per te stessa. Devi superare i tuoi impulsi istintivi, che in questo caso sono del tutto animali e che sono lì solo per causare il massimo danno a te stessa e ai tuoi cari...

---

[73] Nel corso di una vita di osservazioni, l'autore può dire di non aver mai visto nessuno "dominare le sue stelle". Tutti i temi astrali studiati corrispondevano perfettamente al comportamento del soggetto studiato. Sembra quindi che "dominare le stelle" sia un evento raro. È vero che la nostra epoca decadente ha perso il libero arbitrio a causa dell'ipotrofia dei genitali interni. Inoltre, le donne sono state profondamente deformate dalla loro "mascolinizzazione".

La lettura del tema di Beatrice ha stravolto il cuore di Tristan. Tutto era vero sia nel presente che nel futuro, cioè nei quindici anni successivi alla stesura di questo studio.

Il suo Sole si trovava nella 12a casa, la casa delle prove. Rappresenta la rinuncia, lo spirito di sacrificio e l'abnegazione, compiuti in isolamento e in segreto, con discrezione. C'era uno sforzo per purificare la coscienza attraverso sacrifici volontari che contribuivano al progresso morale. Aveva un'inclinazione naturale a prendersi cura dei malati, ad aiutare e proteggere i deboli. Si occupava solo di lavori che richiedevano la lontananza dal mondo. Aveva la tendenza a cercare la solitudine e a fare rinunce. La sua salute lasciava a desiderare, una malattia languida che richiedeva soggiorni prolungati in una casa di riposo. Aveva un ardente desiderio di dedicarsi agli infermi, ai meno fortunati.

I suoi sentimenti la spingevano ad atti di abnegazione e di amore malinconico. La sua costituzione non era robusta, ma la sua sensibilità era molto grande, con slanci sublimi verso il sacrificio, la carità e il desiderio di aiutare i suoi simili e i suoi fratelli inferiori, gli animali, per i quali provava una tenerezza molto speciale. Aveva un'estrema sensibilità sentimentale che la rendeva infinitamente solidale con tutti i disagi fisici e morali, perché tutto ciò che voleva fare era lenire, alleviare e consolare...

Il suo giudizio era chiaro: la sua vita non sarebbe stata lunga.

La vita di questa amata bambina non poteva essere lunga a causa del suo ipotiroidismo generale, e sappiamo che la tiroide è la ghiandola della vita.

Questo era ciò che Tristan aveva provato per il tesoro che il cielo gli aveva concesso per il loro amato figlio, e di cui Monique stava mostruosamente abusando con la sua ripugnante follia.

Eppure Monique a volte aveva un briciolo di lucidità, perché una volta, parlando di sé, disse: "Nel mio caso, Saturno non è rotondo e Marte non è dritto"...

Perché il destino aveva messo Monique sulla strada di Tristan? Certo, lei aveva raccolto Tristan dal relitto che si era lasciato alle spalle. Si era dimostrata perfetta e, a poco a poco, lui le aveva concesso la sua fiducia e un'enorme tenerezza che Monique, con il suo comportamento, non gli permetteva di esprimere.

Che cos'è una donna?

Per il suo compagno è un essere obbediente, una madre, una padrona.

Che cos'è un marito? Un padre per la sua compagna, colui che comanda, un amante.

Questa è la realtà umana che si impone alla saggezza delle nazioni prima di tutte le debilità materialistiche.

Era un padre per Monique? Aveva fatto di tutto per proteggerla, per darle una casa, di cui si assumeva tutte le spese, e, pur volendo essere solo madre della sua compagna, le aveva offerto un figlio che la situazione del mondo gli impediva di desiderare. Per il bene di questa bambina e di sua madre, aveva accettato di andare a Berry, cosa così fuori dal suo carattere. Aveva costruito questa piccola Beatrice, così piena di cielo, perché li aiutasse nei lavori di casa, nel suo lavoro di accademico e di scrittore, e soprattutto nell'educazione e nella cura del loro amato bambino. Stava anche preparando il futuro del bambino, cosa del tutto normale per una dedizione e una competenza senza precedenti. Aveva in sé tesori di gentilezza, affetto, comprensione e indulgenza. Era in grado di gestire la casa secondo le realtà di un'epoca vertiginosamente suicida. Era un amante inesauribile.

È vero che il suo appetito sessuale era esagerato, come accade alle "tiroidi" con sufficienti surrenali e genitali riproduttivi efficienti, ma una donna sapeva come negoziare questo "difetto", in modo da evitare, almeno relativamente, tentazioni carnali per il suo partner.

E Monique.

Una moglie materna, comprensiva e amorevole? Che si è lasciata andare, diplomatica con il marito "che doveva essere avvicinato con cautela", come recitava la descrizione omeopatica del fosforo che era (il fosforo dell'omeopatia è la tiroide dell'endocrinologia)? Consapevole del loro interesse per la sintesi, del miracolo rappresentato dalla presenza della piccola Bea nella loro casa, che aveva impiegato anni per educare? Con gesti di tenerezza? Un po' di quell'umiltà che è segno assoluto di salute mentale? Una compagna obbediente? No, mai.

Quante volte Tristan si era sentito parlare senza che lei lo ascoltasse?

Béatrice, questo tesoro del destino, questo pozzo di tenerezza per il loro bambino, Béatrice che aiutava in tutto, che sapeva come impartire al loro piccolo le conoscenze che lui le portava, e lo faceva con quella pazienza angelica che faceva gonfiare il cuore di Tristan di sconvolta gratitudine. Béa, la piccola Béa, veniva trattata in modo disumano da Monique, che non riusciva a contenersi nemmeno di fronte agli estranei. Amici e conoscenti raccontano a Tristan il loro shock e la loro indignazione per il comportamento di Monique nei confronti di Bea. Tutte quelle cose meravigliose portate da Béa, che alleviavano a

Monique la sua inestinguibile sete di energia, non significavano nulla per lei. Le uniche cose che contavano erano un piccolo oggetto rotto, un tubo dell'aspirapolvere consumato prematuramente dalla goffaggine di Béa, un oggetto fuori posto, un angolo della casa dove rimaneva la polvere, mentre la camera da letto di Monique, dove a Béa era vietato pulire, assomigliava al peggiore dei suk in termini di disordine e polvere.

Come avrebbe fatto Aureliano a giudicare sua madre quando fosse maturato, quando la sua gentilezza e la sua intelligenza si fossero rafforzate?

Già all'età di sei anni diceva: "Perché la mamma è così, dovremmo amarci tutti".

Aveva trovato tutte le soluzioni. Ma non si adattavano alla patologia di Monique. Se il giudizio di Aurelien fosse diventato chiaro, lei non sarebbe riuscita a sfuggirgli. Avrebbe allora fatto come suo padre, dando la colpa di tutto alla malattia e continuando ad amare sua madre.

La condizione di Monique sembrava troppo grave perché Tristan se ne rendesse conto. Era la condizione stessa del mondo moderno nel suo complesso, e di quello della sua compagna in particolare. Il senso morale, l'estetica e la spiritualità erano scomparsi ovunque. Tutto ciò che rimaneva era il formalismo e, anche in questo caso, gli impulsi animali ed egoistici. In seguito Monique si discolpò sposandosi con la Chiesa fondamentalista in un contesto aberrante che illustrava il formalismo dottrinario e il dogmatismo che erano stati lo scheletro molle di duemila anni di cristianesimo.

Il biotipo femminile è intrinsecamente geloso. Così la gelosia si è combinata con l'egoismo per creare mentalità mostruose alla fine del secolo. Le carenze organiche ed educative incoraggiavano ovunque le fratture omicide che erano oggetto delle cronache di tutto il mondo. Il secolarismo e la chemificazione generale avevano posto fine all'umanità del mondo. Da quel momento in poi, tutto sarebbe stato aberrante e disumano.

Nulla avrebbe avuto importanza se non l'egoismo infantile e gli impulsi bestiali. Il denaro sarebbe venuto prima di tutto. Come poteva Tristan sognare che suo figlio potesse sfuggire a questo inferno? Se Monique avesse avuto un minimo di coscienza, avrebbe goduto della sua unica felicità e avrebbe avuto un solo dolore: quello dell'agonia del mondo intero.

Se Monique non poteva dare a Bea tutta l'indulgenza e l'affetto che meritava, allora Tristan avrebbe preso un appartamento in affitto dove la bambina avrebbe avuto la sua stanza. Avrebbe continuato a pagare la casa di Monique, che un giorno sarebbe appartenuta ad Aurelien. Le avrebbe lasciato i mobili necessari e i libri che un giorno sarebbero stati la ricchezza di suo figlio.

Era pronto a mantenere la sua stanza nella nuova casa. Non avrebbe lasciato Monique, doveva solo proteggere la bambina, la cui devozione rimaneva attenta e che non contava le cure che dava ad Aurelien nonostante il comportamento della madre.

Monique continuava ad assalire Béa con la sua rabbia. Non poteva aprire bocca senza che il cuore della bambina, come quello di Tristan che soffriva per lei, iniziasse a battere all'impazzata. Béatrice continuava a trovarsi in stati di prostrazione che duravano ore o giorni. La tenerezza consolatoria di Tristan non bastava a compensare il comportamento viperino di Monique.

Doveva pensare a proteggere la salute fisica e mentale di Beatrice, oltre che la sua. Doveva rimanere a disposizione del piccolo. La salute di Tristan era in declino. Tutti i suoi problemi erano aggravati da un'ulcera allo stomaco di origine psicosomatica. Anche i bronchi e i polmoni, molto fragili, cominciavano a cedere. Come poteva mostrare a Monique la tenerezza che aveva per la madre di suo figlio, quando doveva costantemente affrontare il comportamento di un feto scontroso?

Era troppo stupido sprecare tutto quel futuro che era stato costruito con tanto dolore, tanto amore e tanto sacrificio. Un tale spreco per un errore così grottesco. No, Tristan non poteva rassegnarsi.

Quarant'anni fa, quando l'uomo era il padrone di casa, avrebbe detto "le cose stanno così" e nessuna follia avrebbe impedito il normale svolgimento delle cose secondo la ragione e il cuore del capitano che guidava la nave di famiglia.

Ma oggi la follia regna. Una donna demente con risorse finanziarie può creare istantaneamente ogni forma di caos senza che l'intelligenza o la ragione possano intervenire in alcun modo.

L'evoluzione, la degenerazione, sono tali che questa inevitabilità sociologica esiste ormai al livello dei bambini il cui infantilismo, normale in loro, diventa sempre più legge. Il mondo stava sprofondando in un'anarchia diffusa, e Tristan si era nutrito della folle certezza che Monique, strutturata dalla sua opera scritta, sarebbe sfuggita a tutto, e in particolare a se stessa e alla sua gelosia vesanica e caricaturale.

Era un sogno. Monique era stata destrutturata da un'infanzia atroce i cui traumi sono insuperabili, ma Tristan non lo sapeva ancora. Il secolarismo aveva fatto il suo lavoro, e la sua vaga consapevolezza dei fenomeni della nostra decadenza non poteva compensare un'infanzia angosciante e il secolarismo, che si combinano per uccidere il potenziale d'amore negli esseri umani. Eppure è proprio l'amore la chiave di ogni comprensione e della lotta giudiziosa contro se stessi.

La speranza, quella che dà vita e uccide, lo ha spinto a scrivere a Monique:

Certo", le scrisse, "ci sono discrepanze nelle nostre carte astrali, ma ciò che ci accomuna è la lucidità, il sentimento di protezione e di amore per il nostro bambino in una situazione fatale, e l'ideale grandioso che vogliamo per lui.

Non sono link enormi?

La fragilità del mio sistema nervoso, la mia incompetenza nelle questioni pratiche e il mio lavoro professionale personale mi impediscono di occuparmi di Aurelien da sola. La competenza non è solo conoscenza, che abbiamo offerto a Beatrice, ma anche amore e pazienza. E con mio grande stupore, ho scoperto in Beatrice questi doni eccezionali di amore, pazienza e pedagogia.

Sono pochissimi i bambini che, all'età di cinque anni, sanno già leggere, scrivere a sillabe, suonare un po' il pianoforte e parlare un po' di inglese. Tutto questo è stato possibile solo grazie a Bea. Non ho fatto altro che dare istruzioni e linee guida, che sono state meravigliosamente seguite. Un carattere malaticcio e sensibile richiede anche una presenza costante, non solo per Aurélien, ma anche per me stessa, che senza di essa sarei paralizzata e sterilizzata.

Quando ti ho preso come compagno, non era certo per avere un figlio in questa società, ma perché tu mi aiutassi nel mio lavoro di pensatore, perché tu mi vedessi come tuo figlio. Volevi un figlio, sentivo quanto fosse tumultuosa questa aspirazione, era naturale, ma l'ho dato a te, non a me, anche se ora lo adoro.

Ho costruito Bea perché ci aiutasse a crescere Aurelien, perché togliesse il peso a voi a casa, che lavorate tutto il giorno, perché mi aiutasse nel mio lavoro di insegnante e di scrittrice. È facile capire che anche se il vostro equilibrio mentale fosse perfetto, non riuscireste a far fronte da soli al vostro lavoro, alla vostra casa, alla bambina e a me.

È quindi un'opportunità provvidenziale che tutto possa essere fatto secondo le realtà e non secondo le aspirazioni di una soggettività malata e ignara di tutta la realtà sintetica che ci riguarda.

Il lavoro e tuo figlio, la sera, basterebbero a divorarti. È normale: non si può chiedere molto a una donna. Per questo non ho più pretese sessuali e per questo è naturale che Bea sia in grado di badare a noi, grazie agli insegnamenti e alle indicazioni che tu e io le diamo.

Béatrice compensa le tue inevitabili mancanze e non te ne farò mai una colpa. Cosa farei del mio temperamento artistico, del mio acufene pulsante, del mio vomito e della mia perdita di equilibrio, cosa farei per i giovanissimi, per il mio lavoro, senza Béatrice? Sarei totalmente paralizzata. È ovvio, quindi, che non possiamo fare nulla di efficace per il piccolo senza le competenze emotive, pedagogiche e domestiche di Bea, che si occupa di noi per lei.

Puoi anche permetterti di stare fuori fino a tardi, come hai fatto per settimane per sistemare tua madre. Avresti potuto farlo senza Bea? Cosa avresti potuto fare per i bisogni primari miei e di Aurélien senza il giorno, mentre tu lavoravi? Non potrei fare nulla.

Tua madre è qui, a tre chilometri di distanza. Ho mandato Bea a stare da un'amica per quindici giorni, per aiutarla a riprendersi dalla depressione che le avete causato. Avete affidato Aurélien a vostra madre, ma lei non gli porterà nulla, assolutamente nulla, della cultura e dell'amore che Bea prodiga a nostro figlio.

Non ho nessuno che si occupi delle mie faccende domestiche, dei miei pasti, del mio lavoro, nessun aiuto. Sono in perdita. Béatrice ti solleva da tutte queste incombenze, con amore e competenza: tiene in ordine la casa e mi permette di insegnare a lei e al nostro bambino. Ti lascia a disposizione di Aurélien quando torni a casa, ed è la perfezione per tutti noi. Puoi capire che sei in debito con Beatrice, lei si prende cura di noi, dobbiamo esserle grati e amarla come la sorella di nostro figlio, perché è piena di devozione, sentimenti e tenerezza verso il nostro piccolo. Dobbiamo tenerla vicino a noi, non solo perché senza di lei andremmo nel panico, ma anche perché è parte della nostra felicità. Questa amata bambina ha un'anima.

Tu lavori tutto il giorno, come posso svegliarti di notte quando ho una crisi mestruale? Il tuo superlavoro è eccessivo, è Bea che si dedica a te.

Non dobbiamo permettere che la follia distrugga ciò che abbiamo ottenuto con tanta fatica in questi anni, soprattutto per te, perché, come sai, non avevo intenzione di avere un figlio in queste circostanze.

Se la follia sta cercando di distruggere un edificio così magnifico, allora non ho altra soluzione che prendere un appartamento per proteggere Bea e me stessa, in modo da rimanere disponibile per il piccolo finché ti lasci aiutare. Dovrò farlo, anche se mi strazia il cuore. Rifletti su tutto questo per calmarti e capire che hai tutto e che non devi distruggere tutto...

A Tristan sembrava impossibile che Monique non potesse capirlo. Era così ovvio, così chiaro. Ma Monique era in grado di penetrare i misteri del suo temperamento artistico e tiroideo? Sembrava impossibile, perché se lo avesse fatto, avrebbe capito che tutto era perfetto e che lei era appagata...

CAPITOLO XXI

Il crollo

Durante questi anni di angoscia, Tristan continuò a scrivere libri impubblicabili nel contesto di tutte le distorsioni e le menzogne in cui vivevamo, e a insegnare nell'istruzione superiore dove era distaccato. Pensava che un posto di preside sarebbe stato finanziariamente gradito, e aveva tutto il sostegno necessario. Per fare questo, avrebbe dovuto essere nominato in un liceo per tornare in contatto con l'istruzione secondaria, che stava diventando sempre più grande!

Fu assegnato a un liceo a pochi chilometri da dove abitava e vi si recava per le sue diciassette ore di lezione settimanali.

Erano quasi vent'anni che non insegnava nella scuola secondaria.

Una coorte di asessuati blue-jeaners, veri e propri sacchi di amido informe, contrari a ogni forma di intelligenza, che sguazzano con piacere in tutto ciò che è assurdo e degradante, perennemente motivati dal culto della creatività ignorante, dalla musica regressiva, patogena e criminogena. Colleghi delegati all'insegnamento nelle scuole secondarie, insegnanti a buon mercato, di sinistra con abiti inauditi, mentalmente e fisicamente informi come i loro alunni. Bambini di dodici o tredici anni che fumavano e si baciavano sulla bocca in cortile, co-educazione, distruttiva per entrambi i sessi, senza alcun insegnamento specifico per l'uno o l'altro: in una parola, neonazionalismo impostato come sistema e criterio di cultura. Come Preside, avrebbe dovuto affrontare questa mega-deformità. Così rinunciò alla candidatura e andò in pensione anticipata.

Nel giro di pochi anni, la situazione sarebbe peggiorata: insegnanti picchiati, auto ridotte a rottami, pneumatici tagliati, ragazze che "scopano" nei corridoi e partoriscono nei "bagni", o che uccidono i loro compagni di classe... eventi comuni.

Si era così liberato dall'incubo dell'Insegnamento e poteva concentrarsi sull'incubo impostogli da Monique. I due incubi contemporaneamente erano impossibili da gestire.

La transizione fiscale sul suo pensionamento ha giustificato una riduzione della pensione della figlia Nathalie in Germania. La figlia lo ha portato in tribunale. Il giudice ha imposto la pensione, ma ha eliminato l'indicizzazione.

Per accontentare Monique, per cercare di ristabilire la sua sanità mentale, Tristan le aveva dato carta bianca per la casa, che era quasi costruita.

Martine, un'amica pittrice, assomigliava in modo impressionante a George Sand. Aveva elaborato i progetti per lei, secondo i suoi desideri.

I suoi dipinti originali sono una sorta di neo-romanticismo diafano, i suoi acquerelli sono incantevoli e i suoi ritratti dimostrano un grande talento.

La madre di Monique, che era venuta a vivere vicino a loro, prima di andare in pensione viveva a Rabat, in Marocco. Monique e Martine andavano a trovarla in estate, quando lui era ancora lì.

Il viaggio aveva permesso a Martine di farsi un'idea più chiara della strana psicologia di Monique.

Monique volle organizzare una visita alla Medina per Martine. Ci andarono in tre, compresa la madre. Purtroppo quel giorno Martine era nel periodo critico del mese. Il caldo marocchino e la tipica sensibilità della "tiroide" di Martine non hanno migliorato la sua situazione.

Nel bel mezzo della Medina, fu colta da un attacco di agorafobia[74] e volle urgentemente andarsene. Invece di comprendere dal punto di vista medico una situazione così semplice, soprattutto per un'infermiera, Monique espresse bruscamente la sua disapprovazione, aggravando ulteriormente lo stato di malessere di Martine e le sue palpitazioni cardiache.

Un curioso esempio dell'egoismo altruistico di Monique: Martine avrebbe dovuto approfittare del disturbo che si era presa per mostrarle la Medina. Questo gesto "altruistico" eliminava automaticamente qualsiasi mancanza da parte della persona che "beneficiava" della sua strana devozione.

Martine, come molte persone oggi, aveva seri problemi domestici.

Monique gli aveva dato il miglior consiglio:

- Tutto può essere risolto con l'amore e la comprensione per gli altri".

---

[74] L'agorafobia faceva parte della diatesi maniacale e la mania è uno stato di ipertiroidismo. Si trattava di un classico incidente in un paziente tiroideo.

Era un consiglio valido che Monique avrebbe dovuto seguire da sola, ma in questo caso Martine non poteva farlo.

Il marito era grasso e brutto, beveva molto whisky e la tradiva.

Monique aveva raccontato a Tristan i problemi di Martine. Il marito non era certo un uomo che, come Tristan, non usciva di casa giorno e notte per accudire e istruire i due figli, Aurélien e Béa.

Monique non ha sopportato il marito di Martine per due minuti. Un buon consiglio da parte di Monique: l'ironia del destino.

La casa che era stata costruita si rivelò irrisoriamente inadeguata ad accogliere Tristan e i suoi mobili. I duemila libri avevano una libreria a muro, ma i venti metri quadrati a sua disposizione erano assurdi.

E aveva firmato, pensando che Monique avrebbe tenuto conto dei bisogni primari del suo compagno. È quello che aveva pensato Martine quando aveva redatto il progetto della casa, ma non aveva osato dire nulla.

- Non capivo", disse poi a Tristan, "ma siccome non hai detto nulla, ho pensato che fossi d'accordo e ho immaginato che ci fosse una soluzione che non conoscevo".

In effetti, Monique aveva progettato la casa solo per lei e il suo bambino.

Questo elemento architettonico si adattava perfettamente alle sue difficoltà psicologiche. Tristan non avrebbe potuto trasferirsi... Tutto li avrebbe separati.

Aveva chiesto a Monique di dimostrare a Béa qualche mese di affetto, in modo che lui potesse accettare che lei rimanesse in città, senza sentirsi "abbandonato".

Non solo Monique non fece alcuno sforzo, né alcun progresso, ma le cose peggiorarono e si distrussero tragicamente.

Una sera Monique iniziò a trattare la povera ragazza nel modo più scortese. Chiamare "puttana" questa ragazzina "ipotiroidea", che non aveva alcuna sessualità, che non sarebbe mai stata una rivale per nessuna donna, era il massimo della spregevolezza.

L'indignazione di Tristano era al culmine. Non era in grado di colpire una donna, eppure raccolse tutto il suo coraggio e compì l'atto più doloroso della sua vita.

Quello che aveva fatto era così lontano da lui che, quando lo raccontò al suo amico astrologo, non poté fare a meno di scoppiare a ridere. Tristan gli chiese perché stesse ridendo. Lui rispose:

- Con tutta la buona volontà del mondo, non riesco a immaginarti mentre schiaffeggi Monique

In effetti è così. Aurelien era in salotto dove Monique aveva insultato la piccola Bea, così Tristan portò la sua compagna nella propria stanza e le diede uno schiaffo sul viso. Oh, quanto meritato, quanto utile se la terapia avesse funzionato.

In una donna normale, con un disturbo temporaneo, avrebbe funzionato perfettamente, come dimostrano mille esempi, ma Monique era troppo gravemente colpita perché potesse fare il punto della situazione e ammettere il suo errore. Era ancora più grave di quanto Tristan pensasse, perché quindici anni dopo era arrivata allo stesso punto. Non avrebbe mai potuto accettare una ragionevole colpevolezza da entrambe le parti, perché Tristan non era un piccolo santo.

Ma c'era di peggio, e già una prova terribile dell'estrema gravità del caso di Monique: con grande stupore di Tristan, Monique chiamò suo figlio.

Se Tristan avesse potuto anche solo immaginare una tale follia, una tale immaturità, non avrebbe mai schiaffeggiato Monique. Solo una donna matura e ragionevole può essere schiaffeggiata a dovere, se lo merita, e lo shock la mette sempre a posto. Questo è impossibile per una donna gravemente degenerata come la maggior parte delle donne del XX secolo.

Il cuore di Tristan soffriva nel vedere il suo piccolo arrivare in tali circostanze, chiamato dalla madre che normalmente lo avrebbe tenuto lontano. Avrebbe preferito morire piuttosto che vivere questa esperienza. È qualcosa che non avrebbe mai potuto immaginare.

— Perché non hai sculacciato la mamma e non l'hai schiaffeggiata? È cattiva con Bea, si meritava una sculacciata. Mi sculacci quando me lo merito. Avresti dovuto sculacciare la mamma.

— Mio caro", rispose Tristan, "hai ragione, ma non ho avuto il tempo di pensare.

Mentre Tristan parlava con il figlio, Monique uscì dalla stanza.

Due mesi dopo venne a sapere che Monique era andata a picchiare la ragazza, che non gli aveva detto nulla per paura che Tristan la correggesse ulteriormente.

Il giorno dopo, quando il letto di Monique non fu rifatto, Béa lo preparò per lei. Monique non solo non la ringraziò, ma gettò via il letto:

- Ho proibito a Beatrice di rifare il mio letto.

Non c'era tempo per esitare. La bambina doveva essere trasferita in un appartamento ad affitto controllato e protetta.

Tristan affittò l'appartamento, con il cuore a pezzi e le gambe di cotone idrofilo. Doveva andarsene. Anche suo figlio avrebbe avuto bisogno della piccola Bea e lui doveva proteggerla da tanta stupidità e sadismo.

Un amico lo aiutò a traslocare e a sistemare l'appartamento in una grande città di cemento che Tristan odiava. Ha allestito una camera da letto accogliente per Béa, la piccola Béa, che aveva pace e tranquillità.

Per finire, continuò a prendersi cura di Aurélien e a insegnarglielo con la stessa tenerezza con cui Monique era stata gentile e materna con lei: Beatrice era questo.

Presto Tristan sarebbe stato tradito: Aurélien sarebbe andato alla scuola elementare.

Il giorno in cui Tristan l'aveva schiaffeggiata, Monique aveva telefonato a Martine perché venisse a prenderla. Rimase con Martine per due giorni. Il secondo giorno c'era il concerto della scuola di musica, dove Aurélien avrebbe suonato un piccolo e incantevole studio. Monique si rifiutò di andare perché anche Béa avrebbe suonato il primo preludio di Bach dal "clavicembalo ben temperato".

Per mesi, Martine aiutò Monique, aiutò Tristan e facilitò le relazioni che erano diventate impossibili da quando lui l'aveva schiaffeggiata. Monique, impantanata nella sua malattia mentale, era incapace di ragionare in modo oggettivo: identificava Tristan con suo padre, che l'aveva picchiata, rifiutata e sottoposta ai peggiori abusi. I suoi blocchi incatenavano Monique a un Karma che spezzava il cuore di Tristan e per il quale lui non poteva fare nulla.

Non riuscì nemmeno a dirle: "Ti amo e ti capisco, vieni tra le mie braccia". Il povero piccolo cactus di Monique non sentiva nulla.

Dopo qualche settimana, Martine decise di scrivere a Monique una lettera premurosa. La lettera di un'amica premurosa che si preoccupava solo degli interessi di entrambi, della loro comprensione. Consegnò i termini essenziali a Tristan, che era profondamente preoccupato:

Gli disse che come amica aveva il dovere di dirgli sinceramente ciò che pensava. Gli parlò del temperamento artistico di Tristan, che doveva essere compreso, della necessità che Beatrice fosse presente per aiutare lei, che lavorava, a prendersi cura del figlio e del marito, che le stava insegnando così bene ad addestrare il figlio, dell'affetto che doveva a una persona così toccante e così piena d'amore per il figlio. Gli ricordò il principio perfetto che lei stessa gli aveva insegnato: "Con molto amore e comprensione per gli altri, si può ottenere qualsiasi cosa".

Le ricordò anche che aveva un carattere difficile e che era importante che se ne rendesse conto.

Monique non ha mai voluto rivedere Martine, come le sue amiche Simone e Gladys, che ha rivisto anni dopo.

Monique aveva sentito parlare di un'osservazione fatta da Martine sul fatto che Monique fosse dittatoriale anche nei confronti della propria madre.

È andata a mostrare il suo personaggio di bulldozer sul posto di lavoro del marito di Martine, così ha detto Martine:

— Mi avrebbe ucciso in una settimana. E Beatrice disse:

— Anch'io, se Monsieur Tristan non mi avesse protetto.

Il sogno di Tristan per suo figlio stava sprofondando nell'oblio.

Verrebbe socializzato, trasformato in un robot, in un docile produttore-consumatore, forse in un amalgama fisico-chimico gestito dal conto economico della pseudo-democrazia.

Due poesie sono nate dalle intense lacrime versate davanti alla gelida tomba del futuro spirituale dell'amato figlio:

Aurelio

Ricordo i suoi occhi azzurri il giorno del battesimo.
E il suo sorriso angelico che mi scioglieva il cuore.
Rivedo la sua culla, i suoi occhi, le sue ali.
E la mia anima sconvolta.
Lo vedevo già, la vita, la luce, il sole.
Il mio fiore in piena fioritura, nel giardino del mio cuore.
Rosa, bellezza suprema, viva nel mio nido.
E ora la morte è piombata sul mio sogno.
Sulla mia rosa e sul mio cuore.
Li vedo entrambi appassire.
Senza speranza,
O dolore...
Al mio caro figlio
O mio caro piccolo.

Avvolto nel mio cuore.
Accoccolato contro la mia anima.
Da dove scorrono flussi di tenerezza
scorrono verso il tuo cuore.
In questo mondo funestato dall'orrore e dall'odio.
Ti penso tanto.
Farò tutto il possibile per far sì che tu, bellissimo fiore.
Sboccerai nell'azzurro del cielo.
I tuoi piedi su questa terra e la tua fronte al sole.
Dirò al Signore.
Ecco, te lo do, è cresciuto così bello
Nel giardino del mio cuore.
È lì per servire Dio e l'universale.
È lì, o Signore!
Vedete, ho realizzato questo capolavoro supremo.
Un uomo tenero e forte.
Lo amavo così tanto,
Molto più di me stessa.
Tu puoi perdonare i miei peccati e i miei dolori
Perché ti offro un tesoro...

Sebbene Aurélien portasse il nome del padre, che lo aveva riconosciuto, Monique e Tristan non erano sposati, per motivi fiscali come abbiamo visto. La loro situazione sarebbe stata intollerabile e avrebbero potuto costruire solo sulla base di una posizione di "madre single".

Tutto convergeva verso la loro distruzione. Proprio nel momento in cui la fissazione di Monique provocava blocchi terapeuticamente invincibili, un nuovo governo aveva appena assimilato i concubini alle persone sposate.

Ciò significava che, se avessero potuto permettersi di aggiungere una stanza alla casa e di viverci insieme, avrebbero dovuto pagare ben quindicimila franchi al mese in rate e tasse, più della pensione da insegnante di Tristan. La situazione era assurda e insolubile.

Vivere separati, anche pagando la metà dell'affitto della casa di Monique, era difficile ma possibile. Se tutto fosse stato sistemato, se si fossero sistemati in casa e fossero stati felici, sarebbero stati devastati dalla situazione "stipendio-tasse-incassi" della casa.

Dovevamo quindi portare questo appartamento con Bea e creare anche un istituto di medicina naturale e salute, per salvare quante più persone possibili dall'abisso della chimica.

C'erano quindi motivi concreti di consolazione: l'aspetto elementare della vita era diventato possibile, mentre se il suo ideale si fosse realizzato, se Monique avesse premiato Bea per il suo comportamento angelico, se fossero stati tutti uniti nell'amore e nell'armonia, *sarebbero stati distrutti fin dall'inizio dal fisco*.

Per Tristan era una cosa talmente sconcertante che non riusciva a crederci. Fece fare dei calcoli a vari specialisti, a un amico dell'ufficio imposte, a degli avvocati, per avere conferma di questa aberrazione.

Bisognava dirlo: la frattura irreversibile che il destino stava imponendo loro attraverso i concreti problemi psichici di Monique stava salvando le loro vite su un piano materiale di base...

Questo non fu di consolazione per Tristano, perché "il cuore ha le sue ragioni che la ragione non conosce"...

La salute di Tristan cominciò a cedere. La bronchite e la congestione gli fecero scendere la temperatura a quarantacinque gradi. Da vent'anni non prendeva un solo antibiotico o farmaco chimico, perché era convinto del satanismo fondamentale della chimica nel corpo umano.

Ma in una situazione del genere, gli antibiotici diventano necessari.

Un mese dopo si verificò una ricaduta, con la temperatura che salì a trentanove gradi. Applicò una terapia naturale che funzionò molto bene. Purtroppo, due mesi dopo ci fu un'altra ricaduta, con una temperatura di 40°C. Dovette ricorrere agli antibiotici. Questa medicina allopatica è ancora utile nelle emergenze e per brevi periodi. È una "tecnica medica", non una medicina. La cosa spiacevole è che i medici la prendono per medicina perché non hanno spirito critico.

Non capiscono nemmeno che i vaccini, prodotti putridi e pieni di mercurio e alluminio, sono cataclismi per gli esseri umani. È l'igiene che ha ridotto le epidemie. Trent'anni fa, il professor Dick, specialista mondiale del vaiolo, scrisse su un giornale: "Il vaccino è più pericoloso della malattia"...

Il giorno stesso in cui Tristan fu colpito da questa febbre intensa, Monique affidò Aurélien alle sue cure per tre giorni. Grazie alla piccola Bea, riuscì a portarlo all'appartamento. Era per far piacere a Tristan che gli aveva affidato il bambino? Certo che no, gli faceva comodo.

In seguito venne a sapere che lei aveva già un altro uomo nella sua vita. Tristan non l'avrebbe mai pensato, credendo che in quella situazione si sarebbero concentrati entrambi sull'educazione del bambino e sulla sua protezione da quella situazione atroce. Era certo, l'ingenuo, che lei non avrebbe mai imposto un patrigno al loro bambino.

Era ancora così pieno di illusioni su Monique che le scriveva lettere, piene di verità, naturalmente, perché non si potevano negare i fatti. Ma era ancora pieno di tenerezza, indulgenza e comprensione, ed era pronto a sistemare tutto, tranne, naturalmente, buttare Bea in strada o in solitudine.

Materialmente, l'appartamento era la soluzione. La bambina era protetta, Monique non doveva sopportare la sua presenza, Tristan la circondava con il suo affetto, l'istituto era aperto con l'unico scopo di proteggere le menti aperte da tutto ciò che le distruggeva al momento. La vera salute è possibile solo a questo prezzo. Aveva tenuto una stanza in casa di Monique. Finanziariamente se la cavavano, a malapena, ma se la cavavano.

Le scrisse che l'amava molto, che il bambino doveva essere lo scopo della loro vita, che Bea non era la rivale di nessuno, che avevano assolutamente bisogno di lei per la sua perfezione per il bambino, per la casa, per il lavoro, che nessuno al mondo poteva dare tanto amore a un bambino mentre la madre doveva lavorare, insegnargli le basi della scrittura e della lettura, il pianoforte e l'inglese.

In effetti, diceva sempre la stessa cosa.

Per il compleanno di Monique, le regalò un cuore d'oro su una catena d'oro come simbolo. A Natale, le regalò due poesie e un brano musicale dedicati al loro figlio.

Non c'è stato niente da fare. Le spiegò che non l'avrebbe mai schiaffeggiata se non l'avesse amata. Le sarebbe bastato un anno per capire questo schiaffo terapeutico. Tenne una copia delle sue lettere, che avrebbero potuto costituire un libro molto spesso.

Monique aveva il cuore gelido del suo tempo, la follia dell'Età del Ferro.

La malattia si è aggrappata a lui. Uno dei suoi occhi assunse l'aspetto di un pomodoro e si formarono delle cisti. Una malattia psicosomatica, come quella che colpisce i polmoni e i bronchi. Nel linguaggio medico umoristico, queste erano chiamate "gravidanze nervose dell'occhio".

Il suo cuore continuava a parlare, contro ogni ragione:

> La mia Monique.
>
> Quando il cuore parla, bisogna lasciarlo parlare, e il mio amore per voi due continuerà a vibrare fino al giorno della mia morte.
> Dopo due giorni di antibiotici e un occhio ammaccato, non riesco a pensare ad altro che a voi.
> Come posso dirti quanto ti amo? Come posso farti capire che sono uno dei rari uomini rimasti con un cuore e un'intelligenza pieni di luce, bellezza e sincerità?
> Come posso farle capire che la amo così com'è e che capisco le sue difficoltà ma che non mi è possibile vedere Bea piangere perché la tratta male e che ho dovuto fare quello che ho fatto, un atto normale per un uomo degno di questo nome, verso una donna degna di questo nome e che ama?
> Vedete, avevamo raggiunto il cuore del mio scritto: una piccola società tradizionale nel mezzo del caos globale. Noi quattro eravamo un'isola di diamanti, perfettamente complementari. Bea ama il nostro piccolo con tutto il cuore. Ha persino una straordinaria autorità sul nostro bambino che noi non abbiamo. Compensa le mie mancanze nei suoi confronti, compensa le sue mancanze nei miei. È il nostro angelo custode.
> Come ha detto bene il nostro amico filosofo C. quando è venuto a trovarci un anno e mezzo fa: "Eravamo riusciti a creare una piccola società dell'Alto Medioevo, un gioiello unico nel nostro tempo, e tutti funzionavamo perfettamente insieme".
> Lo abbiamo protetto da tutto ciò che c'era di negativo in questa società confusa. Ma da un anno a questa parte, da quando ci siamo lasciati, ha avuto raffreddori, bronchiti e verruche. Tutto ciò fa pensare a un evidente sovraccarico di amido. La sua fisionomia mostra un fegato e dei reni stanchi... Alla sua età!
> Grazie a béa, tutto questo non sarebbe stato possibile se fossimo stati insieme, perché noi quattro abbiamo combinato le cure giuste senza compromessi.

La nostra idiota rottura lo farà inevitabilmente precipitare in tutti i compromessi della necrotica attualità. Ora che sono andato in pensione anticipata, ho avuto molto tempo per occuparmi di lui. E tu, alle cinque di sera, hai portato la tua luce nel nostro cerchio d'amore. Questo è il vero matrimonio.
Mi giunse voce che conoscevi un altro uomo che volevi sposare. Non ci ho creduto: un matrimonio costruito sulle nostre rovine? Quale uomo di buon cuore, che conosce bene la nostra situazione, potrebbe sposarti? Nessuno. Sposarti sulle nostre rovine? Su un disturbo psicologico evidente e banale, così evidente che tutti possono vederlo?
Se un uomo di tale qualità potesse succedermi, allora non sarei mai stato altro che un'ombra nella vostra vita, e la mia essenza vi sarebbe sfuggita completamente.
Mi sono messo al posto di un uomo degno di questo nome. Se tu fossi la Venere di Botticelli, in una tragedia così epica, non potrei fare altro che fare di tutto per restituirti al tuo compagno, affinché la tua mente e il tuo cuore possano guarire. Se non lo facessi, mi sentirei un avvoltoio, un mangiatore di carogne...
Come hai potuto sostituirmi così rapidamente se mi amavi davvero? Non potrei mai sostituirti, perché il mio amore per la piccola non potrà mai essere dissociato dal mio amore per te.
Il nostro bambino ha bisogno di forgiare la sua anima sentendo, nel sonno, la presenza sotto il suo tetto di una mamma e di un papà amorevoli. Sapere che non lo saprebbe mi spezza il cuore e mi fa desiderare di morire con il mio piccolo tra le braccia e di lasciarti a godere della follia di questo mondo in decadenza.
Credevo che fossi così intelligente! Ero certo che la consapevolezza che ti stavo dando rendesse impossibile tutta la follia che vedo, da quando sei tornato dalle vacanze in Marocco con Beatrice. Da quel viaggio, tre anni fa, è iniziato l'incubo.
Ma non c'era modo di cadere in questa rozza trappola, che impallidiva di fronte alla prodigiosa fortezza che tu, io e Bea avevamo costruito.
Mi hai dato l'illusione che io e nostro figlio saremmo sfuggiti a tutti gli orrori del materialismo.
Per i primi due anni ho pensato che tu fossi la donna ideale, e non ho mai creduto che tua sorella Françoise avesse ragione quando diceva, riferendosi a te che stavo lodando fino al cielo: "Ne riparleremo tra due anni"...

Nessun uomo degno di questo nome accetterebbe di prenderti come compagna se sapesse della nostra situazione, delle tue difficoltà mentali, di questa ridicola fissazione per il nostro piccolo tesoro, che è leggermente disabile, e della mia tenerezza per te.
Se avete capito qualcosa del mio lavoro, sapete che solo un umanoide potrebbe accettare di "fare fortuna" su tali rovine e, perché no? Per riacquistare la mia caparra sulla casa, sulla base di un disordine mentale di una donna amata dal marito e che lui non avrebbe certo sposato, se avesse avuto un cancro...

È vero che questo disturbo mentale offusca ogni consapevolezza e che qualsiasi sciacallo dei giorni nostri potrebbe approfittarne.
È possibile che non vi vengano le lacrime agli occhi quando mi leggete? Il vostro interstizio è così carente?
Non c'è spazio in voi per la tenerezza, il ragionamento, l'autocritica o l'autoconsapevolezza?
Vorrei prenderti tra le mie braccia. Sono sempre qui per te. Oh mia sciocca Monique...

La mia Monique.

Stanotte ho sognato che il tuo viso era sereno e mi trovavo di fronte a te, quindi ti ho baciato delicatamente su tutto il tuo viso sereno. Poi hai appoggiato la testa sulla mia spalla e mi hai sussurrato "Mi dispiace". E io ti ho semplicemente stretto al mio cuore senza dire una parola, perché ti avevo già perdonato. So che non si può scegliere l'odio al posto dell'amore.
Non è possibile che tu odi la piccola Bea più di quanto ami me?

I miei amori.

Quando non sono vicino a voi due, il mio cuore è lacerato, così lacerato che non ho parole per esprimere la mia sofferenza.
Forse il cane che rifiuta di mangiare e si lascia morire sulla tomba del suo padrone prova quello che provo io.
Non potevo agire diversamente da come ho fatto per curarti con una scossa.
"Conosco una sola superiorità, ed è la gentilezza", disse Beethoven.
Non potevo permetterti di sterminare questa piccola, la cui cattiveria si disintegra più delle altre a causa della sua insufficienza tiroidea. Ma anche perché non posso fare nulla

> per la piccola, né per me stessa, né per voi senza questa piccola, un dono del cielo.
> Come si fa a non capirlo?
> Svegliati Monique, non farmi disprezzare quando vi amo così tanto.

La salute di Tristan non migliorava.

Martine cercò di confortare Tristan e Beatrice, come aveva fatto per Monique la sera in cui lui era stato costretto a schiaffeggiarla.

La salute di Tristan era preoccupante. Questo avvalorava i timori dell'amico astrologo che aveva scritto a Monique all'insaputa di Tristan. La lettera non ebbe alcun effetto su Monique, che ne apprese l'esistenza mesi dopo da Maurice stesso.

Martine vuole ancora intervenire con Monique e porta una copia della sua lettera a Tristan:

> Mia cara Monique.
>
> Sono certo che capirete quanto mi costa scrivervi. Ma credo che a volte si debba mettere da parte il proprio orgoglio. Lo faccio per il tuo bene e per quello di Aurelien.
> Vedo, con una certa angoscia, che il morale di Tristan sta scivolando perché si rende conto che Aurélien non sente più di amare suo padre.
> Mi è stato fatto notare il commento di Aurelien: "Perché la mamma è così, dovremmo amarci tutti". Se togliete ogni speranza a Tristan, temo il peggio per tutti voi, per Aurelien e per la vostra casa, che potrebbe rifiutarsi di pagare per disperazione.
> Nonostante tutto l'amore che Tristan prova per suo figlio e per lei, cosa che persino mio marito trova sorprendente, lei deve riscoprire l'affetto per il suo compagno. Non riuscirebbe a superare il fatto di non essere in grado di trovare ciò che è essenziale per vostro figlio, e il peggio sarebbe avere paura. Sono sicura che il vostro affetto gli ridarebbe tutta forza necessaria per occuparsi di voi due e della casa.
> Io e Beatrice non siamo sufficienti a tenerla su di morale. Sto scoprendo che la sua fragilità fisica e morale è molto più grande di quanto pensassi, e questo dimostra chiaramente quanto Beatrice sia indispensabile per voi.
> Le ho scritto otto mesi fa. Mi permetta di dirle che i fatti mi danno ragione su tutto ciò che le ho detto all'epoca. La mia lettera è stata la causa del nostro litigio. Non l'ho capito,

perché se un'amica vuole aiutare una sua amica è ovviamente illuminandola e dicendole la verità. Non credo che la gentilezza quasi malata di Tristan sia inesauribile.
Che possiate capire prima che sia troppo tardi.
Tristan è preoccupato per il futuro di Bea se dovesse scomparire. Gli ho promesso che mi sarei preso cura di lei.
Io e mio marito cercheremo di far uscire Tristan da questo H.L.M., che non aiuta il suo morale. Tristan vorrebbe vivere nella sua stanza con voi e tenere l'appartamento per tutte le sue cose che non entreranno mai in casa, e soprattutto per proteggere Bea e il suo istituto.
Non possiamo rimanere indifferenti di fronte a tale distruzione ed è per il bene di tutti voi che scrivo questa lettera. L'emozione e l'interesse che provo per voi sono il motivo del mio intervento in una vicenda dolorosa in cui non sono in alcun modo coinvolto.
La prego di accettare i miei più cordiali saluti.

Martine

Charlotte, sorella di Tristan, zia e madrina di Aurélien, veniva ogni anno con il marito dalla California per soggiornare nella casa che avevano costruito a Corrèze. Coglieva l'occasione per vedere il fratello, Monique e il nipote-nipote. Presto sarebbe venuta in Francia per l'estate.

Tristan aveva spiegato la tragedia che li aveva travolti.

Charlotte era l'ultimo membro della sua famiglia rimasto. L'ultimo. L'intervento di Charlotte sarebbe stato tanto più gradito in quanto sembrava essere l'unica persona che Monique avrebbe ascoltato. Ma in realtà Monique poteva accettare un dialogo solo se nessuno diceva qualcosa che la infastidiva, cosa che invece accadeva. Tristan, con la sua consueta ingenuità, immaginava di poter contare sull'aiuto della sorella per influenzare Monique con argomenti lucidi, umani e ragionevoli. Tristan ne era ancora più convinto quando Charlotte gli disse che lo conosceva bene e che era ben consapevole della caratteristica testardaggine di Monique.

Non ha lasciato nulla di intentato per informarla. Lei sapeva tutto.

Curiosamente, Charlotte scriveva strane lettere al fratello, rifiutandosi di dire qualcosa a Monique. Gli scriveva direttamente, mentre Monique aveva tagliato fuori Tristan da tutta la sua famiglia. In queste lettere predicatorie, rimprovera al fratello proprio ciò che andrebbe rimproverato a Monique: la mancanza di comprensione, di tenerezza, di indulgenza, di buon senso... che Tristan promulgava all'infinito nei suoi rapporti con Monique e di cui Charlotte non sapeva nulla. In breve, puro "*grandmother-chérisme*".

Martine e un noto amico filosofo erano unanimi: "Sua sorella è arrabbiata con lei, ma perché? Sta agendo in malafede ed è particolarmente perversa".

È vero che c'è stata una cecità intenzionale, un risentimento personale inspiegabile, una malafede e una perversione in tutto questo: la sua stessa madre e l'*amata nonna* pure e semplici.

Questo ricorda a Tristan la sua infanzia dolorosa e gli provoca uno shock che non fa che aumentare la sua disperazione.

Una tale stupidità e malvagità era naturale? Qual era il loro scopo?

Charlotte gli chiese di "spiegarle molte cose", anche se era da tempo a conoscenza di tutti i fatti della loro tragedia.

Le rispose inviandole una lettera, come quella che avrebbe potuto inviare a Monique, in cui avrebbe trovato tutte le informazioni di cui aveva bisogno.

I suoi amici lo misero in guardia: con quello che avevano imparato da Charlotte, era sicuro di ottenere solo un rifiuto irritante, pieno di illogicità e di infantile moralismo.

Aveva detto goffamente alla sorella che si stupiva del suo risentimento, della sua malafede, della sua perversione, ma che *se si fosse sbagliato*, lei avrebbe saputo usare gli elementi della lettera che le stava inviando per comporre la propria.

Questo è ciò che ha scritto a nome della sorella:

> Mia cara Monique.
>
> Se non vi ho scritto questa lettera prima, è perché sono un pensatore lento e mi ci è voluto molto tempo per riflettere su alcune informazioni complesse.
> Ho ascoltato te, Tristan e i tuoi buoni amici come Frédérique, quindi sono in ogni caso l'unico essere umano ad avere così tante informazioni sul tuo dramma. Posso quindi, in tutta umiltà, formulare un'opinione che va oltre il banale e il superficiale.
> Un'altra cosa mi ha spinto a scrivervi: Tristan è sotto antibiotici da 10 giorni, per il terzo attacco broncopolmonare in poche settimane, con una temperatura di quaranta gradi, scesa a trentanove solo dopo tre giorni di iniezioni. Sono molto preoccupata perché da bambino è stato in coma con gli stessi sintomi. Per me tutto questo è essenzialmente psicosomatico,

cosa che lei saprà meglio di me, visto che conosce la sua tesi di dottorato sul suo biotipo, tesi di cui ho avuto un'interessante divulgazione.

Tristan ha i suoi difetti. È egocentrico come tutti gli artisti (ma chi non lo è, perché tutti abbiamo un ego!), ma è giusto e gentile. Ti ha informato pienamente e onestamente della sua natura molto prima che andaste a vivere insieme. Se hai accettato, non puoi tornare indietro. È vero che le donne sono il suo grande pericolo, ma non ha forse vissuto come un monaco per tutti questi anni con te e Aurelien, nella regione del Berry, dedicandosi al suo lavoro di accademico e scrittore, insegnando a Beatrice e Aurelien e prendendosi cura di loro? Lo ha fatto senza tener conto di alcuna mancanza importante da parte vostra: comprensione, affetto, sessualità. Tutto si è svolto in un quadro di perfetto equilibrio, permettendo ad Aurelien di crescere sia nel corpo che nello spirito.

Tristan non poteva sopportare la brutalità con cui avete ricompensato la povera piccola Bea e capisco, eccome, che il suo cuore abbia sanguinato nel vederla prostrata e in lacrime per giorni.

Voleva porre un balsamo a tanto dolore, elargendo alla bambina un po' della tenerezza che lei le negava. Il vostro comportamento, come scrisse Frédérique, "precipitò Beatrice sul cuore di Tristan': ciò fu fatale in una persona romantica come mio fratello.

Tristan è l'ultimo uomo che picchierebbe una donna. Questo è talmente vero che il suo amico Maurice è scoppiato a ridere al pensiero di Tristan che corregge Monique. Non riusciva a immaginare Tristan che dava uno schiaffo a Monique perché non era assolutamente il suo carattere.

Beatrice, che è leggermente disabile, non può essere la tua rivale, Monique, né quella di nessun altro, come è ovvio.

La lettera di Frédérique, che ho riletto più volte perché mi ha commosso per la sua qualità, è perfetta sotto ogni punto di vista e dovrebbe servire da guida per la vostra felicità.

Così, quando lei ha insultato pesantemente la piccola Bea, Tristan l'ha schiaffeggiata e ha portato la bambina in una casa popolare per proteggerla. Ha agito come un uomo di rigore, gentilezza e un evidente senso di giustizia, in nome di una compassione che dovrebbe farvelo amare ancora di più.

Chi, al giorno d'oggi, anteporrebbe la gentilezza e la giustizia a una donna che evidentemente ama, perché se non lo facesse non ci sarebbe alcun problema e la mia lettera sarebbe inutile. Tristan

non sarebbe così gravemente malato come lo è, essendo la sua malattia solo un'espressione della sofferenza della sua anima.
Un semplice paio di schiaffi, meritati o meno, vale davvero la pena di distruggere la propria casa, il proprio figlio, la propria vita?
Tristan mi dice che si sta diffondendo la voce di un altro uomo nella tua vita. Se è così, non devi aver amato molto mio fratello per sostituirlo così in fretta, e rompere così infantilmente la coesione che garantisce l'equilibrio di tuo figlio. Chi è quest'uomo che, con il pretesto di un paio di schiaffi, che Tristan è convinto siano fondati, intende costruire la sua felicità su un massacro generale? È informato da te e da Tristan per valutare la situazione e agire secondo una vera coscienza? Ne dubito.
Le esigenze pratiche di Beatrice sono ovvie. Tristan non è mai stato un uomo pratico, e per di più il suo lavoro gli ruba troppo tempo, e non è lui che, come Beatrice, passerà ore e ore con suo figlio insegnandogli a leggere e scrivere, a suonare il pianoforte, a imparare l'inglese, a pulire tutta la casa, a curare il giardino, il fuoco nel camino, a cucinare i pasti, mentre lei lavora tutto il giorno? Tutto questo è avvolto in un amore che è così reale e che Aurélien e suo padre misurano ogni giorno. Cosa farebbe oggi, costretto a letto per giorni e giorni, per il suo bambino? Questo bambino è un tesoro di amore e di abilità, questo è un dato di fatto.
So che Tristano aveva bisogno di una compagna materna e che non voleva un figlio in quelle circostanze: ti ha dato lo stesso quel figlio. Non c'è dubbio che Beatrice sia stata mandata dalla Provvidenza. Nessuno può essere geloso di lei.
Tristano aveva ideali molto alti per suo figlio. Non conosco la sua opera, ma conosco l'interesse mostrato per lui dai filosofi e dagli umanisti di questo secolo: Albert Camus, Louis Rougier, Raymond Las Vergnas, Gustave Thibon. L'iperconsapevolezza di mio fratello, di cui mio nipote deve beneficiare, non è forse un cemento che vi tiene tutti uniti, un cemento che un paio di schiaffi in faccia non sono nemmeno una cosa da poco?
O non sa nulla del pensiero di Tristan? Questo spiegherebbe il tuo triste atteggiamento. Di fronte a una realtà così trascendente, non esistono un paio di schiaffi in faccia.
Avete mai colto Tristan in flagrante nella sua mancanza di indulgenza, generosità e gentilezza nei vostri confronti? Sua madre, che lei ama tanto, non ha forse detto a Tristan che "era l'unico uomo buono che avesse mai conosciuto"?

Che si tratti di un'esagerazione o meno non è questo il punto, ma lei l'ha detto e non posso credere nemmeno per un attimo che lei ne dubiti.

Infine, Monique, ti ho parlato del carattere egocentrico e da donnaiolo di mio fratello, ma anche tu hai un carattere difficile. Sei terribilmente testarda e tirannica anche nella tua generosità. Anche amici come Simone e Gladys me lo hanno confermato al telefono, come mi ha detto Tristan. Come puoi ignorare le realtà su di te? Pensa che un uomo possa sopportare una donna testarda e tirannica senza dover reagire?

La vita non ci richiede forse di essere lucidi su noi stessi?

Questo, cara Monique, è ciò che dovevo dirti e che accetterai di considerare se sei intelligente e fondamentalmente buona. Mio fratello sta morendo per non essere in grado, insieme a te, di condurre tuo figlio alle vette culturali a cui mira.

Se dovete separarvi, che sia relativamente. Rimanete uniti per il piccolo attraverso l'affetto, le lettere e il telefono. Insomma, riducete al minimo i danni, perché da parte sua sono certa che Tristan farà del suo meglio. Mio fratello deve vivere per poter trasmettere tanta ricchezza a vostro figlio.

Il mio amore a voi e al mio figlioccio.

Charlotte

La risposta fu esattamente quella che gli amici avevano previsto. E presto il marito di Charlotte si rifiutò di ricevere la piccola Bea.

Questa lettera, così chiara, così completa, non scosse la sorella. Non aveva alcun desiderio di dimostrargli "che non era stupida, disonesta o perversa". Non solo non lo fece, ma *accolse in casa sua* Monique e quest'uomo, di cui Tristan non sapeva ancora nulla!

Caro Tristan.

Mi dispiace che tu sia malato.

Non volevate quello che vi dicevo e vi siete rivolti contro di me con le stesse armi avvelenate. Ottenete gli stessi risultati prevedibili. "Non si possono prendere le mosche con l'aceto". Se il tuo orgoglio non offuscasse la tua intelligenza, capiresti questa elementare verità. Se avessi voluto indietro Monique avresti agito diversamente. Quando si vuole un risultato, si considerano i mezzi per ottenerlo.

Poiché ti ho ferito, poiché non sono molto intelligente ma piuttosto perverso, poiché agisco in malafede, tutto ciò che resta tra noi è un affetto profondo e fraterno che durerà nonostante l'inevitabile separazione fisica. Che senso ha

avvicinarsi per farsi del male o per non farsi del bene? Io non ti servo a nulla e tu vuoi usare me torturandomi, quindi è meglio interrompere la nostra corrispondenza o altro.
Questo non mi impedisce di pregare per te, anzi sono convinta che Dio userà tutto il tuo dolore per avvicinarti a Lui.
Il mio modo di concludere vi infastidirà, ma vi assicuro che penso davvero quello che dico. Con affetto,
Charlotte.

Più rileggeva questa banalità imbecille, finita in bondieuserie, più si disgustava di sua sorella. Ma lei e Monique non erano forse il prodotto del materialismo?

Otto Weininger, quel pensatore ebreo, non ha forse scritto:

"Siamo nell'era della donna e dell'ebreo"...

Da quando Tristan si era trasferito nella casa popolare per proteggere la piccola Bea, l'ufficio postale inoltrava la posta.

Un giorno ricevette una cartolina da un amico che conosceva da due o tre anni. Questo signore era interessato al lavoro e alle conferenze di Tristan. Sua moglie era malata di cancro e lui l'aveva indirizzata a una medicina alternativa, che aveva dato buoni risultati. Purtroppo, un anno dopo la guarigione, la donna morì per una congestione polmonare.

Tristan non era in grado di rispondere, così passò il biglietto a Monique, chiedendole di occuparsene.

Qualche settimana dopo, Tristan ebbe la sorpresa di trovare il parente in questione, Lucien Furor, a casa di Monique, dove stava portando a casa il figlio. Tristan ne fu felice. Se Monique aveva invitato questa relazione, probabilmente era un buon segno. Doveva averlo invitato con discrezione, senza parlare dei suoi problemi, che non erano nulla di cui andare fieri, tanto più che in genere era piuttosto discreta sulla loro tragedia, tranne il giorno in cui aveva eiaculato: "Mio marito se n'è andato con la cameriera"...

Chi era al corrente della situazione ha trovato questa dichiarazione inopportuna, vergognosa e priva di autentico e legittimo orgoglio.

Lucien li ha lasciati alla fine del fine settimana. Tristan gli scrisse a Parigi. Lo aveva aiutato così tanto con sua moglie, era giusto che lo aiutasse con la sua.

Lo informò della situazione, descrisse la fissazione infantile di Monique, sintomo del suo squilibrio psichico, e gli inviò una copia della meravigliosa lettera di Frédérique, impareggiabile per obiettività, umanità e intelligenza.

Una volta Tristan si era piegato sul suo dolore, sperava che si sarebbe piegato sul suo. Poteva avere un eccellente effetto terapeutico su Monique, poteva cercare di farla ragionare, di ricordarle la qualità della loro unione, la coscienza del suo compagno, l'alta educazione che avevano progettato per il loro figlio, che poteva essere raggiunta solo attraverso la calma emotiva e l'affetto di tutti. Poteva ricordarle che i figli vittime di divorzio erano destinati a diventare individui dal temperamento grave, alcuni dei quali sarebbero diventati criminali, terroristi e delinquenti di vario genere, come le statistiche avevano abbondantemente dimostrato a chi non lo capiva per pura intelligenza.

Lucien sembrava un uomo calmo e ragionevole.

Sperava quindi in una risposta di questo tipo:

"La vostra tragedia è impossibile con una donna intelligente come Monique e un uomo della vostra statura. Farò tutto il possibile per aiutarvi, parlando con Monique, che non può, date le circostanze, imporre questa distruzione a vostro figlio.

Avrebbe anche potuto vedere la piccola Bea e poi mostrare in modo convincente a Monique la follia del suo comportamento.

Tutto sommato, sperava che Lucien avrebbe fatto ciò che qualsiasi uomo di buon cuore avrebbe fatto per un buon amico in quelle circostanze.

La vera risposta fu imbarazzata e neutra. Tuttavia, alludeva umanamente al fatto che Tristano avrebbe preferito morire piuttosto che non tirare fuori suo figlio dal pantano "giudeo-cartesiano" in cui il mondo stava morendo.

In un'altra lettera alludeva alla "differenza" che lo separava da Monique. Tuttavia, Tristan gli aveva spiegato che si trattava di una fissazione infantile, una gelosia infantile incoercibile, che annullava il suo campo di coscienza.

Le poche lettere scritte da lui mostrano un'angosciante povertà intellettuale, sentimentale e logica. Non le scrisse forse: "Se Monique non voleva in casa la ragazza leggermente handicappata, era una prova d'amore per Tristan".

Tristan continuò a pagare le rate mensili della casa. La sera veniva a dormire con il bambino, in modo che potesse sentire la presenza del padre e della madre sotto il tetto dei genitori.

Un giorno ricevette un avviso bancario che lo informava di non avere più nulla da pagare. La casa era stata rilevata da Lucien Furor!

Tristan era sconvolto. Voleva andare nell'aldilà con il suo amato figlio, per non lasciarlo solo in questo caos, in questa follia, in questo marciume sociale.

Ma Tristan non aveva finito di subire questo infinito annientamento. Una mattina, mentre accompagnava Bea al mercato perché non dovesse portare nulla di pesante, si imbatterono in un venditore che conoscevano da anni e che disse: "Sua moglie mi ha presentato suo marito.

Lucien Furor aveva quindi sposato Monique.

La piccola Bea era lì, con i suoi occhietti teneri e tristi e il suo sguardo di infinita bontà e impotenza. Tristan ebbe la forza di spiegare brevemente all'uomo la triste situazione, il martirio della bambina e come era stato costretto a proteggerla dalla brutalità del suo compagno. La bambina rimase lì in silenzio, a perfetta illustrazione di quanto aveva detto.

L'uomo disse: "È la follia delle donne, la follia dell'epoca"...

Suo figlio avrebbe vissuto tutto questo. La cattiveria nei confronti di Bea, la confisca di sua madre da parte di uno spazzino con una grave malattia mentale. Ma l'avrebbe sposata se avesse avuto il cancro? E quest'uomo apparteneva a un movimento politico che difendeva la coppia, la famiglia, o derisione!

Ma è vero che Monique non lo amava più da tempo. Una delle loro amiche, Hélène, le aveva detto: "Non ti ama più, ti guarda solo con odio". E poi si ha una crisi isterica perché la propria compagna morde un dolce al miele? Eppure lui credeva che lei avrebbe fatto di tutto perché lavorassero insieme per il loro bambino, per costruirlo oltre il nulla della degenerazione globale.

Un giorno, quando Aurélien era con suo padre e Béa, uscirono per fare la spesa in un negozio di prodotti biologici. Si imbatterono in Lucien, qualche metro più avanti di loro.

Aurélien si precipita da Lucien e gli dice con la sua bella voce da bambino: "Lucien, questa è Bea, tu non la conosci...".

Quest'ultimo non tenne conto della delicatezza della bambina, della tenerezza con cui stava allevando Aurélien, e si precipitò fuori dal negozio, dicendo:

—   Non me ne può fregare di meno.... di Beatrice.

Il massimo dell'orrore, della stupidità e della viltà. Aveva sposato la moglie di Monique per compiacerla e ricavare la propria felicità da questo cumulo di rovine.

Qualche giorno dopo Aurélien disse al padre:

— La prossima settimana andrò al matrimonio in chiesa di mamma e Lucien, sarà una festa, quindi perché non vieni con noi?

Tutto era consumato. Eppure Tristan ricordava l'osservazione di Beatrice quando lo aveva notato per la prima volta fuori dal negozio:

— "Guardatelo, assomiglia a Monique".

Era impressionante. Lo stesso aspetto generale, la stessa rotondità della testa, la stessa pelle giallastra, la stessa morfologia facciale, lo stesso sguardo: c'era una parentela karmica.

Forse era giunto il momento di accettare il destino. Non per salvare suo figlio dal caos globale in cui sarebbe stato inevitabilmente immerso...

Monique aveva coccolato la testolina di Béa nel suo cuore per sempre.

Non restava che aspettare, con il cuore a pezzi, la lenta morte del figlio, schiacciato come sarebbe stato da tutte le follie di un mondo di egoismo, cuori morti, marxismo, freudianesimo e denaro.

Non restava che aspettare la morte, con le mani giunte, la piccola Bea stretta al cuore.

Tristan si sentiva invecchiare violentemente a causa di questo ultimo colpo di fulmine. Non voleva più vivere.

Ma Bea doveva vivere, doveva essere protetta. Conosceva il suo amore e i suoi ideali per il bambino. Aveva un grande amore per lui. Non sarebbe vissuta a lungo, ma abbastanza per portarlo all'età adulta. A quel punto sarebbe stato in grado di dirigere se stesso. Tristan aveva visto la prova dell'intelligenza umana di Bea. Sapeva che se lui e Monique fossero scomparsi, lei sarebbe stata lì.

Dato che non si poteva fare nulla, dovette sposare Bea in modo che lei ricevesse una pensione di reversibilità alla sua morte. Questo avrebbe aiutato lei e forse anche il bambino.

Monique aveva scelto il nulla. Ciò che era essenziale doveva essere preservato.

L'espressione degli occhi di Monique, così priva di vero sentimento o di tenerezza, quella lateralità appiattita, quel mento, il colore della pelle, la sua gretta ostinazione, tutto suggeriva *un determinismo assoluto* che forse era ancora più caratteriale che patologico.

Domani Lucien e Monique si sarebbero sposati nella chiesa tradizionale.

Piuttosto che consolidare la loro unione ammonendo Monique, il parroco, che conosceva la situazione, preferì fare un *vero e proprio matrimonio* tra un vescicante e uno spazzino. Questa è stata la Chiesa degli ultimi duemila anni: l'essenziale fondamentale sostituito da un dogmatismo sclerotico e da un formalismo dottrinario. Il prossimo papa sarà un ebreo.

- Se il cristianesimo trionferà", disse l'imperatore Giuliano, detto l'Apostata, "tra duemila anni tutto il mondo sarà ebraico".

Ha capito tutto.

Tristan sognava di partire per le stelle con il suo piccolo Aurélien vicino al cuore e la bella Béa stretta tra le braccia.

Era solo nella sua casa popolare con la piccola Béa, piena di tenerezza per lui e per il suo amato figlio, ora capace di un sorriso che lo aveva abbandonato da anni, piena di commovente gratitudine per la tenerezza che Tristan le dimostrava. Con il suo sguardo profondo e il suo affetto gentile, Tristan poteva sentire quanto quella bambina lo amasse. Sapeva quanto Tristano la tenesse a cuore, questo piccolo essere indifeso di infinita bontà, ignobilmente martirizzato fin dall'infanzia e che amava tanto suo figlio, questa stella del suo firmamento.

Non era lui l'unica persona al mondo che amava Bea? Non era forse l'unica al mondo ad amare Tristan?

È uno strano sorriso karmico, questo piccolo tesoro in movimento sulla strada di un Don Giovanni assetato di silfidi bionde...

CAPITOLO XXII

"La verità è l'unica cosa vera."

IL TESTAMENTO

I nostri destini ci seguono senza sosta. La nostra natura, le nostre cellule nervose sono su rotaie ed è impossibile deragliare. Il calvario di Tristan sarebbe continuato, quello di Bea non avrebbe avuto tregua.

Monique avrebbe fatto di tutto nella sua furia distruttiva per separare Aurélien da suo padre. La sua psiconevrosi stava assumendo proporzioni gigantesche.

Iniziò chiamandolo con il suo patronimico, il che significa un rifiuto assoluto del padre e un odio inestinguibile. Era una follia nel senso più clinico del termine.

I due vivevano a meno di cinquecento metri l'uno dall'altro, il che significa che avrebbero potuto collaborare amorevolmente all'educazione del bambino attraverso un accordo amichevole che non richiedeva alcun intervento legale.

Tristan era perfettamente adatto a tale eventualità.

Lui e Beatrice erano disponibili, potevamo educare il bambino ed evitare la promiscuità comunitaria che lo portava a musica e droghe criminogene e patogene.

Monique ha mandato il bambino alla scuola elementare e ha fatto di tutto per impedire al padre di baciare il figlio dopo la scuola.

Quando non ci riuscì, lo trasferì in un'altra scuola.

Nel frattempo, lo spazzino disse che "il padre era un pericoloso ipnotizzatore" e che "aveva avvelenato le sue merendine". Tristan non poteva accettare un'aberrazione così grande e fu convocato da un ufficiale giudiziario...

In un'altra occasione, Aurélien chiese al padre di portarlo a una festa nella sua vecchia scuola. Tristan non lo rifiutò, ma non aveva idea che tutto era stato preparato perché il bambino scappasse dalla festa e andasse alla stazione di polizia vicino alla scuola, dove lo aspettava il patrigno.

Tristan dovette rivolgersi al pubblico ministero, che fece convocare Monique da due poliziotti in uniforme. L'ha ammonita, promettendole di accusarla se non si fosse calmata. E ha concluso: "Mio Dio, cosa stiamo facendo a questa povera bambina?" Ci sono voluti diversi giorni di preparazione per organizzare questo rapimento legale!

La sentenza del tribunale di Bourges aveva concesso a Tristan un eccellente diritto di visita, così la madre portò il bambino in Bretagna. Pensava che seicento chilometri avrebbero scoraggiato Tristan. Egli amava troppo il suo piccolo per rinunciarvi. Per ottenere un risarcimento legittimo, Tristan fu costretto a portare la madre in tribunale. Purtroppo il giudice, complice della madre, gli revocò il diritto di visita settimanale con il pretesto della distanza. Si trattava di un'assurdità giuridica, anche secondo il parere di tutti gli esperti di diritto che conosceva, ma fu costretto a ricorrere nuovamente in appello per ottenere il ripristino del diritto di visita. Un milione di euro per ogni ricorso. Ricorrere in appello quando si è appena vinto è un'ubiquità giuridica. Ma è così che è andata.

Per avere auto solide, per pagare le azioni legali, per venire un fine settimana al mese e tre volte il mese successivo a causa delle vacanze scolastiche, ha dovuto chiedere un prestito di milioni che ha impiegato dieci anni a ripagare. C'era anche lo stress morale, il dolore e la fatica fisica di guidare per duemilatrecento chilometri ogni due mesi, un mese per un fine settimana, e il mese successivo per il fine settimana, e due volte per le vacanze. Poi c'erano le spese per il fine settimana, l'albergo e il cibo. Il tutto ammontava ad almeno cinquemila franchi al mese, senza contare la pensione. Monique non aveva altro che odio e nessuna pietà. Quando chiese a un giudice un piccolo aiuto, almeno per il viaggio, anche se Aurélien all'epoca frequentava il Lycée Naval di Brest, dove non pagava nulla e riceveva quattrocento franchi di paghetta, il giudice gli aumentò il vitto invece di aiutarlo con il modestissimo contributo che gli aveva suggerito la madre. Tutto congiurava per schiacciarlo.

Quanto a Monique, non si lasciava intimorire dai metodi più ignobili, in funzione dello zero assoluto del suo senso morale.

Un giorno Aurélien chiese a suo padre chi fosse Hitler. Tristan gli disse che era un capo di Stato che aveva dato il pane a sei milioni di disoccupati e aveva liberato il suo Paese dalla dittatura dell'alta finanza e del marxismo. "È un santo", disse Aureliano.

No", rispose il padre, "non è un santo.

Non poté dare ulteriori spiegazioni perché il bambino aveva sette anni all'epoca.

Ma tornò a casa da sua madre con in testa questo cliché sulla "santità di Hitler".

La madre ne approfittò per sostenere in ogni udienza legale che Tristan aveva detto al figlio che "Hitler era un santo".

Nel clima politico della fine del XX secolo, possiamo comprendere l'immoralità di una simile procedura. È vero che, nella stessa ottica, aveva detto ad Aurélien stesso che suo padre voleva che lei abortisse per non farlo nascere. La bugia era doppiamente spregevole. In primo luogo perché non si dicono certe cose a un bambino piccolo, e in secondo luogo perché Monique sapeva benissimo che Tristan, pur non volendo figli al momento, adorava suo figlio.

Tutti questi fatti sottolineavano la gravità delle sue condizioni.

La cosa grave era che Tristan non riusciva a educare suo figlio quando lo vedeva. Faceva tutto il possibile, ma sapeva benissimo che se gli avesse dato una meritata bastonata, i giudici dinoccolati gli avrebbero revocato ogni diritto di visita...

Lucien telefonò a Tristan per dirgli *quanto si fosse pentito di aver sposato Monique.*

"Avrebbe fatto meglio a rimanere a Parigi...". Ha aggiunto *che "Aurélien era terribile e se non fosse stato qui avrebbe picchiato sua madre".* In un'altra occasione, le disse che *"Monique era completamente lassista e non poteva fare nulla per crescere Aurélien".*

L'unica qualità di Aurelien era quella di essere un buon allievo in classe.

Nulla di tutto ciò corrispondeva all'ideale che Tristan aveva forgiato per suo figlio. Soprattutto perché quarant'anni di insegnamento gli avevano insegnato che i buoni allievi di raramente sono interessanti e il più delle volte aderiscono ai conformismi e alle mode più degradanti.[75]

---

[75] Nel 2000, vediamo eccellenti studenti delle scuole secondarie che indossano pantaloni larghi, a fisarmonica su scarpe massicce e caricaturali, i loro quarti

La piccola Béa, adorabile come sempre, supera il "brevet des collèges", il concorso per assistenti infermieri, e diventa un'assistente infermiera molto competente e apprezzata all'ospedale. Ahimè, è stata costretta per obbligo a sottoporsi alla vaccinazione antiepatite B.

Nei mesi successivi soffrì di dolori alla schiena, poi a poco a poco le cose peggiorarono e sviluppò la spondilite anchilosante. Smise di lavorare, soffrì terribilmente, soprattutto alla schiena, ma anche a tutte le articolazioni e all'inguine, e il suo martirio non ebbe fine. Le fu somministrata della morfina, che diminuì la sua vitalità fino a provocare l'angoscia di Tristan, che temeva di perdere il piccolo angelo custode di suo figlio e di se stesso.

Durante tutto questo tempo, il destino gli fece un regalo imperiale: la ragazza più bella della città, che era molto giovane, si innamorò di Tristano, e questa meravigliosa avventura durò sette anni. Era un'oasi in mezzo all'inferno. Questa meravigliosa piccola Fabienne gli diede un'enorme energia combattiva, perché una tale conquista, alla sua età, era un miracolo.

Tristano, invece, stava diventando odioso nei confronti del padre, tanto odioso che Tristano non riusciva a descrivere il suo comportamento, tanto si vergognava di sé e del figlio.

Una volta, quando aveva superato tutti i limiti, era al primo anno al Lycée Naval dove non pagava nulla e riceveva la paghetta, le disse che non vedeva perché avrebbe dovuto pagare gli alimenti a un bambino che trattava suo padre in modo così spregevole. Era ancora abbastanza ingenuo da credere che Monique lo avrebbe sostenuto moralmente in modo da scuotere il bambino. Non solo non ha sostenuto Tristan, il che è un enorme colpo morale, ma credendo che Tristan avrebbe effettivamente ritirato il mantenimento, ha approfittato di alcuni franchi di indicizzazione mancanti per far sequestrare il mantenimento di Aurelien...

---

posteriori legati nella stoffa in modo che si possa vedere il loro culo e persino il contorno del loro ano: sono così ben condizionati che è liberamente e civettuolamente che scelgono l'orrore spinto dagli omosessuali sostenuti dalla finanza. Domani saranno tra i venticinque milioni che hanno votato per un presidente radicalmente asservito all'alta finanza e al marxismo... Tutto questo mi fa venire in mente la frase dello Zohar sui "Goy (non ebrei)". Domani saranno tra i venticinque milioni che hanno votato per un presidente radicalmente schiavizzato dall'alta finanza e dal marxismo... Tutto questo mi fa venire in mente la frase dello Zohar sui "Goy (*non ebrei*), quel vile seme di bestiame".

Non gli restava altro che occuparsi della sua piccola Bea, che era così malata e soffriva così tanto già da tre anni, e per quanto tempo ancora, mio piccolo tesoro?

Avrebbe concluso il suo calvario con una lunga lettera a Monique: per rivedere tutto, per prendere le migliori disposizioni possibili per suo figlio e per avere a cuore la sua piccola paziente fino alla fine della sua vita. Il suo più grande desiderio sarebbe stato quello di morire con lei e di custodirla per l'eternità...

Tristan e Fabienne

Mia cara Monique.
Quando il tempo che resta su questa terra è poco, e lo si sente, la sincerità e la verità si impongono alla mente in modo radicale, *"scripta manent"* e la firma attestano la purezza dell'anima e del cuore. I bugiardi e i malvagi non scrivono mai perché sanno che i loro stessi scritti li perseguirebbero al di là di loro stessi dopo aver immerso il naso nella loro stessa materia fecale...
Le ultime aggressioni che mi avete imposto e alle quali non sono riuscito, per quindici anni, ad abituarmi, pur essendo sempre pronto a trovare un accordo, a intraprendere un dialogo gentile e persino affettuoso, che è normale con la madre di mio figlio, mi hanno spinto a fare questa riflessione finale e gli accordi riguardanti il nostro bambino, dopo la mia morte.

Mi accusate di non aver pagato la pensione di mio figlio lo scorso luglio e agosto, e ora mi accusate di non averla pagata a giugno! Non sono riuscito a trovare i documenti bancari di luglio e agosto. Per giugno li ho trovati e ve li ho inviati.
In ogni caso, ho pagato quei due mesi, come ho sempre fatto negli ultimi quindici anni senza la minima inadempienza. Lo dimostra il mio libro contabile, dove spunto solo gli importi regolarmente pagati.
D'altra parte, se il mio conto, ancora scoperto il 20 del mese, fosse stato scoperto di duemilaottocento franchi, me ne sarei accorto e avrei risolto immediatamente il problema. Ma in quindici anni non è mai successa una cosa del genere. Se avessi interrotto o detratto il pagamento, sarebbe stato in seguito a una decisione legale, dato che Aurélien, che era stato accettato al Lycée Naval, non pagava nulla per il suo mantenimento e le sue lezioni e riceveva quattrocento franchi di paghetta mensile. Non ho mai preso un'iniziativa del genere, perché so bene che, a parte i ricorsi, i giudici fanno esattamente il contrario di tutto quello che mi hanno detto gli avvocati, compresi i famosi avvocati parigini. Così ho seguito il consiglio del giudice del tribunale di famiglia, che mi ha detto di passare da lei, a prescindere dal merito della mia richiesta.
Quanto a voi, avreste aspettato un anno per scatenarvi e farmi sapere che non avevo pagato duemilaottocento franchi? È assurdo e avrebbe provocato una reazione legittima sia da parte sua che da parte mia. Del resto, con il piccolo conto di Aurélien, non ci vuole un anno per accorgersi di un simile ammanco!
È tutto profondamente disonesto. La cosa peggiore è che non vi siete fermati lì.
Aurélien si comportò nei miei confronti in un modo che avrei definito orribilmente peggiorativo, ma che preferisco chiamare apocalittico, poiché questo aggettivo corrisponde con tragica precisione a ciò che leggiamo in San Giovanni a proposito dei bambini dell'Apocalisse. Così gli scrissi questa lettera:

"Aurélien,
Avrei certamente preferito morire prima che tu arrivassi il primo maggio, tanto che il dolore che mi hai imposto è per me peggiore della morte. Non ho certo l'intelligenza e la sensibilità del "marinaio peccatore che avresti voluto come padre", e di cui mi hai detto che saresti stato orgoglioso, mentre di me...
Ahimè, siete sempre stati la luce della mia vita. Per anni ho lottato fino allo sfinimento fisico, morale e finanziario, impegnandomi in dieci anni di prestiti, per l'illusoria gioia di

vederti, di amarti, di darti una visione eccezionale in un momento di rammollimento cerebrale generalizzato.

Tutto questo nonostante la mamma abbia fatto di tutto per separarmi da te, togliendoti persino il nome, con metodi che si possono definire spregevoli senza inflazioni semantiche. Tutto questo quando tutto si sarebbe potuto risolvere in via extragiudiziale senza dover rovinare il tuo patrigno, il complice "pagante" di tua madre, e me.

Quando sei arrivato a Vierzon il primo maggio e hai appoggiato la testa sulla mia spalla in macchina, ero in paradiso, ricordando i momenti benedetti in cui dormivi tra le mie braccia da piccolo e io ti avvolgevo in un amore quasi mistico, tanta era la beatitudine che mi davi. Ora, non solo non mi obbedisci più quando si tratta delle cose fondamentali, senza le quali una casa è anarchia, ma vuoi anche impormi una musica patogena. Per di più, mi manca di rispetto, dandomi del "cretino e dell'idiota" su un'opera che non capisce, proprio come persone come Albert Camus, Raymond Las Vergnas, Louis Rougier, Gustave Thibon, Abélio, Hans Selye, il professor Albeaux Fernet, mio relatore di tesi, tutte persone che mi hanno sostenuto e aiutato nel corso di questo secolo. E non parlo di un politico famoso che mi ha ringraziato per le informazioni che gli ho fornito in quarant'anni. Il tuo giudizio ti classifica come un figlio indegno e anche come un idiota. Non sopporterò mai più i tuoi mostruosi insulti e la tua mancanza di rispetto. Sei un perfetto esempio dei figli descritti nel Libro dell'Apocalisse: egoisti, irrispettosi, abusivi, moralisti, incapaci di meditare, orgogliosi e così via.

Non riesco a credere che tu possa essere così naturalmente mostruoso nei miei confronti ed è difficile non pensare al condizionamento della mamma. Se non ti ammonisce per un comportamento così indegno, avrò nove prove per dimostrare i miei sospetti. Come puoi essere così gentile con tua sorella Nathalie e con tua zia Charlotte, nessuna delle quali sospetta il tuo comportamento. Beatrice, che ti ha allevato e istruito per tanti anni e che ho adottato per compensare le sofferenze che la mamma le ha imposto, mi diceva: "Né Charlotte, né Chantal, né Nathalie sospettano il suo comportamento nei tuoi confronti, e non credo nemmeno che ci crederebbero".

Ora che hai la tua istruzione e il tuo mantenimento, per non parlare della paghetta, al Lycée Naval, non vedo perché dovrei continuare a pagarti una pensione. È per amore tuo che mi sono costretta a vivere in una casa popolare, anche se nella mia strada ci sono state tre rivolte di nordafricani, con negozi distrutti e auto

bruciate. Tu non sei nemmeno al corrente della mia sofferenza in questa situazione, tanto meno me ne sei grato. Non sarebbe stupido da parte mia? Ti restituirò la pensione fino a venticinque anni, se non supererai gli esami di concorso alla fine del tuo anno di matematica speciale. Lo farò perché la legge mi obbliga a farlo, ma non ci sarà alcuna dimostrazione di affetto da parte mia. Se nel frattempo vorrai vedermi, ti pagherò tutti i viaggi.
Se mai dovessi mancarmi di rispetto o avere una crisi isterica, riceverai uno schiaffo in faccia e poi farai quello che ha fatto la mamma, non mi rivolgerai più la parola. È impossibile per me non vedere l'ereditarietà del tuo comportamento assurdo e concreto, con quel dono matematico così specifico della psicologia dei sociopatici.
Quando si ha un tale orgoglio e una mente così ristretta, non si sa mai quando si sbaglia. L'orgoglio è un sintomo specifico di tutte le malattie mentali, come la mancanza di orgoglio. Non mi dispiacerebbe, perché piuttosto che passare quello che mi hai appena fatto passare, preferirei non vederti più. Inoltre, non credo nella guarigione.
Cosa ci guadagno ad ascoltare un figlio che mi insulta, che non ha rispetto, che non obbedisce agli imperativi elementari di una casa (venire a tavola, mettere via le sue cose per non trasformare l'appartamento in un suk, rifarsi il letto, non andare a letto alle 3 del mattino e alzarsi alle 3 del pomeriggio, ecc.) Inoltre, se pensa di essere più intelligente di tutti gli altri, non c'è nulla da guadagnare se non un immenso dolore.
Ti allego una lettera che ho scritto a tua madre. Non hai capito che l'intelligenza pura non ha nulla a che fare con la sistematica analitica della scienza moderna e della statistica. D'altra parte, l'intelligenza pura sa quanto sia pericolosa l'intelligenza sistematica analitico-mnemonica.
Non credo che nulla ti aiuterà a volermi più bene, perché se la mamma ha fatto questo lavoro di sminuirmi, nessun argomento, nessun sentimento, neanche il più tenero, avrà il minimo peso, ma devo a me stesso fare questo ultimo sforzo e anche dimostrarti il mio affetto in mezzo a questa dura realtà...

Lettera allegata:

Mia cara Monique.

Non invio questa lettera ad Aurélien perché il suo contenuto sarà efficace solo se verrà da voi.
Né Lucien, suo marito d'ora in poi, né io abbiamo la minima influenza su Aurelien. È vero che se, quando lo ammonisce o lo

corregge, lei dice a suo marito: "Lascia stare il povero ragazzo", dubito fortemente che possa fare qualcosa per la sua educazione. La sua mentalità mi rattrista e spesso mi spaventa per la sua incoscienza.

A parte il problema morale, che non affronterò perché mi fa molto male, dovreste insegnargli, prima che diventi robotico, che lo scientismo è una superstizione, un fondamentalismo totalitario che crede di poter risolvere tutti i problemi, mentre ha portato alle bombe atomiche, all'idrogeno e al neutrone, alle madri surrogate, alla pillola cancerogena e a tutto l'inquinamento del mondo.

La pseudoscienza moderna ritiene che ciò che non può misurare, sperimentare o prevedere non esista. È un cretinismo suicida che si muove sulla cresta delle equazioni. Questo positivismo iper-riduzionista esclude tutto ciò che costituisce la vita: l'intelligenza pura, il genio, l'amore, la creazione artistica, la fede.

Le grandes écoles formano sonnambuli che credono che ciò che è tecnicamente possibile sia desiderabile e necessario.

Questa ragione è irrazionale e non è altro che la sistematizzazione di un'ossessione. Vi prego di "inoculare" a nostro figlio questa consapevolezza che avrebbe avuto se fossimo rimasti uniti, anche se separati.

La seconda cosa molto importante: Aurélien va in Africa per una vacanza con il figlio di un primo ministro generale. Sono radicalmente contrario al fatto che Aurélien si rechi in Paesi che sono ex colonie di qualsiasi orientamento dittatoriale socialista o di sinistra. In questi Paesi, qualsiasi persona bianca può essere uccisa nonostante un'apparenza di pace. Il globalismo insegna a questi Paesi a odiare e massacrare i bianchi, difendendo solo gli sfruttatori di materie prime sostenuti da implacabili eserciti privati.

Ha un padre che non vedrà ancora per molto tempo: non potrebbe trarne beneficio? So che se fossi in lui, non riuscirei a percorrere 10.000 km sapendo che non mi resta molto tempo per godermi mio padre.

Spero che Lucien ti aiuti a lungo, perché temo che tu non sia né cosciente né psicoattivo. Una laurea in ingegneria conseguita in una scuola di alto livello non fa un uomo. Lo abbiamo viziato troppo.

Insegna ad Aureliano quello che ti ho spiegato. Per il momento non pensa: specula nell'analiticità come i tempi.

Non comprende il pensiero, perché l'analitica quantitativa si oppone sempre al pensiero fondamentalmente qualitativo.
Senza questo, non ci sarebbero terapie e alimenti chimici, né vaccinazioni che distruggono il sistema immunitario, né la questione ebraica, perché avremmo capito da tempo che l'unico denominatore comune di un particolarismo costante nel tempo e nello spazio è la circoncisione dell'ottavo giorno.
A te, cuore e luce.

Da quella lettera ho riflettuto molto, cercando di coniugare ragione e amore. Mi sono detta che nello stato psicopatico in cui si trovava mio figlio, non avrebbe mai avuto abbastanza cuore per tornare da me e chiedermi perdono. Mi sono resa conto che la sua condizione era probabilmente irreversibile. Non potevo quindi non fare uno sforzo per aiutare un figlio amato che si stava perdendo e per il quale dovevo tentare tutto, anche nell'oceano della disperazione.

Durante questi eventi ho avuto l'opportunità di parlare con alcuni padri e ciò che mi hanno raccontato mi ha riempito di terrore.

Uno mi ha detto che ha dovuto mettere un lucchetto al suo frigorifero perché il figlio ventiduenne lo svuotava con i suoi amici. Un altro mi ha detto che suo figlio gli aveva detto: "Se solo potessi morire"...

Cosa c'è?

Così ho deciso di scrivere a mio figlio:

> Il mio piccolo
>
> Non pensavo che sarei riuscita a scrivervi perché il mio dolore era così immenso e la mia disperazione così assoluta. Ma la Provvidenza ha deciso diversamente e è così che deve essere. Dopo i "nostri tristi eventi" ho conosciuto padri che hanno il mio stesso problema con te, e anche peggio!
> Questa è chiaramente la mentalità apocalittica, che è un determinismo generato dalla situazione che io denuncio costantemente. Allora provate l'impossibile, andate oltre questo determinismo. Se vi rendete conto di essere nell'impasse satanica in cui ci troviamo tutti e da cui potete uscire con il mio aiuto. È vero che tua madre aveva informazioni esaurienti che avrebbero dovuto proteggerla, ma ha usato la prima arma di Satana per distruggere tutto: il massacro della sua coppia. Avrebbe dovuto essere l'ultima persona al mondo a subire quella distruzione. Quindi immagina gli altri che non sanno nulla e votano per i pagliacci dell'alta finanza e del marxismo!

Voi venite contro il mio cuore, ve ne pentite, mi date il vostro affetto e io vi restituisco il mio con tutto ciò che comporta.
Vi darò tutte le spiegazioni di cui avete bisogno per i testi su cui potete riflettere prima. È normale che un figlio matematico abbia difficoltà a capire un padre filosofo, ma questo non significa che non possiamo amarci e rispettarci.
Ti amo troppo per non fare uno sforzo legittimo come questo.

In seguito a questa lettera, Monique, Aurélien mi telefonò. Si è scusato debolmente e mi ha parlato per un'ora della pensione, con il pretesto di non parlarne!

E cosa hai fatto, Monique?

Né suo marito né Aurélien mi hanno detto che lei ha ammonito minimamente Aurélien, come avrei fatto io con grande severità se i ruoli fossero stati invertiti. Il fattore della nostra separazione non avrebbe giocato alcun ruolo. Sarebbe stata la cosa meno onorevole da fare per me.

Ma qual è stato il suo nobile comportamento morale?

Nonostante io abbia inviato la pensione solo con qualche giorno di ritardo, per celebrare l'occasione, cosa legittima in queste circostanze, lei è andato a farla sequestrare da un ufficiale giudiziario, sostenendo che erano mancati alcuni centesimi di indicizzazione! La cosa è ancora più grottesca se si considera che di solito ho aumentato la pensione di circa cento franchi. Ma la cosa grave, a parte il livello morale dell'operazione, è che questo pignoramento mi impedisce di contrarre qualsiasi prestito. È anche una vergogna. Ma a voi cosa importa, ovviamente! Per completare il tutto, mi chiedete tre mesi di affitto non pagati, per i quali sono riuscito a fornirvi solo la prova di un conto bancario. Avevo una certezza: che il mio piccolo conto non era mai stato aumentato della somma di due mesi di pensione, ovvero duemilaseicento franchi. Una prova assoluta, ma d'altronde, a lei che importa? Aspettare un anno per richiedere una somma così alta!! Nessuno ci crede. Mi avreste derubato a giugno se non avessi trovato una ricevuta bancaria...

Naturalmente non mi è rimasto un centesimo. Quel poco che avevo è stato divorato da questo falso debito: un insegnante non è un milionario.

"Aurélien ha fatto la cosa giusta! Ho rischiato di perderlo", dici!

Perché sono io il colpevole? Questo è un esempio di tutte le inversioni del tempo.

"Stati d'animo incompatibili, dice?

Con me o con Béa, che gli chiede venti volte di venire a tavola.

Ne parli con suo marito: ho ottime ragioni per credere che abbia le idee chiare sul carattere di Aurélien e sulla sua concreta incoscienza.

Che attacco orribile! Il problema di Aurelien era abbastanza doloroso da permetterci di parlarne al telefono come due persone intelligenti e umane. Avremmo potuto collaborare e fingere di annullare la pensione. Avrei potuto versarla sul suo conto senza che lui lo sapesse, per esempio.

E tutte le aggressioni che ho subito negli ultimi dodici anni - che impatto sulla psiche di nostro figlio!

Ti ho sentito parlare di aggressione! Questa è l'ultima goccia.

Non ho mai fatto altro che lottare per vedere e crescere mio figlio. Nient'altro. Per quindici anni ho pensato che tu fossi intelligente e nobile, orgoglioso, giusto e senza orgoglio. Quanto mi sbagliavo. Ma che forza erculea ti deve essere servita per interpretarmi per quindici anni! *Deve essere stato estenuante!*

È vero che se avessi scoperto la tua natura, come ho fatto *da quando* ci siamo lasciati, non ti avrei più rivisto e il nostro Aurélien non sarebbe qui.

Ero convinto che tutto ciò che pensavo avessi dentro sarebbe venuto fuori, *soprattutto* se ci fossimo separati. Invece ho scoperto una signora della cantina. È quando sei messo alla prova che le tue qualità risplendono, soprattutto con una persona totalmente accomodante come me.

Non ho mai fatto nulla contro di voi ed è sempre stato con grande dolore che i tribunali mi hanno costretto a portare alla luce i fatti di denunce per le quali non mi sono mai costituito parte civile, sapendo perfettamente che non sarebbero mai stati portati avanti senza questo processo legale.

Un accordo amichevole e un'amicizia solidale avrebbero dovuto contribuire all'equilibrio di nostro figlio. Non avevamo bisogno di giustizia: bastavano dei semplici documenti firmati tra noi. Avremmo potuto concordare i giorni in cui avrei potuto insegnare ad Aurélien e fare un favore a entrambi accogliendo l'uno o l'altro in caso di necessità, come è consuetudine.

Le tue aggressioni? Mio Dio, li conosco:

Chi ha fatto di tutto per separarmi da mio figlio quando avevo i riferimenti culturali delle persone più eminenti di questo secolo, quando per quindici anni mi avete dato l'illusione di un'adesione quasi eroica alla consapevolezza di un'epoca depravata?

Chi ha fatto di tutto per impedirmi di baciare mio figlio a scuola, cercando di ricattarmi a più riprese, come ha testimoniato il preside della scuola, arrivando a dire che ero una pericolosa ipnotizzatrice e che avvelenavo le merendine di mio figlio? Quando i suoi metodi non hanno funzionato, e persino l'insegnante di Aurélien si è indignata, l'ha portato via da scuola perché non sapessi dove si trovava... Si è persino rifiutato di dare all'ufficiale giudiziario l'indirizzo della nuova scuola, che è stato inserito nel fascicolo d'appello! Aggressione?

Chi ha detto ad Aurélien "se tuo padre ottiene la custodia di te, non ti vedrò mai più"... aggressione?

Questo è davvero l'apice dell'orrore traumatico imposto a nostro figlio. Questa è l'eziologia di una nevrosi che lo seguirà per tutta la vita. Come possiamo stupirci della sua sociopatia, se pensiamo anche all'ereditarietà di quel bruto di suo padre?

"Temperamenti incompatibili" è quello che ha detto a proposito del comportamento indegno di nostro figlio nei miei confronti? Incompatibile con Lucien? Con Bea? Con me? Sono molte incompatibilità, non crede?

Come se non bastasse, quando Aurelien si comporta in modo indegno, e io parlo di togliergli la pensione quando ufficialmente vive con uno stile di vita di trentamila franchi al mese (mantenimento, lezioni, paghetta, sport, spettacoli, ecc.), invece di ammonirlo solennemente e dirgli che se l'è guadagnata, e che qualsiasi padre degno di questo nome farebbe lo stesso, si corre dall'ufficiale giudiziario! Il denaro, dopotutto, è l'unica cosa che conta: il tempo a disposizione è davvero molto. Aggressione?

E poi, gliel'ho tolto? Quando mi avete separato da mio figlio e ho minacciato di togliervi la rata mensile della casa di tremila franchi, l'ho fatto? Non l'ho mai fatto e l'ho pagato finché suo marito non ha venduto la casa. Non avevo altra scelta per combattere la tua follia e le false testimonianze che hai ottenuto da persone che nemmeno mi conoscevano! Aggressione?

CHI ha fatto dire a mio figlio che avevo detto che "Hitler era un santo" in un momento politico in cui tale affermazione, per quanto assurda, avrebbe potuto privarmi di mio figlio? Aggressione?

Il povero bambino che, di fronte a una frase come "Se tuo padre ottiene la custodia di te, non ti vedrò mai più", sentirà per il resto della sua vita che questa frase, che può far impazzire, è radicata in lui: "Se amo mio padre, perderò mia madre". Come si può raggiungere un tale livello di incoscienza e cattiveria? Aggressività?

Povero piccolo! Che shock, quando penso che non posso fare nulla per lui, se non mettere la foto più bella di sua madre nella sua stanza, in modo che senta che non posso amarlo senza amare sua madre.

C'è da stupirsi che trovi rifugio nell'ossessione tecnica, come si evince da una lettera di due pagine in cui non si parla d'altro che di manovre al computer?

Perché dovremmo stupirci del fatto che sia chiuso a qualsiasi autocritica o altruismo di base e che voglia imporre quello che vuole senza preoccuparsi delle opinioni o dei diritti degli altri? Oh Monique, che crimine, che ridicola mancanza di consapevolezza!

CHI mi ha costretto a spendere due milioni di vecchi franchi solo in questioni legali per due ricorsi, quando il primo ricorso era appena stato vinto concedendomi il normale diritto di accesso? Aggressione!

E poi, grazie alla vostra azione, un piccolo giudice sommario mi ha tolto tutti i diritti di visita mensili, tranne che per le vacanze, mentre voi avete tolto mio figlio per non applicare la sentenza del tribunale di Bourges, teoricamente perseguibile penalmente? Aggressione!

Anche in questo caso avremmo potuto adattare la nuova sentenza d'appello alla situazione. Non avevamo bisogno di nessuno. Avete dovuto dimostrare al giudice che eravate decisi a separarmi da mio figlio, e questo non ha funzionato nemmeno contro di voi! Aggressione!

Il giorno successivo all'udienza in cui mi era stato revocato il diritto di visita, dopo un viaggio in auto di seicento chilometri, mi ritrovai con due dita quasi paralizzate! Un'aggressione!

Quindi un altro appello per riottenere il mio diritto di visita! Assalto!

CHI mi ha deliberatamente costretto a percorrere 120.000 chilometri per vedere mio figlio nel fine settimana, e a riportarlo indietro ogni giorno di vacanza? Aggressione!

Chi mi ha costretto a spendere duemila franchi ogni fine settimana del mese? Assalto!

CHI mi ha costretto ad assumermi questi enormi oneri accettando l'aiuto della nostra piccola Béa, la cui devozione e generosità non conoscono limiti, perché tutto questo era inaccessibile con quello che guadagnavo! Aggressione!

Ha continuato a dare tutto a noi tre, nonostante il calvario che le hai inflitto, povera bambina, con il suo lavoro miracoloso, che era "buona solo per pulire il pavimento", come dicevi tu, e che la tua cattiveria ha gettato per sempre nel mio cuore.

A proposito, sono io che ho avuto il raddoppio della pensione a causa dell'errore del giudice.

CHI è venuto a interferire con il mio diritto di visita, facendo un tale casino che dieci persone si sono offerte di testimoniare per il mio dossier e voi siete stati convocati dalla polizia? Aggressione!

CHI, dopo la prima sentenza d'appello, si è rifiutato di presentare mio figlio in un incredibile circo che l'ha portata ad essere convocata davanti al pubblico ministero da due gendarmi in uniforme? Avete suggerito di portarlo alla festa della sua vecchia scuola, mentre preparavate la sua fuga verso la vicina gendarmeria dove lo stavate aspettando! Questa scomparsa mi addolora molto, perché non avrei mai potuto immaginare un simile orrore! Un'aggressione?

CHI ha rimosso la mia foto dalla camera di mio figlio, mentre la tua è proprio qui nella sua stanza? Aggressione!

Chi non ha mai intentato una causa civile, sapendo che le denunce non sarebbero mai state presentate, nemmeno dopo essere stati convocati dal Pubblico Ministero?

Aggressività?

CHI, in una parola, attacca spudoratamente l'altro sapendo perfettamente che sta mentendo, perché mi conosce abbastanza da sapere che sta mentendo. Mi sono sempre accontentato di dichiararmi colpevole, ma a malincuore, perché dovevo difendere il mio diritto di accesso!

CHI ha osato accusarmi di aver violentato sua sorella Françoise, come se mi credesse capace di una cosa simile! Aggressione!

Françoise è un grosso e brutto bozzo che non mi ispira né il bacio né il coito. Tu sai la verità su tua sorella.

In un momento di carenza da parte vostra e di effervescenza testicolare da parte mia, ho accettato più volte i suoi favori. Niente di più. In quel momento, se mi fosse piaciuta, avrei potuto benissimo rinunciare a te e scegliere lei.

Si dà il caso che io ti abbia messo su un piedistallo...

Ma sapete bene che una sorella non direbbe mai a sua sorella che è andata a letto con suo marito - cosa che, tra l'altro, non è avvenuta -.

Perché ha mentito e ti ha detto tante cose? Perché ti odia e voleva ferirti. Non può perdonarti di essere stato brutalmente severo con lei, così come tu sei lassista con nostro figlio.

Non poteva sopportarlo e ha visto una grande opportunità di vendetta.

Quindi per voi va benissimo: se volete uccidere il vostro cane, accusatelo di rabbia...

Conoscendo perfettamente tua sorella e me stesso, approfittare di un flirt con tua sorella per una calunnia così atroce come lo stupro, scende a un livello morale del grado zero assoluto... E tu lo sai. Aggressione?

CHI mi ha fatto spendere almeno venti-venticinque milioni di vecchi in dodici anni e continua oggi, con l'inganno, a privarmi dei pochi franchi che mi sono rimasti? Aggressione. E Bea, povera piccola cara, sta subendo questa rovina, perché mi ha sempre aiutato.

"Incompatibilità di umore" tra me e Bea, hai detto. Dillo a tuo marito e lo farai ridere di giallo...

Béa è sempre stata devota e paziente come un angelo con Aurélien, e ha sempre avuto su di lui molta più autorità di quanta ne abbiamo io o voi.

Non conta le spese e le uscite per lui. Non smette mai di viziarlo e di comprargli cose. Sono felice che abbia superato gli esami di maturità, il diploma di assistente sanitaria, il pianoforte, l'inglese e il giardino, dove coltiva un'impressionante varietà di frutta e verdura.

Ha davvero il pollice verde! E non parlerò nemmeno di tutte le cure che ci riserva: è un tesoro!

Come puoi essere geloso di qualcuno così vicino a Dio? Probabilmente perché ti comporti come una strega...

E cosa chiede? Un po' di amore...

Insieme, avremmo potuto darglielo e permetterle di intraprendere la professione che ha scelto: assistere i malati e le persone che soffrono.

Nostro figlio non ha giudizio, non ha rispetto, non ha pudore, non ha sentimenti. Riesce a essere gentile solo con gli estranei o con la mia famiglia in vacanza. Con Lucien, Béa e me è spesso così ignominioso e pretenzioso da rasentare la follia. Purtroppo non c'è la minima esagerazione in quello che sto dicendo. Purtroppo gli voglio un gran bene, ma se perseverasse in questo modo, perché dovrei continuare a dargli una pensione e a rimanere in questo mondo migratorio che è così dannoso per la mia età e la mia salute?

Non ti sto giudicando, nonostante l'orrore di ciò che è successo. Lei ha le sue scuse, suo padre. Sto semplicemente esponendo i fatti, solo i fatti, nient'altro che i fatti, come farebbe chiunque, anche tu se fossi lucido. Temo che tu abbia preso da tuo padre e che Aurélien abbia preso da te.

Questa presa di coscienza era necessaria, anche se so che mi trovo di fronte a un blocco di cemento armato e che non sarete in grado di fare il punto su voi stessi e di riscoprire le qualità fondamentali che fanno un essere umano. È l'orgoglio che vi paralizzerà e voi ignorerete l'orgoglio: che io possa sbagliarmi in questa diagnosi.

La giustizia è scomparsa, anche a livello familiare.

Ho chiesto al giudice del tribunale della famiglia di darmi un piccolo contributo per le enormi spese di viaggio da Berry alla Bretagna e ritorno, per vedere Aurélien nei fine settimana e per portarlo e riportarlo dalle vacanze ogni due mesi. L'unica spesa che avete prodotto è stata la "tassa per la patente di guida". Ma si trattava di una spesa di lusso, perché era sensato che lui facesse l'esame di guida solo dopo il baccalauréat. Invece di concedermi il piccolo aiuto che chiedevo, il giudice ha aumentato la mia pensione mensile di quattrocento franchi, una cifra enorme per un pensionato già in difficoltà. Questa sentenza è stata giudicata assurda da tutti gli esperti legali a cui ho fatto leggere le note del caso. Senza dubbio, avrei dovuto ricevere la piccola somma che chiedevo.

Infatti:

Le spese per i fine settimana mensili e la media di 2 viaggi di andata e ritorno al mese erano spropositate, soprattutto per un pensionato.

Bisognava tenere conto della mia età e del mio stato di salute. L'erosione della mia pensione era evidente. Tutti questi fatti avevano un valore giuridico ineludibile per un giudice degno di questo nome, mentre la patente "accompagnata" non ne aveva alcuno. Inoltre, come studente di matematica superiore al Lycée Naval, Aurélien aveva uno stile di vita valutato in almeno trentamila franchi al mese e la paghetta dello Stato.

Tutti hanno concluso che le giudici donne erano arbitrarie e ingiuste nei confronti degli uomini. Lo stesso vale in Spagna, dove mio genero mi ha detto: "I padri ottengono soddisfazione solo in appello, se hanno i mezzi per farlo. Altrimenti vengono schiacciati per principio". Questo è stato vero per me in Francia, e poiché in questo caso non ho i mezzi per fare ricorso perché mi costerebbe almeno cento volte di più di quello che chiedo, sono ridotto agli effetti dell'ingiustizia.

Ma questo stato di cose non è unico nel settore degli Affari di famiglia, è ovunque.

I furfanti politici vengono rilasciati, mentre le persone che hanno sopraffatto un ladro e lo hanno consegnato alla polizia in manette vengono imprigionate e condannate per falsa detenzione. Avrebbero dovuto lasciare andare il ladro e sporgere denuncia. La denuncia, ovviamente, non sarebbe mai stata presentata o non avrebbe mai avuto successo, come nel caso di centinaia di denunce di cui sono a conoscenza.

Quindi, anche se i fatti sono a vostro favore, non c'è alcuna possibilità di ottenere soddisfazione da un giudice degli affari familiari, se siete un padre.

Per tutto questo, come per Bea, avremmo potuto trovare un accordo amichevole, soprattutto con il tesoro di un bambino. Ero pronto a qualsiasi accordo, mosso da un senso di giustizia e gentilezza. Non c'era bisogno di un avvocato e di milioni spesi da Lucien e da me.

Per quanto riguarda la nostra tragedia in generale, vi dirò, alla luce della mia sincerità, della mia età, di una conoscenza che supera di gran lunga un secolo di generale ottundimento, e del senso di giustizia e rettitudine che sono la sorte naturale della "Bilancia".

Il vostro problema è doloroso e dovete cercare di elevarvi al di sopra di voi stessi. La vostra sofferenza, come tutte le sofferenze, è sulla strada della guarigione o della morte. Scegliete la vita, scegliete la guarigione, scegliete una nuova trasparenza piena di giustizia e di misericordia.

Quando ti ho incontrato per la prima volta ti ho detto tutti i miei difetti prima ancora che tu mettessi piede nel mio appartamento.

Gli uomini con una personalità marcata sono tutti pazienti tiroidei con una tendenza iper, ma fisiologica.

La tiroide è la ghiandola dell'intelligenza, della giovinezza, della sessualità e della *tentazione*. Quindi sono stalloni per tutta la vita, anche in età avanzata. Questo vale per i romantici del mio dottorato, ma anche per persone come Sant'Agostino e San Francesco d'Assisi, che si sono avvicinati all'ascetismo solo in tarda età. Anche alla mia età, sono ancora affascinato dalle ragazze con una personalità eccezionale. Come posso resistere a loro, soprattutto se, francamente, non lo voglio? Si dice che ad Assisi non ci fosse quasi nessuna ragazza che Francesco non conoscesse biblicamente.

Per quanto riguarda gli scrittori, i musicisti e i poeti, su di loro è stato detto di tutto. Quando a un'anziana signora fu chiesto se avesse mai conosciuto un signore che corrispondesse a una certa descrizione e che avesse vissuto nella città in cui abitava, lei rispose: "Ah, sì, quel maiale!" e si trattava di Goethe...

L'ultima volta che sono andata in Spagna, gli amici di mia figlia Chantal hanno detto di me che ero una simbiosi tra Don Giovanni e Don Chisciotte. La perspicacia femminile! Del primo sapete tutto, del secondo citerò Dominique Aubier: "Accanto a te, Don Chisciotte è un ragazzino"...

Se doveste leggere la lettera che ho ricevuto di recente da una bellissima ragazza di ventotto anni, rimarreste sbalorditi come lo ero io quando l'ho ricevuta...

È vero che, come dico nella mia tesi: "Il mio biotipo attira le ragazze carine e un po' pazze".

Una volta ti ho costretto a rinunciare a un bambino: questo è stato un crimine. Ma tra due crimini bisogna scegliere il minore. All'epoca avevo un esaurimento nervoso perché mia moglie e mia figlia erano partite per la Germania. Soffrivo di periartrite scapolo-omerale, il che significava che entrambe le mie braccia erano praticamente paralizzate. La situazione finanziaria non era delle migliori. Permettere a un bambino di nascere in queste condizioni sarebbe stato ancora più criminale. Non si crea un bambino per esporlo alla miseria psicologica e materiale.

Inoltre, quando si vede la situazione dei giovani di oggi, abbandonati alla musica che uccide, alla droga, alla disoccupazione, al lassismo e al bigottismo dei barboni, non c'è nulla che li spinga ad avere figli. Solo la massa di colore prolifera e ci consegnerà un ammasso globale di amalgami fisico-chimici governati dal conto economico di una pseudo-democrazia che in realtà non è altro che caos organizzato e pianificato.

Inoltre, li stiamo portando al divorzio, perché non riusciamo a stare insieme per loro, il che per me è l'orrore assoluto che genera tutte le patologie del corpo e della mente.

La nostra separazione a causa della nostra piccola Bea, che ci ha portato tutto, rimarrà nella mia mente il simbolo principale della nostra degenerazione.

Siete stati voi a suscitare in me questa infinita compassione per lei.

Questa ragazza un po' handicappata, che restituiva punti a tante persone considerate normali... Sei tu che hai incollato il mio cuore, più materno che paterno, al suo.

La vedrò per tutta la vita, prostrata, silenziosa, nella sua stanza, con le lacrime che le rigavano le guance, senza nulla da mangiare, al mio arrivo da una riunione universitaria a Parigi. Lei che faceva tutto per noi con assoluta noncuranza e che chiedeva solo un po' d'amore...

Dedizione smisurata, efficienza miracolosa, come avete potuto? Che spreco abominevole!

Questa difesa di Bea contro la tua malvagità, quando tu e Aurelien eravate i miei tesori, avrebbe dovuto ispirarti un enorme amore per me: ho sacrificato ciò che avevo di più caro alla mia compassione.

Avremmo così fatto qualcosa per Aurelien, che è così stupido negli aspetti più essenziali, come ho visto nei miei migliori allievi in quarant'anni di insegnamento. Avremmo fatto di lui una persona d'onore, onesta, rispettosa, umile e di vera conoscenza.

Povera piccola che, come hai detto tu, era "buona solo per pulire". Sono ancora incantata dal suo cuore e dalla sua miracolosa abilità. E non te ne fa una colpa! "Monique mi ha dato molto", mi dice spesso.

Oh, se aveste avuto anche solo un po' della sua gentilezza, come vi avrei amato!

Se non ti ho sposato legalmente, è comunque merito tuo. Lo studio fiscale che avete, realizzato da un mio amico fiscalista, si conclude con: "Non sposatevi". La differenza fiscale per noi era enorme.

Quando non ci sarò più, Béa darà ad Aurélien tutto ciò che merita e che può permettersi. Vestiti, biancheria, gioielli e un'assicurazione sulla vita di trecentomila franchi se Bea muore prima dei sessant'anni. A quel punto, poiché si dichiara che vive con il padre, tutto ciò che c'è qui gli apparterrà.

Dovrà pagare l'affitto fino all'acquisto di un'altra casa, ma l'assicurazione di Bea gli fornirà un sostanzioso deposito.

Gli esseri umani sono così disumani, così brutti, così vili, così cattivi, così insignificanti che sono felice di lasciare presto questo mondo.

Pensavo, ingenuamente, che lei avesse letto il mio libro e che non avrebbe mai aggiunto un tale peso a una sofferenza già gigantesca. Molti dei miei amici mi fecero questa domanda, sapendo come ti eri comportato negli ultimi quindici anni. Non riuscivano a capire come avesse potuto infliggermi un tale dolore, e l'unica cosa che riuscivano a trovare era una risposta psichiatrica.

So che hai delle scuse di cui non ti parlo perché non voglio ferirti ricordandole.

Io ti perdono e mi giustifico molto, ma tu dovresti fare un piccolo sforzo per mettere in chiaro te stesso e i fatti.

Auguri da parte di papà.

Il biotipo che lei descrive è sicuramente irreale.

È troppo puro e troppo assoluto per appartenere alla specie umana in quanto tale: sarebbe un superuomo con i difetti delle sue qualità ma con un potenziale intellettuale ed emotivo che raramente si incontra.

(Dott. Laugier, endocrinologo)

Tristano

CAPITOLO XXIII

I miei fratelli, i dandy.
"Il dandy è per funzione un oppositivo".
"Il dandismo è una forma degradata di ascetismo".
(Albert Camus)
"Nel 1984, i più intelligenti saranno i meno normali".
(Orwell).

Non c'era futuro per Tristan. Era "fuori dalla storia".

Tra i detriti letargici di questo mondo, sarebbe in grado di portare il peso della sua intelligenza e della sua anima? Cosa si può fare in questo mondo senza cuore dove regnano solo menzogna, bruttezza e astuzia?

Come potrebbe soffrire il suo vero volto, simbolo di impotenza solitaria, rispetto all'orrenda atonia delle maschere contemporanee?

Come poteva sfuggire alla fagocitante standardizzazione a cui tutti si prestavano con flaccido compiacimento?

Cosa poteva fare in un branco che cercava la libertà in una passione isterica per la servitù?

Forse, in questo mondo robotizzato e robotizzante, un giorno sarebbe stato denunciato da pseudo-cristiani, agenti inconsapevoli di ideologie suicide, e poi consegnato alle commissioni psichiatriche in attesa del plotone di esecuzione.

Come poteva evitare di suicidarsi da solo in un mondo di sofferenza, disperazione e bruttezza istituzionalizzata, in un mondo in cui non c'è più nulla da dire a nessuno?

Troverà mai il tempo di accedere tecnicamente al pianoforte liberatorio, alla vertigine di Chopin?

Avrebbe cercato di scoprire, tra le coorti asservite, le nuove guide nascoste dell'umanità di domani, l'élite che avrebbe posto le basi autentiche per la felicità dell'umanità futura nel rispetto delle leggi divine e naturali?

E Tristano, un ebreo, un massone inattivo e un cattolico battezzato, mostrerà ai francesi degradati la via tradizionale verso l'equilibrio che nessuno oggi conoscerà mai?

Solo il destino lo sapeva... Ma una cosa era certa:

Il serpente non ha mai chiesto di essere un serpente! (risate cosmiche ad libitum).

Monologo di Tristano

Sono una forza che...

Se avessi avuto la fortuna di aprire un pianoforte a cinque anni, non l'avrei mai più chiuso e non avrei mai scritto.

Non volevo pensare o scrivere.

Sto solo portando la mia sofferenza, pura e semplice.

Non mi piace la letteratura, tutti quei talenti che ci seducono e ci fanno perdere i sensi, quegli stili sontuosi, quelle lingue di vipera in scrigni d'oro...

Chopin, Schumann, Liszt, Beethoven, Mozart e Bach mi sarebbero bastati. Il dandy è consapevole delle forme e delle "deformità" del pensiero.

Sono stato immerso in un mondo infernale, assurdo, brutto, insopportabile.

L'ho guardata senza compiacermi, questa bruttezza che culminava in un orrore assoluto. È stato allora che mi è venuta la *nostalgia di casa*.

Ho scavato fino alle radici della mia iper-coscienza e ho fatto stridere il mio cuore.

Non ho un senso dell'umorismo banale, ma ne ho uno metafisico. Pensare che sono quello che sono nonostante me stesso, segnato da una fatalità implacabile: a volte mi sveglio di notte per riderci sopra.

E il resto di noi, i normali, che indossano blue jeans e schede elettorali, le uniformi delle stronzate internazionali, al limite della vita vegetativa, ingozzandosi di musica regressiva e bestiale e di calcio dove ci scanniamo istericamente, condannati alla totale robotizzazione e ignari del loro condizionamento ipnotico...

E tutti si prendono sul serio, i dormienti in coma e io.

Non si può risolvere nulla in un mondo che può essere rivitalizzato solo dalla distruzione.

Opale!

Ho capito la verità sull'opale.

Non porta sfortuna, sono gli esteti che amano gli opali. Io amo gli opali e gli esteti che conducono la loro vita pericolosamente al di là del bene e del male sono fatti per la sfortuna e portano sfortuna agli opali.

Data la loro fisiologia, i dandy indossano sempre scarpe strette. Questa immagine ridicola riassume il punto essenziale. L'essenza ridicola.

Le vibrazioni del mondo esterno provocano scosse tali che il dandy è sempre in uno stato di agitazione nervosa, di dolore fisico.

Questo dolore assume proporzioni metafisiche e stende il suo velo di tristezza sconvolgente sull'intera umanità, sui piccoli bambini che non hanno mai chiesto di venire al mondo.

Soffro, quindi sono.

"Il dandy non è nulla senza la sua sofferenza", diceva Albert Camus. Quanto è vero!

La sua sofferenza non deve essere inutile, deve avere uno scopo. Deve essere purificante, grandiosa, magnifica e universale nel suo urlo.

Il dandy porta il peso dell'universo; è l'idiota dell'universo, il fratello dello scemo del villaggio.

Dedizione, coltivazione, immensa, orgogliosa sofferenza, sfida, rivolta, creazione, scoperta.

A questa sofferenza, appena spenta, segue l'angoscia di quella successiva.

Chopin! Un grido intenso e disperato che si fa sempre più forte.

Di tanto in tanto c'è un'esplosione di allegria, come in certi valzer o in certi studi, ma non è allegria, è alla maniera di Arlecchino e di Fantasio, una sorta di giocosità dandy che spesso si esprime nella vita di tutti i giorni con improvvise esplosioni di buffoneria anche fugace.

Il romantico non è un intellettuale nel senso moderno del termine, ma cosa c'è di meno intellettuale di un intellettuale moderno? L'intellettuale moderno è una macchina analitica suicida per se stesso e per il mondo intero.

Se il sentimento si allontana dall'elaborazione intellettuale, il risultato sarà la distruzione e la mancanza di conoscenza. Senza sentimento non si può sintetizzare, perché la sintesi è un miracolo del cuore: è il territorio delle élite provvidenziali.

Non c'è bellezza, non c'è senso morale senza il cuore. La gracile mente dell'omuncolo moderno non potrebbe in un solo secolo fare i conti con una sola verità fondamentale sull'uomo.

Un intero mondo capovolto, falso e onnipresente mi ha costretto a comprendere questa verità fondamentale.

Pensavo di essere pazza e ho scoperto che tutto il mondo era pazzo. Oh, mio Dio!

Sento. Il mio universo è un sentimento di angoscia acuta che deve uscire dal mio essere, esplodere da me.

Deve uscire, perché mi sta soffocando.

La verità che non viene fuori avvelena, come un bambino pronto a nascere che dovrebbe, oh quanto è orribile, rimanere nel grembo materno.

È meglio morire dicendo la verità che morire soffocati da essa.

Tutto è a disposizione dell'artista, del pensatore. Quando Chopin scrisse il notturno in mi bemolle, non pensò: parlò della sua angoscia, della sua magica, infinita tristezza. Non ha cercato di analizzare.

Autoanalisi? Il mondo moderno mi ha trasformato in una specie di ibrido costretto ad analizzare invece di creare e gridare la bellezza.

Il romantico si rivolta nelle sensazioni creative.

Oggi, per un dandy, impotente a vivere, a cercare di sopravvivere in questo mondo ostile, materiale, meccanizzato, affogato nella "menzogna del progresso",[76] deve reprimere il suo ego, per cercare impossibilmente di assomigliare a questi cosiddetti umanoidi "normali". Quelli che credono e vivono di tutte le assurdità che vengono loro inflitte: la politica cretina dei burattini manipolati, la chimica sintetica per il cibo e la medicina, la psicoanalisi ottusa e pornografica, la propaganda di e l'educazione riduttiva, che pietrifica i bambini nel nulla del materialismo e del marxismo...

Il dandismo è una nevrosi normale, ma senza una fortuna personale, l'uomo con la mano psichica è perso in questo mondo di bruti e caos. La materia distrugge ciò che legittimamente dovrebbe dominarla, se le si dà il primato. "Ci sono modi per esercitare la sovranità sulla materia", diceva un certo alchimista di nome Eliphas Lévy.

---

[76] "La menzogna del progresso è Israele" (Simone Weil, "Gravità e grazia").

Fino al giorno in cui la questione fa esplodere la sovranità! Quindi suicidio, follia, tubercolosi, la solita solfa.

Un mondo folle non può preservare il superiore: la sua patologia fatale è la redditività.

Come potrebbe essere altrimenti se l'inferiore domina?[77]

Così mi sono messo in uno stato di repressione permanente e sovrumana: mi nego per vivere una vita elementare. Senza però spingermi troppo in là, per non scendere nella pura follia.

Dovevo stare attento a non dare troppa importanza a questi grandi impulsi dell'anima che corrispondono, o umorismo, a ipersecrezioni ghiandolari. Non c'è una goccia di genio, di follia o di filosofia che non provenga dalle nostre endocrine.

Ci sono due me.

Il dandy schiacciato e l'altro che guarda il primo, ridacchiando sommessamente.

È stata un'esperienza curiosa alla fine del ventesimo secolo. Ho capito la calma a cui aspirano tutti i robot di questo secolo.

Ho nostalgia del calcio. Amo un gruppo di cittadini senz'anima, prodotti in serie, inoculati, cretinizzati, secolarizzati, regressivi, muscolari, drogati, pornografici, globalisti, atonici, pianificati.

Ci stiamo massacrando a vicenda in tutto il mondo nella colla del liberalismo e del marxismo. Ci viene mentito su tutto, ovunque.

Chi se ne frega, lo spettacolo continua a ventuno anni!

A volte mi sono chiesto da dove venisse questo strano personaggio, il dandy romantico, rispetto al bruto primitivo.

Questo attore nato.

Anche come politico, è un idealista. Lamartine, Hugo. Disraeli e il suo magnifico cappello.

La politica non è solo apparenza, è filantropia: riguarda le persone in relazione all'ingiustizia sociale e divina.

Dandy! Che errori avete commesso nel XIX secolo! Siete stati, senza volerlo, i peggiori agenti del materialismo.

---

[77] L'inferiore pensa alla sua rielezione e non a un niagara di individui del Terzo Mondo che stanno per distruggere la sua patria.

"Chi vuole essere l'angelo fa la bestia"...

L'uomo primitivo agiva, cacciava, non pensava.

Con la civiltà e il lusso che favoriscono il tempo libero e la cultura che sviluppa la mente e la sensibilità, la tiroide romantica vaga al confine tra il bruto primitivo e lo spirito puro.

La sua anima appartiene a Dio, ma il suo corpo è torturato dalla materia, da Satana.

I dandy sono tutti aristocratici o ebrei nobilitati. Appartengono a famiglie con secoli di civiltà e cultura.

Chopin apparteneva alla nobiltà polacca. Alphonse de Lamartine, Alfred de Musset. Mendelssohn e Disraeli.

Il dandy è un prodotto finale della civiltà. Un prodotto della raffinatezza decadente, destinato alla rapida scomparsa dei lampi. Arcaico, inappropriato, splendido, inefficiente, ammirato perché unico e creativo. Un oggetto di lusso che si paga a caro prezzo. Se non lo si paga, si uccide di fronte alla sua radicale incapacità di vivere: la mano psichica.

Il dandy è un essere di pensiero-intuizione. Non ragiona con gli elementi primari della mente offerti alla banalità umana. Vede l'insieme nel suo aspetto caotico e paradossale e trae conclusioni sintetiche dall'anarchia della sua sofferenza. La sua osservazione intuitiva è estrema e abbaglia i ciechi.

Il dandy è l'innocente superiore, e l'innocente che si svuota si svuota della verità sul mondo.

Ha il senso del quadro generale.

Delle caratteristiche che compongono la personalità umana - forza, ragione, volontà e sentimento - solo le prime tre sono necessarie per l'adattamento materiale.

Un angelo con un corpo debole avrebbe solo un cuore intelligente, e la sua inefficacia lo farebbe perdere nell'ignominia. Ecco perché, al confine tra l'uomo primitivo e l'angelo, c'è il dandy romantico che appare e scompare come la fenice, il più smaterializzato degli esseri, al limite dell'angelo, del puro sentimento, l'unico principio che rimane dopo la morte.

Il dandy è la cosa più vicina a uno spirito puro e viene torturato dalla materia.

Più piccolo è l'ego, più piccola è l'anima. Dio è un ego gigante: è l'egocentrismo per eccellenza. Il dandy è il massimo dell'ego umano; la sua forma di intelligenza lo rende inaccessibile anche a chi gli è più vicino, soprattutto a chi gli è più vicino.

L'essere umano comune non può capirlo, eppure la rivolta del dandy fornisce la più grande ricchezza di rivelazione che emana da un essere.

L'asceta non può rivelare tanto in modo sensibile perché vive nella pace e nell'egoismo metafisico.

Il corpo è un insieme organico e mentale che riceve le onde dell'assoluto, secondo il suo grado di perfezione. Raccoglie più o meno le onde della realtà totale inaccessibile. Ecco perché la conoscenza appartiene solo ai santi, ai geni e ai dandy.

Il poeta è una sorta di collegamento tra Dio, il diavolo e l'umanità.

Chi non capisce con il cuore è una vera nullità.[78]

Dalla rivoluzione del 1789, c'è stata una schiera di pseudo-intellettuali le cui colossali sequenze logiche nell'obiettivo puro si risolvono nel nulla.

Il pensiero senza cuore è la quintessenza dell'inferno.

Dopo l'asceta, il dandy è la persona che possiede più spiritualità. È l'abisso tra il suo io ideale e il suo io pratico che determina il suo dono poetico e il suo suicidio. Il suo corpo non obbediva alla sua anima, innamorata dell'assoluto. Da una grande spiritualità in un corpo debole scaturisce la più intensa sofferenza umana. Il dandy è il simbolo supremo della sofferenza umana. Disadattato al mondo così com'è, si sforza di adattare il mondo a lui: questa tragedia corrisponde a una realtà metafisica, perché il fine umano è spirituale.

Per questo l'uomo che pensa senza amare è necessariamente materialista, e la sua logica para-altruistica è peggiore del peggiore egoismo (marxismo).

L'oggettività contemporanea è la soggettività di chi non ha sentimenti, non ha cuore.

---

[78] Un esempio tra mille: gli scienziati che si trastullano con la genetica hanno una conoscenza analitica pari a quella di chi manipola l'atomo. Se avessero tutti un'intelligenza fondamentale, l'intelligenza del cuore, saprebbero che non devono toccare nulla della genetica o della fisica nucleare. La più grande fisica del mondo, che lavorava con Oppenheimer, si dimise e andò a fare ceramica nel suo villaggio natale... La vera intelligenza aveva parlato.

Se i medici e gli accademici avessero seguito una formazione che richiedeva il pensiero, il sentimento, la meditazione e la sintesi come conditio sine qua non della conoscenza autentica, non sarebbero robot assimilatori che credono ingenuamente che la scheda elettorale, le gare mnemoniche, la chimica sintetica, il freudismo e il marxismo renderanno l'uomo felice.

Non li biasimo.

Gli ebrei non sono consapevoli della loro mancanza di cuore, della loro mancanza di senso morale, della loro capacità di marcire dietro facciate ingannevoli per gli esploratori dell'immediato.

Gli accademici non sono consapevoli della loro psicologia robotica ed elefantiaca; *non sanno che non sanno che non possono sapere.*

Questa è l'intera tragedia. Questa è l'impasse.

Do la colpa a Dio o alla sua ombra. Tanti anni di sofferenza a contemplare il sordido dolore e l'inettitudine dell'avventura umana.

Di generazione in generazione, Dio ci lascia sprofondare nell'ignoranza e nella miseria che ne deriva...

L'assurdo nasce dall'a-coscienza.

Quello che chiamiamo progresso è la negazione del progresso.

Il vero progresso è una sintesi tra materiale, morale, estetica e spirituale.

È il cuore, e solo il cuore, a garantire il nostro progresso.

Il dandy sta morendo, il sarto è morto da tempo. Il mondo sta morendo nel caos

Nonostante il suo luciferianesimo, il dandy ha un posto molto nobile nella scala della creazione.

CAPITOLO XXIV

"E questo mondo finirà in una sanguinosa anarchia."

SPINE

La verità non è né a favore né contro. La verità è solo verità. È contro coloro che vivono di menzogna, che amano la menzogna, che hanno bisogno della menzogna per vivere. È il dio degli uomini liberi, come diceva Dostoevskij.

Non riesco a prendere sul serio l'universo, quindi quando non sono in agonia, mi godo questo stupido spettacolo.

Non ho molte opinioni, ma ho delle certezze, tra cui l'assurdità di tutti i dogmatismi che escludono le leggi della vita e la vera spiritualità, l'anteriorità funzionale del sistema ormonale rispetto al sistema nervoso, il dominio mondiale e lo sterminio di coloro che sono circoncisi l'ottavo giorno e la realtà della vera salute attraverso l'assorbimento di molecole specifiche del biotipo umano.

Ho intessuto la verità nella mia sola sofferenza.

La mia anima è libera. L'unica fatalità è il peso del corpo.

Nessuno sa cosa sia la verità, o almeno lo sanno in pochi: è la capacità di imporsi con calma di fare ciò che è meglio in ogni cosa.

Per raggiungere l'essenza, bisogna essere perseguitati dall'essenza. Da qui lo stato paranoico dell'artista.

"Non impazzire", mi diceva un autentico filosofo, "perché sei normale in un mondo di pazzi".

Non c'è via di fuga dalla trascendenza, se non attraverso la follia e il suicidio.

La vera intelligenza è saper andare oltre l'antipsicologico per raggiungere un'obiettività superiore. Si possono contare sulle dita delle mani le persone intelligenti di ogni generazione. Ecco perché scrivo solo per gli uomini che verranno dopo la terza guerra mondiale.

Freud e Marx, bugie globali suicide. Il vero genio distrugge ciò che non ama.

I falsi profeti non distruggono a breve termine: minano nel tempo e nello spazio.

I veri geni spesso rompono con l'immediato e costruiscono nel tempo e nello spazio.

Detesto gli uomini di questa umanità, ma amo l'uomo. Gli umanoidi e gli homunculi del XX secolo non hanno nulla a che fare con l'uomo.

Per il santo Dio è evidente come per l'uomo medio la sedia che vede. Se si rivela a una formica l'esistenza della "sintesi della sedia", non si convincerà mai perché potrà vedere solo uno o due millimetri cubi di legno. Allo stesso modo, si può credere in Dio solo se, ad esempio, ci si affida alla coscienza del santo.

Alcuni poteri mentali sono notevoli, altri quasi vegetativi. Alcuni vedranno solo il loro conto in banca o la loro tazza di caffè, ma altri possono "vedere" Dio.

La persona media può solo credere alle vere élite, proprio come ora sta credendo ciecamente alle false élite che la stanno conducendo nel caos.

I giapponesi hanno messo tutte le loro qualità tradizionali, un tempo insegnate dalle vere élite, al servizio del giudeo-cartesianesimo. I loro studenti si stanno suicidando in gran numero.

Povero piccolo cervello dell'uomo, sempre più degenerato, plasmato dal progresso verso la distruzione totale.[79] Rifiutate ogni trascendenza e avete ragione. Hai ragione perché non sai nemmeno di rifiutarla e non sai nemmeno di avere ragione (anche se hai torto!).

Conosciamo solo ciò che sentiamo, sentiamo solo ciò che amiamo.

L'abisso tra dandismo e ascetismo: la devastata maschera mortuaria di Chopin e la calma di Pascal, nonostante l'estrema analogia morfologica.

Il santo è complice di Dio nel male che esiste: non è il vero innocente. Il dandy è il vero innocente, ma paga la sua vera innocenza con il suo orgoglio, e accede alla falsa innocenza (la vera innocenza) solo perdendo il suo doloroso orgoglio.

---

[79] "La menzogna del progresso è Israele" (Simone Weil: *Gravità e grazia*).

Siamo tutti determinati, Dio stesso, perché c'è almeno una cosa che non può fare: non essere Dio.

Un uomo giusto che conosce la realtà di questi ultimi secoli non può accettare né la terra né il cielo: può solo affermare il nulla.

Scritto nel 1965 e reso vero in "1984".

Prima dei vent'anni, ogni genio impazzirà non appena inizierà a prendere coscienza. Anche non perde la testa per soffocamento collettivista, per scomparsa della verità, della bellezza e del senso morale, sarà considerato pazzo secondo i criteri della psichiatria freudo-marxista e della psichiatria giudeo-cartesiana in generale.

Un mondo folle e crudele, afflitto dall'enorme difetto di un morboso razionalismo antitrascendente: tra Dio e l'uomo si frappone l'opacità del giudeo-cartesianesimo.

Ideologie: la logica metallica del pazzo, ma superiore a quella del pazzo ordinario, che convince l'uomo comune perché adotta un ragionamento lineare convincente: due più due fa quattro.

Sappiamo che la conoscenza umana non è così semplice e che la nostra consapevolezza della realtà non si accontenta di così poco: è difficile essere logici quando non si è arrabbiati!

È solo la ragione che impedisce all'uomo di oggi di essere ragionevole.

È diventato un cancro che elimina tutte le componenti superiori della mente. È diventata una sistematizzazione ossessiva.

La pseudo-democrazia è possibile solo perché le persone sono così stupide da non rendersi conto della sua assoluta impossibilità. Se lo facessero, sarebbero molto più evoluti e la democrazia diventerebbe relativamente possibile, perché si trasformerebbe in un'oligarchia degli esseri più spiritualizzati e disinteressati. In ogni essere vivente c'è sempre stato un padrone assoluto. Oggi, i padroni assoluti della "democrazia" sono Rothschild e Marx, seguiti dai loro criminali e suicidi seguaci eletti.

Dite alle persone "vi darò la libertà" e riducetele in schiavitù: verranno a frotte. Dite loro che li costringerete a dare loro la libertà e non verranno.

Preferiscono nutrirsi di etichette e illusioni, purché le etichette siano appariscenti e illusioni brillino almeno finché le si guarda.

Il materialismo nega il potere del pensiero. Ma il materialismo non è un pensiero?

È sicuramente un pensiero inutile.

Cartesio, sfruttato dal mondo ebraico, è diventato la rovina dell'umanità. L'inesistenza di Dio sarà presto dimostrata alla maniera cartesiana. Si dimostrerà che l'anima non esiste. Sarà facile per chi non ne ha. Una fatale e triste evoluzione della falsa scienza moderna, la magia nera.

Jahvé, il primo terrorista.

Geloso, intransigente, non voleva altro dio che se stesso. Se si rispettavano i suoi comandamenti, se non si andava a letto con sua sorella, sua madre o sua figlia, allora questo dio buono avrebbe aiutato il suo popolo nelle sue imprese terroristiche contro altri popoli. Sette popoli furono gradualmente ridotti in schiavitù. I maschi furono sterminati, le femmine ridotte in schiavitù e furono rubati i beni, i raccolti, il bestiame e le corone dei re sconfitti e sterminati.

Siamo tornati a casa più gloriosi e potenti di quando siamo partiti.

Non è cambiato nulla: Dresda, Amburgo, Hiroshima, i palestinesi cacciati dalla loro terra e massacrati, il Libano...

Hanno un dio che riflette la loro triste mentalità.

Il signor Homais, agrégé dell'università e titolare della Légion d'Honneur, applica tutti i loro criteri e, se necessario, diventa persino antisemita. Non ho mai visto enjuivés peggiori degli antisemiti.

Questi esseri, totalmente privi dello spirito di sintesi, hanno costruito la più straordinaria, la più sconcertante sintesi di distruzione possibile e immaginabile su scala planetaria. Qui sta l'insondabile mistero della questione ebraica, che la circoncisione dell'ottavo giorno spiega dal punto di vista psicofisiologico ma non metafisico.

Metafisicamente, sono lo strumento fatale della fine dei secoli bui.

Sono ancora loro a produrre i migliori studi critici analitici specializzati del sistema politico che hanno inventato e di cui sono i padroni assoluti.

Tra la follia ideologica ratiocinante e l'isteria mistica c'è una via media: l'armonia tra cuore e ragione che porta alla verità.

Chi dice la verità oggi ha tutti contro: vittime e carnefici. Soprattutto le vittime, che non vogliono essere difese, ma piuttosto anestetizzate.

Sguazzano in una distruzione feconda e putrescente.

Agrégé = ebreo pietrificato in miniatura.

La Sorbona: un terreno fertile per Homais e Lévy, che vanno d'accordo come una casa in fiamme e si incontrano nelle logge massoniche.

Menti incanalate, che generano piccole correnti analitiche che si scontrano. Non ci sono intellettuali nell'università murata.

Quando un giovane intellettuale vi ha accesso, fugge immediatamente. Fugge il rigore stravagante del sistema sclerotico, la promiscuità dei presuntuosi che etichettano come fantasia, immaginazione, follia, ciò che non capiscono, cioè quasi tutto.

Educazione = prima fase dell'istupidimento collettivo. Produzione di massa di non pensanti, al servizio di un totalitarismo occulto il cui obiettivo è la procreazione di produttori-consumatori-elettori specializzati.

La Banca Mondiale favorisce l'istruzione secondaria: sa quello che fa.

In "1984", queste persone sfortunate lasciavano l'istruzione secondaria pubblica o privata (non fa differenza) senza sapere nulla. Abbiamo deliberatamente dimenticato un piccolo dettaglio nell'educazione: l'intelligenza. Ora abbiamo masse di analfabeti.

Campionati internazionali, agregazione, sclerosi intellettuale. Questi esami competitivi sono necessariamente psicopatogeni perché uccidono l'essenza della mente con un'attenzione ristretta al minuscolo. La cronaca ci ha dimostrato che sono effettivamente patogeni: lo grido da quarant'anni.

Identità fondamentale della follia: perdita del senso morale.

Perdita della forza di volontà e dell'attenzione volontaria. Perdita della capacità di sintesi.

Perdita della nozione di identità o del principio di analogia.

Purtroppo, il possesso di brillanti capacità analitiche è perfettamente compatibile con una diagnosi di demenza.

Possiamo quindi diagnosticare:

Psichiatria,[80] medicina, letteratura, filosofia ufficiale, politica e insegnamento.

---

[80] La psichiatria ignora radicalmente e assolutamente cosa sia la malattia mentale. Un poliziotto uccide 5 persone. La psichiatria lo dichiara normale. Il rispetto di alcuni criteri logici elementari non significa nulla. "Come deve essere pazza la polizia!", esclamò Coluche!

Non c'è da stupirsi che il numero di pazzi comuni stia aumentando geometricamente. I nostri goethiani sono ai margini o nei monasteri orientali.

O le etichette e i magnifici principi che legittimano l'omicidio collettivo di anime e corpi. O il genocidio razzista dell'umanità, nel nome, supercompleto, dell'antirazzismo.

Il male si nutre della stupidità del bene. Presto non ci sarà abbastanza bene per nutrire il male della terra.

L'ingenuità, la stupidità e la vanità delle donne e dei negri sono state sistematicamente sfruttate[81] per ridurli alla schiavitù, all'odio, all'epavismo, alla droga, al caos sociale e alla tubercolosi, in nome della libertà e dell'antirazzismo, per metterli gli uni contro gli altri, i figli contro i genitori, le donne contro gli uomini, i negri contro i bianchi e tutti contro Dio. Questa ignominia internazionale è magistralmente perpetrata da coloro che gli egiziani chiamavano "gli immondi".

Ma perché le vittime sono così stupide?

Il liberalismo statale moderno: il totalitarismo internazionale dell'oro ebraico e il suo epilogo marxista.

Il dramma dell'adulazione e della stupidità, dei ragionamenti facili e convincenti, della verità apparente, degli slogan ingannevoli, del "cambiamento" (in politica) della menzogna e dell'inganno nel tempo e nello spazio.[82]

La ragione moderna diventa un mezzo indispensabile per adattarsi all'ignobile: è incompatibile con la coscienza.

Nel mondo moderno, "ogni azione porta al crimine", diceva Camus.

Complesso di Edipo? Ma Edipo è un dramma sul destino, non sull'incesto. Il drammaturgo greco ha scelto questo comportamento

---

[81] "Negrum" in latino significa nero. "Negro" si riferisce a un gruppo etnico specifico tra gli africani. Nero non significa nulla.
Alcuni gruppi etnici sono neri e altri no. Alcune femminucce, per motivi demagogici, vogliono manomettere la semantica.
Shahak ci insegna che l'intera tratta degli schiavi dall'Oriente all'Europa è stata perpetrata dagli ebrei. Lo stesso vale per gli africani deportati in America in condizioni atroci. Più di 10 milioni sono morti durante il viaggio e sono stati gettati in mare durante l'intero periodo della tratta degli schiavi africani.
[82] Non c'è differenza tra destra e sinistra: gli zombie in stato comatoso che le compongono si coalizzeranno sempre contro qualsiasi cosa possa rimettere in piedi la Francia morente.

come compimento fatale dell'atto verso il quale l'uomo mostra maggiore repulsione.

Spiegare Freud? Il complesso di Edipo, naturalmente!

Abbiamo bisogno di simbolismi per fare sogni erotici?

La democrazia genera il totalitarismo. Se non è troppo marcio, sarà il nazismo o il fascismo. Altrimenti, saranno i gulag di qualche bolscevico.

Cinquant'anni fa, la scelta era tra nazismo e marxismo.

Oggi il dado è tratto. Ci sarà la rovina e la prigione per gli incauti, la globalizzazione, le guerre civili, una guerra mondiale e l'inquinamento generale. Milioni di morti.

Alla vostra salute!

Abbi pietà, Signore, di Israele, che hai accecato e reso tutto luce, e che ci oscura.

Iperspeculativi, mai brillanti. Tutto ciò che fanno è spettacolare per l'analista beato. Il vero pensiero non è mai spettacolare per l'analista beato. Non ci sono santi o geni ebrei. Tutti i "geni" ebrei convergono verso il nulla: Rothschild, Marx, Freud, Oppenheimer, Field, S.T. Cohen...

Come disse Oppenheimer: "Abbiamo fatto il lavoro del diavolo".

La vera intelligenza non si riconosce in questo modo e tutto è organizzato per farla sembrare una finzione e una presa in giro.

Tra la verità e le masse, si verifica una circoncisione: la verità diventa menzogna e follia, e le masse ridono di questa vera e propria "ridicolaggine", agitando i loro bicchieri di alcol, le loro sigarette e le loro natiche in un paio di blue jeans Levis.

La donna chirurgo, la donna ministro impasticcata, la donna tassista, la donna ministro delle forze armate (peraltro ormai scomparsa), la donna poliziotto, e infine la donna "libera", un mostro apocalittico, né uomo né donna, che diventa spaventosamente brutta, Non disponibile, gonfia, spessa, piena di tic, tabagista,[83] spugnosa di fronte a tutte le sciocchezze e le mode dell'ufficialità ebraica, soprattutto quando è una professoressa di filosofia, liberata dall'uomo come l'uomo è liberato da Dio.

---

[83] La donna è ora affetta da arterite alle gambe, cosa che non era mai successa vent'anni fa. Questo potrebbe portare all'amputazione.

I circoncisi realizzano professionalmente la loro essenza imponendo agli uomini, soprattutto attraverso la finanza e l'industria ad essa collegata, un'immagine "professionale" che va contro la loro essenza.[84]

Vai, robot cartesiano, verso la tua sopravvivenza antibiotica.

Il ringiovanimento totale è inconscio.

La questione ebraica fa parte del piano divino per l'umanità. Essi hanno la superiorità involutiva necessaria per la fine dei secoli bui.

Si può parlare con il signor Lévy, ma mai con Homais. È così stupido che è assolutamente impossibile.

Con Lévy si tratta spesso di un dialogo tra sordi, ma a volte non del tutto: *una signora ebrea mi parlò al telefono per cinque ore. Era appena uscita dal campo di Birkenau e mi disse quello che nessun goy mi avrebbe detto uscendo da un campo di concentramento tedesco: "Se fossi un goy, sarei nazionalista e antisemita"*.[85]

Un ebreo svizzero mi ha detto: "*In Israele voto estrema destra, qui voto socialista*". Non è una bella frase?

Una sera, un ex allievo ebreo mi invitò a cena. Eravamo sette ebrei.

Dopo due ore di conversazione, eravamo tutti d'accordo che Hitler aveva fatto tutto il necessario per liberare il suo Paese dalla finanza ebraica internazionale e dal marxismo! Mai in una cena goyim sarebbe stata possibile una simile conversazione e le sue conclusioni! Perché privarsi di vampirizzare "questo vile seme di bestiame" (Zohar)?

Rothschild come fratello di Marx: una brillante dialettica di fratelli nemici che produce i movimenti della storia.

La congiuntura ebraica mette degli imbecilli ben pagati al potere apparente. Così li manipolano perfettamente e persino a loro insaputa. Ma questi idioti stanno per segare il ramo su cui sono seduti e stanno inventando un antiebraismo al cui confronto quello degli ultimi quattromila anni era un'inezia.

L'antisemitismo dell'URSS ci ha detto che tutti gli attuali regimi politici erano ebrei.

E i loro?

---

[84] Leggete *La condition ouvrière* di Simone Weil.
[85] Nessun goy lo direbbe da nessuna parte!

L'intelligenza si costruisce solo nell'amore; senza amore distrugge tutto. Ogni lavoro che faccio senza amore distrugge me e gli altri.

La chimica di sintesi non è una soluzione ai problemi di salute. Può solo rendere l'umanità sempre più degenerata.

L'introduzione di prodotti putridi, mercurio e alluminio? attraverso i vaccini è un crimine di lèse-humanité.

La vera salute non ha nulla a che fare con la chimica. Anche la chirurgia, con i suoi spettacolari progressi, dovrebbe avere applicazioni limitate.

LA VERA SALUTE STA IN CIÒ CHE INGERIAMO CON IL NOSTRO CORPO E LA NOSTRA MENTE.

Né il liberalismo né il marxismo possono garantire la salute. La causa di fondo delle malattie è l'ingestione di molecole che non sono specifiche del biotipo umano.[86]

Signore, non lasciare che io ti giudichi.

La vita è una commedia così triste che ti uccide.

È saggio aver trovato una pallina per divertire le masse. Senza di essa, non ci sarebbero stati leoni per molto tempo!

La donna moderna oscilla tra il piccolo cazzone e il primitivo, preferibilmente bianco o nero.

I critici ebrei di oggi non troveranno mai il minimo talento in un genio, soprattutto se non ha talento.

Quanti talenti negativi ci sono stati negli ultimi due secoli, quanti bellissimi stili volti a deformare le menti delle persone.

Ogni vero pensiero appare infantile agli occhi di una massa infantilizzata. Poche persone sono d'accordo con me: questo è rassicurante.

Come potrebbe essere altrimenti quando sono "pensati" dai media, senza personalità, senza probità e incapaci di essere liberamente informati.

Prendiamo, ad esempio, il mito dei 6 milioni di camere a gas: si tratta di un mito strettamente primario, di aritmetica e tecnologia. È quindi

---

[86] Burger: "La guerra del cibo crudo".

facile capire quanto sia assurdo. Lo si può capire in un quarto d'ora. E poi, la legge Gayssot non è forse la nona prova di questa impostura?

La maggioranza ha sempre torto: Vox populi, vox diaboli.

La fede degli ultimi secoli, avvolta in un arsenale dogmatico, non poteva che culminare nella vittoria della massoneria e del marxismo.

L'imperatore Giuliano, detto l'Apostata, aveva capito tutto: "Se il cristianesimo trionferà, tra duemila anni tutto il mondo sarà ebraico".

Una donna è sempre facile quando le piace un uomo, altrimenti è una vergine vestale.

Il male sarà tale solo quando sarà compiuto con piena consapevolezza e volontà. In realtà, è solo fatalità, debolezza, ignoranza e follia.

La vera intelligenza non schiaccia: integra. Questo condanna tutte le ideologie che escludono.

Immaginate Pericle che fa campagna elettorale e Montaigne che prende l'agrégation!

Più pazzo di un pazzo: uno psichiatra moderno.

Il critico balbuziente dell'arte moderna: wee, wee, wee, wee. Esattamente!

Ciò che le persone definiscono intelligente è ciò che capiscono in un piccolo punto del tempo e dello spazio.

Non hanno idea di cosa sia la vera intelligenza: la sintesi.

Democrazia: far sì che le persone dicano, credano, pensino e agiscano come un numero ristretto e nascosto di persone vuole che facciano, facendo credere loro di essere libere. Penseranno "voto liberamente".

Sì, per un gruppo di chiacchieroni che non pensano nemmeno di riportare le donne sul sacro sentiero del loro scopo! Tanto meno daranno ai loro figli un'educazione morale e religiosa, senza la quale sprofonderanno nella delinquenza, nella criminalità, nella droga e nel suicidio.

L'illusione è tanto più grande che essi diventino liberamente Al Capone, un Presidente della Repubblica con il temperamento di un contabile o di un commerciante di noccioline, che non avrà alcun potere reale, poiché la finanza ebraica li manipola interamente.

Come possiamo pretendere da alcune persone una probità intellettuale che sarebbe il loro stesso suicidio? Gli ebrei possono vivere solo di bugie.

Come sembra tutto arbitrario: felice chi percepisce l'armonia del mondo, degli esseri e delle cose.

La Venere di Milo, con le braccia? Ridicolo!

Viviamo in un'epoca in cui la cultura è l'antitesi della cultura. Goering diceva: "Quando mi parlano di cultura, tiro fuori il mio revolver". Cosa direbbe oggi della cultura putrescente in cui viviamo?

Goebbels non voleva che i suoi figli vivessero "nell'atroce mondo che gli ebrei avrebbero preparato per loro". Lui, la moglie e i due figli lasciarono questo mondo insieme. Le sue due figlie erano di una bellezza commovente.

Cosa pensa di Sartre, Sagan, Buffet, Solers e altri? Chi sono?

Il progresso ha creato artificialmente la vita vegetativa.

"La menzogna del progresso è Israele", diceva Simone Weil. Ripetiamo questa frase perché è così ovvia...

Se considerate le persone intelligenti e parlate loro a cuore aperto, le insultate perché sono confusamente consapevoli della loro inadeguatezza. Entrate nella loro soggettività e lusingateli, non guidateli a evitare le loro mancanze, ne saranno felici e voi sarete un uomo di mondo.

Eppure è proprio quando si fa così che non si pensa molto a loro.

Un po' di marxismo, un po' di freudismo, un "Normalien Supérieur", uno strutturalista, e cosa resterà di queste pagine?

Non c'è nulla di autentico che il giudeo-cartesianesimo non possa dissolvere con la sua alchimia.

L'accesso alla conoscenza fa sempre male. Quindi cosa possiamo fare?

Nulla, suonare il piano, pregare se si può e aspettare...

Aspiro alla luce irraggiungibile e sono immerso nelle tenebre...

ALLA MIA PICCOLA BÉATRICE

Mia amata figlia, annidata nel mio cuore nel profondo dell'eternità...

Tristan si sta preparando a lasciare questo mondo. Vuole dare un ultimo grido di sofferenza e amore a questa terra che gli fa tanto male...

La mia piccola Béa... Aveva allevato Aurélien per anni con una pedagogia e una fermezza miracolose. Gli aveva insegnato tutta la scuola materna con rara maestria. Lo aveva persino introdotto all'inglese e al pianoforte, che lei non conosceva ma che aveva trasmesso al bambino secondo gli insegnamenti di Tristan. Questo tesoro che si occupava di tutto in casa, delle pulizie, del giardinaggio, della cura di Monique e di Tristan, anche se era oberato di lavoro come insegnante e scrittore. Ma Monique, la madre di Aurélien, maltrattava questo tesoro, la cui competenza e dedizione erano stupefacenti per la loro eccezionale qualità.

"Sei buono solo per pulire", diceva a questo angelo di devozione e competenza perfettamente disinteressato. Lei non chiedeva soldi, così Tristan la costrinse ad aprire un conto di risparmio qe a versargli una somma di denaro ogni mese.

Come non amare una simile creatura, una tale perfezione, quando tua madre lavorava in ospedale come fisioterapista.

La cattiveria di Monique ferì il cuore di Tristan, che sapeva quanto Beatrice meritasse gratitudine e amore per tutto ciò che faceva con il suo cuore puro e la sua assoluta innocenza. Quale amore non avrebbe dovuto riversare Monique su questo angelo? Tutto ciò che faceva per il bambino, per se stessa, per Tristan, per la casa... La perfezione era la felicità del bambino, la tranquillità del padre, la completezza della madre.

Altri titoli

www.ingramcontent.com/pod-product-compliance
Lightning Source LLC
Chambersburg PA
CBHW050122170426
43197CB00011B/1684